高等学校土木工程专业"十三五"规划教材

高校土木工程专业规划教材

工程经济与项目管理

（第二版）

蒋红妍　李慧民　主编

中国建筑工业出版社

图书在版编目(CIP)数据

工程经济与项目管理/蒋红妍,李慧民主编．—2 版．—北京：中国建筑工业出版社,2018.8(2024.6重印)

高等学校土木工程专业"十三五"规划教材．高校土木工程专业规划教材

ISBN 978-7-112-22330-5

Ⅰ.①工… Ⅱ.①蒋…②李… Ⅲ.①工程经济学-高等学校-教材②工程项目管理-高等学校-教材 Ⅳ.①F062.4②F284

中国版本图书馆 CIP 数据核字(2018)第 123610 号

本书阐述了建筑业的基本经济规律、工程经济基本理论以及工程项目管理的基本方法。主要内容包括绪论、工程经济基础、投资方案经济效果评价、建设项目的工程经济分析、工程项目组织管理、工程项目范围管理与合同管理、工程项目质量管理、工程项目成本管理、工程项目风险管理、工程项目安全及环境管理、工程项目资源管理等。

本书内容丰富,理论联系实际,有较强的实用性和较高的科学性,可作为高等院校土木工程、交通工程、工程管理、给排水科学与工程、建筑环境与能源应用工程等专业的教科书,也可作为建设单位、建筑业企业、建设行业主管部门、工程监理企业等部门工程技术人员和管理人员的参考书。

为了更好地支持相应课程的教学,我们向采用本书作为教材的教师提供课件,有需要者可与出版社联系。建工书院：http://edu.cabplink.com,邮箱：jckj@cabp.com.cn,电话：(010)58337285。

责任编辑：吉万旺　王　跃
责任校对：刘梦然

高等学校土木工程专业"十三五"规划教材
高校土木工程专业规划教材

工程经济与项目管理
(第二版)

蒋红妍　李慧民　主编

*

中国建筑工业出版社出版、发行(北京海淀三里河路 9 号)
各地新华书店、建筑书店经销
北京红光制版公司制版
建工社(河北)印刷有限公司印刷

*

开本：787×1092 毫米　1/16　印张：19¾　字数：478 千字
2018 年 9 月第二版　2024 年 6 月第二十三次印刷
定价：**42.00** 元(赠教师课件)
ISBN 978-7-112-22330-5
(32202)

第 二 版 前 言

作为国民经济支柱产业之一的建筑业，应力求持续、协调、科学发展。如何从理论和实践方面对提高产品质量、降低产品成本、缩短建设周期及采用现代化管理方式等问题进行研究，一直是建筑领域的关注点。为了培养和造就工程经济与项目管理方面的技术人员，使学习者能系统学习和掌握工程经济与项目管理方面的基本理论和方法，懂得如何利用专业技术更好地为经济建设服务，编者在多年从事教学和科研的基础上，结合土木工程、交通工程等工程类专业的管理类课程实际，编写了本书。

本书在取材上注意吸收国内外最新的研究成果和先进经验，体现国内最新的行业政策变动；充分考虑工程类专业的前续相关课程，着重选取了工程经济及工程项目管理知识中的核心内容；同时注重与现行执业资格考试内容相对接，力求为教材使用者在有限的篇幅内呈现最有效的课程内容。学习者通过该教材的系统学习，可掌握工程经济和工程项目管理的基本知识和常用方法，初步具备开展项目经济评价及管理的能力。

本书由西安建筑科技大学蒋红妍、李慧民主编。各章编写分工为：第1章由李慧民、蒋红妍编写；第2章由蒋红妍、胡长明编写；第3章由蒋红妍、赵平编写；第4章由蒋红妍、赵平编写；第5章由赵平、李慧民编写；第6章由胡长明、李慧民编写；第7章由李慧民、蒋红妍编写；第8章由赵平、蒋红妍编写；第9章由李慧民、胡长明编写；第10章由胡长明、赵平编写；第11章由赵平、李慧民编写。

本书出版得到了西安建筑科技大学教材建设立项项目资助。本书在编写过程中，得到了西安建筑科技大学、长安大学、北京建筑大学、西安科技大学、西安工业大学等高校相关教师的大力支持与帮助，同时参考了许多专家学者的有关研究成果及文献资料，在此一并向他们表示衷心的感谢。

随着我国社会主义市场经济的不断深入发展，工程经济与项目管理中的诸多问题还需进一步深入探讨和实践。限于编者水平，书中难免有不足及疏漏之处，敬请各位同行及读者批评指正。

编者
2018 年 2 月

第 一 版 前 言

随着经济体制改革的不断深入和人民物质文化生活水平的不断提高，作为国民经济支柱产业之一的建筑业，必将持续、协调、科学发展。这对整个国民经济的发展起着重要的作用。因此，如何从理论和实践方面对提高产品质量、降低产品成本、缩短建设周期及采用现代化的科学管理等问题进行研究，是当前建筑业中普遍关心的问题。为了培养和造就工程经济与项目管理方面的技术人员，使学生能系统学习和掌握工程经济与项目管理方面的基本理论和方法，懂得专业技术如何更好地为经济建设服务，在经济建设中发挥更大的作用，作者在从事多年教学与研究的基础上，参考国内外的先进经验及管理方法，编写了本书。

本书由西安建筑科技大学李慧民主编。各章编写分工为：第 1 章由李慧民、蒋红妍编写；第 2 章由蒋红妍、胡长明编写；第 3 章由蒋红妍、胡长明编写；第 4 章由蒋红妍、李慧民编写；第 5 章由赵平、李慧民编写；第 6 章由胡长明、赵平编写；第 7 章由胡长明、李慧民编写；第 8 章由李慧民、蒋红妍编写；第 9 章由赵平、蒋红妍编写；第 10 章由李慧民、赵平编写；第 11 章由赵平、胡长明编写；第 12 章由胡长明、赵平编写。

本书在编写过程中，得到了西安建筑科技大学、长安大学、北京建筑工程学院、西安科技大学、西安工业大学等高校教师的大力支持与帮助，并参考了许多专家学者的有关研究成果及文献资料，在此一并向他们表示衷心的感谢。

由于我国社会主义市场经济的不断深入发展，工程经济与项目管理中的诸多问题还需要进一步探讨与实践，所以书中不妥之处，敬请读者批评指正。

编者

2009 年 5 月

目　录

1 绪 论

1.1 基本建设与建筑业

1.1.1 基本建设的含义

基本建设是对一定的固定资产的建造、设备的添置和安装活动以及与此相联系的其他工作，是一种综合性的经济活动，是固定资产投资中新建与扩建的投资活动。基本建设一词是从俄语翻译过来的，含义是资本建设或资金建设。在美国、英国等国家称为固定资产投资（Capital Investment）或资本支出（Capital Expenditure），日本称之为建设投资。

国民经济各部门，都有基本建设经济活动，它包括：建设项目的投资决策、建设布局、技术决策、环保、工艺流程的确定和设备选型、生产准备，以及对工程建设项目的规划、勘察、设计和施工等活动。无论哪个国家，固定资产都是国民财富的主要组成部分。衡量一个国家经济实力雄厚与否，社会生产力发展水平的高低，重要的一点，就是看它拥有的固定资产的数量多少与质量高低。固定资产的物质内容就是生产手段，是生产力要素之一。

基本建设是提高人民物质、文化生活水平和加强国防实力的重要手段。应当指出，基本建设可以是扩大再生产，但它绝不是扩大再生产的唯一源泉。因为，扩大再生产分为外延与内涵两个方面，如果在生产场所方面扩大了，就是在外延上扩大；如果在生产效率方面提高了，就是在内涵上扩大。

内涵上扩大再生产的方法称为技术改造，也属于固定资产投资活动。技术改造是现有企业在现有生产力基础上，通过技术的改进，提高产品、工艺、装备水平及经营管理水平，以达到企业本身和社会均获得技术进步和经济效益的目的。它涉及的范围可以是整个企业的，也可以是企业内某一局部的改进；它可以包括对企业物质条件上的改造，也可以包括经营管理系统的改进。所以，提高企业的经济效益与社会总的效益，必须不断努力提高固定资产投资效益，既重视外延扩大再生产，更重视内涵扩大再生产，而不应当单纯追求基本建设投资的增加。

1.1.2 基本建设的内容

1. 固定资产的建造

固定资产的建造包括建筑物和构筑物的营造与设备安装两部分。营造工作主要包括各类房屋及构筑物的建造工程，管道及输电线路的敷设工程，水利工程，炼铁及炼焦炉的砌筑工程；设备安装工作主要包括生产、动力、起重、运输、传动和医疗、试验、检验等各种需要安装的设备的装配和装置工程。

2. 固定资产的购置

固定资产的购置包括符合固定资产条件的设备、工具、器具等的购置。固定资产不是根据其物质的技术性质决定的，而是根据其经济用途决定的。设备购置是流通过程，也是形成固定资产的一条途径。因此，固定资产的购置是基本建设的重要内容。

3. 其他基本建设工作

其他基本建设工作包括勘察设计、土地征用、职工培训、建设单位管理等工作。这些工作是进行基本建设所不可缺少的，所以，它们也是基本建设的重要内容。

1.1.3 基本建设的作用

1. 为国民经济各部门提供生产能力

基本建设所形成的生产性固定资产，它的物质内容就是生产手段，而生产手段是构成生产力的重要因素之一。

2. 为提高人民的生活水平创造新的基础设施

基本建设新建的生产消费性产品的固定资产，使工业消费品的生产能力得到增加，从而提高了对人民生活需要的满足能力。基本建设还直接为社会提供住宅、文化设施、市政设施等固定资产。

3. 合理配置生产力

我国大部分工厂分布在沿海城市，而沿海城市资源相对缺乏；西北地区资源丰富，但工厂不多。为改变这种生产力布局不合理的状况，使资源得到合理利用，需要通过调控基本建设投资加以调整。

4. 利用先进技术改造国民经济

为尽快使我国生产力水平达到中等发达国家水平，就必须用现代化科学技术来改造国民经济各部门，既要通过基本建设新建一些用先进技术装备起来的新企业，又要通过基本建设对现有企业用先进技术进行技术改造。

1.1.4 基本建设的分类

基本建设有以下四种分类：

1. 按建设性质划分，分为新建项目、扩建项目、改建项目、迁建项目和恢复项目。

（1）新建项目。新建项目是指从无到有，即新开始建设的项目。有的建设项目原有基础很小，需重新进行总体设计，经扩大建设规模后，其新增的固定资产价值超过原有固定资产价值3倍以上的，也属于新建项目。

（2）扩建项目。扩建项目是指原有企事业单位为扩大原有产品的生产能力和效益，或增加新产品的生产能力和效益，而扩建的主要生产车间或工程的项目，包括事业单位和行政单位增建的业务用房（如办公楼、病房、门诊部等）。

（3）改建项目。改建项目是指原有企事业单位为提高生产效率，改进产品质量，或调整产品方向，对原有设施、工艺流程进行改造的项目。根据有关规定，企业为消除各工序或车间之间生产能力的不平衡，增加或扩建的不直接增加本企业主要产品生产能力的车间为改建项目；现有企业、事业、行政单位增加或扩建部分辅助工程和生活福利设施并不增加本单位主要效益，也为改建项目。如现有企业、事业单位为了技术进步，提高产品质量、增加花色品种、促进产品升级换代、降低消耗和成本、加强资源综合利用和三废治理及劳保安全等，采用新技术、新工艺、新设备、新材料等对现有设施、工艺条件等进行技术改造和更新（包括相应配套的辅助性生产、生活设施建设）。有的企业为充分发挥现有的生产能力，进行填平补齐而增建不直接增加本单位主要产品生产能力的车间等，也属于改建。

（4）迁建项目。迁建项目是指原有企业、事业单位、工程管理单位，由于各种原因，经有关部门批准迁到另地建设的项目；不论其建设规模是企业原来的还是扩大的，都属于迁建项目。

（5）恢复项目。恢复项目是指企事业单位的固定资产因自然灾害、战争或人为因素等原因，已全部或部分报废，而后又投资恢复建设的项目。不论是按原来规模恢复建设，还是在恢复的同时又进行改建的项目，都属于恢复项目。但是尚未建成投产的项目，因自然灾害损坏再重建的，仍按原项目看待，不属于恢复项目。

2. 按建设经济用途划分，分为生产性和非生产性基本建设。

（1）生产性基本建设是指用于物资生产和直接为物资性生产服务的项目的建设，包括工业建设、农林水利气象建设、邮电和运输建设、商业和物质供应建设、地质资源勘探建设。

（2）非生产性基本建设是指物质和文化生活项目建设，包括住宅、文教卫生建设、科学实验研究建设、公用事业建设等其他建设。

3. 按建设规模和投资大小划分，一般分为大型、中型、小型项目，不同行业有不同的划分标准。

4. 按建设阶段划分，一般分为预备项目、筹建项目、实施项目、建成项目和收尾项目。

1.1.5 建筑业

1. 建筑业的定义

人类社会发展到今天，建造活动已经成为国民经济中的一个重要部门。我国 1997 年颁布的《中华人民共和国建筑法》从所管辖范围的角度，将建造活动分为四大类：

（1）各类房屋建筑及其附属设施的建造与其配套的线路、管道、设备的安装活动。

（2）抢险救灾及其他临时性房屋建筑和农民自建低层住宅的建造活动。

（3）军用房屋建筑工程的建造活动。

（4）其他专业建筑工程的建造活动（指铁路、水利水电设施、公路、港口、码头、机场等）。

广义的建筑业是指围绕土木建筑工程产品生产过程这一中心环节，向前延伸至建筑产品的规划和计划，向后延伸至运行和维护，包括工程勘察、设计、建筑材料的生产与供应、构配件加工与组装、土木与建筑工程施工、设备仪器以及管道安装、项目运营期间的维护、工程管理服务以及与这些过程有关的教学、咨询、科研、行业组织等机构在内的集合。从其定义来看，建筑业实质上是以建筑产品生产过程为主导，以相关工程服务为辅助，以与建筑业有关的科研、教育及相关工业生产（如建材、机械设备制造等）为依托的、功能完善的产业，它并不局限于施工活动中。

狭义的建筑业是指国民经济中直接从事建筑产品加工生产活动的行业。它的基本特征是，通过物化劳动，将建筑材料、构配件和工艺设备组合，使之产生一系列的物理和化学变化，最终形成土木建筑工程产品；或者说是运用工程机械，通过劳动，将建筑材料、构配件和工艺设备等物质资源转化为固定资产。

2. 建筑业内部划分

根据国家标准《国民经济行业分类》GB/T 4754—2017，建筑业进一步划分为四类：

（1）房屋建筑业，指房屋主体工程的施工活动，不包括主体工程施工前的工程准备活动；进一步细分为住宅房屋建筑、体育场馆建筑和其他房屋建筑业等子类。

（2）土木工程建筑业，指土木工程主体的施工活动，不包括施工前的工程准备活动；进一步细分为铁路、道路、隧道和桥梁工程，建筑、水利和水运工程建筑，海洋工程建筑，工矿工程建筑，架线和管道工程建筑，节能环保工程施工，电力工程施工和其他土木工程建筑等子类。

（3）建筑安装业，指建筑物主体工程竣工后，建筑物内各种设备的安装活动，以及施工中的线路敷设和管道安装活动，不包括工程收尾的装饰，如对墙面、地板、天花板、门窗等处理活动；进一步细分为电气安装、管道和设备安装、其他建筑安装业等子类。

（4）建筑装饰、装修和其他建筑业，进一步细分为建筑装饰和装修业、建筑物拆除和场地准备活动、提供施工设备服务、其他未列明建筑业等子类。

其中建筑装饰和装修业，指对建筑工程后期的装饰、装修、维护和清理活动，以及对居室的装修活动；建筑物拆除和场地准备活动，指房屋、土木工程建筑施工前的准备活动；提供施工设备服务，指为建筑工程提供配有操作人员的施工设备的服务；其他未列明建筑业，指上述未列明的其他工程建筑活动。

3. 建筑业在国民经济中的作用

（1）为发展生产及改善人民生活提供物质技术基础

建筑业是一个重要的物质生产部门，是固定资产形成的主要动力之一。它为提高生产能力、改善人民生活提供基础设施。改革开放40年来，建筑业建造了数量巨大的基础设施、工商业建筑物和住房等，极大地改善了人民的生活水平，奠定了国家基础设施的强大基础，支持了国民经济的稳定、快速、健康发展。

（2）为社会创造新的财富，给国家提供巨额国民收入

国民收入是一个国家的物质生产部门的劳动者在一年内新创造价值的总和。它是一个国家在一年内所生产的社会总产品中，扣除补偿已消耗的生产资料所剩余的部分。建筑业对我国GDP的贡献较大，自2009年以来，建筑业增加值占国内生产总值比例始终保持在6.5%以上；2016年，全社会建筑业实现增加值49522亿元，占GDP的比重为6.65%。随着世界经济一体化进程的加快，我国对外承包工程迅猛发展，不仅促进了建筑业自身的发展，还带动了资本、技术、劳务、设备、商品的输出；既赚取了大量的外汇收入，又扩大了政治经济影响。

（3）建筑业是就业机会的重要来源

建筑业是劳动密集型产业，是国民经济各部门中吸纳劳动力最多的产业之一。从发达国家现状来看，建筑业的就业人口占全部就业人口的6%～8%。2016年底，全社会就业人员总数77603万人，其中建筑业从业人数5185.24万人，占全社会就业人员总数的6.68%。建筑业在吸纳农村转移人口就业、推进新型城镇化建设和维护社会稳定等方面继续发挥显著作用。

（4）促进其他产业部门的发展

建筑业同国民经济其他部门有很强的前后产业关联。前向关联，建筑业向国民经济其他部门提供各种生活、生产、交换和其他经济和社会活动所需的设施。后向关联，或者称为"派生需求"的价值在大多数情况下远远超过了建筑业本身的增加值。也就是说，建筑

业一方面以自己的建筑产品直接为国民经济服务，另一方面又在生产过程中消耗其他产业部门的大量产品，作为其他产业部门的重要市场，间接地促进了国民经济的发展。一般来讲，建筑业约消耗全国钢材的 50%，木材的 90%，水泥的 90%。正因为建筑业是国民经济其他部门的重要市场，所以建筑业的景气与否，是国民经济繁荣与萧条的晴雨表。当国民经济各行业处于繁荣时期，由于固定资产需求的增加，建筑业自然处于繁荣状态；当国民经济处于萧条时期，资本投资减少，这必将影响到建筑业的工程总量，使建筑业呈现不景气状态。也正因为这一点，当国民经济处于萧条时期，国家可以通过增加公共事业投资，使建筑业首先发展，从而刺激其他产业部门的螺旋式发展，起到调节国民经济持续健康发展的作用。

1.1.6 基本建设与建筑业的关系

1. 基本建设与建筑业的联系

（1）基本建设的主要内容由建筑业来完成。建筑安装工作量在基本建设投资中占有相当大的比重，一般为 60%左右。建筑业技术进步和生产效率的提高，直接关系着基本建设工作的进程和效果。事实已充分证明，没有强大的建筑业，就无法进行大规模的基本建设。

（2）基本建设投资是促进建筑业发展的客观需要。基本建设投资的多少直接影响着建筑业工程任务的多少，如果基本建设投资忽高忽低，建筑业的日子就时好时坏。所以，只有基本建设规模得到健康发展，才能促进建筑业的发展。

2. 基本建设与建筑业的区别

（1）性质不同。基本建设是一种投资行为，是一种综合性的经济活动。而建筑业是一个物质生产部门，主要从事建筑安装等物质生产活动。

（2）内容不同。基本建设除了包括建筑业完成的建筑安装工程内容外，还包括对设备的购置。而建筑业的生产任务除了基本建设投资形成的建筑安装任务外，还有更新改造和维修资金形成的建筑安装生产任务。

（3）任务不同。基本建设的主要任务是在一定期限和资金限额内完成投资活动，得到足够需用的固定资产，而建筑业的主要任务是为社会提供更多、更好、更经济的建筑产品并获取盈利。

1.2 基本建设经济效果评价

从全社会角度来看，基本建设是由一个个的建设项目组成的。建设项目是指在一个场地或几个场地上，按一个总体设计或初步设计进行的一个或多个有内在联系的单项工程所组成的，在建设中实行统一核算、统一管理。也可以说，建设项目是需要一定量投资，经过决策和实施（设计、施工等）的一系列程序，在一定约束条件下，以形成固定资产为明确目标的一次性事业。对基本建设经济效果的评价，可以通过建设项目经济评价来实现。

1.2.1 建设项目经济评价的含义

建设项目经济评价是项目前期工作的重要内容，是项目决策科学化的重要手段。经济评价的目的是根据国民经济发展战略和行业、地区发展规划的要求，在做好产品（或服务）市场预测分析和厂址选址、工艺技术方案等选择等工程技术研究的基础上，对项目投入的费用和产出的效益进行计算、分析，通过多方案比较，分析论证拟建项目的财务可行性和经济合理性，为做出正确的决策提供科学依据。

对一个建设项目的评价，不仅要权衡其技术的先进性与完善程度，更重要的是权衡其投入使用后的经济效果。耗费大而经济效果差的项目，无论其技术如何先进与完善，都不能对社会做出应有的贡献。建设项目类型繁多，如工业项目、农林水利项目、文化教育项目、住宅项目等，这些项目的建设目标各异，因此它们各自经济效果的含义也有很大差别。以下主要介绍生产性建设项目的经济评价方法。

生产性建设项目经济评价，包括财务评价（也称财务分析）和国民经济评价（也称经济分析）。

1. 财务评价

财务评价是在国家现行财税制度和价格体系的前提下，从项目的角度出发，计算项目范围内的财务效益和费用，分析项目的盈利能力和清偿能力，评价项目在财务上的可行性。

财务评价是以项目自身作为一个独立系统，对项目的盈利性进行分析。如果一个项目的产出大于对它的投入，就意味着该项目是盈利的，可以被采纳，反之则应放弃这个项目。财务评价的系统范围较窄，其投入与产出较易计算：凡是流出这个系统的现金款项都属于项目的投入，即项目的支出，如原始投资、生产中的经营费等；而流入这个系统的现金款项则是项目的产出，即项目的收益，如销售收入、劳务收入等。

2. 国民经济评价

国民经济评价是在合理配置社会资源的前提下，从国家经济整体利益的角度出发，计算项目对国民经济的贡献，分析项目的经济效益、效果和对社会的影响，评价项目在宏观经济上的合理性。

国民经济评价不同于财务评价，它的系统范围扩及整个社会，是从整个国民经济出发，对项目所实施的国家效益进行分析。凡是为增加国民收入所做出的贡献都属于项目的效益，即项目的产出；而国民经济为项目所付出的代价称为费用，即项目的投入。在国民经济评价中，不仅要考虑项目自身的效益与费用，还要考虑项目的外部效益及费用，而只有总的效益大于费用的项目才是可行的。

3. 财务评价与国民经济评价的关系

对于中小型建设项目，一般只进行财务评价，即认为项目的宏观经济效果基本上可以通过其微观效果反映出来；但是，对于严重影响国计民生的重大项目、涉及进出口贸易的项目、中外合资项目、有关稀缺资源开发和利用的项目以及产品和原料价格明显失真的项目，除需进行财务评价外，还必须进行国民经济评价，而且强调前者要服从后者。

1.2.2 建设项目经济评价的作用

建设项目前期研究是在建设项目投资决策前，对建设项目的必要性和项目备选方案的工艺技术、运行条件、环境与社会等方面进行全面的分析论证和评价工作。建设项目经济评价是项目前期工作的重要内容，对于加强固定资产投资宏观调控，提高投资决策的科学化水平，引导和促进各类资源合理配置，优化投资结构，减少和规避投资，充分发挥投资效益，具有重要作用。

项目活动是社会经济活动的一个组成部分，而且要与整个社会的经济活动相融，符合行业和地区发展规划要求,因此,经济评价一般都要对项目与行业发展规划进行阐述。国务院投资体制改革决定明确规定,对属于核准制和备案制的企业投资项目,都要求在行业规划的范围内进行评审。这是国家宏观调控的重要措施之一。

在完成项目方案的基础上,采用科学的分析方法,对拟建项目的财务可行性(可接受性)和经济合理性进行科学的分析论证,做出全面、正确的经济评价结论,为投资者提供科学的决策依据。

项目前期研究阶段要做技术的、经济的、环境的、社会的、生态影响的分析论证,每一类分析都可能影响投资决策。经济评价只是项目评价的一项重要内容,不能指望由其解决所有问题。同理,对于经济评价,决策者也不能指望通过一种指标就能判断项目在财务上或经济上是否可行,而应同时考虑多种影响因素和多个目标的选择,并把这些影响和目标相互协调起来,才能实现项目系统优化,进行最终决策。

1.2.3 建设项目经济效果评价的内容

任何建设项目,总是通过投资活动得以实现,因此从资金的运动来看,对建设项目的经济效果评价,实际上就是对一项投资活动的评价。经济效果评价的内容一般包括 3 个方面:

1. 通过经济评价,分析投资方向的合理性

在一定的地区或部门,根据国家当前的经济发展政策、自然资源条件以及市场的需求预测等,寻求最有利的投资机会,选择最合理的建设项目,保证国家有限的建设资金能够发挥出最大的经济效果。

2. 通过经济评价,分析为实现某一建设项目总目标的最优实现途径是什么

这就要求在列举一切可行的技术方案基础上,通过分析比较,选择最经济有利的方案付诸实施,保证用最小的资源耗费满足预定的目标要求。有了技术上可行且能互相替换的方案,为了进行分析比较,还必须以经济效果作为评价的基础。这是工程技术人员必须建立的基本观点。但是,这并不等于说,投资最小、经济效益最大的方案就一定会为人们所选中。

3. 通过经济评价,分析为实现一项建设项目投资的来源是什么

这就是说,资金如何筹措,从轻重缓急出发,投资的数量以多少为宜,为取得一项投资而付出的代价限度是多少,以及投资的最有利偿还方式等。投资来源有时是取舍技术方案的决策性因素。例如某项经济效益高投资大的方案,可能因资金来源所限而被放弃,反而采用效益低而投资小的方案;有时某项投资方案在利用国内资金的情况下是有利的,而利用高息的外资时则变得无利可图等。

1.2.4 建设项目的投资构成

建设项目的投资分为基本建设投资和流动资金。

1. 基本建设投资

基本建设投资是用于支付各项基本建设工作的费用,包括:

(1)建筑工程费,指新建、改建、扩建的各种建筑物或构筑物,铁路、公路、码头、管道、电网、三废处理以及防洪和防火设施等所需的工程费用。

(2)设备购置费,指工业企业的机械设备和电气设备等的购置费。

(3)设备安装工程费。

（4）工具、器具和生产用具购置费。

（5）其他费用。如土地征用、勘察设计、生产人员培训、投产准备和试生产及建设单位管理费等。

项目建成之后，基本建设投资的大部分即转为企业的固定资产。此外，还有少量的基本建设投资，如生产人员培训费、低于固定资产标准的工具器具和生产用具的购置费、报废工程费等，虽然列入基本建设投资，但并不转入企业的固定资产。

基本建设投资来源有银行信贷、财政拨款、自筹资金、国外资金等。

2. 流动资金

流动资金是为了组织生产所需用的货币资金，它是用来在生产及流通两个领域支付工资、材料及其他的预付账款。

1.2.5　建设项目的可行性研究

1. 可行性研究的内容

（1）建设项目提出的背景、建设的目的及意义；

（2）资源和市场的需要预测及项目的拟建规模；

（3）厂址方案（包括建厂地区与建厂地点）及建厂条件；

（4）设计方案，包括拟采用的工艺方案及主要设备、厂房建筑及公用设施、总图布置及内外运输；

（5）环境保护及三废处理；

（6）工厂的生产组织管理、劳动定员及人员培训的计划；

（7）总投资估算及建厂的实施计划和进度要求；

（8）项目的企业经济评价、国民经济评价及资金的筹措方案；

（9）项目的综合评价，最终提出具体的可行性建议，或者提出几个可行的方案并陈述其利弊，供决策者参考。

2. 可行性研究的步骤

从可行性研究的内容来看，大致可以概括为三个方面。第一是市场研究，这是项目建设的前提，主要解决建设项目"必要性"的问题；第二是工艺技术研究，包括厂址、技术、设备和生产组织等，主要解决技术上的"可能性"问题；第三是经济效益研究，它是可行性研究的核心和重点，主要解决建设项目的"合理性"问题。通过以上三个方面的研究，基本上可以对一个建设项目做出全面的评价，消除投资决策中可能出现的各种失误。

由于可行性研究是一项复杂而细致的工作，需耗费一定的人力和物力，故一般可分为几个阶段，包括：

（1）机会研究

该阶段的任务是对投资方向提出设想和建议，一旦证明投资建议是可行的，就继续进行深入的研究。机会研究分为一般性机会研究和具体项目的机会研究两种情况。一般性机会研究又有几种不同情况，第一种是鉴别某一特定地区的各种投资机会；第二种是鉴别某一指定部门的各种投资机会；第三种是以合理利用自然资源等为对象的机会研究。至于具体项目的机会研究，则是在一般性机会研究的基础上，将一个投资设想转变为投资建议，提供一个可能建设的投资项目。在实际工作中，究竟是属于一般性机会研究，还是具体项目的机会研究，或者是两者都要进行，则视不同情况而定。

（2）初步可行性研究

该阶段的任务是进一步分析机会研究所提出的结论，在占有详细资料的基础上，对项目做出投资决定。此外还应确定尚有哪些关键问题需进行更深入的专题研究。

（3）技术经济（最终）可行性研究

该阶段要求对建设项目做出全面的技术经济论证，阐明其技术上的可能性与经济上的合理性，并通过多方案比较，优选出最佳建设方案。本阶段对项目的投资及生产成本的估算所要求的精度，应达到±10%以内。在这个阶段上再否定一个项目，一般是少见的。

3. 可行性研究的要求

（1）大量调查研究，以第一手资料为依据，客观地反映和分析问题，不应带任何主观观点和其他意图。可行性研究的科学性常常是由调查的深度和广度决定的。项目的可行性研究应从市场、法律和技术经济的角度来论证项目可行或不可行，而不只是论证可行，或已决定实施该项目后才找一些依据来证明。

（2）可行性研究应详细、全面，定性和定量分析相结合，用数据说话，多用图表表示分析依据和结果。人们常用的方法有数学方法、运筹学方法、经济统计和技术经济分析方法等。

（3）多方案比较，无论是项目的构思，还是市场战略、产品方案、项目规模、技术措施、厂址的选择、时间安排、筹资方案等，都要进行多方案比较。应大胆地设想各种方案，进行精心地研究论证，按照既定目标对备选方案进行评估，以选择经济合理的方案。

（4）在可行性研究中，许多考虑是基于对将来情况的预测，而预测结果中包含着很大的不确定性。例如项目的产品市场、项目的环境条件，参加者的技术、经济、财务等各方面都可能有风险，所以要加强风险分析。

（5）可行性研究的结果作为项目的一个中间研究和决策文件，在项目立项后应作为设计和计划的依据，在项目后评价中又作为项目实施成果评价的依据。可行性研究报告经上级审查、评价、批准后，项目立项。

1.3 基 本 建 设 管 理

1.3.1 项目与项目管理

1. 项目的定义与特征

"项目"如今广泛地存在于人们的工作和生活中，并对人们的工作和生活产生着重要影响，如建筑工程项目、开发项目、科研项目、社会公益项目等。人们关心项目的成功，探寻使项目圆满完成的方法。项目是一个专业术语，有其科学含义。

美国项目管理协会（Project Management Institute，PMI）认为："项目是为完成某一独特的产品或服务所做的一次性努力"。

德国 DIN（德国工业标准）认为，项目是指在总体上符合下列条件的唯一性任务：具有预定的目标；具有时间、财务、人力和其他限制条件；具有专门的组织。

一般来讲，所谓项目就是指在一定约束条件（资源、时间、质量等）下具有明确目标的有组织的一次性工作或任务。项目具有以下特征：

（1）项目的一次性

项目的一次性也叫单件性，是指每个项目具有与其他项目不同的特点，特别表现在项目本身与最终成果上，而且每个项目都有其明确的终点。当一个项目的目标已经实现，或者该项目的目标不再需要，或不可能实现时，该项目即达到了它的终点。项目的一次性决定了项目的生命周期属性。

（2）项目生命周期属性

项目从开始到完成需要经过一系列过程，包括启动、规划、实施、结束。这一系列过程称为生命周期。根据所包含的过程，项目的生命周期可分为局部生命周期和全生命周期。项目的局部生命周期是指从项目设项开始到项目交付为止的过程。项目的全生命周期是指从项目设项开始到项目的运营、报废为止。

（3）项目目标的明确性

任何项目都有明确的目标，没有目标的项目不是项目管理的对象。项目目标可分为成果性目标、约束性目标和顾客满意度目标。成果性目标是项目的来源，也是项目最终目标及项目的交付物。通常，项目的成果性目标被分解为项目的功能性要求。成果性目标是项目的主导目标。约束性目标是指项目合同、设计文件和相关法律法规等所要求实现的目标，一般包括时间目标、质量目标、费用目标和安全目标等。顾客满意度目标是指与项目有关的相关方或干系人的满意度，既包括外部顾客的满意度，也包括内部顾客的满意度。

（4）项目的动态性

项目的动态性体现在两个方面。一方面项目在其生命周期内的任何阶段都会受到各种外部和内部因素的干扰和影响，项目的变化是必然发生的。因此，在项目进行之前应充分分析可能影响项目的各种因素；在项目进行中应进行有效地管理和控制，并需要根据变化不断地加以调整。另一方面，项目生命周期内各阶段的工作内容、工作要求和工作目标均不相同，因此在不同的阶段项目组织和工作方式也不尽相同。

（5）项目作为管理对象的整体性

项目作为管理对象的整体性是指在管理一个项目、配备资源时，必须以整体效益的提高为标准，做到数量、质量、结构的整体优化。项目是一个系统，由各种要素组成，各要素之间既相互联系又相互制约。所以，对项目的管理应具有全局意识、整体意识、系统思维。

2. 项目管理及其特征

美国项目管理协会（PMI）在《项目管理知识体系指南（第3版）》（PMBOK指南）对项目管理所下的定义是：项目管理就是把各种知识、技能、手段和技术应用于项目活动之中，以达到项目的要求。项目管理是通过应用和综合诸如启动、规划、实施、监控和收尾等项目管理过程来进行的。

《中国项目管理知识体系》对项目管理所下的定义是：项目管理就是以项目为对象的系统管理方法，通过一个临时性的专门的柔性组织，对项目进行高效率的计划、组织、指导和控制，以实现项目全过程的动态管理和项目目标综合协调与优化。全过程的动态管理是指在项目生命周期内，不断进行资源的配置和协调，不断做出科学决策，从而使项目执行全过程处于最佳的运行状态，产生最佳的效果。项目目标的综合协调与优化是指项目管理应综合协调好时间、费用和功能等约束性目标，在较短的时间内成功实现特定的成果性目标。

项目管理具有以下特征：

（1）项目管理的目标明确

项目管理的目标明确，就是高效率地实现业主规定的目标。项目管理的一切活动都是围绕着这个总目标进行的，它是检验项目管理成功与否的标志。从这一点出发，项目管理的根本任务是在限定的时间和限定的资源范围内，确保高效率的实现项目目标。

（2）实行项目经理负责制

项目管理十分强调项目经理负责制，这是由项目的系统性决定的。集体领导、多头负责不能反映项目的客观规律，而且势必造成职责不清，效率低下。

（3）充分的授权保证系统

成功的项目管理必须以充分的授权保证系统为基础。项目经理授权的大小应与其承担的责任大小相适应，这是保证项目经理管好项目的基本条件。大型建设项目耗资巨大、技术复杂、参与单位多，要在限期内实现项目的有效交付，协调管理难度很大。没有统一的责任者和相应的授权，难以实现良好的协调配合。

1.3.2　工程项目与工程项目管理

1. 工程项目的定义及特点

工程项目是指在一定约束条件下（主要是限定资源、限定时间、限定质量），具有完整的组织机构和特定的明确目标的有组织的一次性工程建设工作或任务。工程项目尤其是建设工程项目是最为常见、最为典型的项目类型，它属于投资项目中最重要的一类，是一种投资行为和建设行为相结合的投资项目。工程项目具有以下特点：

（1）具有特定的对象

任何项目都应有具体的对象，工程项目的对象通常是具有预定要求的工程技术系统，而"预定要求"通常可以用一定的功能要求、实物工程量、质量等指标表达。如工程项目的对象可能是：一定生产能力的车间或工厂；一定长度和等级的公路；一定规模的医院、住宅小区等。

项目对象确定项目的最基本特性，并把自己与其他项目区别开来，同时又确定了项目的工作范围、规模及界限。整个项目的实施和管理都是围绕着这个对象进行的。

工程项目的对象在项目的生命周期中经历了由构想到实施、由总体到具体的过程。通常，是在项目前期策划和决策阶段得到确定，在项目的设计和计划阶段被逐渐地分解、计划和具体化，并通过项目的实施过程一步步得到实现。工程项目的对象通常有可行性研究报告、项目任务书、设计图纸、规范、实物模型等定义和说明。

（2）有时间限制

人们对工程项目的需求有一定的时间限制，希望尽快地实现项目的目标，发挥项目的效用。在市场经济条件下，工程项目的作用、功能、价值只能在一定的时间范围内体现出来。没有时间限制的工程项目是不存在的，项目的实施必须在一定的时间范围内进行。

（3）有资金限制和经济性要求

任何项目都不可能没有财力上的限制，必然存在着与任务（目标）相关的（或匹配）预算（投资、费用或成本）。如果没有财力的限制，人们就能够实现当代科学技术允许的任何目标，完成任何项目。现代工程项目资金来源渠道多，投资呈多元化，对项目的资金限制越来越严格，经济性要求也越来越高。这就要求尽可能做到全面的经济分析、精确的预算和严格的投资控制。

（4）一次性特点

任何工程项目作为整体来说是一次性的，不重复的。它经历了前期策划、批准、设计和计划、实施、运行的全过程，最后结束。即使在形式上极为相似的工程项目，例如两栋建筑造型和结构完全相同的房屋，也必然存在着差异和区别，比如实施时间不同、环境不同、项目组织不同、风险不同。所以它们无法等同，无法替代。

工程项目管理不同于一般的企业管理。通常的企业管理，特别是企业职能工作，虽然有阶段性，但它却是循环的、无终了的。而工程项目的一次性就决定了工程项目管理的一次性。工程项目的这个特点对工程项目的组织行为的影响尤为显著。

（5）复杂性和系统性

现代工程项目越来越具有如下特征：

项目规模大，范围广，投资大；新颖性，有新知识、新工艺的要求，技术复杂；由许多专业组成，有几十个、上百个甚至几千个单位共同协作，由成千上万个在时间和空间上相互影响、制约的活动构成；实施时间上经历由构思、决策、设计、计划、采购供应、施工、验收到运行全过程，项目使用期长，对全局影响大；受多目标限制，如资金限制、时间限制、资源限制、环境限制等，条件越来越苛刻。

2. 工程项目管理的定义及特点

《中国工程项目管理知识体系》对工程项目管理所下的定义是：工程项目管理是项目管理的一大类，是指项目管理者为了使项目取得成功（事先所要求的功能和质量、所规定的时限、所批准的费用预算），对工程项目用系统的观念、理论和方法，进行有序、全面、科学、目标明确的管理，发挥计划职能、组织职能、控制职能、协调职能和监督职能的作用。简单地说，工程项目管理就是为了项目的成功，对工程项目所进行的一系列的管理活动。

工程项目管理具有以下特点：

（1）工程项目管理是一种一次性管理

项目的单件性特征，决定了项目管理的一次性特点。在项目管理的过程中一旦出现失误，很难纠正，损失严重。由于工程项目的永久性特征及项目管理的一次性特征，项目管理的一次性成功是关键。所以对项目建设中的每个环节都应进行严密管理，认真选择项目经理，配备项目人员和设置项目机构。

（2）工程项目管理是一种全过程的综合性管理

工程项目的生命周期是一个有机成长过程。项目各阶段有明显界限，又相互有机衔接，不可间断，这就决定了项目管理是对项目生命周期全过程的管理，如对项目可行性研究、勘察设计、招标投标、施工等各阶段全过程的管理。在每个阶段中又包含有进度、质量、成本、安全的管理。因此，项目管理是全过程综合性管理。

（3）工程项目管理是一种约束性强的控制管理

工程项目管理的一次性特征，其明确的目标（成本低、进度快、质量好）、限定的时间和资源消耗、既定的功能要求和质量标准，决定了约束条件的约束强度比其他管理更强。因此，工程项目管理是强约束管理。这些约束条件是项目管理的条件，也是不可逾越的限制条件。项目管理的重要特点，在于项目管理者如何在一定时间内，在不超越这些条件的前提下，充分利用这些条件，去完成既定任务，达到预期目标。

工程项目管理与施工管理和企业管理不同。工程项目管理的对象是具体的建设项目，施工管理的对象是具体的工程项目，虽然具有一次性特点，但管理范围不同，前者是建设全过程，后者仅限于施工阶段。而（施工）企业管理的对象是整个企业，管理范围涉及企业生产经营活动的各个方面。

3. 工程项目管理的职能

工程项目管理包括八大职能：策划、决策、计划、组织、控制、协调、指挥、监督。

（1）策划职能：将意图转化为系统活动，这是工程项目管理的主要工作，这项工作贯穿于项目进展全过程。将意图转化为系统活动的过程就称为策划。

（2）决策职能：工程项目进展过程中的每一个阶段、每一个过程、每一个环节、每一项活动在开始以前，或在实施过程中，都存在这样或那样的决策问题。正确决策、及时决策是项目成功的重要保证，也是决策职能的最好体现。

（3）计划职能：计划职能决定项目的实施方案、方法、流程、目标和措施等。计划是工程项目实施的指南，也是进行偏差分析的依据。

（4）组织职能：组织职能是合理利用资源、协调各种活动，使工程项目的生产要素、相关方能有机结合起来的机能和行为，是项目管理者进行项目控制的依托和手段。

（5）控制职能：控制和计划是有机的整体，控制的作用在于按计划执行，并在执行过程中收集信息，进行偏差分析，根据偏差采取对策，以保证项目按计划进行并实现项目的目标。

（6）协调职能：工程项目涉及复杂的相关方、众多的生产要素、多变的环境因素，这就需要在项目实施过程中理顺关系、解决冲突、排除障碍，使工程项目管理的其他职能有效发挥作用。所有这些都需要及时、有效地加以协调。协调是控制的动力和保证，协调可以使动态控制平衡、有力和有效。

（7）指挥职能：工程项目管理的顺利进行需要强有力的指挥，项目经理就是实现指挥职能的重要角色。指挥者需要将分散的信息变为指挥意图，用集中的指挥意图统一项目管理者的步调，指导管理者的行动，集合管理力量。指挥职能是管理的动力和灵魂。

（8）监督职能：工程项目管理的机制是自控和监控相结合，自控是管理者自我控制，而监控则是由其他相关方实施的。无论自控还是监控，实现的主要方式就是监督。

1.3.3 土木工程项目管理

1. 土木工程项目管理的概念

土木工程项目是最常见、最典型的工程项目类型，土木工程项目管理是项目管理在土木工程项目中的具体应用。土木工程项目管理是指在一定的约束条件下，以土木工程项目为对象，以最优实现土木工程项目目标为目的，以土木工程项目负责制为基础，以土木工程承包合同为纽带，对土木工程项目进行高效率的计划、组织、协调、控制、监督的系统管理活动。

2. 土木工程项目管理的主体

土木工程项目涉及建设单位、承包商、咨询单位、供应商、用户、政府、金融机构、公用设施（服务）和社会公众等众多利益相关方，如图 1-1 所示。

土木工程项目最直接的相关方包括建设单位、承包商、咨询单位、供应商和政府，这些相关方都需要对其相关的部分进行管理。建设单位需要对建设项目进行管理，简称为建设项目管理（OPM）；设计单位需要对设计项目进行管理，简称为设计项目管理（DPM）；施工单位需要对施工项目进行管理，简称为施工项目管理（CPM）；供应商需要对供应项目进行管理，简称为供应项目管理（SPM）；咨询单位需要对咨询项目进行管理，简称为咨询项目管理；政府需要对工程项目实施监督管理，简称为政府监督管理。所以，可以认为土木工程项目管理是一个多主体的项目管理。图 1-2 表达了土木工程项目管理的多主体问题。

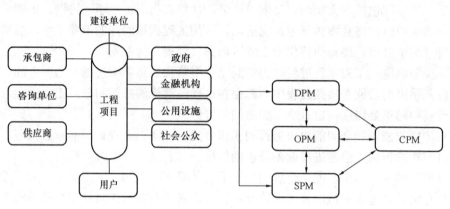

图 1-1　工程项目利益相关方　　　　　图 1-2　多主体的工程项目管理

3. 业主方项目管理

业主方项目管理是指由项目业主或委托人对土木工程项目建设全过程所进行的管理，是业主为实现其预期目标，运用所有者的权力组织或委托有关单位对工程项目进行策划和实施计划、组织、协调、控制等过程。

业主方项目管理的主体是业主或代表业主利益的咨询方。项目业主泛指项目的所有出资人，包括资金、技术和其他资产入股等。但项目业主实质上是指项目在法律意义上的所有人，是指各投资主体依照一定法律关系所组成的法人形式。目前我国所实施的项目法人责任制中的项目法人就是业主方项目管理的主体之一。

业主方是工程项目实施过程的总集成者——人力资源、物资资源和知识的集成，业主方也是工程项目实施过程的总组织者。所以，业主方的项目管理是工程项目管理的核心。

业主方项目管理是为业主方的利益服务，同时服务于其他相关方的利益。业主方对工程项目管理的根本目的在于实现项目的安全目标、投资目标、进度目标和质量目标，实现投资者的期望。

业主方项目管理贯穿项目进展全过程和各阶段，其主要任务因项目的不同阶段而异，但总体可归纳为"三控、三管、一协调"。三控即投资、进度和质量控制；三管即安全、合同和信息管理；一协调即组织和协调，如表 1-1 所示。

业主方项目管理的主要任务　　　　　　　　表 1-1

阶段	概念阶段	设计阶段	施工阶段	竣工验收阶段	保修阶段
安全管理	设定安全目标 策划安全管理方案	提出安全设计要求 监督设计方案的安全性	提出安全管理要求 明确安全管理责任 监督安全管理过程	进行安全评估	

阶段	概念阶段	设计阶段	施工阶段	竣工验收阶段	保修阶段
投资控制	估算项目总投资 明确投资控制目标 制定投资控制方案	提出投资控制要求 监督投资控制的有效性	提出费用控制要求 控制项目变更和索赔 控制进度款的支付	进行费用 结算和决算	界定保修责任
进度控制	确定工期目标 制定进度控制方案	提出设计进度要求 监督、控制设计进度	提出施工进度和工期要求 监督、控制施工进度	及时组织验收	
质量控制	进行质量策划 明确质量目标 制定质量控制方案	提出质量设计要求 明确质量标准 监督、控制设计质量	提出施工质量要求 监督、控制施工质量状态	严格进行质量 验收和评价	解决所出现的 质量问题
合同管理	策划合同结构 制定合同管理方案	签订合同 合同跟踪和管理	签订合同 合同跟踪和管理	合同终止 总结评估	
信息管理	策划信息管理方案	采集和处理相关信息	采集和处理相关信息	资料收集与归档 总结评估	记录保 修信息
组织协调	建立项目管理组织 确定项目发包方式 确定项目管理模式	招标 监督 控制和协调	招标 监督 控制和协调	组织验收	协调

4. 咨询方项目管理

咨询单位受委托，对工程项目的某一个阶段或某一项内容进行管理。例如，受业主委托进行设计监理或施工监理；受业主委托进行招标代理；受业主委托进行项目的可行性研究等。也可以就项目的若干阶段进行管理或承担全部管理工作。例如，受业主委托进行管理总承包。咨询方可以受业主的委托从事项目管理工作，也可以受承包方的委托从事项目管理工作。目前，我国工程领域的咨询单位主要是受业主的委托从事项目管理工作。咨询单位所从事的最主要的项目管理工作就是监理。

5. 承包方项目管理

承包方项目管理是指承包商为完成业主委托的设计、施工或供货任务所进行的计划、组织、协调和控制的过程。其目的是实现承包项目的目标并使相关方满意。

根据承包方所承担的任务不同，承包方项目管理包括设计项目管理、施工项目管理、供应项目管理和总承包项目管理。

（1）设计项目管理

设计单位受业主委托承担工程项目的设计任务，以设计合同所界定的目标及其责任义务对设计项目所进行的管理称为设计项目管理。设计项目管理的主要目标包括设计项目的成本、进度、质量和安全目标，以及项目的投资目标和相关方的满意度目标等。设计项目管理的主要任务包括与设计工作有关的安全管理；设计成本控制以及与设计工作有关的工程造价控制；设计进度控制；设计质量控制；设计合同管理；设计信息管理；与设计工作有关的组织协调，即"三控、三管、一协调"。

（2）施工项目管理

施工单位为履行工程合同和落实企业的生产经营方针和目标，在项目经理负责制的条件下，依靠企业技术和管理的综合实力，对工程施工全过程进行计划、组织、指挥、协调、控制和监督的系统管理活动，称为施工项目管理。施工项目管理的主要目标是施工项目的成本、质量、安全和进度目标，以及相关方的满意度目标等。施工项目管理的主要任务可以归纳为"四控、四管、一协调"。"四控"是指施工安全控制、施工质量控制、施工成本控制、施工进度控制；"四管"是指施工信息管理、施工生产要素管理、施工合同管理和现场管理；"一协调"是指与施工有关的组织和协调。

（3）供应项目管理

供应项目管理是指工程项目物资供应方，以供应项目为管理对象，以供应合同所界定的范围和责任为依据，以项目的整体利益和供应方自身的利益为宗旨所进行的管理活动。供应项目管理的主要目标是供应的安全目标、成本目标、进度目标、质量目标和相关方的满意度目标等。供应项目管理的主要任务也可归纳为"三控、三管、一协调"。其中，"三控"是指供应成本控制、进度控制和质量控制；"三管"是指供应安全管理、合同管理和信息管理；"一协调"是指与供应有关的组织和协调。

（4）总承包项目管理

工程总承包方根据总承包合同的要求，对总承包项目所进行的计划、组织、协调、控制、指挥和监督的管理活动称为总承包项目管理。总承包项目管理一般涉及工程项目实施阶段全过程，即设计前准备阶段、设计阶段、施工阶段、动用前准备阶段和保修期。其性质是全面履行工程总承包合同，以实现总承包企业承建工程的经营方针和目标，取得预期经营效益为动力而进行的工程项目自主管理。总承包项目管理所追求的是总承包项目的整体利益和承包方自身的利益。总承包项目的主要目标是项目的总投资目标、总承包项目的成本目标、进度目标、安全目标和质量目标，以及相关方的满意度目标等。总承包项目管理的主要任务包括"四控、四管、一协调"。其中，"四控"是指安全目标控制、投资控制和总承包成本控制、进度控制、质量控制；"四管"是指信息管理、合同管理、生产要素管理、现场管理；"一协调"是指与工程项目总承包有关的组织和协调。

复习思考题

1. 简述基本建设的内容及其作用。
2. 简述基本建设的分类。
3. 简述建筑业在国民经济中的作用。
4. 简述基本建设与建筑业的关系。
5. 简述建设项目经济评价的含义及内容。
6. 简述建设项目可行性研究的内容。
7. 简述项目管理、工程项目管理及土木工程项目管理的内涵。

2 工程经济基础

2.1 资金的时间价值

2.1.1 资金时间价值的概念

资金的表现形式为货币，货币作为储藏手段保存起来，不论经过多长时间仍为同等的数量，不会发生数值的变化；但是将资金投入生产与流通环节后，由于劳动者的工作，使得资金在此过程中获得了一定收益，即资金发生增值。所谓资金的时间价值，就是指资金在生产和流通过程中随着时间推移而产生的增值。

在商品经济条件下，资金在投入生产与交换过程中产生了增值，给投资者带来利润，其实质是由于劳动者在生产与流通过程中创造了价值。从投资者的角度看，资金的时间价值表现为资金具有增值特性；从消费者的角度来看，由于资金用于投资后不能再用于现时消费，资金的时间价值是对放弃现时消费的损失的必要补偿。

资金的时间价值是客观存在的，充分利用资金时间价值并最大限度地获得其时间价值，是经济活动的一项基本原则。任何闲置的资金，都会损失资金的时间价值。因此，工程项目应加速资金周转，早期回收资金。

2.1.2 衡量资金时间价值的尺度

衡量资金时间价值的尺度有两种：其一为绝对尺度，即利息、盈利或收益；其二为相对尺度，即利率、盈利率或收益率。

1. 利息

利息是衡量资金时间价值的绝对尺度，是其最直观的表现。利息是劳动者为全社会创造的剩余价值（即社会纯收入）的再分配部分。借贷双方的关系是通过银行，在国家、企业、个人之间调节资金余缺的相互协作关系，所以贷款要计算利息；固定资金和流动资金的使用也采取有偿和付息的办法，其目的都是为了鼓励企业改善经营管理，鼓励节约资金，提高投资的经济效果。

2. 利率

利率是衡量资金时间价值的相对尺度，是指一个计算期内所得的利息额与借贷金额（本金）的比值。

$$利率（\%）=\frac{每单位时间增加的利息}{本金}\times100\% \qquad (2-1)$$

式中表示利息增加的时间单位，称为利率周期，通常有年、季、月或日等不同的利率周期，相应地分别有年利率、季利率、月利率等。

3. 利息和利率的关系

利息要依据利率来计算。通常在分析资金借贷时使用利息或利率的概念，在研究某项投资的经济效果时则常使用收益（或盈利）或收益率（或盈利率）的概念，项目投资通常是要求其收益大于应支付的利息，即收益率大于利率。收益与收益率是研究项目经济性的基本指标。

4. 利率的影响因素

一般说来，利息是平均利润（社会纯收入）的一部分，因而利率的变化受到平均利润率的影响。当其他条件不变时，平均利润率提高，利率也会相应提高；反之，则会相应下降。此外，利率的高低，还受借贷资金的供求情况、借贷风险的大小、借款时间的长短、商品价格水平、银行费用开支、社会习惯、国家利率水平、国家经济政策与货币政策等因素的影响。

2.1.3 计算资金时间价值的方法

由于利息是资金时间价值的最直观体现，计算资金时间价值的方法就是如何计算利息的问题。利息计算有单利计息和复利计息两种方法。

1. 单利

单利计息是指仅用本金计算利息，利息到期不付、不再生息。

设每期的利率相等，则本金 P 在第 t 期的利息额 I_t 及第 n 期期末的本利和 F_n 分别为：

$$I_t = Pi \tag{2-2}$$

$$F_n = P + \sum_{t=1}^{n} I_t = P + n \cdot Pi = P(1+ni) \tag{2-3}$$

单利法在一定程度上考虑了资金的时间价值；但对于前期已经产生的利息，没有考虑其滋生的利息，显然不够完善。

2. 复利

针对单利计息的不足，复利计息时，不仅本金计算利息，利息到期不付、也要生息，即根据本金与前期累计利息之和来计算当期利息。复利计息更符合资金在社会再生产过程中运动的实际状况，工程经济分析中一般采用复利计息。

设每期的利率相等，本金 P 在第 t 期的利息额 I_t 及第 n 期期末的本利和 F_n 分别为：

$$I_t = F_{t-1} \cdot i \tag{2-4}$$

$$F_n = P(1+i)^n \tag{2-5}$$

本利和 F_n 的公式（2-5）推导过程如表 2-1 所示。

复利本利和的计算 表 2-1

计算周期	期初本金	本期利息	期末本利和 F_n
1	P	$P \cdot i$	$F_1 = P + P \cdot i = P(1+i)$
2	$P(1+i)$	$P(1+i) \cdot i$	$F_2 = P(1+i)^2$
3	$P(1+i)^2$	$P(1+i)^2 \cdot i$	$F_3 = P(1+i)^3$
...	...	...	...
n	$P(1+i)^{n-1}$	$P(1+i)^{n-1} \cdot i$	$F_n = P(1+i)^n$

2.2 等 值 计 算

由于资金具有时间价值，即使金额相同，因其发生在不同时点，其价值也不相同；反之，不同时点金额不等的资金，即这些不同时点、不同数额的资金，其价值相等，谓之"资金等值"。在工程经济分析中，资金等值是一个非常重要的概念。因此，发生在不同时点的资金流入或流出不能直接求代数和；为了满足其可比性要求，需要进行资金等值计算。

2.2.1 工程经济分析中的现金流量及其表示

1. 项目计算期

项目计算期也称项目寿命周期，是指对拟建项目进行现金流量分析时应确定的项目服务年限。工程寿命周期是指从工程项目建设意图产生到工程项目废除的全过程，包括项目的决策阶段、实施阶段、运营阶段和清理阶段；工程建设周期包括项目的决策阶段和实施阶段，如图 2-1 所示。

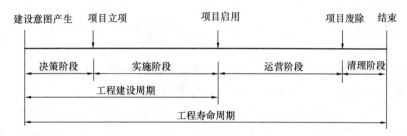

图 2-1　工程项目寿命周期

考虑项目未来越远，因素越难以准确判定，且因素的影响越小，故在对建设项目的决策评价时，对于生产运营型项目，一般确定项目计算期为 20 年；对于永久性工程如水库等，可将计算期适当延长，如 30 年；对于房地产开发项目，项目计算期则为"建设期＋销售期"；对于施工项目，项目计算期则为施工工期。

计算期包括建设期和运营（生产）期。建设期指从开始施工阶段到全部建成投产所需的时间年，应参照项目建设的合理工期或项目的建设进度合理确定；建设期的特点是只有投入，没有或少有产出。运营（生产）期指从建成到全部固定资产报废为止所经历的时间，包括投产期和达产期；应根据项目特点，参照项目的合理经济寿命确定。

对于不同的工程投资项目，其现金流量的分布、资金的回收时间安排往往会有差异。若项目的计算期确定得太短，就有可能在决定项目取舍或投资方案比较或选择时，错过一些具有更大潜在盈利机会的投资项目。但项目的计算期又不宜定得过长，一方面，经济情况发生变化的可能性会变大，从而使计算误差变大；另一方面，按折现法计算，将几十年后的收益金额折现为现值，数额较小，不会对评价结论发生关键性影响。因此，在工程投资项目的经济分析和投资决策过程中应该合理地确定项目的计算期。

2. 现金流量（Cash Flow）

一个建设工程项目，从筹建到投产、直到项目终止的整个时期，都要发生大量的资金流动；在其融资、投资和经营过程中投入的资金、花费的成本和获取的收益，均可看成是资金流出或资金流入。这种在整个项目期间各时点 t 上实际发生的资金流出或资金流入称为现金流量，其中流出系统的资金称为现金流出（Cash-Out Flow），用符号 CO_t 表示；流入系统的资金称为现金流入（Cash-In Flow），用符号 CI_t 表示；现金流入与现金流出之差称为净现金流量，用符号 $(CI-CO)_t$ 表示。

3. 现金流量图（Cash Flow Diagram）

现金流量图是描述现金流量作为时间函数的图形，它能形象直观地表示项目系统在整个寿命周期内各时间点上的现金流入与现金流出的状况，类似于力学中的受力分析图。

现金流量图包括三个要素：大小——现金流量的数额；流向——现金流入或流出；时点——现金流入或流出所发生的时间点。其一般形式如图 2-2 所示。

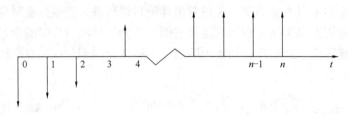

图 2-2　现金流量图的一般形式

在图 2-2 中，横轴称为时间轴，表示一个从 0 开始到 n 的时间序列；每一个刻度表示一个计息周期，如按年计息，则时间轴上的刻度单位就是年。

时间轴上，0 代表时间序列的起始点，从 1 到 n 分别代表各计息期的终点。每个时点既表示本时段结束，同时也表示下一时段的开始。如对于时点 2 来说，它既代表第 2 个计息期的终点（结束），又代表第 3 个计息期的起点（开始）。

采用各时点上垂直于横轴的有向箭线来描述现金流量，箭线的指向表示流入或流出；箭线的长度与其金额成正比，即金额越大，其相应箭线长度越长。

4. 现金流量图的绘制步骤

（1）画出时间轴。以横轴表示时间轴，从左向右进行等分格，每一格代表一个时间单位（年、月、季、周等，通常是一个计息周期）即一个时段，每个分格点（从 0 开始到 n）表示一个时点。

（2）标出现金流。现金流量用按大小比例绘制的有向箭线表示。一般把现金流入（Cash-In Flow）定为正值，标在时间轴上方，用箭头向上的箭线表示；把现金流出（Cash-Out Flow）定为负值，标在时间轴下方，用箭头向下的箭线表示。

确定现金流量的位置时，通常有两种处理方法：一种方法是工程经济分析中常用的，其规定是将现金流入（收益）标示在年（期）末，而现金流出（投资）标示在年（期）初；另一种方法是在项目财务评价中常用的，即以计息期末为现金流量的时点，无论现金的流入还是流出均标示在年（期）末。

【例 2-1】某投资项目，一次性投资 1000 万元，从第一年年末开始连续 3 年收益 200 万元，第四年年末收益 300 万元。试绘出其现金流量图。

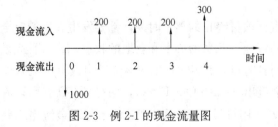

图 2-3　例 2-1 的现金流量图

【解】现金流量图见图 2-3 所示。

值得注意的是，对于同一项经济活动，站在不同的角度上，所绘制的现金流量图是不同的。

如"某企业从银行取得一笔贷款，日后某个时点偿本付息"这项经济活动，站在企业的角度上，获取贷款是现金流入，还本付息是现金流出；而站在银行的角度上，则放贷是现金流出，收取本息则是现金流入。

2.2.2 等值计算中的基本要素

等值计算中涉及的基本要素有现金流量、计息期数和利率等。

1. 有代表性的几种现金流量

（1）一次支付现金流量

具体有现值和终值两种，见图 2-4 所示。

① 现值 P（Present Value）。现值通常表示发生在建设初期，即 0 时点上的资金价值，或表示未来某时点之前的某时点的资金价值。

② 终值 F（Future Value）。终值又叫未来值、将来值，通常表示计算期期末的资金价值，或表示现在某时点之后的某时点的资金价值。

（2）等额支付流量年金 A（Annual Value）

狭义的年金是指连续发生在每年年末且数额相等的现金流序列；广义的年金是指连续发生在每期期末且数值相等的现金流序列。常见的如租金、利息、保险金、养老金等，通常都采取年金形式。

年金有后付年金、预付年金和延期年金之分。其中后付年金是指每期期末收、付款的现金流量序列，是最常用的年金形式；预付年金是指每期期初收、付款的现金流量序列，计算时要考虑款项提前收付的时间差异；延期年金是指距今若干期以后发生的每期期末收、付款的现金流量序列，计算时要考虑款项延期收付时间对货币资金价值的影响。常用的后付年金流量如图 2-5 所示。

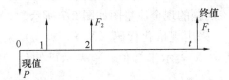
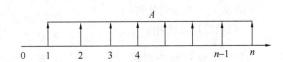

图 2-4 一次支付现值与终值的流量示意图 　　图 2-5 等额支付后付年金的流量示意图

（3）等差递增（减）流量 G

等差递增（减）流量 G 是指连续发生在每年年末且现金流量逐期等差递增（或递减）的现金流序列，其中逐期等差递增（或递减）时相邻两期资金的差额，以符号 G 表示，详见 2.2.3 节中的公式。

（4）时值

时值是指资金在某一特定时点上的价值。如现值就是 0 时点的时值，终值就是 n 时点的时值。

2. 计息期数 n

在利息计算中，表示计息周期的期数；在工程经济分析中，代表从开始投入资金到项目的寿命周期终结为止的整个期限。通常以"年"为单位，也可以以"半年"、"季"、"月"等为单位。

3. 计息利率 i

在工程经济分析中，把根据未来值求现值的过程叫贴现或折现；贴现时所用的利率称为计息利率或贴（折）现率。

2.2.3 等值计算公式

决定资金等值的因素主要有：资金的数额、资金的支付时间以及所采用的利率。

建设项目实施过程中的资金支付，按照其发生时间的连续程度，分为间断支付和连续支付；按支付次数的多少，分为一次支付和分期支付；按各期支付额度的数量规律，可分为等额支付和不等额支付。上述分类如图 2-6 所示。

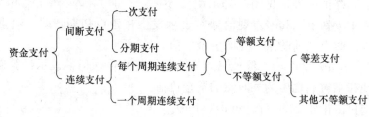

图 2-6　资金支付类型

1. 一次支付公式

一次支付是指在分析经济系统的现金流量时，现金流入或流出均在一个时点发生，即只处理现值 P 与终值 F 的等值换算。

图 2-7　一次支付复利终值的现金流量图

（1）一次支付复利终值公式

一次支付复利终值公式就是复利法的本利和计算公式（2-5），即 $F_n = P(1+i)^n$，其中因子 $(1+i)^n$ 称为一次支付复利终值系数。其具体描述为：已知 P、i、n，求终值 F。该问题的现金流量图如图 2-7 所示。

工程经济中，采用规格化代码 $(X/Y, i, n)$ 来表示上述因子，其中 X 表示未知值、Y 表示已知值。据此，一次支付复利终值系数 $(1+i)^n$ 应记为 $(F/P, i, n)$。

实际工作中，按不同期数、利率编制有各种因子的系数表，可方便地查表获得，避免了繁杂的数学计算。本书附录部分中列出了部分表格。

【例 2-2】某项目第一年初投资 1000 万元，第二年末再投资 1200 万元，年利率为 6%。问第四年末应回收多少资金该项目才可行？

【解】画出现金流量图，如图 2-8 所示。

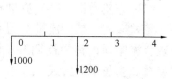

图 2-8　例 2-2 的现金流量图

将有关数据代入公式计算：

$$F = 1000(F/P, 6\%, 4) + 1200(F/P, 6\%, 2)$$
$$= 1000 \times 1.2625 + 1200 \times 1.1236$$
$$= 2610.82 \text{ 万元}$$

所以，第四年末至少应回收 2610.82 万元该项目才可行。

（2）一次支付复利现值公式

一次支付复利现值公式，可以通过一次支付复利终值公式进行逆运算获得。其具体描述为：已知 F、i、n，求现值 P。该问题的现金流量图如图 2-9 所示。

图 2-9　一次支付复利
现值的现金流量图

已知终值 F、求现值 P 的计算公式为：

$$P = F\left[\frac{1}{(1+i)^n}\right] \qquad (2\text{-}6)$$

式（2-6）中，$\frac{1}{(1+i)^n}$ 称为一次支付复利现值系数，记为 $(P/F,i,n)$，可查系数表获得。它与一次支付终值系数 $(F/P,i,n)$ 互为倒数，即 $(P/F,i,n)$ $= \frac{1}{(F/P,i,n)}$。

【**例 2-3**】某投资项目，预计在今后 3 年的每个年末均可获利 1000 万元，年利率为 6%。问：这些利润相当于现在获利多少？

【**解**】画出现金流量图，如图 2-10 所示。

将有关数据代入公式计算：

$$\begin{aligned}
P &= 1000\,(P/F,6\%,1) + 1000\,(P/F,6\%,2) + 1000\,(P/F,6\%,3) \\
&= 1000 \times (0.9433 + 0.8899 + 0.8396) \\
&= 2672.8 \text{ 万元}
\end{aligned}$$

即这些利润相当于现在获利 2672.8 万元。

2. 等额支付公式

一个经济系统分析期内的现金流量，除了一次支付类型外，多数是分布在整个分析期内的，即多次支付。现金流入和流出发生在多个时点的现金流量，其数额可以是不等的，也可以是相等的。当现金流序列是连续且数额相等时，则称为等额支付现金流。

（1）等额支付年金终值公式

对于一个经济系统，在每一个计息周期期末均支付相同的数额 A、年利率为 i 的情况下，求与 n 年内系统总现金流量的等值额，即求取系统 n 年后的一次支付终值，就是等额支付年金终值计算问题。其具体描述为：已知 A、i、n，求终值 F。其现金流量如图 2-11 所示。

图 2-10　例 2-3 的现金流量图　　　　图 2-11　等额支付年金终值的现金流量图

可以看到，第 1 年末的投资 A，在第 n 年末时的本利和为 $A(1+i)^{n-1}$；第 2 年年末的投资 A，$(n-1)$ 年后的本利和为 $A(1+i)^{n-2}$；第 3 年末的投资 A，$(n-2)$ 年后的本利和为 $A(1+i)^{n-3}$；依此类推，第 $(n-1)$ 年末的投资 A，1 年后的本利和为 $A(1+i)$；第 n 年末的投资 A，当年的本利和仍为 A。这样，这 n 年中每年年末投资 A，在 n 年后的本利和为：

$$\begin{aligned}
F &= A(1+i)^{n-1} + A(1+i)^{n-2} + A(1+i)^{n-3} + \cdots + A(1+i) + A \\
&= A\left[(1+i)^{n-1} + (1+i)^{n-2} + (1+i)^{n-3} + \cdots + (1+i) + 1\right]
\end{aligned}$$

根据首项为 1、公比为 $(1+i)$ 的等比数列求和公式，可知

$$F = A\left[\frac{(1+i)^n - 1}{i}\right] \tag{2-7}$$

式 (2-7) 称为等额支付年金终值公式，$\frac{(1+i)^n - 1}{i}$ 称为等额支付年金终值系数，记为 $(F/A, i, n)$。

应用式 (2-7) 的条件是：每期支付金额相同（A 值）；支付间隔相同（如一年）；每次支付都在对应的期末，即后付年值。特别需注意，终值与最后一期的支付是同时发生的。

【例 2-4】 某高速公路的贷款投资部分为 15 亿元，5 年建成，每年年末贷款投资 3 亿元。若年利率是 8%，求 5 年后的实际累计总投资额。

【解】 本题为等额支付年金终值计算问题，已知 $A = 3$ 亿元，$i = 8\%$，$n = 5$ 年，有

$$F = A(F/A, i, n) = 3(F/A, 8\%, 5) = 3 \times 5.8666 = 17.5998 \text{ 亿元}$$

此题表明，对于贷款投资的部分，除了在第 5 年末要归还 15 亿本金外，还需支付 2.5998 亿元的利息。

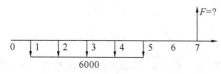

图 2-12 例 2-5 的现金流量图

【例 2-5】 某人从当年年末开始、连续 5 年，每年将 6000 元集资于企业；企业承诺在第七年年末本利一次偿还。若投资收益率为 15%，问此人到期可获得多少本利和?

【解】 画出现金流量图，如图 2-12 所示。

第一种计算方法：以时点 5 为等值转换点。

$$\begin{aligned}F &= 6000(F/A, 15\%, 5) \times (F/P, 15\%, 2) \\ &= 6000 \times 6.7424 \times 1.3225 \\ &= 53500.94 \text{ 元}\end{aligned}$$

第二种计算方法："用＋一法"计算

$$\begin{aligned}F &= 6000[(F/A, 15\%, 7) - (F/A, 15\%, 2)] \\ &= 6000 \times (11.0688 - 2.1500) \\ &= 53512.8 \text{ 元}\end{aligned}$$

【例 2-6】 按政府有关规定，学生在大学学习期间可享受政府贷款。某大学生在大学四年学习期间，每年年初从银行贷款 7000 元用以支付当年学费及部分生活费用。若年利率 5%，则此学生 4 年后毕业时借款本息一共是多少?

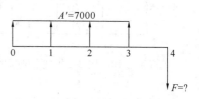

图 2-13 例 2-6 的现金流量图

【解】 每年的借款发生在年初，绘出问题的现金流量图如图 2-13 所示。

由图 2-13 知，这是预付年金，不满足等额支付复利终值公式中后付年金条件，不能直接套用公式 (2-7)，需要先将其处理为年末等值金额，再进行等额支付复利终值的计算。即

$$F = A'(1+i)(F/A, i, n)$$

$$=7000 \times (1+5\%)(F/A, 5\%, 4)$$
$$=7000(1+5\%) \times 4.310$$
$$=31678.5 \ 元$$

即毕业时借款本息一共是 31678.5 元。

(2) 等额支付偿债基金公式

在年利率为 i 的情况下，欲将第 n 年年末的资金 F 换算为与之等值的 n 年中每年年末的等额资金，称为等额支付偿债基金计算问题。其具体描述为：已知 F、i、n，求年金 A。其现金流量如图 2-14 所示。

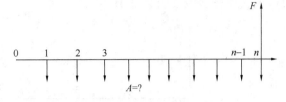

图 2-14 等额支付偿债基金的现金流量图

显见，等额支付偿债基金计算是等额支付复利终值计算的逆运算，易得到公式：

$$A = F\left[\frac{i}{(1+i)^n - 1}\right] \qquad (2\text{-}8)$$

式 (2-8) 称为等额支付偿债基金公式，$\dfrac{i}{(1+i)^n - 1}$ 称为等额支付偿债基金系数，记为 $(A/F, i, n)$。

【例 2-7】某企业计划自筹资金进行一项技术改造。预计 5 年后进行这项改造时需要资金 300 万元，若银行利率 8%，从今年起每年末应筹款多少？

【解】本题为等额支付偿债基金计算问题。已知 $F = 300$ 万元，$i = 8\%$，$n = 5$，有

$$A = F(A/F, i, n) = 300 \times (A/F, 8\%, 5) = 300 \times 0.1705 = 51.15 \ 万元$$

即企业每年末至少应筹款 51.15 万元方能满足 5 年后的资金需要。

【例 2-8】某企业当年初向银行贷款 50000 元用于购买设备，贷款年利率为 10%，银行要求在第 10 年末本利一次还清；企业计划在未来 6 年内，每年年末等额存入银行一笔钱，存款利率为 8%，以保证到时（第 10 年末）刚好偿还本利和。问：在前 6 年内，每年年末应等额存入多少？

【解】有多种解法，仅介绍一种。

计算贷款的本利和：

$$F = 50000(F/P, 10\%, 10)$$
$$= 50000 \times 2.5937$$
$$= 129685 \ 元$$

将 F 按 8% 换算为第 6 年年末值：

$$F_6 = F(P/F, 8\%, 4)$$
$$= 129685 \times 0.7350$$
$$= 95318.48 \ 元$$

将 F_6 换算为 6 年的等额存款：

$$A = F_6(A/F, 8\%, 6)$$
$$= 95318.48 \times 0.1363$$
$$= 12991.91 \ 元$$

（3）等额支付年金现值公式

在年利率为 i 的情况下，欲将 n 年中每年年末的等额资金 A，换算为与之等值的第 1 年年初的现值，称为等额支付年金现值计算问题。其具体描述为：已知 A、i、n，求现值 P。其现金流量图如图 2-15 所示。

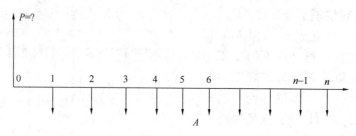

图 2-15　等额支付年金现值的现金流量图

求与 n 年内系统总现金流入值相当的系统期初现值 P，可以分两步走：先由等额支付年金终值公式 $F = A\left[\dfrac{(1+i)^n - 1}{i}\right]$ 求出与 n 年内系统总现金流入值相当的终值，再由一次支付复利现值公式 $P = F\left[\dfrac{1}{(1+i)^n}\right]$ 把终值折算成现值，于是有：

$$P = F\left[\frac{1}{(1+i)^n}\right] = A\left[\frac{(1+i)^n - 1}{i}\right]\left[\frac{1}{(1+i)^n}\right]$$

即
$$P = A\left[\frac{(1+i)^n - 1}{i\,(1+i)^n}\right] \tag{2-9}$$

式（2-9）称为等额支付年金现值公式，$\left[\dfrac{(1+i)^n - 1}{i\,(1+i)^n}\right]$ 称为等额支付年金现值系数，记为 $(P/A, i, n)$。

【例 2-9】一俱乐部会员每年的会费是 9000 元，一期 5 年。如果该俱乐部实施先付费后活动，加入俱乐部时需一次预存一期的费用。那么在年利率 6% 的情况下，现在应预存多少钱？

【解】本题为等额支付年金现值计算问题。已知 $A = 9000$ 元，$i = 6\%$，$n = 5$，有
$$P = A(P/A, i, n) = 9000 \times (P/A, 6\%, 5) = 9000 \times 4.2124 = 37911 \text{ 元}$$
即在年利率 6% 的情况下，缴纳一期会费现在应预存 37911 元。

需要注意的是，在大多数情况下，年金都是在有限时期内发生的，但实际中会遇到年金是无限期的情况。如股份公司的经营具有连续性，可认为具有无限寿命。因此，当式（2-9）中的 n 为无限时，就可得到永续年金的现值。即 $n \to \infty$ 时，有
$$\lim_{n \to \infty}\left[\frac{(1+i)^n - 1}{i\,(1+i)^n}\right] = \frac{1}{i}$$

此时 $P = \dfrac{A}{i}$，P 是永续年金 A 的现值；反过来，现在一笔资金的永续年金就是 $A = P \times i$。这两个公式在本书 3.3.2 节"寿命期无限的互斥方案比选"中有重要作用。

【例 2-10】某科技工业园欲在某高校设立每年 50 万元的奖学金，在年利率为 10% 的条件下，计算这笔奖学金（永续年金）的现值。

【解】
$$P = \frac{A}{i} = \frac{50}{10\%} = 500 \text{ 万元}$$

即该科技工业园现在拿出 500 万元，就可以在年利率为 10% 的条件下，保证每年提供 50 万元的奖学金。

（4）等额支付资金回收公式

在年利率为 i 的情况下，对于初期投资 P，欲在 n 年内每年年末以等额资金 A 回收的问题，就是等额支付资金回收计算。其具体描述是：已知 P、i、n，求年金 A。其现金流量图如图 2-16 所示。

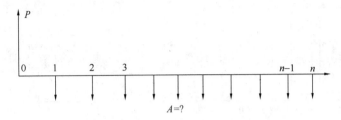

图 2-16　等额支付资金回收的现金流量图

可以看出，它是等额支付年金现值公式的逆运算，易由式（2-9）得：

$$A = P\left[\frac{i(1+i)^n}{(1+i)^n - 1}\right] \tag{2-10}$$

式（2-10）称为等额支付资金回收公式，$\frac{i(1+i)^n}{(1+i)^n - 1}$ 称为等额支付资金回收系数，记为 $(A/P, i, n)$。

由因子的数学换算易知，等额支付资金回收系数与等额支付偿债基金系数的关系为：

$$(A/P, i, n) = (A/F, i, n) + i \tag{2-11}$$

【例 2-11】 某集团欲投资 5000 万元新建一所民办学校，期望建成 10 年内收回投资。拟收取每个学生的学费是 12000 元/年，那么当年利率为 6% 时，平均每年在校学生数目至少应达到多少？

【解】 本题是等额支付资金回收计算问题。已知 $P = 5000$ 万元，$i = 6\%$，$n = 10$，则

$$A = P(A/P, i, n) = 5000(A/P, 6\%, 10)$$
$$= 5000 \times 0.1359 = 679.5 \text{ 万元}$$

$$\text{平均每年的在校学生数} = \frac{679.5 \times 10^4}{12000} \approx 566 \text{ 人}$$

以上公式中涉及的基本参数有 n、i、P、F、A 共 5 个。工程经济分析中的等值计算就是在上述 5 个参数中，按 4 个为一组，但 n 和 i 一定要出现的情况（不一定已知），已知其中 3 个求另外 1 个未知参数。

3. 不等额支付公式

不等额支付现金流量是指每期收支数额不相同的情况，在实际经济系统中更为常见。

（1）等差递增（减）流量的等值换算公式

在经济活动中，收支常是不等额的，其中有一种比较典型的现金流量类型，即现金流量序列在分析期内，每年年末发生的方向相同、大小按等额增加或减少的现金流量序列，称为等差递增（减）流量。如设备维护费用一般是逐年增加的，若每年按一个相对稳定的常数递增，就构成了一个等差递增现金流量。

等差递增流量的示意图如图 2-17（a）所示。它可以分解为两个部分：一是以第一年年末基础金额 A_1 为年值的等额序列，如图 2-17（b）所示；二是以等差额 G 为特征的等差序列（不含基础金额 A_1），如图 2-17（c）所示。由图可知，其特点有：

① 现金流量图左小右大，即为递增等差数列；

② 第一笔定差流量发生在经济系统的第二年。

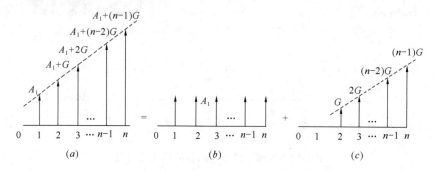

图 2-17　等差递增流量的示意图

分析图 2-17（c）所示现金流量，以此来推导等差递增流量的现值公式，记其等额现值为 P_G。由图易知：

$$P_G = G(1+i)^{-2} + 2G(1+i)^{-3} + \cdots + (n-2)G(1+i)^{-n+1}$$
$$+ (n-1)G(1+i)^{-n} \tag{2-12}$$
$$= G\sum_{t=1}^{n-1} t(1+i)^{-t-1}$$

对式（2-12）经数学换算，可得如下表达式：

$$P_G = G \cdot \frac{1}{i}\left[\frac{(1+i)^n}{i(1+i)^n} - \frac{n}{(1+i)^n}\right] \tag{2-13}$$

式中，$\dfrac{1}{i}\left[\dfrac{(1+i)^n}{i(1+i)^n} - \dfrac{n}{(1+i)^n}\right]$ 称为等差递增流量的现值系数，用符号 $(P/G, i, n)$ 表示。它适用于已知 G、i、n，求 P 的情况。

因此，图 2-17（a）所示的等差递增现金流量序列的等额现值为：

$$P = P_{A_1} + P_G = A_1\frac{(1+i)^n - 1}{i(1+i)^n} + G \cdot \frac{1}{i}\left[\frac{(1+i)^n}{i(1+i)^n} - \frac{n}{(1+i)^n}\right]$$
$$= A_1(P/A, i, n) + G(P/G, i, n) \tag{2-14}$$

当为等差递减流量即现金流量为左大右小时，P_G 表示的是从等额部分 P_A 中减去对应不等额部分的复利现值，此时等差递减流量的等额现值是 P_A 与 P_G 之差。

对于等差序列现金流量而言，等额现值为：

$$P = A_1(P/A, i, n) \pm G(P/G, i, n) \tag{2-15}$$

式（2-15）中，经相应等值变换，可求得等差递增现金流量序列的年值 A。其因子表达复杂、计算耗时，通常采用规格化代码 $(X/Y, i, n)$ 的表达如下：

$$A = A_1 \pm G(A/G, i, n) \tag{2-16}$$

以上各等差因子实际中可由有关复利因子表查得，避免了烦琐的计算。

【例 2-12】某机器第一年的维修费用为 5000 元，以后 9 年每年递增 1000 元。若年利

率 i 为 10%，那么这 10 年维修费用的现值、年值各为多少？

【解】绘出该机器维修费用的现金流量图如图 2-18 所示。

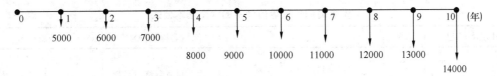

图 2-18　某机器维修费用的现金流量图

该问题相当于一个以 $A_1 = 5000$ 的等额支付系列和以 1000、2000、3000、…、9000 组成的等差递增系列组合而成。

由式（2-9）和式（2-7）可得等额支付系列的现值为：
$$P_{A_1} = A_1(P/A, 10\%, 10) = 5000 \times 6.1446 = 30723 \text{ 元}$$

由式（2-15）、式（2-16）可得等差递增系列的现值和年值分别为：
$$P_G = G(P/G, 10\%, 10) = 1000 \times 22.8991 = 22899.1 \text{ 元}$$
$$A_G = G(A/G, 10\%, 10) = 1000 \times 3.725 = 3725 \text{ 元}$$

综合以上两步，可得该问题的现值和年值分别为：
$$P = P_{A1} + P_G = 30723 + 22899 = 53622 \text{ 元}$$
$$A = A_1 + A_G = 5000 + 3725 = 8725 \text{ 元}$$

（2）一般不等额支付现金流量序列的等值换算

若每期期末的现金收支不等，且无一定的规律可循，就采用复利公式 $F = P(1+i)^n$ 或 $P = F(1+i)^{-n}$ 分项计算后求和。

【例 2-13】某工程项目按有关规定，要求建成投产前的投资总额不能超过 3000 万元，计划 3 年建成。按工程进度分配，计划第 1 年年末投资 1200 万元，第 2 年年末投资 1000 万元，第 3 年年末投资 800 万元，银行贷款利率 8%。那么，实际可用于建设的投资总额现值为多少？

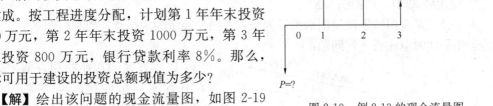

图 2-19　例 2-13 的现金流量图

【解】绘出该问题的现金流量图，如图 2-19 所示。
$$P = 1200(P/F, 8\%, 1) + 1000(P/F, 8\%, 2) + 800(P/F, 8\%, 3)$$
$$= 1200 \times 0.9259 + 1000 \times 0.8573 + 800 \times 0.7938$$
$$= 1111.08 + 857.3 + 635.04 = 2063.42 \text{ 万元}$$

由计算可知，工程建成投产前的总投资限定为 3000 万元，实际用在工程建设上投资总额的现值只是 2063.42 万元，其中第 1 年年末投资的现值为 1111.08 万元，第 2 年年末投资的现值为 857.3 万元，第 3 年年末投资的现值为 635.04 万元。

2.2.4　等值计算公式的应用

以上资金时间价值等值计算公式中，一次支付复利终值公式、一次支付复利现值公式、等额支付年金终值公式、等额支付年金现值公式、等额支付偿债基金公式、等额支付资金回收公式等是最为常用的六个基本公式；不等额支付现金流量的复利公式则是在前述公式基础上的应用与推广。在六个基本公式中，又以复利终值（或现值）公式为最基本的公式，其他公式则是在此基础上经数学运算得到的。归纳六个基本公式如表 2-2 所示。

资金时间价值等值计算的六个基本公式   表 2-2

支付方式	已知	求解	公式	系数名称及符号	现金流量图
一次支付	P	F	一次支付复利终值公式 $F = P(1+i)^n$ 一次支付复利现值公式 $P = F\dfrac{1}{(1+i)^n}$	一次支付复利终值系数 $(F/P, i, n)$ 一次支付复利现值系数 $(P/F, i, n)$	
	F	P			
等额支付	A	F	等额支付年金终值公式 $F = A\left[\dfrac{(1+i)^n-1}{i}\right]$ 等额支付偿债基金公式 $A = F\left[\dfrac{i}{(1+i)^n-1}\right]$	等额支付年金终值系数 $(F/A, i, n)$ 等额支付偿债基金系数 $(A/F, i, n)$	
	F	A			
	A	P	等额支付年金现值公式 $P = A\left[\dfrac{(1+i)^n-1}{i(1+i)^n}\right]$ 等额支付资本回收公式 $A = P\left[\dfrac{i(1+i)^n}{(1+i)^n-1}\right]$	等额支付年金现值系数 $(P/A, i, n)$ 等额支付资本回收系数 $(A/P, i, n)$	
	P	A			

1. 应用公式时应注意的问题

由于公式是按照特定流量图来推导因子，并据此表示为规格化代码和编制系数表，在具体运用公式时应注意下列问题：

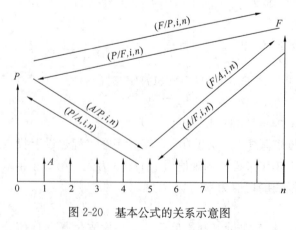

图 2-20 基本公式的关系示意图

（1）方案的初始投资，假定发生在方案的寿命期初，即"零点"处；方案的经常性支出假定发生在计息期末；现值 P 是指换算到分析期期初的现金流量，终值 F 是指换算到分析期期末的现金流量，年值 A 是指换算到分析期内各年年末的等额现金流量；等差递增的等值公式也是根据特定流量推导出来的。因此，只有满足这样的条件，才能直接套用公式；否则需进行适当的变换计算。

（2）理清公式的来龙去脉，灵活运用。公式之间存在内在联系，一些公式互为逆运算，其关系如图 2-20 所示。

显见，互为倒数关系的系数如下，即

$$(P/F,i,n) = \frac{1}{(F/P,i,n)} \quad (F/A,i,n) = \frac{1}{(A/F,i,n)} \quad (P/A,i,n) = \frac{1}{(A/P,i,n)}$$

在等差递增序列现金流中，如果没有等额流量值 A，即 $A=0$，则有

$$(P/G,i,n) = \frac{1}{(G/P,i,n)}$$

要注意的是，只有在 i 及 n 条件相同的情况下，且 P、F、A、G 等满足推导公式的假定条件下，上述系数之间的关系才能够成立。抓住各系数之间的关系，就抓住了计算公式的关键。

（3）应用公式进行资金的等值计算时，要充分利用现金流量图。现金流量图不仅可以清晰准确地反映方案的现金收支情况，而且有助于准确确定计算期数。

2. 未知计息期数 n 或利率 i 的计算

前述的等值换算，是在已知计息期数 n 和利率 i 的条件下，完成不同时点 P、F、A 之间的转换。在实践中，还会遇到计息期数 n 或利率 i 未知的情况；一般采用内插法进行计算。

（1）未知计息期数的计算

【例 2-14】某投资项目预计每年有 10 万元的收益，在投资收益率为 10% 时，企业希望项目结束时一次性回收资金 100 万元，那么该投资项目的使用年限至少应为多少年？

【解】根据题意，已知 $F=100$ 万元，$A=10$ 万元，$i=10\%$，求期数 n。

由等额支付年金终值公式可知，$100=10 (F/A, 10\%, n)$，即 $(F/A, 10\%, n) = 10$。

查利率为 10% 的复利系数表可知：$n=7$ 时，$(F/A, 10\%, 7) = 9.4872$；$n=8$ 时，$(F/A, 10\%, 8) = 11.4359$。因此，满足 $(F/A, 10\%, n) = 10$ 的 n 位于 7 和 8 之间。采用内插法计算如下：

$$n = 7 + \frac{10 - 9.4872}{11.4359 - 9.4872} \times (8-7) = 7.26 \text{ 年}$$

即该投资项目使用年限至少应为 7.26 年。

（2）未知利率的计算

【例 2-15】某公司于第一年年初借款 20000 元，每年年末的还本付息额为 4000 元，连续 9 年还清。借款利率为多少？

【解】根据题意，已知 $P=20000$，$A=4000$，$n=9$，求利率 i。

由等额支付年金现值公式可知，$20000=4000 (P/A, i, 9)$，即 $(P/A, i, 9) = 5$。

复利系数表是按不同利率值分别编制的。在 $i=12\%$ 的表中查得，$(P/A, i, 9) = 5.3282$；在 $i=15\%$ 的表中查得，$(P/A, i, 9) = 4.7716$。因此，满足 $(P/A, i, 9) = 5$ 的利率 i，应位于 12% 和 15% 之间。采用内插法计算可得：

$$i = 12\% + \frac{5.3282 - 5}{5.3282 - 4.7716} \times (15\% - 12\%) = 13.7\%$$

即借款利率为 13.7%。

2.3 名义利率与实际利率

在工程项目经济分析中，通常是采用年利率，同时也以年为计息周期。但在实际经济

活动中，计息周期与利率周期可能会不相同，即按年利率计算复利时，可能是一年计息一次、半年计息一次、每季度计息一次等。当利率的时间单位与计息周期的时间单位不一致时，就产生了名义利率与实际利率的区别。

2.3.1 基本概念

常见的计息周期为一年的年利率，其计息周期与利率周期一致，称为实际年利率。更为广义的是，只要满足计息周期与利率周期一致，就是实际利率。比如，计息周期为半年的半年利率，就是实际的半年利率；计息周期为三个月的季度利率，就是实际的季度利率。在 2.2 节的等值换算中，都要求计息周期与利率周期一致，即应当是实际利率方可。

对于计息周期小于一年的年利率，由于其计息周期与利率周期不一致，显然有别于实际年利率，因此称其为名义年利率。更为广义的是，只要计息周期与利率周期不一致，那么该利率就是名义利率。比如，计息周期为"月"的季度利率，就是名义季度利率；计息周期为"季度"的半年利率，就是名义半年利率。

2.3.2 名义利率与实际利率的关系

实际经济分析中，通常名义年利率比较普遍，而实际利率形式多样。在进行工程经济分析时，每年计息期数不同的名义年利率之间、名义利率与实际利率之间，显然不具备可比性；一般主要考虑名义年利率与计息周期实际利率、名义年利率与实际年利率的关系问题。

1. 名义年利率 $i_{名}$ 与周期利率 $i_{周期}$ 的关系

以 $i_{名}$ 表示名义年利率，若一年中计息次数为 m，则有下式成立：

$$i_{名} = i_{周期} \times m \tag{2-17}$$

式中　$i_{周期}$——与计息周期对应的实际利率，称为周期利率。

例如，一年计息 2 次的 8% 年利率，是指名义年利率 $i_{名} = 8\%$、周期利率 $i_{周期} = 4\%$，其中 4% 是对应于半年计息周期的实际利率。

也就是说，与计息周期对应的实际利率，即 $i_{周期}$，其计算公式为：

$$i_{周期} = \frac{i_{名}}{m} \tag{2-18}$$

2. 名义年利率 $i_{名}$ 与实际年利率 $i_{实}$ 的关系

考虑年利率 i、但一年中计息 m 次的情况，显然这是应当根据复利基本公式，采用计息周期实际利率来计算在一年中实际滋生的利息，再据此由公式（2-1）确定实际年利率。

以 $i_{实}$ 表示实际年利率，根据复利计息基本公式，一笔期初为 P 的本金，对于一年中计息 m 次的名义年利率 $i_{名}$，应按与计息周期对应的实际利率，即 $i_{周期}$，计算其在 1 年后的本利和 F，具体为：

$$F = P\left(1 + \frac{i_{名}}{m}\right)^{m} \tag{2-19}$$

其在一年中滋生的利息为：

$$I = F - P = P\left(1 + \frac{i_{名}}{m}\right)^{m} - P \tag{2-20}$$

那么，实际年利率 $i_{实}$ 是一年内滋生利息额与年初本金之比，计算如下：

$$i_{实} = \frac{F - P}{P} = \frac{P\left(1 + \frac{i_{名}}{m}\right)^{m} - P}{P} = \left(1 + \frac{i_{名}}{m}\right)^{m} - 1 \tag{2-21}$$

式中 $i_实$——实际年利率；

　　$i_名$——名义年利率；

　　m——一年内计息次数。

由上述过程可知，名义年利率的实质是计息期小于 1 年的年利率，在实际计算时没有考虑前期计息周期中所产生利息的利息，忽略了时间因素；而实际年利率才真实地反映资金的时间价值。

名义年利率与实际年利率的关系，实质上与单利和复利的关系是一样的。也就是说，若按单利计息，显然名义年利率与实际年利率就是一致的；但按复利计算时，由式（2-21）可知，通常是实际年利率大于名义年利率，即当 $m=1$（即一年计息一次）时，名义年利率 $i_名$ 等于实际年利率 $i_实$；当 $m>1$（即一年计息多次、实际计息周期短于一年时），实际年利率 $i_实$ 要高于名义年利率 $i_名$。

【例 2-16】如果年利率为 12%，那么在按月计息的情况下，半年的实际利率为多少？实际年利率又是多少？

【解】计息周期为一个月，则实际月利率为 12%/12=1%。

半年的计息次数为 6 次，则半年的实际利率为：

$$i_{实,半年} = \left(1+\frac{i_名}{m}\right)^m - 1 = \left(1+\frac{6\%}{6}\right)^6 - 1 = 6.15\%$$

一年的计息次数为 12 次，则实际年利率为：

$$i_实 = \left(1+\frac{i_名}{m}\right)^m - 1 = \left(1+\frac{12\%}{12}\right)^{12} - 1 = 12.68\%$$

即半年的实际利率为 6.15%，实际年利率为 12.68%。

对于名义年利率为 12%、不同计息周期的实际年利率，如表 2-3 所示。

不同计息周期下 $i_名=12\%$ 的实际年利率 $i_实$　　　　表 2-3

计息周期	年计息次数	周期利率 $i_名/m$（%）	实际年利率 $i_实$（%）
年	1	12.000	12.000
半年	2	6.000	12.360
季度	4	3.000	12.551
月	12	1.000	12.683
周	52	0.2301	12.734
日	365	0.0328	12.747
连续	∞	—	12.750

更进一步，分别计算不同名义年利率和计息周期下的实际年利率，如表 2-4 所示。

不同名义年利率和计息周期下的实际年利率　　　　表 2-4

计息周期 （复利计算）	年复利 周期数（m）	相应名义年利率下的实际年利率（%）				
		5%	10%	12%	15%	20%
年	1	5	10	12	15	20
半年	2	5.06	10.25	12.36	15.56	21
季度	4	5.09	10.38	12.55	15.81	21.55
月	12	5.12	10.47	12.68	16.08	21.94
日	365	5.13	10.52	12.75	16.18	22.13

从表 2-3 和表 2-4 中可以看出如下规律：名义年利率越大，实际计息周期越短，实际年利率 $i_{实}$ 与名义年利率 $i_{名}$ 的差异就越大。

【例 2-17】 某公司向国外银行贷款 200 万元，借款期 5 年，年利率为 15％，但每周复利计息一次。在进行经济评价时，该公司把 15％（名义年利率）误认为实际年利率。问该公司少算多少利息？

【解】 该公司原计算的本利和 F_0 为：

$$F_0 = P(F/P, 15\%, 5) = 200 \times 2.0114 = 402.28 \text{ 万元}$$

由于每周复利一次，就是一年内计息 52 次，因此实际年利率 $i_{实}$ 为：

$$i_{实} = \left(1 + \frac{i_{名}}{m}\right)^m - 1 = \left(1 + \frac{15\%}{52}\right)^{52} - 1 = 16.16\%$$

所以实际本利和 F_1 应为：

$$F_1 = P(F/P, 16.16\%, 5) = 200 \times 2.1149 = 422.98 \text{ 万元}$$

可见，该公司少算利息为

$$F_1 - F_0 = 422.98 - 402.28 = 20.70 \text{ 万元}$$

2.3.3 连续复利时的实际年利率

当计息周期为一定的时间区间（如年、季、月等）并按复利计息，称为间断复利；如果计息周期无限缩短，则称为连续复利。

连续复利中，计息周期无限缩短，即在一年中按无限多次计息，就是当 $m \to \infty$ 时，计算此时的实际年利率；对公式（2-21）求取 $m \to \infty$ 时的极限

$$i_{实} = \lim_{m \to \infty} \left[\left(1 + \frac{i_{名}}{m}\right)^m - 1 \right] = e^{i_{名}} - 1 \tag{2-22}$$

式中，e 为自然对数的底。

从理论上讲，资金是在不停地运动，每时每刻都通过生产和流通在增值，应采用连续复利计息；但在实际活动中，没有必要无限缩短计息周期，通常都采用较为简单的间断复利计息。

2.3.4 名义利率和实际利率的应用

在工程经济分析中，依据资金时间价值原理进行资金等值计算是基础工作。应用 2.2 节中基本公式时，应注意要求使用实际利率；否则，应当考虑名义利率与实际利率的关系。

1. 计息周期与支付周期一致的情况

【例 2-18】 设年利率为 8％，每季度计息一次，每季度末借款 1400 元，连续借 16 年，求与其等值的第 16 年末的未来值为多少？

【解】 本例中，计息周期、支付周期均为"季度"，属于间断复利；与其相应的实际利率为：

$$i_{季度} = i_{名}/4 = 8\%/4 = 2\%$$

因此，对于 $P = 1400$ 元、$i_{季度} = 2\%$、$n = 16 \times 4 = 64$ 季度的等值换算问题，可按等额支付年金终值公式计算如下：

$$F = A(F/A, i, n) = 1400 \times (F/A, 2\%, 64) = 178604.53 \text{ 元}$$

即，与其等值的第 16 年末的未来值 178604.53 元。

2. 计息周期短于支付周期的情况

【例 2-19】设年利率为 10%，每半年计息一次，从现在起连续 3 年每年末等额支付 500 元，求与其等值的现值为多少？

【解】本例中，计息周期为"半年"、支付周期为"一年"，属于间断复利。有不同方法分别如下：

方法一，以支付周期"一年"为基础，需要依据相应的实际利率来应用等值计算公式。

题知"年利率为 10%，每半年计息一次"，因此，实际年利率为：

$$i_{实} = \left(1 + \frac{i_{名}}{m}\right)^m - 1 = \left(1 + \frac{10\%}{2}\right)^2 - 1 = 10.25\%$$

所以，

$$P = A(P/A, 10.25\%, 3) = \frac{500 \times (1 + 10.25\%)^3 - 1}{10.25\% \times (1 + 10.25\%)^3} = 1237.97 \text{ 元}$$

方法二，题知"年利率为 10%，每半年计息一次"，计息周期的半年利率就是实际利率，即半年实际利率为 10%/2＝5%；根据等值换算公式的要求，视每年末等额支付的 500 元为一次支付，就可直接利用一次支付复利现值公式进行计算，其中期数分别为 2、4、6，如图 2-21 (*a*) 所示。

$$P = 500 \times (1 + 5\%)^{-2} + 500 \times (1 + 5\%)^{-4} + 500 \times (1 + 5\%)^{-6}$$
$$= 1237.97 \text{ 元}$$

方法三，取一个按年发生的资金支付周期，使年末支付 500 元变成等值的、与计息周期半年一致的等额支付系列，从而保证计息周期和支付周期保持一致，可直接用半年实际利率代入等值换算公式计算，详见图 2-21 (*b*) 所示。

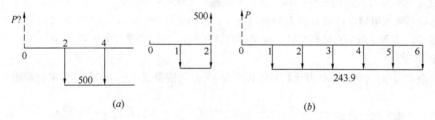

图 2-21　例 2-19 的现金流量图

每年末等额支付的 500 元，在"年利率为 10%，每半年计息一次"的条件下，等价于每半年末存入 243.9 元；连续 3 年每年末等额支付的 500 元，在"年利率为 10%，每半年计息一次"的条件下，其等额现值为 1237.97 元，详见下述计算。

$$A = 500 \times (A/F, i, n)$$
$$= 500 \times (A/F, 10\%/2, 2)$$
$$= 500 \times 0.4878$$
$$= 243.9 \text{ 元}$$
$$P = A(P/A, i, n)$$
$$= 243.9 \times (P/A, 5\%, 6)$$
$$= 243.9 \times 5.0757$$
$$= 1237.97 \text{ 元}$$

复 习 思 考 题

1. 何谓资金的时间价值？如何衡量资金时间价值的大小？

2. 单利与复利有什么不同？试举例说明。

3. 绘制现金流量图的目的及主要注意事项是什么？

4. 等值计算中的基本要素有哪些？

5. 常用的复利因子有哪些？它们之间有什么关系？

6. 什么是名义利率和实际利率？它们之间的关系是什么？

7. 向银行贷款 10 万元，借款期为 5 年，试分别用 6% 单利和 6% 复利计算 5 年后的利息总额并比较其大小。

8. 某施工企业现在对外投资 200 万元，5 年后一次性收回本金和利息，若年收益率为 8%，则总计可以收回资金多少万元？

9. 设定年利率为 8%，现在应存款多少，方能在第 5 年、第 10 年、第 15 年和第 20 年年末分别取款 1500 元？

10. 某工程预计 8 年建成，每年年末投资 200 万元，年利率为 8%，求建成时实际投资总额。

11. 某公司要在第 5 年年末还清 20 万元的贷款，设年利率为 8%，问该公司从现在起每年年末应存入银行多少钱？

12. 如果第一年年初存入 1000 元，以后 9 年每年存款递增 150 元，设定利率为 8%，则这笔存款折算为等额年金为多少元？

13. 某企业从设备租赁公司租借一台设备。该设备的价格为 48 万元，租期为 6 年，折现率为 12%。若按年金法计算，则该企业每年年末等额支付和每年年初等额支付的租金分别为多少万元？

14. 现在投资 10000 元，预计在 10 年内每年年末有 1500 元的收益，则这笔资金的收益率是多少？

15. 设定利率为 12%，现在投资 10 万元，经过多久才能收回 30 万元？

16. 兴建一座水电站，计划 10 年后建成发电。工程初始投资 100 万元，5 年时再投资 200 万元，10 年时再投资 250 万元。投资由银行贷款，设定年利率为 8%；这笔贷款在发电后 20 年中等额偿还。请问每年应偿还多少元？

17. 某企业向银行借款 1000 万元，其年利率为 5%。如按季度计息，则第 3 年末应偿还本利和累计为多少？

18. 某企业拟向银行贷款 250 万元，6 年还清本利和。现有甲银行提出按年利率 18%、半年复利计息，乙银行提出按年利率 17%、季度复利计息。请问向哪家银行贷款较为有利？

3 投资方案经济效果评价

3.1 项目现金流量及构成

在工程经济分析中，通常将工程项目或技术方案视为一个独立的经济系统，来考察系统的经济效果。对一个系统而言，凡在某一时点上流出系统的货币称为现金流出或负现金流量；流入系统的货币称为现金流入或正现金流量；同一时间点上的现金流入和现金流出的代数和称为净现金流量。

3.1.1 项目现金流量

任何工程项目的建设与经营都离不开现金。现金是随时或者很快可以支付的资产，其最大特点是流动性很强。任何一个工程项目在建成之前都需要支出费用以论证决策、建设施工和管理等，这些费用的支出在实践中一般是以现金形式支付；而项目建成投产运营后，一般既有营业成本、税金等现金的流出，也有营业活动等带来的现金流入。现金流量就是指工程项目的现金与现金等价物的流入与流出。工程项目现金流量的事前估计，是工程经济分析的基础工作。

3.1.2 项目收入

项目收入主要包括项目营业收入和项目补贴收入。

1. 项目营业收入

一般是指项目在运营阶段生产销售产品和提供服务所获取的收入。一般而言，对于生产型建设项目，是指项目建成后的产品销售收入；对于服务型建设项目，是指项目建成后服务收入；对于房地产开发项目，是指项目建成后的房地产销售收入；对于施工项目，是指施工项目完成施工合同所获得的结算收入。

2. 项目补贴收入

一般是指项目符合国家或地方鼓励发展与建设的政策，获得政府性财政补贴、贴息、专项经费补助等补贴性收入。

有的经营性公益事业项目、基础设施项目，如城市地铁项目、垃圾处理项目等，政府除了采用投资补助、贷款贴息等方式予以支持外，有的还在运营期内给予一定数额的财政补助，以维持项目正常运营，并使投资者能获得合理的收益。有的项目按税法规定的退税也属补贴收入。

此外，在对项目的经济评价中，计算期内回收的流动资产和计算期末回收的项目固定资产净残值作为项目的现金流入，应在现金流量表中体现。

3.1.3 项目费用

项目费用是指项目在工程寿命周期即建设与运营阶段所发生的费用支出。项目计算期费用一般包括项目总投资、项目技术转让费、经营成本和相应的税费。项目总投资由建设投资、建设期利息和流动资金构成，项目技术转让费是指项目在生产运营阶段购买技术专利等知识产权所支付的费用。

在对项目的财务经济评价中，计算期内的项目总投资、项目技术转让费、经营成本和相应的税费均作为项目的现金流出，应在现金流量表中体现；在对项目的国民经济评价中，相应的税费实质是对国家和社会所产生的效益，故不作为项目的现金流出。

1. 建设投资

建设投资是指在工程寿命周期内项目形成固定资产投资所发生的费用。它包括项目在建设期内所发生的工程费用、工程建设其他费用和建设期利息。在经济评价中对项目总投资进行估算时，把建设投资划分为工程费用、工程建设其他费用和预备费用。工程费用包括建筑工程费、设备购置费和安装工程费；工程建设其他费用包括土地使用费、与项目建设有关的其他费用、与未来企业生产经营有关的其他费用；预备费用包括基本预备费和涨价预备费。

与项目建设有关的其他费用包括建设单位管理费、工程监理费、研究试验费、勘察设计费、工程保险费、建设单位临时设施费、引进技术和设备进口项目的其他费用。

与未来企业生产经营有关的其他费用包括：联合试运转费、生产准备费和办公及生活家具购置费。

基本预备费是指在项目实施中可能发生但在决策阶段难以预料的支出，需要事先预留的费用，一般由下列三项内容构成：

（1）在批准的设计范围内，技术设计、施工图设计及施工过程中所增加的工程费用；经批准的设计变更工程、变更材料、局部地基处理等增加的费用；

（2）一般自然灾害造成的损失和预防自然灾害所采取的措施费用；

（3）竣工验收时为鉴定工程质量对隐蔽工程进行必要的挖掘和修复费用。

涨价预备费是指对项目建设期间由于价格变化引起工程造价变化需要预留的费用。包括人工、设备、材料、施工机械的价差费，建筑安装工程费及工程建设其他费用调整，利率、汇率调整等增加的费用。

2. 建设期利息

建设期利息是指项目在建设期内通过向金融机构贷款获得固定资产投资而发生的贷款利息。由于项目在建设期内一般不能产生收益来偿还贷款利息，故建设期利息一般都转化为本金在项目运营阶段偿还。

项目建设期利息的确定与偿还按项目建设投资单位和金融机构签订的贷款协议的约定执行。在项目决策阶段，因项目还未付诸实施，一般采用借款额在各年年内均衡发生，故对项目进行经济评价时设定为建设期内每年贷款发生在年中间，并按复利方式还本付息。

【例 3-1】某投资项目建设期为 3 年，在建设期第一年贷款 100 万元，第二年贷款 300 万元，第三年贷款 200 万元，贷款年利率为 10%。项目经济评价时用复利法计算的该项目建设期利息应为多少万元？

【解】第一年贷款利息：$100 \times 10\% \times \frac{1}{2} = 5$ 万元

第二年贷款利息：$(100+5) \times 10\% + 300 \times 10\% \times \frac{1}{2} = 25.5$ 万元

第三年贷款利息：$(400+5+25.5) \times 10\% + 200 \times 10\% \times \frac{1}{2} = 53.05$ 万元

建设期利息为：5＋25.5＋53.05＝83.55 万元

【例 3-2】某投资项目建设期为 3 年，在建设期第一年贷款 100 万元，第二年贷款 300 万元，第三年贷款 200 万元，贷款年利率为 10％，贷款时间均发生在每年的年初。项目经济评价时用复利法计算的该项目建设期利息应为多少万元？

【解】第一年贷款利息：$100×10％＝10$ 万元

第二年贷款利息：$(100＋10)×10％＋300×10％＝41$ 万元

第三年贷款利息：$(400＋10＋41)×10％＋200×10％＝65.1$ 万元

建设期利息为：$10＋41＋65.1＝116.1$ 万元

对比例 3-1 与例 3-2，两者的建设期利息额相差较大；因此，在项目决策阶段对建设期利息的估算，可采用例 3-1 的方法，也可根据实际情况，采用例 3-2 的方法。

3. 流动资金

对于建设单位，流动资金是项目建成后用于项目生产与销售使用的周转资金；对于施工单位，流动资金是项目施工前用于工、机、料准备的周转资金。流动资金分为自有流动资金和流动资金借款，自有流动资金又称为铺底流动资金。在项目评价中考虑的流动资金，是伴随固定资产投资而发生的永久性流动资产投资，它等于项目投产后所需全部流动资产扣除流动负债后的余额。项目在生产期内流动资金借款每年付息，计算期末回收全部流动资金。

4. 总成本费用

总成本费用是指项目生产与销售所发生的全部费用，项目工厂成本加上销售费用即构成总成本费用。项目工厂成本包括折旧、摊销费用与流动资金利息、物料投入与工资（包括原材料、燃料、动力等）以及其他费用、房产税、土地使用税、车船使用税等。

5. 经营成本

项目经济评价的现金流量表中的经营成本，是指不包括折旧、（维简费——矿山项目中出现）、摊销费和流动资金利息的成本费用，这些属于成本摊销的费用不计入经营成本。因此，经营成本可按下式计算：

$$经营成本 ＝ 总成本费用－折旧－摊销费－流动资金利息 \tag{3-1}$$

或 经营成本 ＝ 外购原材料费＋外购燃料动力费＋工资及福利费＋修理费＋其他费用

$$\tag{3-2}$$

总成本费用、工厂成本与经营成本的构成关系如表 3-1 所示。

运营期费用构成关系表　　　　　　　　　　表 3-1

		折旧	
		摊销费	
		流动资金利息	
	工厂成本	外购原材料费	
总成本费用		外购燃料动力费	经营成本
		工资及福利费	
		修理费	
		其他费用	
		房产税、土地使用税、车船使用税	
	销售费用	销售费用	

6. 项目评估涉及的税费

项目评估涉及的税费除房产税、土地使用税、车船使用税外，还包括销售税金（消费税、增值税、城市维护建设税等）、教育费附加、营业外净支出（如防洪费、残疾人基金等）、销售利润中应缴的资源税和利润总额中应缴的企业所得税。

现行《建设项目经济评价方法》中的项目投资现金流量表，是站在项目全部投资的角度，对项目从开始论证直到项目结束期间各年现金流量所进行的系统、连续的表格式反映，如表3-2所示。

项目投资现金流量表 表3-2

序号	项目	合计	计算期					
			1	2	3	4	…	n
1	现金流入							
(1)	营业收入							
(2)	补贴收入							
(3)	回收固定资产余额							
(4)	回收流动资金							
2	现金流出							
(1)	建设资金							
(2)	流动资金							
(3)	经营成本							
(4)	销售税金及附加							
(5)	维持营运投资							
3	所得税前净现金流量（1-2）							
4	累计所得税前净现金流量							
5	调整所得税							
6	所得税后净现金流量（3-5）							
7	累计所得税后净现金流量							

计算指标：

项目投资财务内部收益率（%）（所得税前）

项目投资财务内部收益率（%）（所得税后）

项目投资财务净现值（所得税前）（i）

项目投资财务净现值（所得税后）（i）

项目投资回收期（年）（所得税前）

项目投资回收期（年）（所得税后）

3.1.4 固定资产及其折旧

基本建设活动的成果就是形成一定的固定资产，因而项目收入中有计算期末回收的项目固定资产净残值，项目费用中的总成本费用、经营成本计算时需考虑固定资产的折旧。

1. 固定资产的概念和特征

固定资产是指企业为生产商品、提供劳务、出租或经营管理而持有的，使用寿命超过一年的有形资产，包括房屋建筑、机器设备、运输设备、工具仪器等。其主要特征如下：

（1）使用期限较长。固定资产的使用期限至少在一年以上，有的可达十几年甚至数十年，能在多个生产经营周期内发挥作用。

（2）保持原有实物形态。固定资产在使用过程中一直保持原有实物形态而发挥整体性的功能，其形态不因损耗而改变。

（3）价值逐渐转移。固定资产在使用过程中，其价值随着固定资产的磨损而逐渐转移到成本费用中去，直至其寿命终结，价值方能转移完毕。

（4）不以销售为目的。固定资产是为企业的生产经营服务的，不同于以销售为目的的房屋建筑物、机器设备等商品产品。

（5）属于有形资产。固定资产是具有实物形态的有形资产，而企业拥有的各种权利，如专利权、商标权、著作权、土地使用权等，虽然也具有使用时间长的特征，但不是有形的，而是无形资产。

2. 固定资产的计价标准

固定资产计价是指根据对固定资产的管理与核算的不同要求，从价值上对固定资产进行确认和计量。它包括计价方法和价值构成两个方面。固定资产计价是正确反映固定资产增减变动情况及其实际价值，正确计提固定资产折旧的必要前提。由于固定资产在长期使用过程中存在着实物形态和价值形态不同步变化的分离状况，因此，按固定资产计价的目的不同，主要有以下三种计价标准。

（1）历史成本价值

历史成本价值又称原始成本价值，简称原值，是指企业为购置或建造固定资产，并把它投入使用时的全部支出。一项固定资产，为了达到可使用状态，其总成本除了直接发生的购建价款外，还应当包括运杂费、包装费、安装费、税金等必要的支出。

（2）重置完全价值

重置完全价值又称重置成本，是指在目前的生产技术条件下，重新购置、建造和安装某项固定资产所需要的全部支出。这一计价方法，仅适用于无法取得购入时的原始成本的固定资产计价，如接受捐赠、盘盈的固定资产，或按规定需要对价值重新评估的固定资产等。

（3）净值

固定资产净值又称折余价值，是指固定资产历史成本或重置成本减去已提折旧后的余额。它可以反映企业固定资产实际的占用价值及其新旧程度。

上述三种计价方法，在固定资产的管理与核算上具有不同的作用。历史成本价值可充分反映固定资产的初始投资及企业的生产能力和规模，并且是确定计提固定资产折旧的基础；重置完全价值为需要重新估价的固定资产提供客观的确认依据和计算方法；净值反映固定资产尚未折耗的实有价值，与原值相比，可以反映固定资产的新旧程度。

3. 固定资产折旧

（1）概念

固定资产折旧，是指在固定资产的使用寿命内，按照确定的方法对应计折旧额进行的系统分摊。它实质上反映的是，固定资产在使用过程中逐渐损耗而转移到成本费用中去的那部分价值，即企业在生产经营过程中按其使用年限递延摊销的固定资产损耗价值。

（2）影响折旧计算的因素

计算固定资产折旧时，应考虑以下三个因素：

① 固定资产的原值。一般为购置固定资产时一次性支付的费用，又称初始费用。

② 净残值。即固定资产的残值减去其清理费用以后的余额。

③ 折旧年限。即按财政部规定的折旧率每年提取折旧，使设备的账面价值为零所需要的时间。

（3）固定资产折旧的计算方法

计提固定资产折旧，一般采用平均年限法和工作量法。对技术进步较快或使用寿命受工作环境影响较大的施工机械和运输设备，可以采用双倍余额递减法或年数总和法。选用不同的固定资产折旧方法，将影响固定资产使用寿命期间内不同时期的折旧费用。因此，固定资产的折旧方法一经确定，不得随意变更。

1）一般折旧法

一般折旧法是较之加速折旧法而言的，包括平均年限法和工作量法。

① 平均年限法。也称直线折旧法，是指按固定资产预计使用年限平均计算折旧的一种方法。采用这种方法计算的每期（年、月）折旧额都是相等的。其计算公式如下：

$$年折旧额 = (固定资产原值 - 预计净残值) \times 年折旧率 \qquad (3-3)$$

$$其中，年折旧率 = 1/折旧年限 \times 100\% \qquad (3-4)$$

$$或者 \qquad 年折旧额 = 固定资产原值 \times 年折旧率 \qquad (3-5)$$

$$其中 \qquad 年折旧率 = (1 - 预计净产值率)/折旧年限 \times 100\% \qquad (3-6)$$

净残值率按 $3\% \sim 5\%$ 确定。

$$固定资产月折旧率 = 固定资产年折旧率 \div 12 \qquad (3-7)$$

$$固定资产月折旧额 = 固定资产原值 \times 固定资产月折旧率 \qquad (3-8)$$

【例 3-3】通用机械设备的资产原值（包括购置、安装、单机调试和筹建期的借款利息）为 2500 万元，折旧年限为 10 年，净残值率为 5%，按平均年限法计算折旧额。

【解】$年折旧率 = \dfrac{1 - 5\%}{10} \times 100\% = 9.5\%$

年折旧额 $= 2500 \times 9.5\% = 237.5$ 万元

平均年限法的特点：每年的折旧额相等；只考虑资产存在时间，未考虑资产的使用强度。该法适用于生产较为均衡的固定资产。

② 工作量法。工作量法是按照固定资产预计可完工的工作量计提折旧额的一种方法。这种方法实际上是平均年限法的一种演变。常用的有工作时数法和行驶里程法。

a. 工作时数法。按固定资产总工作时数平均计算折旧额，适用于机器设备，如大型专用设备，根据工作小时计算折旧费。

$$每工作小时折旧额 = \dfrac{原值 \times (1 - 预计净残值率)}{总工作小时} \qquad (3-9)$$

$$年折旧额 = 每工作小时折旧额 \times 年工作小时 \qquad (3-10)$$

b. 行驶里程法。按固定资产行驶里程平均计算折旧额，适用于机动车辆、船舶等运输工具，如客运汽车，按行驶里程计算折旧费。

$$单位里程折旧额 = \dfrac{原值 \times (1 - 预计净残值率)}{总行驶里程} \qquad (3-11)$$

年折旧额＝单位里程折旧额×年工作小时 (3-12)

行驶里程法的特点：使用年限内每年的单位折旧额不变，年折旧额随年实际工作量而变。

【例3-4】 某公司有货运卡车一辆，原值为150000元，预计净残值率为5％，总行驶里程为600000km；当年行驶里程为60000km，该项固定资产的年折旧额是多少？

【解】 单位里程折旧额$=\dfrac{150000\times(1-5\%)}{600000}\times100\%=0.2375$ 元/km

本年折旧额$=60000\times0.2375=14250$ 元

2) 加速折旧法

这种折旧计算方法，是在固定资产使用年限前期多提、后期少提折旧，使固定资产价值在使用年限内尽早得到补偿。常用的有双倍余额递减法和年数总和法。

① 双倍余额递减法。这是在不考虑固定资产净残值的情况下，根据每期固定资产账面价值和双倍的直线法折旧率计算固定资产折旧的一种方法。

采用这种方法，折旧率不变，固定资产账面价值随着折旧的计提逐年减少，因此各期计提的折旧额必然逐年减少。其计算公式如下：

$$年折旧率＝2/折旧年限\times100\% \tag{3-13}$$
$$固定资产年折旧额＝固定资产账面价值\times年折旧率 \tag{3-14}$$
$$月折旧率＝固定资产年折旧率\div12 \tag{3-15}$$
$$固定资产月折旧额＝固定资产账面价值\times月折旧率 \tag{3-16}$$

采用双倍余额递减法计提折旧的固定资产，应当在固定资产使用后期，当发现某期按双倍余额递减法计算的折旧小于该期剩余年限按直线法计提的折旧时，将固定资产净值扣除预计净残值后按剩余年限平均分摊。实际应用中，一般是在其固定资产折旧年限到期前两年内，改为直线法计提折旧，即最后两年的折旧额相等。

双倍余额递减法的特点：折旧年限初期年折旧额大，后期年折旧额小；最后两年采用直线折旧。

【例3-5】 一台机床原值4万元，预计残值1000元，使用5年，用双倍余额递减法计算各年折旧额。

【解】 年折旧率$=2/5\times100\%=40\%$

第1年折旧额：$4\times40\%=1.6$ 万元

第2年折旧额：$(4-1.6)\times40\%=0.96$ 万元

第3年折旧额：$(4-1.6-0.96)\times40\%=0.576$ 万元

第4、5年折旧额：$[(4-1.6-0.96-0.576)-0.1]/2=0.382$ 万元

② 年数总和法。年数总和法是将固定资产的原值减去净残值后的净额乘以一个逐年递减的分数计算每年折旧额的一种方法。逐年递减分数的分子为该项固定资产年初时尚可使用年数，分母为该项固定资产使用年数的逐年数字总和，假设使用年限为N年，分母即为$1+2+3+\cdots+N=N(N+1)/2$。这个分数因逐年递减，为一个变数。而作为计提折旧依据的固定资产原值和净残值则各年相同。因此，采用年数总和法计提折旧各年提取的折旧额必然逐年递减。其计算公式如下：

$$年折旧率＝\dfrac{折旧年限-已使用年限}{折旧年限\times(1+折旧年限)\div2}\times100\% \tag{3-17}$$

固定资产年折旧额＝(固定资产原值－预计净残值)×年折旧率 (3-18)

年数总和法的特点：年折旧率和年折旧额都逐年减少。

【例3-6】某固定资产原值为50000元，预计使用年限为5年，净残值为2000元，用年数总和法计算各年折旧额。

【解】第1年至第5年各年的折旧率依次为5/15、4/15、3/15、2/15、1/15。

第1年折旧额：(50000－2000)×5/15＝16000元

第2年折旧额：(50000－2000)×4/15＝12800元

第3年折旧额：(50000－2000)×3/15＝9600元

第4年折旧额：(50000－2000)×2/15＝6400元

第5年折旧额：(50000－2000)×1/15＝3200元

(4) 项目经济评价中的固定资产折旧计算

项目经济评价对固定资产的折旧计算，是将项目建设期利息计入了固定资产价值后的折旧，一般采用平均年限法。其计算公式为：

$$固定资产年折旧额＝\frac{固定资产投资形成额＋建设期利息－净残值}{折旧年限} \quad (3-19)$$

其中 固定资产投资形成额＝固定资产投资×固定资产投资形成率 (3-20)

折旧年限＝项目计算期－项目建设期 (3-21)

【例3-7】例3-1所示投资项目，除贷款资金600万元外，建设单位自有建设资金200万元。项目建成后固定资产投资形成率为90％，净残值率为5％，计算期20年。计算项目经济评价时的固定资产年折旧额。

【解】$固定资产年折旧额＝\frac{(600＋200)×90％＋83.55－(600＋200)×5％}{20－3}＝$
44.915万元

3.2 项目经济效果评价的基本指标

为了对工程项目的经济效果作出评价，需要设定经济评价指标；为了确保评价的系统和全面，需要采用一系列指标从多方面进行分析和考察。

3.2.1 项目的经济效果及评价原则

1. 工程项目的投资经济效果

人们为达到一定目的而进行的实践活动，都有"效果"和"经济效果"的问题。经济效果，是指效果和劳动消耗量的比较，是对实践活动的关于劳动消耗量的节约或浪费的评价。

工程项目的投资经济效果，是指投入工程项目建设的人力、物力和财力，经过工程项目建设活动所得到的效果。它反映了工程项目建设领域的劳动消耗（活劳动与物化劳动）和由此获得的固定资产之间的关系，直接体现在由工程项目建设创造出来的生产性和非生产性固定资产上。

2. 项目投资方案的经济效益

所谓经济效益，就是指实现了的经济效果，即有用的效果，是被社会所承认和需要的，而且为产生这"效果"所消耗的劳动也是节约的。讲求经济效益，就是要以尽量少的活劳动消耗和物化劳动消耗，生产出更多符合社会需要的产品。作为工程项目投资来说，经济效益就是指投资建设的项目是发展国民经济和改善人民生活所需要的，所付出的投资是节约的。

3. 投资方案经济效果的评价原则

工程项目投资的经济效果，不仅反映在工程造价上，还反映在工程质量、建设速度上。评价时，不仅要考虑个别工程项目的投资经济效果和整个国民经济的投资经济效果，即包括微观经济效果和宏观经济效果；还要统一考虑建设过程中和投产使用后的效果，即包括近期效果与远期效果。此外，工程项目投资的经济效果，既包含可以计量的因素，也包含不可计量的因素，评价时都要给以考虑。

3.2.2 项目评价指标的分类

为了全面地反映项目的经济效果，形成了不同的项目经济评价指标和方法。按照是否考虑资金的时间价值，经济效果评价指标分为静态评价指标和动态评价指标。不考虑资金时间价值的评价指标称为静态评价指标；考虑资金时间价值的评价指标称为动态评价指标。静态评价指标主要用于数据不完备和精确度要求较低的项目初选阶段；动态评价指标则用于项目最后决策的可行性研究阶段。采用静态指标评价项目经济效果的方法称为静态评价方法；采用动态指标评价项目经济效果的方法称为动态评价方法。

常用评价指标及分类见图3-1所示。

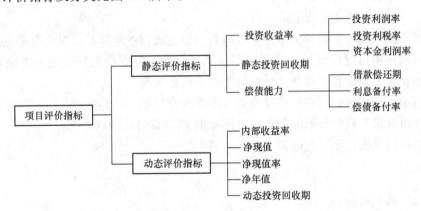

图 3-1　常用评价指标及分类

3.2.3 静态评价指标

常用的静态评价指标有投资收益率、投资回收期、借款偿还期、利息备付率、偿债备付率等，本书中只介绍前两个指标。

1. 投资收益率 R

投资收益率是指项目达到设计生产能力后一个正常年份的年净收益额与项目总投资的比率；对生产期内各年的净收益额变化幅度较大的项目，则应计算生产期内年平均净收益额与项目总投资的比率。投资收益率也叫作投资效果系数，是评价投资方案盈利能力的静态指标，表明投资方案正常生产年份中，单位投资每年所创造的年净收益额。其计算公式为：

$$R = \frac{A}{I}$$ (3-22)

式中 R——投资收益率;

   A——正常年份的净收益或平均净收益，根据不同的分析目的，可以是纯利润，也可以是利润税金总额，还可以是年净现金流入;

   I——为投资总额，包括固定资产投资和流动资金等。

评价方案经济效果时，将计算出的投资收益率 R 与所确定的基准投资收益率 R_C 进行比较。若 $R \geqslant R_C$，则方案可以考虑接受; 若 $R < R_C$，则方案应予以拒绝。

投资收益率指标未考虑资金的时间价值，且没有考虑项目建设期、寿命期等因素，一般仅用于技术经济数据尚不完整的项目初步研究阶段。

2. 静态投资回收期 P_t

静态投资回收期 P_t（Pay Back Period）又称投资返本期，是指从项目投建之日起，用项目各年的净收入将全部投资回收所需要的期限。对投资者来说，投资回收期越短越好。其表达式为:

$$\sum_{t=0}^{P_t} (CI - CO)_t = 0$$ (3-23)

式中 P_t——静态投资回收期;

   CI——第 t 年的现金流入量;

   CO——第 t 年的现金流出量。

静态投资回收期一般以年为单位，可以自项目建设投产年算起; 对建设单位来说，投资回收期一般自项目建设开始年算起，即包括建设期。静态投资回收期可借助现金流量表，根据净现金流量计算。其具体计算分为以下两种情况:

（1）当项目建成投产后各年的净收益（即净现金流量）均相同时，自项目建设投产年算起和自项目建设开始年算起的静态投资回收期 P_t 计算公式分别如下:

①自项目建设投产年算起时:

$$P_t = \frac{I}{A}$$ (3-24)

式中 P_t——静态投资回收期;

   I——投资总额，包括固定资产投资和流动资金等;

   A——每年的净收益，即 $A = CI - CO$。

【例 3-8】新建某工厂一次性投资总额是 8 亿元，建成后投产量达到设计标准时，该厂的年销售收入是 7 亿元，年产品经营成本是 6.2 亿元。求该厂投产多少年后可以偿还项目的总投资?

【解】已知 $P = 8$ 亿元，$A = 7 - 6.2 = 0.8$ 亿元，所以静态投资回收期为:

$$P_t = \frac{I}{A} = \frac{8}{0.8} = 10 \text{ 年}$$

即该厂投产 10 年后可以偿还项目总投资。

② 自项目建设开始年算起时:

如果从建设开始年算起，其计算式为:

$$P_t = \frac{I}{A} + m \tag{3-25}$$

式中　m——项目的建设期，其他符号同式（3-24）。

【例 3-9】某工程项目期初投资总额 1000 万元，2 年建成投产；投产后每年的净收益是 250 万元。该项目的投资回收期为多少？

【解】　$P_t = \dfrac{I}{A} + m = \dfrac{1000}{250} + 2 = 6$ 年

（2）项目建成投产后各年的净收益不相同时，则静态投资回收期 P_t 可根据累计净现金流量计算求得，如图 3-2 所示，也就是在现金流量表中累计净现金流量由负值变为零的时点。

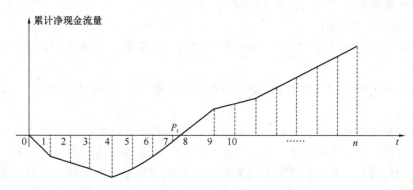

图 3-2　静态投资回收期示意图

其计算公式为：

$$P_t = T - 1 + \frac{\left|\sum_{t=0}^{T-1}(CI - CO)_t\right|}{(CI - CO)_T} \tag{3-26}$$

式中　　　　　T——方案各年累计净现金流量首次为正或零的年数；

$\left|\sum_{t=0}^{T-1}(CI - CO)_t\right|$——方案第（$T-1$）年累计净现金流量的绝对值；

$(CI - CO)_T$——方案第 T 年的净现金流量。

【例 3-10】某项目的各年投资现金流量数据如表 3-3 所示，计算该项目的静态投资回收期。

某项目投资现金流量表　　　　　　　　　　　　　　　　　表 3-3

计算期	1	2	3	4	5	6	7	8
现金流入			800	1200	1200	1200	1200	1200
现金流出	600	900	500	700	700	700	700	700
净现金流量	−600	−900	300	500	500	500	500	500
累计净现金流量	−600	−1500	−1200	−700	−200	300	800	1300

【解】根据式（3-26）可得：

$$P_t = 6 - 1 + \frac{|-200|}{500} = 5.4 \text{ 年}$$

通常，与标准投资回收期 P_c 进行比较，若 $P_t \leqslant P_c$，表明项目投入的总资金能在规定的时间内收回，则方案可以考虑接受；若 $P_t > P_c$，则方案不可行。标准投资回收期 P_c 可以是国家或部门制定的标准，也可以是企业自己的标准，其确定的主要依据是全社会或全行业投资回收期的平均水平，或者是企业根据自己的目标所期望的投资回收期水平。

静态投资回收期指标容易理解，计算也比较简便，在一定程度上反映了资本的周转速度。显然，资本周转速度愈快，静态投资回收期越短，风险越小，技术方案抗风险能力强。因此，在项目经济效果评价中一般都要求计算静态投资回收期，以反映技术方案原始投资的补偿速度和技术方案投资风险性。但是，静态投资回收期只能作为一种辅助指标，不能单独使用。其原因是：第一，没有考虑资金的时间价值；第二，没有考虑回收以后的情况，不能全面反映项目在整个寿命期内真实的经济效果。

投资回收期和投资收益率的优点是简单易懂，缺点是太粗糙，没有全面考虑投资方案整个寿命期内现金流量的大小和发生的时间。

3.2.4 动态评价指标

常用的动态评价指标有动态投资回收期、现值（或年值）、内部收益率、外部收益率、净现值率等。

讨论动态评价指标时，首先要了解基准收益率 i_c 这一重要参数以考虑资金时间价值。

1. 基准收益率的概念

基准收益率也称基准折现率，是企业或行业投资者以动态的观点所确定的可接受的项目（方案）最低标准的收益水平。其在本质上体现了投资决策者对项目（方案）资金时间价值的判断和对项目（方案）风险程度的估计，是投资资金应当获得的最低盈利率水平，是评价和判断项目（方案）在财务或经济上是否可行和项目（方案）比选的主要依据。因此基准收益率确定得合理与否，对项目（方案）经济效果的评价结论有直接的影响，定得过高或过低都会导致投资决策的失误。基准收益率是一个重要的经济参数，根据不同角度编制的现金流量表，计算所需的基准收益率应有所不同。

在政府投资项目以及按政府要求进行财务评价的建设项目中采用的行业财务基准投资收益率，应根据政府的政策导向进行确定；在企业各类技术方案的经济效果评价中参考选用的行业财务基准投资收益率，应在分析一定时期内国家和行业发展战略、发展规划、产业政策、资源供给、市场需求、资金时间价值、技术方案目标等情况的基础上，结合行业特点、行业资本构成情况等因素综合测定；在中国境外投资的技术方案财务基准投资收益率的测定，应首先考虑国家风险因素；投资者自行测定技术方案的最低可接受财务收益率，除了应考虑企业类的因素外，还应根据自身的发展战略和经营策略、技术方案的特点和风险、资金成本、机会成本等因素综合测定。

2. 动态投资回收期 P'_t

动态投资回收期是指在给定的基准收益率下，用方案各年净收益现值来回收全部投资现值所需的时间。其计算表达式为：

$$\sum_{t=0}^{P'_t} (CI - CO)_t (1 + i_c)^{-t} = 0 \qquad (3-27)$$

式中　　P'_t——动态投资回收期；

　　　　CI——第 t 年的现金流入量；

　　　　CO——第 t 年的现金流出量；

　　　　i_c——基准收益率。

实际中通常是根据方案的现金流量采用表格计算的方法，计算公式为：

$$P'_t = T - 1 + \frac{\left| \sum_{t=0}^{T-1} (CI - CO)_t (1 + i_c)^{-t} \right|}{(CI - CO)_T (1 + i_c)^{-T}} \qquad (3\text{-}28)$$

式中　　　　　　　　　　T——方案各年累计净现金流量折现值首次为正或零的年数；

$\left| \sum_{t=0}^{T-1} (CI - CO)_t (1 + i_c)^{-t} \right|$——方案第（$T-1$）年累计净现金流量折现值的绝对值；

$(CI - CO)_T (1 + i_c)^{-T}$——方案第 T 年的净现金流量折现值。

通常，当 $P'_t \leqslant n$ 时，项目可行，其中 n 为项目的寿命期；反之，则不可行。

【例 3-11】某项目有关数据如表 3-4 所示。基准折现率 $i_c = 10\%$，试计算动态投资回收期并判断该项目的可行性。

动态投资回收期现金流量表　　　　　　　　　　　　　　　表 3-4

年份 t	0	1	2	3	4
1. 投资支出	-20	-500	-100		
2. 净收入				150	250
3. 净现金流量 $(CI-CO)_t$	-20	-500	-100	150	250
4. 现值系数 $(1+10\%)^{-t}$	1.0	0.9091	0.8264	0.7513	0.683
5. 折现值	-20	-454.6	-82.6	112.7	170.8
6. 累计折现值	-20	-474.6	-557.2	-444.5	-273.7

年份 t	5	6	7	8	9	10
1. 投资支出						
2. 净收入	250	250	250	250	250	250
3. 净现金流量 $(CI-CO)_t$	250	250	250	250	250	250
4. 现值系数 $(1+10\%)^{-t}$	0.6209	0.5645	0.5132	0.4665	0.4241	0.3855
5. 折现值	155.2	141.1	128.3	116.6	106	96.4
6. 累计折现值	-118.5	22.6	150.9	267.5	373.5	469.9

【解】计算各年净现金流量的累计折现值 $\sum_{t=0}^{T-1} (CI - CO)_t (1 + i_c)^{-t}$。很明显，动态投资回收期应在第 5 年和第 6 年之间，根据式（3-28）计算得：

$$P'_t = 6 - 1 + \frac{|-118.5|}{141.1} = 5.84 \text{ 年}$$

动态投资回收期 $P'_t = 5.84$ 年＜寿命 $n = 10$ 年，项目可以被接受。

与静态投资回收期指标相比较，动态投资回收期考虑了资金的时间价值，因此其一般大于静态投资回收期；计算较为复杂，通常只宜用于辅助性评价。

3. 净现值 NPV (Net Present Value)

（1）净现值的定义

净现值指标是对投资项目进行动态评价的重要指标之一，它要求考察项目寿命期内每年发生的现金流量。净现值指建设项目按部门或行业的基准收益率，将各年的净现金流量折现到建设起点的现值之和，它是反映项目在计算期内获利能力的动态指标，其表达式为：

$$NPV = \sum_{t=0}^{n} (CI - CO)_t \, (1 + i_c)^{-t} \qquad (3-29)$$

式中　CI——第 t 年的现金流入量；

　　　CO——第 t 年的现金流出量；

　　　i_c——基准收益率；

　　　n——项目的寿命期。

（2）净现值的经济含义及判别准则

净现值 NPV 表示了在设定基准收益率 i_c 的情况下，方案在不同时点发生的净现金流量折现到期初时，整个寿命期内所能得到的净收益。净现值等于零，表示项目刚好达到所预定的收益率；净现值大于零，表示除保证项目得到预定的收益率时，尚可获得更高的收益；而净现值小于零，表示项目达不到所预定的收益率水平。因此净现值法的判别准则是：当 $NPV \geqslant 0$，则项目应予接受；若 $NPV < 0$，则项目应被否定。

净现值的计算，可以根据现金流量表列表计算，也可以直接利用净现金流量折现公式计算，还可以用逐年收入现值总和与逐年支出现值总和的差额确定。

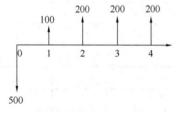

图 3-3　某项目现金流量图

【例 3-12】某项目各年的净现金流量（单位：万元）如图 3-3 所示，试用净现值指标判断项目的可行性（$i_c = 10\%$）。

【解】$NPV = -500 + 100 \, (P/F, 10\%, 1)$
$\qquad\qquad + 200(P/A, 10\%, 3)(P/F, 10\%, 1)$
$\qquad\quad = 43.08$ 万元 > 0

由于 $NPV > 0$，故项目在经济效果上是可以接受的。

（3）净现值指标的优缺点

净现值指标的优点是计算较简便，考虑了资金的时间价值，考虑了项目整个寿命期内的现金流入流出情况，计算结果稳定，不会因现金流量换算方法的不同而带来差异。

净现值指标的缺点是预先给定折现率 i_c，这给项目决策带来了困难。由式（3-29）易知，净现值的大小与折现率 i_c 有很大关系：当 i_c 变化时，NPV 也随之变化。考虑具有常规现金流量的投资方案，即在计算期内开始时有支出而后才有收益且方案的净现金流量序列的符号只改变一次，其净现值的大小随着折现率的增大而单调减小，二者关系见图 3-4 所示。

另外，用于多方案比较时，没有考虑各方案投资的大小，不能直接反映资金的利用效率；当方案间的初始投资额相差较大时，可能出现失误。

（4）净现值率指标

为了考察资金的利用效率，通常会采用净现值率作为净现值的辅助指标。所谓净现值率，是按设定折现率求得的项目计算期的净现值与其全部投资现值绝对值的比率，记

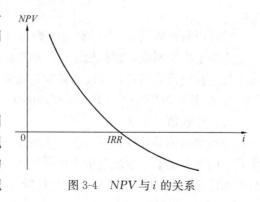

图 3-4　NPV 与 i 的关系

作 $NPVR$，经济含义是单位投资现值所能带来的净现值，计算式为：

$$NPVR = \frac{NPV}{|I_p|} = \frac{\sum_{t=0}^{N}(CI - CO)_t(1+i_c)^{-t}}{\left|\sum_{t=0}^{n}I_t(1+i_c)^{-t}\right|} \tag{3-30}$$

式中　$|I_p|$——全部投资现值的绝对值；

　　　I_t——第 t 年的投资额。

净现值率表明单位投资的盈利能力或资金的使用效率。净现值率的最大化，将使有限投资额取得最大的净贡献。

净现值率的判别准则：对单一方案评价而言，NPV 与 $NPVR$ 是同向的，即 $NPV \geqslant 0$ 时，$NPVR \geqslant 0$，故二者是等效的，方案可行；反之，方案不可行。

净现值率 $NPVR$ 主要用于多方案比较中，详见 3.3.3 及 3.3.4 节。

4. 净年值 NAV（Net Annual Value）及净未来值 NFV（Net Future Value）

（1）净年值 NAV 的定义是方案寿命期内的净现值利用复利方法平均分摊到各个年度而得到的等额年盈利额，其表达式为：

$$NAV = NPV(A/P, i_c, n) \tag{3-31}$$

其经济含义是项目在寿命期内收益的年金额，判别准则是当 $NAV \geqslant 0$，则项目应予接受；若 $NAV < 0$，则项目应被否定。

（2）净未来值 NFV 的定义是在方案寿命期期末按复利方式计算的全部现金流量的等效终值之和，其表达式为：

$$NFV = \sum_{t=0}^{n}(1+i_c)^{n-t} \tag{3-32}$$

$$NFV = NPV(F/P, i_c, n) = NAV(F/A, i_c, n) \tag{3-33}$$

其经济含义是项目在寿命期内收益的年终值额，判别准则是当 $NFV \geqslant 0$，则项目应予接受；若 $NFV < 0$，则项目应被否定。

易知，净年值 NAV 及净未来值 NFV 是净现值 NPV 的等值换算额。但 NFV 的经济效益表达不如净现值 NPV 直观，因而实际中不常采用；净年值 NAV 一般是在寿命不等的多方案比较时应用以简化计算，详见 3.3.2 节。

5. 费用现值 PC（Present Cost）和费用年值 AC（Annual Cost）

在对多个方案比较选优时，如果诸方案产出价值相同，或者诸方案能够满足同样需要但其产出效益难以用价值形态（货币）计量（如环保、教育、保健、国防类项目）时，可以通过各方案费用现值 PC 或费用年值 AC 的比较进行选择。

费用现值 PC 的定义式为：

$$PC = \sum_{t=0}^{n}CO_t(1+i_c)^{-t} \tag{3-34}$$

费用现值 AC 的定义式为：

$$AC = PC(A/P, i_c, n) \tag{3-35}$$

费用现值和费用年值指标通常用于多个方案的比选，其假定参与比选的各个方案是可行的；其判别准则是：费用现值或费用年值最小的方案为优。

6. 内部收益率 IRR（Internal Rate of Return）

（1）内部收益率 IRR 的定义

内部收益率 IRR 是指在方案寿命期内，使净现金流量现值为零时的折现率，即 NPV $(IRR)=0$；也就是说，按这个折现率考虑资金时间价值，项目的现金流入现值和恰等于现值流出现值和。其表达式为：

$$\sum_{t=0}^{n} (CI - CO)_t (1 + IRR)^{-t} = 0 \qquad (3\text{-}36)$$

$$或 \sum_{t=0}^{n} CI_t (1 + IRR)^{-t} = \sum_{t=0}^{n} CO_t (1 + IRR)^{-t} \qquad (3\text{-}37)$$

式中 IRR——内部收益率；

其余符号意义同前。

内部收益率的几何意义可以在图 3-4 中得到解释。由图 3-4 可知，随基准收益率的不断增大，净现值不断减小；在某一个值上曲线与横坐标相交，即 $NPV(IRR)=0$，就是该项目的内部收益率 IRR；并且，当 $i<IRR$ 时，$NPV>0$；$i>IRR$ 时，$NPV<0$。

（2）内部收益率的经济含义及判别准则

内部收益率是项目投资的盈利率，由项目现金流量决定，反映了投资的使用效率。

其经济含义是投资方案占用的尚未回收资金的获利能力，完全取决于项目内部，这是称其为"内部"收益率的原因所在。举例说明如下。

【例 3-13】某投资方案的现金流量表如表 3-5 所示，其内部收益率为 $IRR=20\%$；根据其分析内部收益率指标的含义。

例 3-8 现金流量表 表 3-5

第 t 期末	0	1	2	3	4	5	6
现金流量 A_t	−1000	300	300	300	300	300	307

【解】由于已提走的资金是不能再生息的，因此设 F_t 为第 t 期末尚未回收的投资余额。特殊地，F_0 即是项目计算期初的投资额 A_0。从而第 t 期末的未回收投资余额为：

$$F_t = F_{t-1}(1+i) + A_t \qquad (3\text{-}38)$$

将 $i=IRR=20\%$ 代入式（3-38），计算出表 3-5 所示项目的未回收投资在计算期内的恢复过程，见表 3-6 所示；与其相应的现金流量图如图 3-5 所示。

未回收投资在计算期内的恢复过程 表 3-6

第 t 期末	0	1	2	3	4	5	6
现金流量 A_t	−1000	300	300	300	300	300	307
第 t 期初未回收投资 F_{t-1}	—	−1000	−900	−780	−636	−463.20	−255.84
第 t 期末的利息 $i \times F_{t-1}$	—	−200	−180	−156	−127.20	−92.64	−51.16
第 t 期末未回收投资 F_t	−1000	−900	−780	−636	−463.20	−255.84	0

根据公式（3-38），项目在整个寿命期内始终存在未被回收的投资，即始终处于"偿付"未被收回投资的状况；内部收益率 IRR 正是项目到计算期末正好将未收回的资金全部收回来的折现率，即项目寿命期内没有回收投资的收益率；在项目寿命期结束时，投资恰好被全部收回。可见，IRR 反映了项目"偿付"未被收回投资的能力，也可以理解为项目对贷款利率的最大承担能力。

IRR 值越高，方案的经济性越好。若项目属于贷款建设，则 IRR 就是项目对贷款利

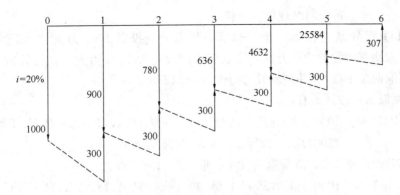

图 3-5　未回收投资的现金流量示意图

率的最大承担能力。用 IRR 评价单个方案的判别准则为：

若 $IRR \geqslant i_{\mathrm{c}}$，则项目在经济效果上可以接受；若 $IRR < i_{\mathrm{c}}$，则应予以否定。

（3）内部收益率的计算

由式（3-36）、式（3-37）知，求解内部收益率是解以折现率为未知数的多项高次方程。一般来说，求解 IRR，有手工试算法和利用计算机软件函数求解两种方法。本书仅介绍针对常规流量项目的手工试算法。

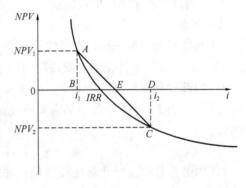

图 3-6　IRR 近似解示意图

其原理如图 3-6 所示。易知 IRR 的近似解（直线与横轴的交点）一般大于其精确解（曲线与横轴的交点），具体计算步骤如下：

1）计算各年的净现金流量；

2）预估适当的折现率 i_1 和 i_2；

i_1 和 i_2 应当满足：

① $i_1 < i_2$，且 $i_2 - i_1 \leqslant 5\%$；

② $NPV(i_1) > 0$，$NPV(i_2) < 0$。

一般是先选择折现率 i_1，将其代入净现值公式；如果此时算出的净现值为正，则选择一个高于 i_1 的折现率 i_2，将其代入净现值公式，如果此时净现值仍为正，则增加 i_2 的值后再重新计算净现值，直到净现值为负为止（如果首先选择的折现率计算的净现值为负，则需要降低折现率使净现值为正为止）。根据内部收益率的定义可知，此时内部收益率必在 i_1 和 i_2 之间；要求 $i_2 - i_1 \leqslant 5\%$，是为了保证足够的计算精度。

3）用线性插入法求得内部收益率 IRR 的近似解。

如图 3-6 所示，由 $\triangle ABE$ 相似于 $\triangle DCE$ 可得：

$$IRR = i_1 + \frac{(i_2 - i_1)NPV_1}{(NPV_1 - NPV_2)} \tag{3-39}$$

式中　IRR——内部收益率；

　　　　i_1——较低的试算利率；

　　　　i_2——较高的试算利率；

　　NPV_1——与 i_1 对应的净现值（正值）；

NPV_2——与 i_2 对应的净现值（负值）。

【例 3-14】 已知某工程第一年初和第一年末分别投资 1000 万元、800 万元，第二、三、四年年末均获净收益 500 万元，第五年末净收益为 1200 万元，试计算方案的内部收益率（结果取两位小数）；并判断其可行性（i_c=12%）。

【解】 先取 i_1=12%，有：

$$NPV(i_1) = -1000 - 800(P/F,12\%,1) + 500(P/A,12\%,3)(P/F,12\%,1)$$
$$+ 1200(P/F,12\%,5) = 38.9 \text{ 万元} > 0$$

由于 $NPV(i_1) > 0$，故提高折现率；取 i_2=14%，有：

$$NPV(i_2) = -1000 - 800(P/F,14\%,1) + 500(P/A,14\%,3)(P/F,14\%,1)$$
$$+ 1200(P/F,14\%,5) = -60.3 \text{ 万元} < 0$$

根据公式（3-39），$IRR = 12\% + (14\% - 12\%)\dfrac{38.9}{38.9 + |-60.3|} = 12.78\%$

由 $IRR = 12.78\% > i_c = 12\%$，可知该方案可行。

（4）内部收益率指标的优缺点

1）优点

① 与净现值指标一样，内部收益率指标考虑了资金的时间价值，用于对项目进行动态分析，并考察了项目在整个寿命期内的全部情况。

② 内部收益率是内生决定的，即由项目的现金流量特征决定的，不是事先外部给定的。这与净现值、净年值等指标需要事先设定基准折现率才能进行计算比较起来，操作难度小。

2）缺点

① 内部收益率指标计算比较烦琐；非常规流量项目有多解现象，分析、检验和判别比较复杂。

② 内部收益率指标适用于独立方案的经济评价和可行性判断，但不能直接用于互斥方案之间的比选。

③ 内部收益率指标不适用于只有现金流入或现金流出的项目的可行性判断。

3.3 投资方案经济比选方法

在实践中，往往面临许多项目的选择，每个项目又会有很多方案。这些方案或是采用不同的技术工艺和设备，或是有不同的规模和坐落位置，或是利用不同的原料和半成品等。当这些方案在技术上都可行，经济上也都合理时，经济分析的任务就是从中选择最好的方案。因此，多方案比选就是指对根据实际情况所提出的多个备选方案，通过选择适当的经济评价方法与指标，来对各个方案的经济效益进行比较，最终选择出具有最佳投资效果的方案。

3.3.1 多方案之间的关系类型及可比条件

一般来讲，根据多方案之间的经济关系类型，一组备选方案之间存在着各种关系类型：互斥型关系、独立型关系、混合型关系、互补型关系、条件（从属）关系、现金流量相关型关系等。

1. 互斥型关系

互斥型关系是指各个方案之间存在着互不相容、互相排斥的关系，各个方案之间不可以互相代替，方案具有排他性。进行方案比选时，在多个备选方案中只能选择一个，其余的均必须放弃，不能同时存在。这类情况在实际工作中最常见到。

互斥方案可以指同一项目的不同备选方案，如一个建设项目的工厂规模、生产工艺流程、主要设备、厂址选择等；也可以指不同的投资项目，如进行基础设施的投资，还是工业项目的投资；工业项目投资是投资钢铁生产项目，还是石油开采项目等。

投资方案可按以下因素进行分类：

（1）按寿命期长短的不同进行分类：

① 寿命期相同的互斥方案。即参与比选的所有方案的寿命期均相同。

② 寿命期不同的互斥方案。即参与比选的所有方案的寿命期不相同。

③ 寿命无限的互斥方案。即参与比选的方案中有永久性工程或寿命期很长，寿命无限的工程，如大型水坝、运河等。

（2）按规模不同分类：

① 相同规模的方案。即参与比选的方案具有相同的产出量或容量，在满足相同功能方面和数量要求方面具有一致性和可比性。

② 不同规模的方案。即参与比选的方案具有不同的产出量或容量，在满足相同功能方面和数量要求方面不具有一致性和可比性。对于具有此类关系类型的互斥方案，通过评价指标的适当变换，使其在满足功能和数量要求方面具有可比性。

2. 独立型关系

独立型关系是指各个投资方案的现金流量是独立的，不具有相关性，选择其中的一个方案并不排斥接受其他方案，即一个方案的采用与否与其自己的可行性有关，而与其他方案是否采用没有关系。

3. 混合型关系

在一组方案中，方案之间有些具有互斥关系，有些具有独立关系，则称这组方案为混合方案。混合方案在结构上又可组织成以下两种形式。

（1）在一组独立多方案中，每个独立方案下又有若干个互斥方案的形式。如某大型零售业公司现欲在两个相距较远的A城和B城各投资建一座大型仓储式超市，显然A城、B城是独立的。在A城有3个可行地 A_1、A_2、A_3 供选择；在B城有2个可行地点 B_1、B_2 供选择，则 A_1、A_2、A_3 是互斥关系，B_1、B_2 也是互斥关系。

（2）在一组互斥多方案中，每个互斥方案下又有若干个独立方案的形式。例如，某大型企业集团面临两个投资机会：一个是投资房地产开发项目C，一个是生物制药项目D。由于资金有限，只能在这两个项目中选择其一。房地产开发项目是某市一个大型的城市改造项目，其中有居住物业 C_1、商业物业 C_2，还有一处大型的体育设施项目（包括游泳馆、体育馆和室外健身场地等）C_3，该企业可以选择全部进行投资，也可选择其中的一个或两个项目进行投资；生物制药项目有 D_1 和 D_2 两个相距遥远的地区都急需投资以充分利用当地资源，该企业的资金也可以同时支持 D_1 和 D_2 两个项目的选择。

4. 互补型关系

互补方案是执行一个方案会增加另一个方案的效益，方案之间存在互为利用、互为补充的关系。如在大型商场设置餐饮和儿童娱乐设施会增加商场的收益，但餐饮和儿童娱乐设施并非商场项目的必备条件。

5. 条件关系

条件关系又称从属关系，是指某一方案的接受是以另一方案的接受为前提的。例如，要建设煤矿，则必须同时建设铁路来完成煤炭的外运，那 A 铁路和煤矿项目无论是在建设时间上还是在建设规模上都应该彼此适应，相辅相成，缺少其中一个，另一个就无法运行，这两者之间就是条件关系。

互补关系和条件关系的多方案可以合并为一个方案进行经济分析。

6. 现金流量相关型关系

现金流量相关型关系是指在一组方案中，方案之间不完全是排斥关系，也不完全是独立关系，但其中某一方案的采用与否会对其他方案的现金流量带来一定的影响，进而影响其他方案的采用或拒绝。例如，在两地之间修建铁路和（或）公路，其中铁路项目和公路项目的关系就是典型的现金流量相关型关系。铁路和公路可以单独修建，也可以同时修建，但与独立方案不同。如果两个项目同时选择，那么由于交通分流的影响，每个项目的现金流量与单独选择该项目时的现金流量是不同的，要充分考虑两个项目的相互影响，合理估计影响后的现金流量。

7. 多方案的可比性条件

各备选方案进行比较时，必须具备以下的可比性条件：

（1）被比较方案的费用及效益计算口径一致；

（2）被比较方案具有相同的计算期；

（3）被比较方案现金流量具有相同的时间单位；

（4）被比较方案应采用一致的经济参数（如基准收益率等）。

如果以上条件不能满足，各个方案之间不能直接比较，必须经过一定处理后方能进行。

3.3.2 互斥方案的经济性比较和选择

互斥方案的经济效果评价应包含两部分内容：一是考察各个方案自身的经济效果，即进行绝对（经济）效果检验，以保证每个参选方案的可行性；二是考察哪个方案相对最优，即相对（经济）效果检验，以保证选中的方案是最优的。两种检验的目的和作用不同，通常缺一不可。通过绝对效果检验的方案，可以进行比选；否则就应予以拒绝，不得参加下一环节的比选。即只有通过绝对效果检验的方案，才有资格进入比选阶段。3.2 节中的各项经济指标就是绝对效果检验的依据。

一般先以绝对经济效果方法筛选方案，然后以相对经济效果方法优选方案。互斥方案经济效果评价常用增量分析法进行方案的相对效果检验及比选。

1. 增量分析法

由于互斥备选方案的投资额常常不等，其比选实质是判断增量投资的经济合理性，即投资大的方案相对于投资小的方案多投入的资金能否带来满意的增量收益。因此增量分析法是互斥方案比选的基本方法。

增量分析法的应用非常广泛。具体使用时，按照其在判定增量部分是否可行时所采用的不同指标，分别有增量投资回收期法、增量投资收益率法、增量净现值法、增量内部收益率法等多种形式。

当有多个互斥方案进行比较时，其具体步骤如下：

（1）按项目方案投资额从小到大将方案排序；

（2）以投资额最低的方案为临时最优方案，计算此方案的绝对经济效果指标，并与判别标准比较，直至找到一个可行方案；

（3）依次按增量分析法采用相应指标进行方案选择，每比较一次就淘汰一个方案，最终留下的即为最优方案。

2. 互斥方案比选的静态方法

若在判定增量部分是否可行时采用静态评价指标，称为互斥方案比选的静态方法；相应地有增量投资回收期法和增量投资收益率法等。以增量投资回收期法为例说明如下。

一般来讲，在满足相同需要的情况下，投资大的方案生产成本相对低一些。增量投资回收期是指用投资大的方案所获得的超额收益或节约费用来回收增量投资的期限。其计算公式为：

$$\Delta P_t = \frac{\Delta k}{\Delta c} = \frac{k_2 - k_1}{c_1 - c_2} \tag{3-40}$$

式中　ΔP_t——增量投资回收期；

　　　Δk——投资增量，$\Delta k = k_2 - k_1$，k_1、k_2 分别为两方案的投资总额，$k_2 > k_1$；

　　　Δc——年成本增量，$\Delta c = c_1 - c_2$，c_1、c_2 分别为两方案的年成本，$c_2 < c_1$。

当增量投资回收期 $\Delta P_t \leqslant$ 基准投资回收期 P_c 时，投资大的方案是合理的；反之则投资大的方案不可取。

【例3-15】某建设项目有两个方案可供选择。甲方案采用中等水平工艺设备，投资2400万元，年生产成本1400万元；乙方案采用自动线，投资3900万元，年生产成本900万元。该部门的基准追加投资回收期为5年，应采用哪种方案？

【解】$\Delta P_t = \frac{k_2 - k_1}{c_1 - c_2} = \frac{3900 - 2400}{1400 - 900} = 3$ 年

因为 $\Delta P_t = 3 < P_c = 5$，所以采用投资大的乙方案。

当使用增量投资收益率 ΔR 时，$\Delta R \geqslant$ 基准投资收益率 R_c 时，投资大的方案是合理的；反之则投资大的方案不可取。

3. 互斥方案比选的动态方法

若在判定增量部分是否可行时采用动态评价指标，称为互斥方案比选的动态方法；相应地有增量净现值法和增量内部收益率法等。

根据方案寿命期长短的不同，分别有：

（1）相同寿命期的互斥方案比选

对于寿命相等的互斥方案，通常将它们的寿命期限作为共同分析期或计算期，这样能满足在时间上的可比性。动态经济指标净现值、内部收益率等都可用于增量分析。

① 增量净现值 ΔNPV 法与净现值 NPV 法

设两互斥方案 A、B，A 的投资大于 B 的投资，其增量净现值由下式计算：

$$\Delta NPV = \sum_{t=0}^{n} (\Delta CI - \Delta CO)_t (1+i_c)^{-t} = \sum_{t=0}^{n} \left[(CI_A - CI_B) - (CO_A - CO_B) \right]_t (1+i_c)^{-t}$$

$$= \sum_{t=0}^{n} \left[(CI_A - CO_A)_t (1+i_c)^{-t} - (CI_B - CO_B)_t (1+i_c)^{-t} \right]$$

$$= NPV_A - NPV_B \tag{3-41}$$

式中　ΔNPV——增量净现值；

ΔCI——增量现金流入，$\Delta CI = CI_A - CI_B$；

ΔCO——增量现金流出，$\Delta CO = CO_A - CO_B$；

$(CI_A - CO_A)_t$——投资大的方案第 t 年的净现金流量；

$(CI_B - CO_B)_t$——投资小的方案第 t 年的净现金流量；

其判别准则为：$\Delta NPV \geqslant 0$，表明增量投资不仅达标而且还有超额收益，是可以接受的，所以投资（现值）大的方案经济效果较好，选择投资大的方案；当 $\Delta NPV < 0$，表明增量投资不可接受，投资（现值）大的方案经济效果较差，选择投资小的方案。

由式（3-41）可知，$\Delta NPV = NPV_A - NPV_B$；因此 $\Delta NPV \geqslant 0$ 与 $NPV_A \geqslant NPV_B$ 是等价的。即当 $\Delta NPV_{A-B} \geqslant 0$ 时，$NPV_A \geqslant NPV_B$，则 A 优于 B；当 $\Delta NPV_{A-B} < 0$ 时，$NPV_A < NPV_B$，则 B 优于 A。可见，用增量分析法计算 ΔNPV 进行互斥方案比选，与分别计算 NPV、根据 NPV 最大准则来进行互斥方案比选，其结论是一致的。

当有多个互斥方案时，实际工作中直接用净现值最大准则选择最优方案，比两两比较的增量分析更为简便。因此，同寿命互斥方案的比选采用净现值指标时，判别准则可简化为：净现值最大且大于零的方案为最优方案，即 NPV 大者优。这恰是经济效果评价中"利润最大化"原则的具体表现。

【例 3-16】现有两种可选择的小型机床，其有关资料如表 3-7 所示，它们的使用寿命相同，都是 5 年，基准收益率为 8%，试用净现值法评价选择最优可行机床方案。

机床有关资料（单位：元）　　　　　　　　　　　　　　表 3-7

方案＼项目	投资	年收入	年支出	净现值
机床 A	10000	5000	2200	2000
机床 B	12500	7000	4300	3000

【解】第一步，计算两方案的 NPV 值。

$NPV_A = -10000 + (5000 - 2200)(P/A, 8\%, 5) + 2000(P/F, 8\%, 5)$

$\quad\quad = -10000 + 2800 \times 3.9927 + 2000 \times 0.6806 = 2540.76$ 元

$NPV_B = -12500 + (7000 - 4300)(P/A, 8\%, 5) + 3000(P/F, 8\%, 5)$

$\quad\quad = -12500 + 2700 \times 3.9927 + 3000 \times 0.6806 = 322.09$ 元

第二步，比较。因为 $NPV_A > 0$、$NPV_B > 0$，所以机床 A、B 两个方案除均能达到基准收益率 8% 外，还能分别获得 2540.76 元和 322.09 元的超额净现值收益，说明两个方案在经济上都是合理的，都是可以接受的；进一步由于 $NPV_A > NPV_B$，故选择机床 A 为最优方案。

注意：净现值用于多方案比选时，方案的寿命期必须相等。

需要指出的是，当净现值指标用于多方案比较时，没有考虑各方案投资额的大小，不直接反映资金的利用效率。因而在投资制约的条件下，方案净现值的大小一般不能直接评定投资额不同的方案的优劣，通常用净现值率（NPVR）作为辅助指标。

由净现值 NPV 指标的相同寿命期互斥方案比选可以得到以下两点：

第一，由净现值 NPV 与净年值 NAV、净未来值 NFV 的等值关系知，对于同寿命的互斥方案比选，可采用以上三项指标，判别准则依次为"NPV 大者优、NAV 大者优和净未来值大者优"，实际中净现值 NPV 与净年值 NAV 较为常用。

第二，根据"NPV 大者优"进行互斥方案择优时，是对方案的现金流入及现金流出都给予了考虑和计算。在实际工作中，往往会遇到一些比较特殊的备选方案的比选。这些备选方案的效益基本相同或其具体的数值难以计算或无法用货币衡量，比如环保效果、教育效果、军事效果等，此时可以通过对各方案的费用现值 PC 或费用年值 PC 的比较进行选择。比如，建造一个储存仓库，无论采用钢结构还是砖混结构或者钢筋混凝土结构，其功能是一样的，只需要计算各个方案的费用，就可以比较优劣。因此，费用现值 PC 实质上是净现值的特殊形式，一般只用于多个方案的比较。除了在指标含义上有所不同外，就计算的简易程度而言，对不同类型的方案两者各有所长。在计算时的区别在于，为简化工作因不考虑现金流入，其费用一般取为正值。

当用于相同寿命期的互斥方案比选时，其判别准则是：费用现值 PC 或费用年值 AC 最小的方案为优；这实际上是经济效果评价中"成本最小化"原则的具体表现。

【例 3-17】两种设备 A、B 的使用情况数据见表 3-8，寿命期均为 5 年，基准收益率为 10%，根据费用现值 PC 和费用年值 AC 指标比较两设备的经济性。

两设备的使用成本数据（单位：万元）　　　　　　　　表 3-8

	年　份	0	1	2	3	4	5
设备 A	购买和维修费用	80			10		
	年使用成本		5	5	6	6	7
设备 B	购买和维修费用	70				15	
	年使用成本		6	8	8	10	10

【解】按费用现值 PC 比较

$PC_A = 80 + 5(P/F, 10\%, 1) + 5(P/F, 10\%, 2) + (6 + 10)(P/F, 10\%, 3)$
$\qquad + 6(P/F, 10\%, 4) + 7(P/F, 10\%, 5)$
$\qquad = 80 + 5 \times 0.9091 + 5 \times 0.8264 + 16 \times 0.7513 + 6 \times 0.6830 + 7 \times 0.6209$
$\qquad = 109.14$ 万元

$PC_B = 70 + 6(P/F, 10\%, 1) + 8(P/F, 10\%, 2) + 8(P/F, 10\%, 3)$
$\qquad + (10 + 15)(P/F, 10\%, 4) + 10(P/F, 10\%, 5)$
$\qquad = 70 + 6 \times 0.9091 + 8 \times 0.8264 + 8 \times 0.7513 + 25 \times 0.6830 + 10 \times 0.6209$
$\qquad = 111.36$ 万元

因 $PC_A < PC_B$，所以方案 A 较优。

按费用年值 AC 比较

$$AC_A = PC_A(A/P, 10\%, 5) = 109.14 \times 0.2638 = 28.79 \text{ 万元}$$
$$AC_B = PC_B(A/P, 10\%, 5) = 111.36 \times 0.2638 = 29.38 \text{ 万元}$$

因 $AC_A < AC_B$，所以方案 A 较优。

② 增量内部收益率 ΔIRR 法

增量内部收益率 ΔIRR 是指根据增量净现金流量计算的增量净现值为零时的内部收益率，也可以说是两个方案净现值相等时的收益率。

考虑投资额不等的两个互斥方案，B 方案的投资额大于 A 方案，则增量内部收益率的计算表达式为：

$$\Delta NPV(\Delta IRR) = \sum_{t=0}^{n} (\Delta CI - \Delta CO)_t (1 + \Delta IRR)^{-t} = 0 \qquad (3\text{-}42)$$

$$或 \sum_{t=0}^{n} (CI_A - CO_A)_t (1 + \Delta IRR)^{-t} = \sum_{t=0}^{n} (CI_B - CO_B)_t (1 + \Delta IRR)^{-t} \qquad (3\text{-}43)$$

式中　ΔNPV——增量净现值；

　　　ΔIRR——增量内部收益率；

　　　ΔCI——方案 A 与方案 B 的增量现金流入，即 $\Delta CI = CI_B - CI_A$；

　　　ΔCO——方案 A 与方案 B 的增量现金流出，即 $\Delta CO = CO_B - CO_A$。

采用 ΔIRR 的判别准则是：若 $\Delta IRR \geqslant i_c$（基准收益率），则投资大的方案为优；若 $\Delta IRR < i_c$（基准收益率），则投资小的方案为优。

增量内部收益率 $\Delta IRR \geqslant i_c$ 时，表明投资大的方案除了具有与投资小的方案相同的收益能力外，增量投资也达到了起码的经济要求，因此投资大方案为优；反之，若 $\Delta IRR < i_c$，则表明投资大方案达不到投资小方案的收益水平或增量投资在经济上不合理，因此投资少的方案优。

与增量净现值法类似，增量内部收益率只能说明增加投资部分的经济性，并不能说明全部投资的绝对效果。因此，采用增量内部收益率法进行方案评选时，首先必须要判断被比选方案的绝对效果，只有在某一方案的绝对效果通过情况下，才能用作比较对象。

【例 3-18】两个互斥方案，寿命相同，资料见表 3-9。基准收益率为 15%，试用增量投资收益率法比较和选择最优可行方案。

项目有关数据表　　　　　　　　　　　　　　表 3-9

方案 ＼ 项目	投资（万元）	年收入（万元）	年支出（万元）	净残值（万元）	使用寿命（年）
A	5000	1600	400	200	10
B	6000	2000	600	0	10

【解】第一步，计算 NPV 值，判别可行性。

$NPV_A = -5000 + (1600 - 400)(P/A, 15\%, 10) + 200(P/F, 15\%, 10)$

　　　　$= -5000 + 1200 \times 5.0188 + 200 \times 0.2472 = 1072$ 万元

$NPV_B = -6000 + (2000 - 600)(P/A, 15\%, 10)$

　　　　$= -6000 + 1400 \times 5.0188 = 1026$ 万元

NPV_A、NPV_B 均大于零，所以方案 A、B 均可行；当然也可以按内部收益率判别各方案的可行性，但本例计算较为烦琐。

第二步，计算增量投资内部收益率，比较、选择最优可行方案。

由于已知基准收益率为 15%，取 $i_1 = 12\%$、$i_2 = 14\%$ 进行试算：

$$\Delta NPV(i_1) = [-6000 + (2000 - 600)(P/A, 12\%, 10)] - [-5000$$
$$+ (1600 - 400)(P/A, 12\%, 10) + 200(P/F, 12\%, 10)] = 66 \text{ 万元}$$
$$\Delta NPV(i_2) = [-6000 + (2000 - 600)(P/A, 14\%, 10)] - [-5000$$
$$+ (1600 - 400)(P/A, 14\%, 10) + 200(P/F, 14\%, 10)] = -10 \text{ 万元}$$
$$\Delta IRR = 12\% + (14\% - 12\%) \frac{66}{66 + |-10|} = 13.74\%$$

因为 $\Delta IRR = 13.73\% < i_c = 15\%$，所以投资小的方案 A 为优。

按净现值最大准则判断，由 $NPV_A = 1072 > NPV_B = 1026$，判定方案 A 最优。

可见按净现值和增量内部收益率的结论是一致的。

经数学分析可知，ΔIRR 的求解是一个高次方程，它并不等于内部收益率之差，即 $\Delta IRR_{A-B} \neq IRR_A - IRR_B$。因此对内部收益率指标而言，增量分析的 $\Delta IRR \geqslant i_c$ 的判别准则并不能像 NPV 指标那样给予简化，即"内部收益率最大"无法保证比选结论的正确性。关于这一点，可以借助净现值函数曲线来进一步说明的 ΔIRR 几何意义及其比选方案的原理。

考察投资额不等的 A、B 两个互斥方案，设 B 方案的投资额大于 A 方案。在图 3-7 中曲线 A、B 分别为方案 A、B 的净现值函数曲线，图中 $IRR_A > IRR_B > i_c$，均为可行方案；图中两曲线交点处两方案的净现值相等，对应的折现率即为两方案的增量内部收益率 ΔIRR。

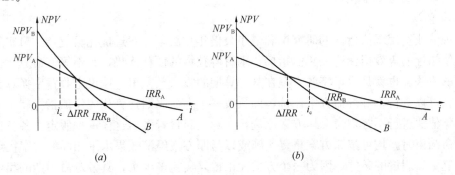

图 3-7 用于等寿命多方案比选的增量内部收益率
(a) $\Delta IRR > i_c$；(b) $\Delta IRR < i_c$

由图 3-7 (a) 中可以看出，当 $\Delta IRR > i_c$ 时，$NPV_B > NPV_A$；由图 3-7 (b) 中可以看出，当 $\Delta IRR < i_c$ 时，$NPV_A > NPV_B$。由此可见，用 ΔIRR 与 NPV 比选方案的结论是一致的。

由于内部收益率 IRR 是一个比率指标。"内部收益率最大"追求的是方案内资金使用效率最高，但由于方案的不可分性，资金使用效率最高，未必意味着方案的总量经济效益最大。因此如果用"内部收益率最大"的标准来比选方案，对投资少且内部收益率大的方案有利；而对于投资者，由于其所追求的往往是总量经济效果最大。因此，当采用 IRR 指标进行方案比选时，内部收益率最大准则会导致错误的决策，必须采用增量内部收益率 ΔIRR。

需要说明的是，当所比较的互斥方案投资额相等时，ΔIRR 判别准则失效，应改用 NPV 指标；另外，ΔIRR 也可用于仅有费用现金流的互斥方案比选（效果相同），此时，把增量投资所导致的其他费用的节约看成是增量效益即可，不再赘述。

（2）不同寿命期的互斥方案比选

实际工作中，相互比较的备选方案的服务寿命常常是不同的。一般情况下，各方案的现金流在各自寿命期内的现值不具有可比性。采用净现值指标评选方案，若能取定共同分析期解决时间可比问题，就可按寿命相同的方案进行比选；费用现值用于不等寿命方案比选时，也应遵循共同分析期的处理原则。常用的处理方法有：

① 研究期法

如前所述，净现值法不适应用于寿命期不同的方案比选，如果把不同方案寿命期变成相同寿命期，则净现值法仍然适用，于是就产生了研究期法。取寿命期最短或最长的方案的寿命期，或是期望的计算期为研究期，对它们的 NPV 进行比较，以 NPV 可行且最大者为优。

由于研究期法个人主观因素占相当大的比重，适用范围不广，仅适用于方案的粗选。

② 最小公倍年数法

取各方案服务寿命的最小公倍年数作为一个共同期限，并假定各个方案均在这一个共同计算期内重复进行。在一个计算期内求各个方案的净现值，以 NPV 可行且最大者为优；或对于可行的待比较方案计算其费用现值，以费用现值 PC 最小的方案为优。

相对于研究期法，最小公倍数法共同研究期唯一，所以运用范围较广。但如果两方案寿命期的最小公倍数过大，也不宜使用。同时，重复更新的假设，也未考虑技术进步对方案的影响，与实际不很相符。

③ 年值法

净现值或费用现值指标的研究期和最小公倍年数法，方案选优比较复杂。事实上，若采用现值指标的等效指标——年值指标，则有着独特的便利优势，是不等寿命方案比选最为简便的方法。也就是说，将各方案在其计算期的收入及支出，按设定收益率换算为等值年值，就可以进行不等寿命方案比选，即只按一个寿命周期计算相应年值指标就可以了。

用年值法进行不等寿命互斥方案比选，实际上隐含着做出这样一种假定：各备选方案在其寿命结束时，均可按原方案重复实施或以与原方案经济效果水平相同的方案接续，即满足重复更新假设的条件。因为一个方案无论重复实施多少次，其各寿命周期的相应年值是不变的，从而可以采用"年"为时间单位来比较各方案的经济效果，使不等寿命互斥方案间具有可比性。这样，只需计算各备选方案一个寿命周期的年值即可判断方案的优劣，极大地简化了实际工作。

年值法具体有净年值 NAV 与年成本 AC 两项指标。即计算各自方案寿命期每一年的净年值 NAV，以 NAV 可行且最大者为最优；或对于可行的待比较方案计算其年成本 AC，以年成本 AC 小者为最优。

【例 3-19】假设有 A、B 两个互斥方案，A 方案的初期投资为 10000 元，寿命期为 6 年，1～5 年每年年末的净收益为 5000 元，第 6 年年末无收益；B 方案的初期投资为 20000 元，寿命期为 3 年，每年的净收益为 10000 元。若基准收益率为 10%，选择方案。

【解】（1）最小公倍年数法

两个方案寿命期的最小公倍年数为 6 年。为了计算方便，画出两个方案在最小公倍年数内重复实施的现金流量图，如图 3-8 所示。

两个方案在最小公倍年数内的净现值为：

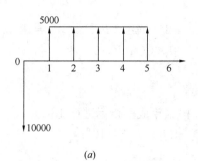
(a)

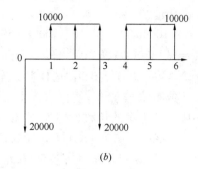
(b)

图 3-8　A、B 两方案重复实施的现金流量图

(a) A方案；(b) B方案

$$NPV_A = -10000 + 5000(P/A,10\%,5) = 8954 \text{ 元}$$

$$NPV_B = -20000 - 20000(P/F,10\%,3) + 10000(P/A,10\%,6) = 8527 \text{ 元}$$

由 $NPV_A > NPV_B > 0$，选择 A 方案为优。

（2）年值法：根据图 3-8 中 A、B 一个寿命周期的流量分别计算其净年值，再比较大小。

$$NAV_A = [-10000 + 5000(P/A,10\%,5)](A/P,10\%,6) = 2056 \text{ 元/年}$$

$$NAV_B = -20000(A/P,10\%,3) + 10000 = 1958 \text{ 元/年}$$

由 $NAV_A > NAV_B > 0$，选择 A 方案为优。

【例 3-20】某公司选择施工机械，有两种方案可供选择，设备方案的数据如表 3-10 所示，应选用哪个方案？设利率为 10%。

两方案的数据表　　　　　　　　　　　　　　　　　　　　表 3-10

项目	投资	年收入	年支出	残值	寿命期
单位	元	元	元	元	年
方案 A	10000	6000	3000	1000	6
方案 B	15000	6000	2500	1500	9

【解】由于两个方案的最小公倍数为 18 年，用年值法更为简便。A、B 两方案各自寿命期的现金流量图见图 3-9 所示。

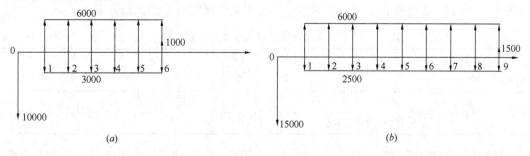
(a)　　　　　　　　　　　　　　　　　　(b)

图 3-9　A、B 两方案的现金流量图

(a) A方案；(b) B方案

(1) 净年值法

$NAV_A = -10000(A/P, 10\%, 6) + (6000 - 3000) + 1000(A/F, 10\%, 6) = 833.6 元$

$NAV_B = -15000(A/P, 10\%, 9) + (6000 - 2500) + 1500(A/F, 10\%, 9) = 1006.4 元$

由于 $NAV_B > NAV_A > 0$，选择 B 方案为优。

(2) 年成本法

本例中，两方案的年收入均为 6000 元，也可以根据年成本指标进行比选。

$$AC_A = 10000(A/P, 10\%, 6) + 3000 - 1000(A/F, 10\%, 6)$$
$$= 5166.4 元 < 6000 元，可行；$$
$$AC_B = 15000(A/P, 10\%, 9) + 2500 - 1500(A/F, 10\%, 9)$$
$$= 4993.6 元 < 6000 元，可行。$$

由于 $AC_A > AC_B > 0$，选择 B 方案为优。

④ 增量内部收益率法

增量内部收益率是使增量部分的净现值为零时的折现率，当然也可以满足增量部分的净年值为零的条件。因此求解寿命期不等互斥方案间增量内部收益率的方程，可用令两方案净年值相等的方式建立，其中隐含了方案可重复实施的假定。

设互斥方案的寿命期分别为 n_A 和 n_B，求解增量内部收益率 ΔIRR 的方程为：

$$\left[\sum_{t=0}^{n_A} (CI_A - CO_A)_t (P/F, \Delta IRR, n_A) \right] (A/P, \Delta IRR, n_A)$$

$$= \left[\sum_{t=0}^{n_B} (CI_B - CO_B)_t (P/F, \Delta IRR, n_B) \right] (A/P, \Delta IRR, n_B) \tag{3-44}$$

就一般情况而言，用增量内部收益率进行寿命不等的互斥方案比选，应满足下列条件：初始投资大的方案，年均净现金流量大，且寿命长；初始投资小的方案，年均净现金流量小，且寿命短。

年均净现金流量的表达式如下：

$$方案 j 的年均净现金值 = \sum_{t=0}^{n_j} (CI_j - CO_j)_t / n_j \tag{3-45}$$

方案比选的判别准则为：在 ΔIRR 存在的情况下，若 $\Delta IRR \geqslant i_c$，则年均净现金流量大的方案为优；若 $0 < \Delta IRR < i_c$，则年均净现金流量小的方案为优。

【例 3-21】设互斥方案 A、B 的寿命分别为 5 年和 3 年，各自寿命期内的净现金流量如表 3-11 所示；若基准收益率 $i_c = 12\%$，试用增量内部收益率法比选方案。

A、B 方案的净现金流量（单位：万元）   表 3-11

方案 \ 年份	0	1	2	3	4	5
A	−300	96	96	96	96	96
B	−100	42	42	42		

【解】首先进行绝对效果检验，计算每个方案在各自寿命周期内现金流的内部收益率。

根据方程 $-300 + 96(P/A, IRR_A, 5) = 0$、$-100 + 42(P/A, IRR_B, 3) = 0$，可求得 $IRR_A = 18.14\%$，$IRR_B = 12.53\%$。由于 IRR_A、IRR_B 均大于基准收益率，故方案

A、B 均通过绝对效果检验。

方案比选应采用增量内部收益率指标。初始投资大的方案 A 的年均净现金流量（−300/5+96=36）大于初始投资小的方案 B 的年均净现金流量（−100/3+42=8.7），且方案 A 的寿命 5 年长于方案 B 的寿命 3 年，差额内部收益率可以使用。根据方程

$$[−300+96(P/A,\Delta IRR,5)](A/P,\Delta IRR,5) = [−100+42(P/A,\Delta IRR,3)](A/P,\Delta IRR,3)$$

利用线性插值法，可求得 $\Delta IRR=20.77\% > i_c=12\%$，由判断准则可知，应选择年均净现金流量大的方案 A。

对于仅有或仅需计算费用的不等寿命互斥方案比选，求解方案增量内部收益的方程时，可用令两方案费用年值相等的方式来建立，即相当于净年值相等的基础上，在等式两边分别剔除相同收入部分的情况，其表达式为：

$$\left[\sum_{t=0}^{n_A} CO_{At}(P/F,\Delta IRR,n_A)\right](A/P,\Delta IRR,n_A) = \left[\sum_{t=0}^{n_B} CO_{Bt}(P/F,\Delta IRR,n_B)\right](A/P,\Delta IRR,n_B)$$

$$(3\text{-}46)$$

式中各表达符号同前。

（3）寿命期无限的互斥方案比选

一些公共工程项目，如桥梁、运河、铁路等，通常具有很长的服务期（大于 50 年）。一般言之，经济分析对遥远未来的现金流量是不敏感的。例如，当利率为 4% 时，50 年后的 1 元现值仅为 1 角 4 分；而利率为 8% 时，现值仅为 2 分。因此，对于服务寿命很长的工程方案，可以近似地当作无限服务寿命期来处理。

【例 3-22】某桥梁工程，初步拟定两个结构类型方案供备选。A 方案为钢筋混凝土结构，初始投资 1500 万元，年维护费为 10 万元，每 5 年大修 1 次，费用为 100 万元；B 方案为钢结构，初始投资 2000 万元，年维护费为 5 万元，每 10 年大修 1 次，费用为 100 万元。若基准收益率为 5%，哪一个方案经济？

【解】（1）现值法：

A 方案的费用现值为：$PC_A=1500+\dfrac{10}{5\%}+\dfrac{100\ (A/F,\ 5\%,\ 5)}{5\%}=2026$ 万元

B 方案的费用现值为：$PC_B=2000+\dfrac{5}{5\%}+\dfrac{100\ (A/F,\ 5\%,\ 10)}{5\%}=2259$ 万元

由于 $PC_A < PC_B$，因此 A 方案经济。

（2）年值法：

A 方案的年费用为：$AC_A=10+100\ (A/F,\ 5\%,\ 5)\ +1500\times 5\%=103.10$ 万元
B 方案的年费用为：$AC_B=5+100\ (A/F,\ 5\%,\ 10)\ +2000\times 5\%=112.95$ 万元
由于 $AC_A < AC_B$，因此 A 方案经济。

3.3.3 独立型方案的比较选择

1. 资金无限制的独立方案选择

当资金足够多时，只要备选方案经过单方案评价、经济上可行，即可入选，不必进行方案间的比选。即独立方案的采用与否，只取决于方案自身的经济性，只需检验它们是否能够通过净现值、净年值或内部收益等绝对效益评价指标。因此，多个独立方案与单一方案的评价方法是相同的，此处不再赘述。

2. 有资金约束的独立方案选择

有资金约束的独立方案，是指方案之间虽然不存在相互排斥或相互补充的关系，但由于资金方面的约束，不可能满足所有方案的投资要求；或者由于投资项目的不可分性，这些约束条件意味着接受某几个方案必须要放弃另一些方案，使得局部看来独立的方案，由于资金的约束变成了相关方案。对这类方案评价的目的，是在资金总额一定的条件下，寻求总体效益最好的方案组合。比选的方法有互斥组合法和效率指标排序法。

（1）独立方案互斥化法

基本思想是把各个独立方案进行组合，列出全部相互排斥的组合方案；如果有 m 个独立方案，那么组合方案数 $N=2^m-1$（不投资的情况除外）。每一个组合方案即是一个互斥方案，再利用互斥方案的评选方法选择最佳的方案组合。

【例 3-23】有 3 个独立的投资方案 A、B、C，各方案的有关数据如表 3-12 所示。已知总投资限额是 800 万元，基准收益率为 10%。试选择最佳投资方案组合。

A、B、C 方案的有关数据（单位：万元）　　　　　　　　表 3-12

方案	投资（万元）	年净收入（万元）	寿命期（年）
A	350	62	10
B	200	39	10
C	420	76	10

【解】由于 3 个方案的总投资合计为 970 万元超过了投资限额，因而不能同时选上。本例中有 3 个独立方案，互斥组合方案共有 7 个，这 7 个组合方案互不相容、互相排斥。在所有组合方案中，除去不满足约束条件的 A、B、C 组合，其他各组合方案按投资额大小顺序排列；组合结果见表 3-13。

用净现值法选择最佳组合方案　　　　　　　　表 3-13

序号	方案组合	投资	净现值	决策
1	B	200	39.6	
2	A	350	30.9	
3	C	420	46.9	
4	B、A	550	70.5	
5	B、C	620	86.5	最佳
6	A、C	770	77.8	
7	A、B、C	970		超出投资额

采用净现值、差额内部收益率法选择最佳方案组合。本例采用净现值法，净现值最大的组合方案为最佳组合方案，结果见表 3-13。可知，按最佳投资决策，确定选择方案 B 和 C。

当方案的个数增加时，其组合数将成倍增加；因此独立方案互斥化法比较适用于方案数比较小的情况。当方案数目较多时，可采用效率指标排序法。

（2）效率指标排序法

效率指标排序法是通过选取能反映投资效率的指标，根据这些指标把投资方案按投资效率的高低顺序排列；在资金约束下选择最佳方案组合，以使有限资金能获得最大效益。

常用于排序的效率指标有内部收益率与净现值率。

① 内部收益率排序法。是将方案按内部收益率的高低依次排序，然后按顺序选取方案。这一方法的目标是达到总投资的效益最大。

② 净现值率排序法。是将各方案的净现值率按大小顺序，并依此次序选取方案。这一方法的目标是达到一定总投资的净现值最大。

【例3-24】表3-14所示为7个相互独立的投资方案，寿命期均为8年。基准收益率为10%，若资金总额为380万元，用净现值率法进行评选。

7个投资方案的有关数据（单位：万元） 表3-14

方案	A	B	C	D	E	F	G
投资额	80	115	65	90	100	70	40
年净收益	24.7	25.6	15.5	30.8	26	12.2	8

【解】各方案的净现值、净现值率及排序结果如表3-15所示。

各投资方案的有关指标（单位：万元） 表3-15

方案	A	B	C	D	E	F	G
净现值（万元）	51.77	21.58	17.69	74.34	38.71	−4.91	2.68
净现值率	0.65	0.19	0.27	0.83	0.38	−0.07	0.07
排序	2	5	4	1	3	7	6

由上表可知，方案F净现值（率）小于零，应淘汰。

方案的优先顺序为 D—A—E—C—B—G；当资金总额为380万元，最优组合方案是 D、A、E、C、G。

值得注意的是，用内部收益率或净现值率排序来评选独立方案，并不一定能保证获得最佳组合方案。只有当各方案投资占总投资比例较小，或者入选方案正好分配完总投资时才能保证获得最佳组合方案，因为未分配的投资无法产生效益。

3.3.4 混合型方案的比较选择

当方案组合中既包含有互斥方案，又包含有独立方案时，就构成了混合方案。独立型方案或互斥型方案的选择，属于单项决策。混合型方案的特点，就是在分别决策基础上，研究系统内诸方案的相互关系，从中选择最优的方案组合。

混合型方案选择的程序如下：

按组际间的方案互相独立、组内方案互相排斥的原则，形成所有各种可能的方案组合；以互斥型方案比选原则筛选组内方案；在总的投资限额下，以独立型方案比选原则选择最优的方案组合。

【例3-25】某投资项目有一组六个可供选择的方案，其中两个是互斥型方案，其余为独立型方案。基准收益率为10%，其投资、净现值等指标如表3-16所示。考虑该项目投资额分别为1000万元、2000万元的情况，试进行方案选择。

混合型方案比选（单位：万元）   表 3-16

方案		投资（万元）	净现值（万元）	净现值率
互斥型	A	500	250	0.5
	B	1000	300	0.3
独立型	C	500	200	0.4
	D	1000	275	0.275
	E	500	175	0.35
	F	500	150	0.3

【解】六个方案的净现值都是正值，表明方案都是可取的。

（1）在 1000 万元资金限额下，以净现值率判断，选择 A、C 两个方案，其组合效益为：$NPV = 250 + 200 = 450$ 万元

（2）在 2000 万元资金限额下，以净现值率判断，选择 A、C、E、F 四个方案，其组合效益为：$NPV = 250 + 200 + 175 + 150 = 775$ 万元

3.4 价值工程原理

价值工程（Value Engineering），又称为价值分析（Value Analysis），是"二战"时期美国设计师麦尔斯在石棉短缺问题上研究出代替材料的方法，他总结出一套在保证相同功能的前提下，降低成本的科学技术方法，其后又发展到改进设计、工艺和生产领域，目前完善成为一种技术经济分析方法，统称为价值工程。

3.4.1 价值工程的概念

价值工程是指以产品或作业的功能分析为核心，以提高产品或作业的价值为目的，力求以最低寿命周期成本，可靠地实现产品或作业必要功能的有组织的创造性活动。

1. 价值工程的基本要素

价值工程由功能、寿命周期成本和价值三个基本要素构成。

（1）功能（Function）

价值工程中的功能是指产品或作业的性能或用途，即对象能够满足某种需求的一种属性。产品的功能是指产品的具体用途，用价值工程的观点就是：它是干什么用的。功能也可以理解为作用、效能、效用等，如住宅的功能是提供居住空间、建筑物基础的功能是承受荷载等；一般用 F 表示。

对一个特定的产品或作业来说，其功能并不是越高越好，应视用户情况而定。价值工程追求的是满足用户需求的必要功能，即在满足用户基本使用功能的基础上，尽可能地增加产品的必要功能，减少不必要的功能。

（2）寿命周期成本（Life Cycle Cost）

产品寿命周期成本就是产品在整个寿命周期过程中所发生的全部费用。这些费用大致分为两部分，即生产成本 C_1 和使用成本 C_2。产品的生产成本 C_1 是指产品的调研、立项、设计、生产及使用的原材料、机器设备和劳务等物化劳动和活劳动所支付的费用，产品的使用成本 C_2 则是指产品在流通、运输、销售、储存、使用、维护与维修以及报废后处理

等物化劳动和活劳动所支付的费用。

一般来说，产品的功能越高，生产成本就越高，但是产品的使用成本就越低；反之，如果产品的功能越低，生产成本就越低，但是产品的使用成本就越高。即生产成本一般随着功能水平的提高有所增长，而使用成本则往往朝相反的方向变化。寿命周期成本 C 与功能 F 的关系如图 3-10 所示。

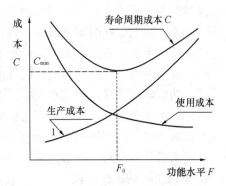

图 3-10　寿命周期成本简图

价值工程的目的，就是通过科学的分析研究而使产品具有一个适当的功能水平（F_0），从而确保产品的寿命周期成本最低（C_{min}）。实际上，有些产品做价值分析时往往一次找不到最低寿命周期成本值，可反复应用 VE，确定最终 F 与 C 的最佳匹配点，使产品满足用户的要求。

（3）价值

价值工程中的"价值"是指对象所具有的必要功能与获得该功能的寿命周期成本之比。价值一般用 V 表示，它不是对象的使用价值，也不是对象的交换价值，而是对象的比较价值，即性能价格比，它是对研究对象的功能和成本的一种综合评价。

价值 V 与功能 F 和寿命周期成本 C 之间的关系表达式为：

$$V = \frac{F}{C} \tag{3-47}$$

上式表明，在寿命周期成本不变的情况下，产品或作业的价值与功能成正比，即功能越大价值越大，功能越小价值越小。在功能不变的情况下，产品或作业的价值与寿命周期成本成反比，即成本越低价值越大，成本越高价值越小。

2. 价值工程的特点

价值工程有如下特点：

（1）价值工程以使用者的功能需求为出发点。

（2）价值工程是以功能分析为核心，并系统研究与成本之间的关系。

（3）价值工程是致力于提高价值的创造性活动。

（4）价值工程应有组织有计划地按一定的工作程序进行。

（5）价值工程是贯穿于产品整个寿命周期的系统方法，从产品的研究、设计到原材料的采购、生产制造以及推销和维修，都有价值的工作可做。而且它涉及方面广，需要一个单位的许多部门和各种专业人员相互配合。因此，必须依靠有组织的、集体的努力来完成。开展价值工程活动，要组织设计、工艺、供应、加工、管理、财务、销售以至用户等各方面的人员参加，运用各方面的知识，发挥集体智慧，博采众家之长，从产品生产的全过程来确保功能，降低成本。

3. 提高产品价值的途径

根据价值、功能、成本的上述关系，价值的提高取决于功能和寿命周期成本两个因素，所以提高价值的途径总体可以分为两类：一类是以提高功能为主的途径，一类是以降低成本为主的途径。既提高功能、又降低成本，则是一种理想途径。

提高产品价值具体有以下五种途径：

（1）提高功能，同时降低成本，则价值提高（$F\uparrow$，$C\downarrow$）；

（2）功能不变，若降低成本，则价值提高（$F\rightarrow$，$C\downarrow$）；

（3）成本不变，若提高功能，则价值提高（$F\uparrow$，$C\rightarrow$）；

（4）功能略有下降，而成本大幅度降低，则价值提高（$F\downarrow$，$C\downarrow\downarrow$）；

（5）成本略有上升，而功能有大幅度增大，则价值提高（$F\uparrow\uparrow$，$C\uparrow$）。

上述第（2）、（4）两种方法属于降低成本，（3）、（5）两种方法属于提高功能，第（1）种是功能及成本同时改善，是最积极的方法。

4. 价值工程的工作阶段

价值工程已发展成为一个比较完善的管理技术，在实践中已经形成了一套科学的实施程序。价值工程的进行过程实质上就是分析问题、发现问题、解决问题的过程。具体地说，即分析产品在功能上和成本上存在的问题，提出切实可行的方案来解决这些问题，通过问题的解决而提高产品的价值。价值工程的程序构成了一个完整的系统，各程序步骤环环紧扣，衔接明确，具有很强的逻辑性。

价值工程整个过程大致可划分为分析、综合和评价三个阶段，通常把上述三阶段分为三个基本步骤，见表 3-17 所示。

价值工程的实施程序

表 3-17

一般程序	实施程序		对应问题
	基本程序	操作程序	
分析	功能定义	对象选择收集信息	这是什么？
		功能定义	它是做什么用的？
		功能整理	
	功能评价	功能成本分析	它的成本是多少？
		功能评价选择对象范围	它的价值是多少？
综合评价	改进方案	改造	有无其他方法实现同样的功能？
		初步评价	新方案的成本是多少？
		具体化、调整详细评价提案	新方案能满足要求吗？

由于价值工程的应用范围非常广泛，其活动形式也不尽相同，因此在价值工程实际应用中，可参照这个工作程序，根据对象的具体情况，应用价值工程的基本原理和思想方法，考虑具体的实施措施和方法步骤。

3.4.2　价值工程的实施

价值工程是一种有组织、有计划的活动，需要将设计、生产、采购、销售和财务等各方面的专业人员组织起来，相互配合协作，以求得最理想的设计方案或达到某一预期的目标。它的一般实施步骤可归纳为：（1）VE 对象选择；（2）调查研究、收集信息资料；（3）功能分析；（4）方案创造；（5）方案评价；（6）VE 活动的成果评价。

1. VE 对象的选择

价值工程对象的选择是关系价值工程能否收效的第一步，只有正确地选择 VE 对象，才能收到事半功倍的效果；如果价值工程对象选择不当，可导致入不敷出。所以，必须正确选择价值工程对象，常用方法有以下几种：

（1）经验分析法

经验分析法是一种对象选择的定性分析方法，是目前企业较为普遍使用、简单易行的价值工程对象选择方法。它实际上是利用一些有丰富实践经验的专业人员和管理人员对企业存在问题的直接感受，经过主观判断确定价值工程对象的一种方法。运用该方法进行对象选择，要对各种影响因素进行综合分析，区分主次轻重，既考虑需要也考虑可能，以保证对象的合理性。所以，该方法也叫因素分析法。

经验分析法的优点是简便易行，考虑问题综合全面；缺点是缺乏定量分析，在分析人员经验不足时易影响结果的准确性，但用于初选阶段是可行的。

运用这种方法选择对象时，可以从设计、施（加）工、制造、销售和成本等方面综合分析。任何产品的功能和成本都是由多方面的因素构成的，关键是找出主要因素，抓住重点。一般情况，具有下列特点的产品和零件可以作为价值分析的重点对象：

① 产品设计年代已久、技术已显陈旧；

② 重量、体积很大，会增加材料用量和工作量大的产品；

③ 质量差、用户意见大或销售大、市场竞争激烈产品；

④ 成本高、利润率低的产品；

⑤ 组件或加工工序复杂影响产量的产品；

⑥ 成本占总费用比重大、功能不重要而成本较高的产品。

总之，运用这种方法要求抓住主要矛盾，选择成功概率大、经济效益差的产品和零部件作为价值工程的重点分析对象。

（2）ABC分析法

ABC分析法是一种寻找主要因素的方法，是意大利经济学家帕雷特（Pareto）在研究人口收入规律时总结出来的。帕雷特发现在西方经济社会中的大部分财富是集中在少数人手中的，后来这种方法被扩展运用到其他领域。

价值工程运用这种方法进行对象选择，是将产品成本构成进行逐项统计。以建筑业为例，是将每一种建筑零部件占产品成本的多少从高到低地排列出来，分成 A、B、C 三类，找出少数零部件占多数成本的零部件项目，作为价值工程的重点分析对象。

一般来说，零部件数量占总数的 20% 左右、而成本却占总成本 70%～80% 的零部件为 A 类；零部件数量占总数 30% 左右、而成本占总成本 10%～20% 的零部件为 B 类；零部件数量占总数的 50% 左右、而成本只占总成本 0～10% 的零部件为 C 类，如图 3-11 所示。

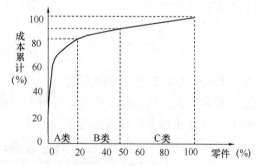

图 3-11　ABC分类法示意图

选择分析对象时，应选择 A 类零部件作为价值工程活动的重点分析对象，B 类只作一般分析，C 类可以不加分析。

（3）强制确定法

强制确定法，简称 FD 法，是建立在产品的功能和成本应当相互协调一致的基础上的方法，即某一建筑产品某零部件的成本应与其功能的重要性相对应。如果某零部件的成本很高，而其功能在零部件中所处的重要性又较低或者反之，成本与功能不相匹配，就可利用强制确定法，通过计算功能评价系数、成本系数、价值系数来判断对象的价值，选出VE的对象。

强制确定法除用于选择对象外，还可用来进行功能评价和方案评价。它适用于被评价对象在功能重要程度上的差异不太大且评价对象子功能数目不太多的情况。

其应用步骤如下：

① 将构成产品的零部件按顺序排列出来；

② 将各零部件逐一进行比较、打分，重要的多得分，不重要的少得分或不得分；

③ 将每个零部件所得分数除以各零部件的总和分数，求出每个零部件的功能评价系数；

④ 将每个零部件目前成本数除以全部零部件的总成本数，求出每个零部件的成本系数；

⑤ 将每个零部件功能评价系数除以成本系数，得出每个零部件的价值系数；

⑥ 根据价值系数进行分析判断：

a. 当零部件价值系数小于1，即功能评价系数小于成本系数，说明该零部件不太重要，却占用了较多的目前成本，可考虑降低其成本；

b. 当零部件价值系数大于1，即功能评价系数大于成本系数，说明该零部件功能较为重要，花费的成本却并不多，可考虑提高其功能。

价值系数偏离1的程度越高，上述情况越显著，就越应当被选为VE的对象。

c. 当价值系数等于1时，则表示该零部件的功能和成本匹配恰当。通常，对价值系数等于1或略大于、略小于1时的零部件都不应选择为VE的对象。

其中，在将各零部件逐一进行比较、打分时，通常采用0~1评分法和0~4评分法。

① 0~1评分法。该方法是请5~15名对产品熟悉的人员参加功能的评价。

首先按照功能重要性程度——对比打分，重要的打1分，相对不重要的打0分，如表3-18所示。表中，要分析的对象（零部件）自己与自己相比不得分，用"×"表示；最后，根据每个参与人员选择该零部件得到的功能重要性系数，可以得到该零部件的功能重要性系数平均值W：

$$W = \frac{\sum_{i=1}^{k} W_i}{k} \tag{3-48}$$

式中　K——参加功能评价的人数。

为避免不重要的功能得零分，可将各功能得分加1分进行修正，用修正后的得分去除各功能累计修正得分即得到功能重要性系数。

功能重要性系数计算表 表 3-18

零部件	A	B	C	D	E	功能总分	修正得分	功能重要性系数
A	×	1	1	0	1	3	4	0.267
B	0	×	1	0	1	2	3	0.200
C	0	0	×	0	1	1	2	0.133

零部件	A	B	C	D	E	功能总分	修正得分	功能重要性系数
D	1	1	1	×	1	4	5	0.333
E	0	0	0	0	×	0	1	0.067
合计						10	15	1.00

② 0~4 评分法。0~1 评分法中的重要程度差别仅为 1 分，不能拉开档次。为弥补这一不足，将分档扩大为 4 级，其打分矩阵仍同 0~1 法。

档次划分如下：

F_1 比 F_2 重要得多：F_1 得 4 分，F_2 得 0 分；

F_1 比 F_2 重要：F_1 得 3 分，F_2 得 1 分；

F_1 与 F_2 同等重要：F_1 得 2 分，F_2 得 2 分；

F_1 不如 F_2 重要：F_1 得 1 分，F_2 得 3 分；

F_1 远不如 F_2 重要：F_1 得 0 分，F_2 得 4 分。

以各部件功能得分占总分的比例来确定各部件的功能评价指数：

$$第 i 个评价对象的功能指数 F_1 = \frac{第 i 个评价对象的功能得分值 F_i}{全部功能得分值} \tag{3-49}$$

如果功能评价指数大，说明功能重要；反之，功能评价指数小，说明功能不太重要。

（4）最合适区域法

由强制确定法可知，凡求出价值系数不为 1 的零部件，原则上均可作为 VE 的对象；这显然不甚科学，有时也难以做到。其次，应用强制确定法还会使价值系数偏离 1 的程度小、功能系数与成本系数较大、改善期望值也较大的零部件不能被列为 VE 的对象；反而使价值系数偏离 1 的程度大、其功能系数与成本系数较小、改善期望值也较小的零部件却可能被列为 VE 的对象。由日本东京大学田中教授于 1973 年提出的最合适区域法可以克服强制确定法的上述不足。

最合适区域法的思路是：价值系数相同的对象，由于各自的成本系数与功能评价系数的绝对值不同，因而对产品价值的实际影响有很大差异。在选择目标时不应把价值系数相同的对象同等看待，应优先选择对产品实际影响大的零部件作为对象；而对产品影响小的，则可根据必要与可能，决定选择与否。

对于价值系数相同的零部件，其功能与成本可能会有很大的差异，如图 3-12 所示。凡是价值系数落在该区域之内的点都被认为是比较满意的；价值系数落在区域之外的点可作为 VE 对象。

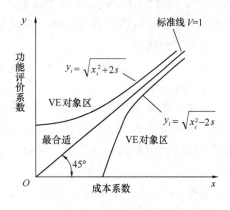

图 3-12　最适合区域图

除上面介绍的四种方法外，确定 VE 对象的方法还有倍比确定法、比重分析法等，可根据具体实际灵活运用或结合应用。

2. 信息资料的收集

在价值工程中，信息是指对现实 VE 目标有益的知识、情况和资料。VE 目标是提高价值，为达到或实现这一目标所作出的决策，都离不开必要的信息，一般说来，必要或有益的信息越多，价值提高的可能性就越大，但错误的信息会导致错误的决策。因此，VE 成果的大小一般取决于信息收集的质量、数量和时间。

（1）收集信息的原则

① 目的性。收集信息要事先明确所收集的信息是用来实现 VE 特定目标的，不要盲目地碰到什么就收集什么，要避免无的放矢。

② 可靠性。信息是正确决策所必不可少的依据。若信息不可靠、不准确，将严重影响 VE 的预测结果，还可能最终导致 VE 的失效。

③ 计划性。在收集信息之前应预先编制计划，加强该工作的计划性，使这项工作具有明确的目的和确定的范围，以便提高工作效率。

④ 时间性。在收集信息时要收集近期的、较新的情况。此外，收集信息应适时，决策时和决策之后提供的信息是毫无用处的。

（2）信息收集的内容

① 用户要求方面的信息。用户使用产品的目的、环境、条件，用户所要求的功能和性能，用户对产品外观的要求。

② 销售方面的信息。产品产销数量的演变及目前产销情况、市场需求量及市场占有率的预测、产品竞争的情况。

③ 成本方面的信息。包括产品机构配件的定额成本、工时定额、材料消耗定额、各种费用定额、企业历年来各种有关的成本费用数据，国内外其他厂家与 VE 对象有关的成本费用资料。

④ 科学技术方面信息。与产品有关的学术研究或科研成果、新结构、新工艺、新材料、新技术以及标准化方面的资料。

⑤ 生产及供应方面信息。产品生产方面的信息、原材料及外协或外购件种类、质量、数量、价格、材料利用率等情报、供应与协作部门的布局、生产经营情况、技术水平、价值、成本、利润等。

⑥ 政策、法令、条例、规范方面的信息。

3. 功能分析

功能分析是价值工程活动的核心和基本内容，价值工程就是围绕着对产品和服务进行功能分析而不断深入展开的，它将决定价值工程的有效程度。功能分析的目的是合理确定 VE 活动对象的必备功能，消除多余的、不必要的功能，加强不足功能，消减过剩功能。

功能分析包括功能定义、功能分类及整理、功能评价三个步骤。

（1）功能定义

所谓功能是指某产品（作业）或零部件（工序）在整体中所担负的职能或所起的作用。功能定义是指用最简明的语言，对产品的功能加以描述。对功能下的定义要说明功能的实质，限定功能的内容，并能与其他功能概念相区别，要明确地表述出来。显然，功能定义的过程，就是将实体结构向功能结构抽象化的过程，即透过现象看本质的过程。

功能定义通常用一个动词和一个名词来描述，不宜太长，以简洁为好。动词是功能承担体发生的动作，而动作的作用对象就是作为宾语的名词。所以，动词加名词的功能定义实际上是动宾词组型功能定义。例如，基础的功能是"承受荷载"，这里基础是功能承担体，"承受"是表示功能承担体（基础）发生动作的动词，"荷载"则是作为动词宾语的名词。

但是，并不是只要动词加名词就是功能定义。对功能所下的定义是否准确，对下一步工作影响很大。因此，对功能进行定义需要反复推敲，既简明准确，便于测定，又要系统全面，一一对应。

（2）功能分类及整理

① 功能分类

为了便于功能整理，有必要对功能的分类加以分析研究。功能可以有下述四种不同的分类方法：

a. 按照功能的重要程度将功能分为基本功能和辅助功能。基本功能是与产品的主要目的直接有关的功能，是产品存在的主要理由，也是用户购买产品的原因。辅助功能是对实现基本功能起辅助作用的功能。

b. 按照功能的性质可将功能分为使用功能和美学功能。使用功能是具有实际用途的功能，包括产品的可用性、可靠性、安全性和易维修性等。美学功能是指满足用户审美要求的功能，包括产品的造型、色彩、图案、包装和装潢等。

c. 按照功能的有用性可将功能分为必要功能和不必要功能。必要功能是为满足使用者的要求而必须具备的功能。不必要功能是产品所具有的、与满足使用者的需求无关的功能。

d. 按照功能的目的和手段可将功能分为上位功能和下位功能。上位功能是目的性功能，下位功能是实现上位功能的手段性功能。值得注意的是，上位功能和下位功能在功能分析中是相对而言的。

② 功能整理

功能整理就是按照用户对功能的要求，明确已定义的功能类别和性质及相互间的关系。功能整理回答和解决"它的功能是什么？"这样一个问题。通过功能整理，找出基本功能和辅助功能，明确必要功能和不必要功能以及功能之间的因果关系，以便在实现功能过程中选择更合理的方案。功能整理的方法为功能系数图法，其实施步骤为：

a. 明确基本功能和辅助功能。

依据用户对产品的功能要求，挑出基本功能，并把其中最基本的排出来，称之为上位功能。基本功能一般总是上位功能，它通常可以通过回答以下几个问题来判别：取消了这个功能，产品本身是不是就没有存在的必要了？对于功能的主要目的而言，它的作用是否必不可少？这个功能改变之后，是否要引起其他一连串的工艺和零部件的改变？如果回答是肯定的，这个功能就是基本功能。除了基本功能，剩下的功能就是辅助功能。

b. 明确功能之间的关系：是上下关系还是并列关系。

c. 绘制功能系统图。

在弄清功能之间的关系以后，就可以着手排列功能系统图。将上位功能摆在左边，下位功能摆在右边，最上位功能摆在最左边，并列关系功能并排排列。通过"目的-手段"

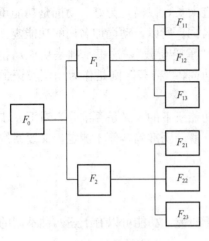

图 3-13 功能系统图

可把功能之间关系系统化，绘制功能系统图。功能系统图的一般形式如图 3-13 所示。

(3) 功能评价

功能定义和功能整理后，能够准确地掌握用户的功能要求，剔除了一些不必要的功能，在这两个阶段，仅仅解决了功能的定性问题，这是不够的。还需要根据功能系统图，对各功能进行定量评价，以确定提高价值的重点改进对象。

功能评价，即评定功能的价值，是指找出实现功能的最低费用作为功能的目标成本（又称功能评价值），以功能目标成本为基准，通过与功能现实成本的比较，求出两者的比值（功能价值）和两者的差异值（改善期望值），然后选择功能价值低、改善期望值大的作为价值工程活动的重点对象。功能评价工作可以更准确地选择价值工程的研究对象，同时，通过制定目标成本，有利于提高价值工程的工作效率，并增加工作人员的信心。

功能评价的程序如图 3-14 所示。

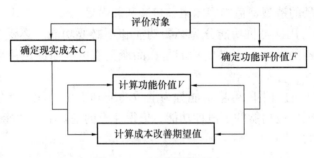

图 3-14 功能评价的程序

① 功能现实成本 C 的计算

a. 功能现实成本的计算

功能现实成本的计算与一般传统成本核算既有相同之处，也有不同之处。两者相同之处是指它们在成本费用的构成项目上是完全相同的，如建筑产品的成本费用都是由人工费、材料费、施工机械使用费、措施费、规费、企业管理费等构成；而两者的不同之处在于功能现实成本的计算是以对象的功能为单位，而传统的成本核算是以产品或零部件为单位。因此，在计算功能现实成本时，就需要根据传统的成本核算（以产品或零部件的现实成本核算资料），将产品或零部件的现实成本换算成功能的现实成本。当一个零部件只具有一个功能时，该零部件的成本就是它本身的功能成本；当一项功能由多个零部件共同实现时，该功能的成本就等于这些零部件的功能成本之和。当一个零部件具有多项功能或同时与多项功能有关时，就需要将零部件成本根据具体情况分摊给各项有关功能。

表 3-19 所示即为一项功能由若干零部件组成或一个零部件具有几个功能的情形。

零部件			功能区或功能领域					
序号	名称	成本（元）	F_1	F_2	F_3	F_4	F_5	F_6
1	甲	300	100		100			100
2	乙	500		50	150	200		100
3	丙	60				40		20
4	丁	140	50	40			50	
		C	C_1	C_2	C_3	C_4	C_5	C_6
合计		1000	150	90	250	240	50	220

b. 成本指数的计算

成本指数是指评价对象的现实成本在全部成本中所占的比率。其计算式如下：

$$第 i 个评价对象的成本指数 C_1 = \frac{第 i 个评价对象的现实成本 C_i}{全部成本} \qquad (3\text{-}50)$$

② 功能评价值 F 的计算

功能评价值 F（目标成本），是指可靠地实现用户要求功能的最低成本，它可以理解为企业有把握，或者说应该达到的实现用户要求功能的最低成本。从企业目标的角度来看，功能评价值可以看成是企业期望的、理想的成本目标值。它不是一般概念的成本计算，而是把用户需求的功能换算为金额，其中成本最低的即是功能评价值。

功能的现实成本较易确定，而功能评价值较难确定。求功能评价值的方法较多，主要有：

a. 经验估算法

这种方法是邀请一些有经验的人，根据收集到的有关信息资料，构思出几个实现各功能或功能区域的方案，然后每个人对构思出的方案进行成本估算，取其平均值，最后从各方案中选取成本最低者。这种方法有时不一定很准确，但对经验丰富的人来说，还是比较适用的。

b. 强制确定法

此法是根据功能重要性程度确定功能评价值。首先将产品功能划分为几个功能区域，并根据功能区的重要程度和复杂程度，确定各个功能区的功能重要性系数，然后将产品的目标成本按功能重要性系数分配给各功能区作为该功能区的目标成本，即功能评价值。

第一步，确定功能重要性系数，方法可采用 0～1 评分法或 0～4 评分法。

第二步，确定各功能的功能评价值。

在第一步求出功能重要性系数之后，可根据新产品和老产品的不同情况，求出相应功能评价值。

c. 实际调查法

这种方法是通过广泛的调查，收集具有同样功能产品的成本，从中选择功能水平相同而成本最低的产品，以这个产品的成本作为功能评价值。具体步骤如下：

● 广泛收集企业内外完成同样功能的产品资料，包括反映功能水平的各项性能指标和可靠性、安全性、操作性、维修性、外观等。

● 将收集到的产品资料进行分析整理，按照各自功能要求的程度排出顺序。

③ 功能价值 V 的计算及分析

通过计算和分析功能单元的价值 V，可以分析成本功能的合理匹配程度。功能价值 V 的计算方法可分为两大类——功能成本法与功能指数法。

a. 功能成本法又称为绝对值法，功能成本法是通过一定的测算方法，测定实现应有功能所必须消耗的最低成本，同时计算为实现应有功能所耗费的现实成本，经过分析、对比，求得对象的价值系数和成本降低期望值，确定价值工程的改进对象。其表达式如下：

$$第 i 个评价对象的价值系数 V = \frac{第 i 个评价对象的功能评价值 F}{第 i 个评价对象的现实成本 C} \qquad (3-51)$$

一般可采用表 3-20 进行定量分析。

功能评价值与价值系数计算表　　　　　　　　　　　　　　表 3-20

项目 序号	子项目	功能重要性系数 ①	功能评价值 ②＝目标成本×①	现实成本 ③	价值系数 ④＝②/③	改善幅度 ⑤＝③－②
1	A					
2	B					
3	C					
...	...					
合计						

功能的价值计算出来以后，需要进行分析，以揭示功能与成本的内在联系，确定评价对象是否为功能改进的重点，以及其功能改进的方向及幅度，从而为后面的方案创造工作打下良好的基础。

根据上述计算公式，功能的价值系数计算结果有以下三种情况：

● $V=1$。即功能价值等于功能现实成本，这表明评价对象的功能现实成本与实现功能所必需的最低成本大致相当。此时评价对象的价值为最佳，一般无需改进。

● $V<1$。即功能现实成本大于功能评价值，表明评价对象的现实成本偏高，而功能要求不高，这时一种可能是由于存在着过剩的功能，另一种可能是功能虽无过剩，但实现功能的条件或方法不佳，以致使实现功能的成本大于功能的实际需要。这两种情况都应列入功能改进的范围，并且以剔除过剩功能及降低现实成本为改进方向，使成本与功能比例趋于合理。

● $V>1$。说明该部件功能比较重要，但分配的成本较少，即功能现实成本低于功能评价值。此时应进行具体分析，功能与成本的分配可能已较理想，或者有不必要的功能，或者应该提高成本。

应注意一个情况，即 $V=0$ 时，要进一步分析。如果是不必要的功能，该部件则取消；但如果是最不重要的必要功能，则要根据实际情况处理。

b. 功能指数法

功能指数法又称为相对值法。在功能指数法中，功能的价值用价值指数来表示，它是通过评定各对象功能的重要程度，用功能指数来表示其功能程度的大小，然后将评价对象的国内指数与相对应的成本指数进行比较，得出该评价对象的价值指数，从而确定改进对象，并求出该对象的成本改进期望值。其表达式如下：

$$第 i 个评价对象的价值指数 V_i = \frac{第 i 个评价对象的功能指数 F_i}{第 i 个评价对象的成本指数 C_i} \qquad (3-52)$$

功能指数法的特点是用分值来表达功能程度的大小，以便使系统内部的功能与成本具有可比性，由于评价对象的功能水平和成本水平都用它们在总体中所占的比率来表示，这样就可以采用上面的公式方便地、定量地表达评价对象价值的大小。因此，在功能指数法中，价值指数是作为评定对象功能价值的指标。

根据功能重要性系数和成本系数计算价值指数可以通过列表进行，其表达式如表 3-21 所示。

价值指数计算表 表 3-21

零部件名称	功能指数①	现实成本（元）②	成本指数③	价值指数④＝①/③
A				
B				
C				
...				
合计	1.00		1.00	1.00

价值指数的计算结果有以下三种情况：

● $V_i = 1$。此时评价对象的功能比重与成本比重大致平衡，合理匹配，可以认为功能的现实成本是比较合理的。

● $V_i < 1$。此时评价对象的成本比重大于其功能比重，表明相对于系统内的其他对象而言，目前所占的成本偏高，从而会导致该对象的功能过剩。应将评价对象列为改进对象，改善方向主要是降低成本。

● $V_i > 1$。此时评价对象的成本比重小于其功能比重。出现这种结果的原因可能有三种：第一，由于现实成本偏高，不能满足评价对象实现其应具有的功能要求，致使对象功能偏低，这种情况应列为改进对象，改善方向是增加成本；第二，对象目前具有的功能已经超过了其应该具有的水平，即存在过剩功能，这种情况也应列为改进对象，改善方向是降低功能水平；第三，对象在技术、经济等方面具有某些特征，在客观上存在着功能很重要而需要消耗的成本却很少的情况，这种情况一般就不应列为改进对象。

从以上分析可以看出，对产品部件进行价值分析，就是使每个部件的价值系数尽可能趋近于 1。换句话说，在选择价值工程对象的产品和零部件时，应当综合考虑价值系数偏离 1 的程度和改善幅度，优先选择价值系数远小于 1 且改进幅度大的产品或零部件。

④ 确定 VE 对象的改进范围

VE 对象经过以上各个步骤，特别是完成功能评价之后，得到其价值的大小，就明确了改进的方向、目标和具体范围。确定对象改进范围的原则如下：

a. F/C 值低的功能区域。

计算出来的 $V < 1$ 的功能区域，基本上都应进行改进，特别是 V 值比 1 小得较多的功

能区域，应力求使 $V=1$。

b. $C-F$ 值大的功能区域。

通过核算和确定对象的实际成本和功能评价值，分析、测算成本改善期望值，从而排列出改进对象的重点及优先次序。成本改善期望值的表达式为：

$$\Delta C = C - F \qquad (3-53)$$

式中　ΔC——为成本改善期望值，即成本降低幅度。

当 n 个功能区域的价值系数同样低时，就要优先选择 ΔC 数值大的功能区域作为重点对象。一般情况下，当 ΔC 大于零时，ΔC 大者为优先改进对象。

c. 复杂的功能区域。复杂的功能区域，说明其功能是通过采用很多零件来实现的。一般来说，复杂的功能区域其价值系数也较低。

4. 方案创造

方案创造是从提高对象的功能价值出发，在正确的功能分析和评价的基础上，针对应改进的具体目标，通过创造性的思维活动，提出能够可靠地实现必要功能的新方案。为了提高产品的功能和降低成本，达到有效利用资源的目的，就需要寻找最佳的代替方案。寻求或构思这种最佳方案的过程就是方案的创造过程。创造也可以理解为"组织人们通过对过去经验和知识的分析与综合以实现新的功能"的一种活动。价值工程的活动能否取得成功，关键是功能分析评价之后能否构思出可行的方案。这是一个创造、突破、精制的过程，如果不能构思出最佳的可行方案则会前功尽弃。

比较常用的方法有以下几种：

(1) 头脑风暴法（BS 法）

头脑风暴法（Brain Storm，简称 BS）是指自由奔放地思考问题。具体做法是事先通知议题，开会时要求应邀参加会议的各方面专业人员在会上自由奔放地思考，提出各种不同的方案，多多益善，但是不评价别人的方案，并且希望与会者在别人建议方案的基础上进行改进，提出新的方案来。

这种方法以 5~10 人的小型会议的方式进行为宜，会议开始时，首先由会议主持人提出四条会议原则：不相互开展批评；欢迎自由奔放的联想；希望结合别人意见提出设想；提出方案越多越好。然后提出所要解决的问题；最后，会议参加者围绕要解决问题展开联想，提出改进方案。

(2) 哥顿法

哥顿（Gorden）法是通过会议形式，先讨论抽象问题后再讨论具体问题，提出改进方案的方法。根据所要解决的问题，召集 10 名左右的专家前来开会，会议开始时，只向专家提出一个抽象化问题，要求大家展开讨论，当讨论到一定程度后，再提出具体问题，这样利于开拓思路，打破框框。

(3) 专家函询法

这种方法不采用开会形式，而是由主管人员或部门把预想方案以信函的方法分发给有关的专业人员，征询他们的意见，然后将意见汇总，统计和整理之后再分发下去，希望再次补充修改。如此反复若干次，即经过几上几下，把原来比较分散的意见在一定程度上使其内容集中一致，形成统一的集体讨论，作为新的代替方案。

方案创造的方法很多，总的精神是要充分发挥各有关人员的智慧，集思广益，多提方案，从而为评价方案创造条件。

（4）专挑毛病法

专挑毛病法就是组织有关人员对原方案专挑毛病，然后分类整理，最后提出改进方案的方法。

（5）列举法

列举法就是先针对两个不同问题提出几个解决方案，然后把这些方案分别组合归纳，形成改进方案的方法。

5. 方案评价

方案评价是在方案创造的基础上，对新构思方案的技术、经济和社会效果等几方面进行的评估，以便于选择最佳方案。

（1）分类。按照其做法分为概略评价和详细评价。概略评价是对方案进行初步筛选，将一些明显价值不高的方案先行排除，保留价值较高的少数方案，以减少进一步评价所耗费的人力和时间。详细评价是对概略评估后保留的方案，通过进一步的调查研究和技术经济分析，从中选出最优方案。

（2）内容。无论是概略评价或是详细评价，均包括三部分内容，即技术评价、经济评价和社会评价。

① 技术评价是围绕"功能"所进行的评价，主要是评价方案能否满足功能的要求以及技术上的完善性和可能性。

② 经济评价是围绕经济效果所进行的评价，主要是评价有无降低成本的可能和能否实现预定的目标成本。

③ 社会评价是对新产品投产后给社会带来的利益和影响的估计，包括方案是否符合国家规定的各项政策、法令及标准，方案实施后对环境的影响，对社会其他事业的影响等。

基于对以上三种的评价，对方案做出综合评价。常用的综合评价方法有下述两种：

a. 优缺点对比法。将各方案的优缺点逐一列出，通过对比择优。这种方案简便易行，但是缺乏定量依据，不同指标之间可能存在矛盾。

b. 定量评分法。首先拟定评价指标，再将每一评价指标分成若干等级，对每一等级规定一个评分标准。对拟定的各种方案均按照同样的评分标准打分，最后将所得分数相加或连乘，得出总分。总分最高者为最优方案。

6. VE 活动的成果评价

（1）全年成本净节约额 P

$$P = (C - C')Q - P' \qquad (3\text{-}54)$$

式中　P——全年成本净节约额；

　　　C——改进前的单位产品成本；

　　　C'——改进后的单位产品成本；

　　　Q——年产量；

　　　P'——VE 活动费用。

（2）成本降低率 R

$$R = \frac{C - C'}{C}$$
(3-55)

复习思考题

1. 简述项目现金流量的构成。

2. 简述固定资产的概念和特征。

3. 什么是固定资产折旧？常用的折旧计算方法有哪些？

4. 简述常用工程项目评价指标的分类。

5. 总结并比较静态和动态评价指标。

6. 备选方案之间的相互关系有哪些？试举例说明。

7. 多方案比选应满足哪些可比性条件？

8. 简述互斥方案比选的增量分析法原理及应用步骤。

9. 不等寿命互斥方案的比选有哪些方法？

10. 什么是价值工程？其有哪些特点？

11. 简述价值工程的实施步骤。

12. VE 对象的选择有哪些常用方法？各有何特点？

13. 功能价值 V 的计算方法有哪两种？简述其计算结果的含义。

14. 简述价值工程中方案评价的内容。

15. 某新建项目，建设期为 3 年，在建设期第一年贷款 3000 万元，第二年贷款 4000 万元，第三年贷款 3000 万元，每年贷款平均使用，年实际利率为 5.65%，请用复利法计算建设期贷款利息。

16. 某企业购入货运汽车一辆，原值 20 万元，预计净残值率为 5%，预计总行驶里程为 60 万 km，当年行驶里程为 3.6 万 km。该项固定资产的年折旧额为多少？

17. 某机械厂新项目中，一批通用机械设备的资产原值（包括购买、安装、调试、建设期利息）为 2500 万元，折旧年限为 8 年，预计净残值率为 4%，分别用平均年限法、双倍余额递减法和年数总和法计算其各年折旧额。

18. 某高速公路项目建设期 4 年，建设投资 20 亿元，运营铺底流动资金 1000 万元。固定资产形成率 98%，其中 15 亿元资金由银行贷款，在建设期第二年贷款 6 亿元，第三年贷款 5 亿元，第四年贷款 4 亿元，贷款年利率为 10%。若项目计算期为 15 年，计算项目经济评价中该高速公路的年折旧额。

19. 某项目建设期 3 年，第 1 年初投资 1000 万元，第 2 年初投资 800 万元，第 3 年初投资 600 万元；项目建成后可经营 10 年，第 1、2 年每年收益 100 万元，年经营费用 40 万元；以后每年平均收益 600 万元，经营费用均为 100 万元，项目期末残值 200 万元。画出该项目的现金流量图，并计算其净现值。设定年利率为 6%。

20. 某投资方案建设期为 2 年，建设期内每年年初投资 400 万元，运营期每年年末净收益为 150 万元，若基准收益率为 12%，运营期为 18 年，残值为零。已知 $(P/A, 12\%, 18) = 7.2497$，则该投资方案的净现值和静态投资回收期分别为多少？

21. 某公共事业拟定一个 15 年规划，分三期建成，开始投资 6000 万元，5 年后投资 5000 万元，10 年后再投资 4000 万元。每年的保养费，前 5 年每年 150 万元，次 5 年每年 250 万元，最后 5 年每年 350 万元，15 年年末残值为 800 万元。

①试绘出该规划的现金流量图；

②若采用 8% 的折现率，计算该规划的费用年值。

22. 某公司购买了一台机器，原始成本为 12000 元，估计能使用 20 年，20 年末的残值 2000 元。运行费用固定为每年 800 元，此外每使用 5 年后必须大修一次，大修理费用每次 2800 元。若年利率为

12%，试求机器的等值年费用。

23. 某建筑企业研究某项目是否需预设现场雨水排水系统问题。根据相关资料：工程工期3年，若不设排水系统，估计3年内每季度将损失800元；若设置排水系统，初始投资7500元，3年末可收回残值3000元。设定年利率为12%，按季度计息，请作出决策。

24. 某建筑屋面每年损耗热能价值约为2060元，屋面上如铺设某种隔热层A，需要一次性投资1160元，其效率为98%；如铺设某种隔热层B，要一次性投资900元，其效率为89%。设定年利率为10%，寿命按照8年计算。问铺设哪种隔热层更为经济？

25. 已知投资方案A初始投资300万元，每年收入200万元，每年支出120万元，寿命期5年，期末残值为50万元；投资方案B初始投资200万元，每年收入180万元，每年支出100万元，寿命期3年，期末残值为30万元，试用净年值法比较二者经济性。设定年利率为12%。

26. 某预制件厂从采石厂运骨料，按照方案A需要购买2部推土机，并在厂外筑路；按照方案B需要建一条输送带。各方案有关数据见表3-22所示，设定利率为15%，请作出决策。

各方案数据 表3-22

项目	单位	A		B
		推土机	道路	输送带
投资P	元	45000	28000	175000
年经费R	元	6000	300	2500
残值F	元	5000	2000	10000
寿命N	年	8	12	24

27. 某城市修建跨越某河流的大桥，有南北两处可以选址。南桥方案是通过河面最宽的地方，桥头连接两座小山，且须跨越铁路和公路，所以要建吊桥，其投资为2500万元，建桥购地用款120万元，年维护费2万元，水泥桥面每8年返修一次，每次返修费用为4万元。北桥方案跨度较小，建桁架即可，但需补修附近道路，预计共需投资1500万元，年维护费1万元，该桥每4年粉刷一次，每次需1.5万元，每10年喷砂整修一次，每次需5万元，购地用款1000万元。若年利率为10%，比较哪个方案较优。

28. 现有A、B、C、D四个方案，其有关数据见表3-23所示，问：
① 如果这四个项目是互斥的，基准收益率15%，应选择哪个方案？
② 如果这四个项目是独立的，资金无限制，基准收益率12%，应选择哪个方案？

各方案数据 表3-23

方案i	初始投资	IRR	$\Delta IRR_{(i-j)}$		
			j=A	j=B	j=C
A	−100000	19%	—	—	—
B	−175000	15%	9%	—	—
C	−200000	18%	17%	23%	—
D	−250000	16%	12%	17%	13%

29. 已知某产品的五个功能单元的数据表 3-24 所示。若根据该产品的市场价格及企业的目标利润要求，该产品的成本必须控制在 420 元。试求：(1) 用相对值法计算各功能的价值系数；(2) 确定各功能的成本降低额。

各功能单元   表 3-24

功能单元	A	B	C	D	E
功能得分	2	4	4	5	1
目前成本（元）	120	70	150	80	80

4 建设项目的工程经济分析

4.1 项目资金筹措与融资

任何一个投资方案的存续都要有资金基础。资金筹集是项目建设和运行的起点，资金来源渠道、筹集方式、资金结构、资金配置等问题影响着项目的实施及其经济性。作为项目实施的一项重要工作，项目的资金筹措应该从项目前期阶段就开始进行，包括资金来源、资金成本、资金使用、债务偿还与资金效益估算等内容。

4.1.1 项目筹资的基本要求

1. 合理确定资金需要量，力求提高筹资效果

无论通过什么渠道、采取什么方式筹集资金，都应首先确定资金的需要量，即要求筹资有一个"度"的问题。资金不足会影响项目的生产经营和发展；资金过剩不仅是一种浪费，也会影响资金使用的效果。在实际工作中，必须采取科学的方法预测与确定未来资金的需要量，选择合适的渠道与方式筹集所需的资金，以防止筹资不足或筹资过剩，提高资金的使用效果。

2. 认真选择资金来源，力求降低资金成本

项目筹集资金可以采用的渠道和方式多种多样。不同渠道和方式筹资的难易程度、资金成本和风险各不一样。但任何渠道和方式的筹资都要付出一定的代价，在筹资中通常选择最经济方便的渠道和方式，以使综合的资金成本最低。

3. 适时取得资金，保证资金投放需要

筹集资金有时间上的安排，这取决于投资的时间。合理安排筹资与投资，使其在时间上互相衔接，避免取得资金过早而造成投放前的闲置或取得资金滞后而耽误投资的有利时机。

4. 适当维持自有资金比例，正确安排举债经营

举债经营即项目通过借债开展生产经营活动。举债经营可以给项目带来一定的好处，但负债的多少必须与自有资金和偿债能力的要求相适应。如负债过多，会发生较大的财务风险，甚至会由于丧失偿债能力而面临破产。因此，项目法人既要利用举债经营的积极作用，又要避免可能产生的债务风险。

4.1.2 工程项目资金的筹措

从总体上看，项目的资金来源可分为投入资金和借入资金两类，前者形成项目的资本金，后者形成项目的负债。

1. 资本金筹措

（1）资本金制度

项目资本金是指项目投资者为建设和经营该项目而认缴的出资额。对项目公司来说，项目资本金是非债务资金，项目公司不承担这部分资金的利息和债务；投资者可按出资比

例依法享有项目资产所有权。资本金可以转让，但不得以任何方式抽走。

项目资本金是投资者为获得财产所有权和对项目的控制权而投入的资金，是项目成立的前提；同时，它也是确定项目产权关系的依据，是项目进行债务筹资的信用基础。为了建立投资风险约束机制，有效地控制规模、提高投资效益，我国从 1996 年开始实行固定资产投资项目资本金制度，规定了投资建设项目资本金占建设项目总投资的最低比例，规定投资建设经营性项目必须先落实项目资本金、并达到最低比例要求才能建设；但主要用财政内预算资金投资建设的公益性项目除外。建设项目资本金的最低比例见表 4-1 所示。

建设项目资本金最低比例 表 4-1

序号	项　　目	项目资本金最低比例（%）
1	钢铁、电解铝项目	40
2	水泥项目	35
3	煤炭、焦炭、电石、铁合金、烧碱、黄磷、玉米加工、机场、港口、沿海和内河航运项目	30
4	铁路、公路、城市轨道交通、化肥（不含钾肥）项目	25
5	保障性住房、普通商品住房项目	20
	其他房地产开发项目	30
6	其他项目	20

项目资本金比例应满足式（4-1）的要求：

$$资本金比例 = \frac{项目资本金}{固定资产投资 + 铺底流动资金} \times 100\% \geqslant 资本金最低比例 \quad (4-1)$$

$$铺底流动资金 = 建设项目流动资金 \times 30\%$$

【例 4-1】某投资公司为开发一普通商住楼房地产项目，拟成立项目公司。该项目一期工程固定资产投资 22000 万元，铺底流动资金 100 万元，请问该项目公司的注册资本金应达到多少万元？

【解】项目公司的注册资本金应不少于：

$$（22000 + 100）\times 20\% = 4420 万元$$

（2）项目资本金出资方式与来源

项目投资者可以用货币出资，也可以用实物、工业产权、非专利技术、土地使用权、资源开采权等作价作为项目资本金出资，但必须经过有资格的资产评估机构评估作价；其中，以工业产权和非专利技术作价出资的比例一般不超过项目资本金总额的 20%。

项目资本金的来源一般包括：

① 中央和地方政府用于项目建设的财政性资金和各项专项建设资金；

② 政府投资的投资机构用于项目建设的资金；

③ 境内外企业（公司）和事业单位可以用于项目建设的资金；

④ 社会个人可用于项目建设的资金；

⑤ 经有关部门批准，建设项目公司（法人）通过证券市场发行股票筹资用于项目建设的资金。

（3）建设项目筹集资本金的方式

根据出资方的不同，项目资本金分为国家出资、法人出资和个人出资三种。根据国家法律、法规的规定，建设项目可通过争取国家财政预算内投资、发行股票、自筹投资和利用外资直接投资等多种方式来筹集资本金。

① 国家预算内投资

国家预算内投资简称国家投资，是指以国家预算资金为来源并列入国家计划的固定资产投资。它目前包括国家预算、地方财政、主管部门和国家专项投资拨给或委托银行贷给建设单位的基本建设拨款及中央建设基金，拨给企事业单位的更新改造拨款，以及中央财政安排的专项拨款中用于基本建设的资金。国家预算内投资的资金一般来源于国家收入，也有一部分来自于国债收入。国家预算内投资目前虽然占全社会固定资产总投资的比重较低，但它是能源、交通、原材料以及国防、科研、文教卫生、行政事业建设项目投资的主要来源，对于整个投资结构的调整起着主导性的作用。

② 自筹投资

自筹投资是指建设单位报告期收到的用于进行固定资产投资的上级主管部门、地方和单位、城乡个人的自筹资金。目前，自筹投资占全社会固定资产投资总额的一半以上，已成为筹集建设项目资金的主要渠道。建设项目自筹资金来源必须正当，应上缴财政的各项资金和国家有指定用途的专款，以及银行贷款、信托投资、流动资金不可用于自筹投资；自筹投资必须纳入国家计划，并控制在国家确定的投资总规模以内；自筹资金要符合一定时期国家确定的投资使用方向，投资结构去向合理，以提高自筹投资的经济效益。

③ 发行股票

股票是股份有限公司发放给股东作为已投资入股的证书和索取股息的凭证，是可作为买卖对象或质押品的有价证券。

按股东承担风险和享有权益的大小，股票可分为普通股和优先股两大类。普通股即在公司利润分配方面享有普通权利的股份。普通股股东除能分得股息外，还可以在公司盈利较多时再分享红利；因此，普通股获利水平与公司盈亏息息相关。优先股即在公司利润分配方面较普通股有优先权的股份，优先股股东按一定比例取得固定股息；企业清算时，能优先得到剩下的可分配给股东的财产。

发行股票筹资的优点有：首先，股票筹资是一种有弹性的融资方式。由于股息或红利不像利息那样必须按期支付，当公司经营不佳或现金短缺时，董事会有权决定不发股息或红利，因而公司融资风险低。其次，股票无到期日。其投资属永久性投资，公司不需为偿还资金而担心。最后，发行股票筹集资金可降低公司负债比率，提高公司财务信用，增加公司今后的融资能力。

发行股票筹资的缺点有：一是资金成本高。购买股票承担的风险比购买债券高，投资者只有在股票的投资报酬率高于债券的利息收入时，才愿意投资于股票。此外，债券利息可在税前扣除，而股息和红利需在税后利润中支付，这样就使股票筹资的资金成本大大高于债券筹资的资金成本。三是增发普通股需给新股东投票权和控制权，从而降低原有股东的控制权。

④ 利用外资直接投资

利用外资直接投资主要包括与外商合资经营、合作经营、合作开发及外商独资经营等形式。国外资本直接投资方式的特点是：不发生债权债务关系，但要让出一部分管理权，并且要支付一部分利润。

2. 负债资金筹措

负债筹资是指项目筹资中除资本金外，以负债方式取得资金。项目的负债是指项目承担的能够以货币计量且需要以资产或劳务偿还的债务。它是项目筹资的重要方式，一般包括银行贷款、发行债券、设备租赁和借用国外资金等方式。

(1) 银行贷款

项目银行贷款是银行利用信贷资金所发放的投资贷款。20 世纪 80 年代以来，随着投资管理体制、财政体制和金融体制改革的推进，银行信贷资金有了较快发展，成为建设项目投资资金的重要组成部分。

(2) 发行债券

企业可以通过发行企业债券，筹集资金用于项目投资。债券是借款单位为筹集资金而发行的一种信用凭证，它证明持券人有权按期取得固定利息并到期收回本金。我国发行的债券又可分为国家债券、地方政府债券、企业债券和金融债券。债券融资可以从资金市场直接获得资金，资金成本（利率）一般低于向银行借款。国内发行的债券通常都是固定利率的。由于有较为严格的证券监管，只有实力很强并且有很好资信的企业才有能力发行企业债券。

债券筹资的优点有：首先，支出固定。不论企业将来盈利如何，它只需付给持券人固定的债券利息。其次，企业控制权不变。债券持有者无权参与企业管理，因此，公司原有投资者控制权不因发行债券而受到影响。再次，少纳所得税。合理的债券利息可计入成本，实际等于政府为企业负担了部分债券利息。最后，可以提高自有资金利润率。

债券筹资的缺点有：首先，固定利息支出会使企业承受一定的风险。特别是企业盈利波动较大时，按期偿还本息较为困难。其次，发行债券会提高企业负债比率，增加企业风险，降低企业的财务信誉。最后，债券合约的条款，常常对企业的经营管理有较多限制，在一定程度上约束了企业从外部筹资的扩展能力。

(3) 设备租赁

设备租赁是指出租人和承租人之间订立契约，由出租人应承租人的要求购买其所需的设备，在一定时期内供其使用，并按期收取租金，且不得中途解约。租赁期间设备的产权属出租人，用户只有使用权。期满后，承租人可以选择以下的处理方法：将所租设备退还出租人、延长租期、作价购进所租设备、要求出租人更新设备、另订租约等。设备租赁方式有融资租赁、经营租赁、服务出租等。

其中，融资租赁是一种融资与融物相结合的筹资方式。它不需要像其他筹资方式那样，等筹集到足够的货币资本后再去购买长期资产；同时，还有利于及时引进设备，加速技术改造。但一般情况下，融资租赁比债券、银行贷款等筹资方式的资金成本率高。

(4) 借用国外资金

借用国外资金大致有外国政府贷款、国际金融组织贷款、国外商业银行贷款、在国外金融市场上发行债券、吸收国外银行、企业和私人存款、利用出口信贷等。

4.1.3 资金成本

1. 基本概念

资金成本是指项目或企业为筹集和使用资金而付出的代价，包括筹资费用和用资费用两部分。

（1）筹资费用。是指在筹集资金过程中为取得资金而付出的各种费用，如委托金融机构代理发行股票、债券而支付的注册费和代理费等，向银行借款而支付的手续费等。这部分费用通常是在筹资时一次性支付的，在用资过程中不再发生，与资金使用期无直接关系，在计算资金成本时可作为筹资总额的一项扣除。

（2）用资费用。指项目或企业在生产经营、投资过程中，因使用资金而付出的费用，如使用发行股票筹集的资金、要向股东们支付红利，使用发行债券和银行贷款借入的资金要向债权人支付利息，使用租入的资产要向出租人支付租金，等等。这部分费用是经常发生的，与资金使用期直接相关，构成资金成本的主要内容。

2. 资金成本的作用

资金成本是商品经济条件下资本所有权和使用权分离的必然结果，是企业财务管理中的一个重要概念，国际上将其列为一项"财务标准"。其主要作用如下：

（1）资金成本是选择资金来源、拟定筹资方式的主要依据。利用不同的筹资方式，其个别资金成本不尽相同。资金成本的高低可以作为比较各种筹资方式优缺点的一项依据，从中挑选资金成本最小的筹资方式；但是，不能把资金成本作为选择筹资方式的唯一依据。

（2）资金成本是企业进行资本结构决策的基本依据。企业的资本结构一般由借入资金和自有资金结合而成，这种组合有多种方案，如何寻求两者间的最佳组合，一般可通过计算综合资金成本来确定，并以此作为企业决策的依据。因此，综合资金成本的高低是评价各个筹资组合方案以及作为资本结构决策的基本依据。

（3）资金成本是比较追加筹资方案的重要依据。企业为了扩大生产经营规模，增加所需资金，往往以边际资金成本作为依据。

（4）资金成本是评价各种投资项目是否可行的一个重要尺度。在评价投资方案是否可行时，一般是以项目本身的投资收益率与其资金成本进行比较，如果投资项目的预期投资收益率高于其资金成本，则是可行的。国际上通常将资金成本视为投资项目的"最低收益率"和是否采用投资项目的"取舍率"，同时将其作为选择投资方案的主要标准。

（5）资金成本也是衡量企业整个经营业绩的一项重要标准，是企业从事生产经营活动必须挣得的最低收益率。企业必须实现这一最低收益率，才能补偿企业因筹资而支付的所有费用。同时，将企业的实际资金成本与相应的利润率进行比较，可以评价企业的经营业绩。

3. 个别资金成本的计算

资金成本可以用绝对数表示，也可以用相对数表示。由于不同情况下筹集资金的总额不同，为了便于比较，通常以相对数来表示，即资金成本率。

资金成本率是每年的用资费用与筹资净额的比值，其基本计算公式为：

$$K = \frac{D}{P-F} = \frac{D}{P(1-f)} \tag{4-2}$$

式中　K——资金成本率，一般用百分率表示，通常称为资金成本；

　　　P——筹集总额；

D——每年用资费用；

F——筹资费用；

f——筹资费费率，即筹资费占筹集总额的比率。

资金成本有多种计量方式。在比较各种筹资方式时，使用个别资金成本；在进行资本结构决策时，使用综合资金成本；在进行追加筹资决策时，则使用边际资金成本。

在计算资金成本时，由于短期资金大部分不需要付出代价或是代价比较低，通常只计算长期资金的成本。长期资金的资金成本也称资本成本，主要包括长期借款成本、债券成本、优先股成本、普通股成本、留存收益成本等，前两者统称为负债资金成本，后三者统称为权益资金成本。

（1）银行借款资金成本

企业采用银行借款方式筹资的资金，其用资费用为企业每年负担的利息。由于利息可以抵税，从而降低了企业承担的利息费用；因此，企业实际承担的每年用资费用＝年利息×（1－所得税税率）。

银行借款资金成本的计算公式为：

$$K_1 = \frac{i(1-T)}{1-f} \times 100\% \qquad (4\text{-}3)$$

式中　K_1——银行借款资金成本；

　　　i——借款年利率；

　　　T——所得税税率；

　　　f——筹资费费率。

【例 4-2】某公司从银行取得长期借款 200 万元，年利率 6%，每年付息一次，到期一次还本，手续费等筹资费费率为 0.2%。该公司企业所得税税率为 25%，计算该项长期借款的资金成本。

【解】

$$K_1 = \frac{6\% \times (1-25\%)}{1-0.2\%} \times 100\% = 4.51\%$$

由于长期借款筹资费用（主要是手续费）一般很低，可以忽略不计，故长期借款资金成本也可按下式计算：

$$K_1 = i(1-T) \times 100\%$$

如上例资料，$K_1 = 6\% \times (1-25\%) \times 100\% = 4.5\%$。

（2）债券资金成本

债券利息与长期借款利息一样，都在税前支付，具有减税效应。但债券的筹资费用一般较高，计算时不可忽略；同时，债券发行价格与其面值可能存在差异，在计算时要按预计的发行价格确定其筹资总额。其计算公式为：

$$K_B = \frac{Bi(1-T)}{P(1-f)} \times 100\% \qquad (4\text{-}4)$$

式中　K_B——债券资金成本；

i——债券年利率；

B——债券面值；

P——债券发行价格；

T——所得税税率；

f——筹资费费率。

【例 4-3】某公司拟发行一种面值为 1000 万元、票面利率 8％、期限五年、每年付息一次的债券 1 万张，预计其发行价格为 1020 万元，筹资费费率为 4％。该公司企业所得税税率为 25％，计算该批债券的资金成本。

【解】

$$K_B = \frac{1000 \times 8\% \times (1-25\%)}{1020 \times (1-4\%)} \times 100\% = 6.13\%$$

（3）优先股资金成本

优先股股票是一种介于债券和普通股股票之间的一种证券，既有债券的特征，又有普通股股票的特征；但从本质上讲，发行优先股股票筹集的资金属于权益资金。企业支付给优先股股东的股利通常是按股票面值的一定比率来计算的，这一点与债券相同；企业发行优先股股票筹集的资金不用归还，支付给优先股股东的股利要在税后支付，这两方面与普通股股票相同。

企业支付给优先股股东的股利不具有抵税的作用，因此，企业因发行优先股而每年负担的用资费用=优先股股票面值×股利支付率。

优先股资金成本的计算公式如下：

$$K_P = \frac{Br}{P(1-f)} \times 100\% \tag{4-5}$$

式中　K_P——优先股资金成本；

r——股利支付率；

P——优先股发行价格；

B——优先股面值；

f——筹资费费率。

【例 4-4】某公司拟按面值发行 1000 万元的优先股，固定股利率为 10％，预计筹资费用率为 4％。计算该优先股的资金成本。

【解】

$$K_P = \frac{1000 \times 10\%}{1000 \times (1-4\%)} \times 100\% = 10.42\%$$

（4）普通股资金成本

普通股资金成本的计算有多种方法，其中估价法是利用估价普通股现值的公式来计算。普通股现值的计算公式为：

$$V_0 = \sum_{i=1}^{n} \frac{D_i}{(1+K_s)^i} + \frac{V_n}{(1+K_s)^n} \tag{4-6}$$

由于普通股没有固定的到期日，即当 $n \to \infty$ 时，$\dfrac{V_n}{(1+K_s)^n} \to 0$，所以股票的现值为：

$$V_0 = \sum_{i=1}^{n} \frac{D_i}{(1+K_s)^i} \tag{4-7}$$

式中　V_0——普通股现值，即发行价格；

　　　V_n——普通股终值；

　　　D_i——普通股第 i 期支付股利；

　　　K_s——普通股资金成本。

由式（4-7）即可求出 K_s 普通股资金成本。如果每年普通股股利固定不变，则可视为永续年金，计算公式简化为：

$$K_s = \frac{D}{V} \times 100\% \tag{4-8}$$

把普通股筹资费用考虑进去，则

$$K_s = \frac{D}{V(1-f)} \times 100\% \tag{4-9}$$

式中　V——普通股筹资总额（按普通股发行价格确定）；

　　　D——普通股每年固定股利；

　　　f——普通股筹资费用率。

但实际中普通股股利通常是逐年增长的，如果每年以固定比率 g 增长，则普通股成本的计算公式为：

$$K_s = \frac{D_1}{V(1-f)} \times 100\% + g \tag{4-10}$$

式中　D_1——普通股预计第一年股利；

　　　g——普通股股利固定增长率。

【例 4-5】某公司拟按面值为 1 元的普通股 5000 万股，筹资总额为 1 亿 5000 万元，筹资费用率为 4%，预计第一年每股股利为 0.25 元，以后每年增长 5%。计算该普通股的资金成本。

【解】

$$K_s = \frac{5000 \times 0.25}{15000 \times (1-4\%)} \times 100\% + 5\% = 13.68\%$$

在各种资金来源中，普通股的成本最高。其原因在于：一是企业破产后普通股股东的求偿权位于最后，与其他投资者相比，普通股股东所承担的风险最大，普通股的报酬也应最高，因此企业付出的代价也最大；二是企业支付给普通股股东的股利要在税后支付，不具有抵税的作用。

（5）留存收益资金成本

鉴于国家法律的规定及企业发展的需要，企业不会把全部收益以股利的形式分给股东，有一部分收益被留存在企业内部，这部分资金包括盈余公积和未分配利润。留存收益也是企业资金的一种重要来源。企业把收益的一部分留存于内部，相当于股东对企业进行了追加投资，股东对这部分投资与以前缴给企业的股本一样，也要求有一定的回报。其资金成本的计算与普通股基本相同，但没有筹资费用。

根据风险收益对等观念，在一般情况下，以上各筹资方式的资金成本由小到大依次是银行借款成本、债券成本、优先股成本、留存收益成本、普通股成本。

4. 综合资金成本的计算

企业可以从多种渠道、用多种方式来筹集资金，而各种方式的资金成本是不一样的。为了正确进行筹资和投资决策，就必须计算企业的综合资金成本。综合资金成本是企业全部长期资金的总成本，通常以各种资金占全部资金的比重为权数，对个别资金成本进行加权平均确定，故又称加权平均资金成本。其计算公式为：

$$K_{\mathrm{w}} = \sum_{j=1}^{n} K_j W_j \times 100\% \tag{4-11}$$

式中 K_{w}——综合资金成本；

K_j——第 j 种个别资金成本；

W_j——第 j 种个别资金占全部资金的比重（权数）。

【例 4-6】某公司共有资金 50000 万元，其中长期借款 10000 万元、债券 10000 万元、普通股 25000 万元、留存收益 5000 万元，其资金成本分别为 4.2%、5.5%、13.4%、12.8%。计算其综合资金成本。

【解】

$$K_{\mathrm{w}} = \frac{4.2\% \times 10000 + 5.5\% \times 10000 + 13.4\% \times 25000 + 12.8\% \times 5000}{50000} \times 100\%$$

$$= 9.92\%$$

4.1.4 项目融资

1. 基本概念

项目融资是相对于传统融资而言的新型融资方式。

所谓传统融资是指一个公司利用本身的资信能力所进行的融资，包括取得银行贷款、发行公司股票、公司债券等。投资方在提供资金时侧重于对公司整体情况的考核，而把对该公司所要投资的某个具体项目的认识和控制放在较为次要的位置。

项目融资主要不是以项目业主的信用，或者项目有形资产的价值作为担保来获得贷款，而是依赖于项目本身良好的经营状况和项目建成、投入后的现金流量作为偿还债务的资金来源；同时将项目的资产，而不是项目业主的其他资产作为借入资金的抵押。也就是说，项目融资将归还贷款资金来源限定在特定项目的收益和资产范围之内，在一定程度上依赖于项目的资产和现金流量，投资方自始至终着眼于控制和积极影响项目运行的全过程，并且能够根据项目的特点设计出多种多样的融资结构，使一些在传统融资条件下可能无法取得资金的项目得以开发。项目融资适用于资源开发、基础设施建设及制造业等大型工程项目。

由于项目融资借入的资金是一种无追索权或仅有有限追索权的贷款，而且需要的资金量又非常大，故其风险也较传统融资方式大得多。在实践中，项目融资被分为无追索权项目融资和有限追索权项目融资两种类型。

2. 基本内容

工程项目融资从项目的投资决策到选择具体的项目融资方式，再到最后完成项目融资，一般要经过五个阶段和步骤。各个阶段的基本内容详见图 4-1。

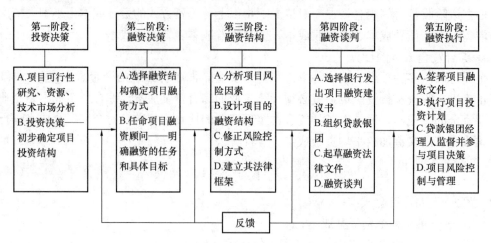

图 4-1　完成项目融资的阶段和步骤

4.2　建设项目经济评价

建设项目经济评价包括财务分析（也称财务评价）和经济分析（也称国民经济评价）。建设项目经济评价内容的选择，应根据项目性质、项目目标、项目投资者、项目财务主体以及项目对经济与社会的影响程度等具体情况确定。对于费用效益计算比较简单，建设期和运营期比较短，不涉及进出口平衡等一般项目，如果财务评价的结论能够满足投资决策需要，可不进行国民经济评价；对于关系公共利益、国家安全和市场不能有效配置资源的经济和社会发展的项目，除应进行财务评价外，还应进行国民经济评价。

建设项目经济评价的深度，应根据项目决策工作不同阶段的要求确定。建设项目可行性研究阶段的经济评价，应系统分析、计算项目的效益和费用，通过多方案经济比选推荐最佳方案，对项目建设的必要性、财务可行性、经济合理性、投资风险等进行全面的评价。项目规划、机会研究、项目建议书阶段的经济评价可适当简化。

4.2.1　工程项目财务分析

1. 工程项目财务分析的含义及作用

工程项目财务分析（亦称财务评价），是在国家现行财税制度和价格体系的前提下，从项目的角度出发，计算项目范围的财务效益和费用，考察和分析项目的财务盈利能力和清偿能力和财务生存能力，据以判断项目的财务可行性，明确项目对财务主体及投资者的价值贡献。

其作用主要表现在以下方面：

（1）是项目前期决策分析的重要组成部分；

（2）是项目决策的重要依据；

（3）是项目或方案比选的重要依据；

（4）是项目投资各方公平谈判、平等合作的重要依据；

（5）项目财务生存能力分析对项目可持续性的考察起着重要作用。

2. 财务分析的目的

（1）衡量经营性项目的盈利能力。我国实行企业（项目）法人责任制后，企业法人要对建设项目的筹划、筹资、建设直至生产经营、归还贷款或债券本息以及资产的保值、增值实行全过程负责，承担投资风险。因决策失误或管理不善造成企业法人无力偿还债务的，银行有权依据合同取得抵押资产或由担保人负责偿还债务。因此企业所有者和经营者对项目盈利水平如何，能否达到行业的基准收益率或企业目标收益率，项目清偿能力如何，是否低于行业基准回收期，能否按银行要求的期限偿还贷款等，将十分关心。

（2）衡量非经营性项目的财务生存能力。对于非经营性项目，如公益性项目和基础性项目，在经过有关部门批准的情况下，可以实行还本付息价格或微利价格。在这类项目决策中，为了权衡项目在多大程度上要由国家或地方财政给予必要的支持，例如，进行政策性的补贴或实行减免税等经济优惠措施，同样需要进行财务计算和评价。

（3）作为合营项目谈判签约的重要依据。合同条款是中外合资项目和合作项目双方合作的首要前提，而合同的正式签订又离不开经济效益分析，实际上合同条款的谈判过程就是财务经济评价的测算过程。

（4）作为项目资金规划的重要依据。建设项目的经济规模、资金的可能来源、用款计划的安排和筹资方案的选择都是财务经济评价要解决的问题。为了保证项目所需资金按时提供（资金到位），投资者（国家、地方、企业和其他投资者）、项目经营者和贷款部门也都要知道拟建项目的投资金额，并据此安排资金计划和国家预算。

3. 财务分析的基本原则

项目财务分析应遵循以下基本原则：

（1）费用和效益计算范围的一致性原则。为了正确评价项目的获利能力，必须遵循费用与效益计算范围的一致性原则。如果在投资估算中包括了某项工程，那么因建设了该工程而增加的效益就应该考虑，否则就会低估项目的效益；反之，如果考虑该工程对项目效益的贡献，但投资却未计算进去，那么项目的效益就会被高估。只有将投入和产出的估算限定在同一范围内，计算的净效益才是投入的真实回报。

（2）费用和效益识别的有无对比原则。有无对比是国际上项目评价中通用的费用与效益识别的基本原则。项目评价的许多方面都需要遵循这条原则，财务经济评价也不例外。所谓"有"是指实施项目后的将来状况，"无"是指不实施项目时的将来状况。在识别项目的效益和费用时，须注意只有"有无对比"的差额部分才是由于项目的建设而增加的效益和费用，即增量效益和费用。有些项目即使不实施，现状效益也会由于各种原因而发生变化。

有无对比直接适用于依托老厂进行的改扩建与技术改造项目，停缓建后又恢复建设项目的增量效益分析。对于从无到有进行建设的新项目，也同样适用该原则，只是通常认为无项目与现状相同，其效益与费用均为零。

（3）动态分析与静态分析相结合，以动态分析为主的原则。国际通行的财务经济评价都是以动态分析方法为主，即根据资金时间价值原理，考虑项目整个计算期内各年的效益和费用，采用现金流量分析的方法，计算内部收益率和净现值等评价指标。

（4）基础数据确定的稳妥原则。财务经济评价结果的准确性取决于基础数据的可靠性。财务经济评价中需要的大量基础数据都来自预测和估计，难免有不确定性。为了使财务经济评价结果能提供较为可靠的信息，避免人为乐观地估计所带来的风险，更好地满足投资决策需要，在基础数据的确定和选取中遵循稳妥原则是十分必要的。

4. 财务分析的内容

工程项目财务分析的主要内容包括：

（1）财务盈利能力评价。主要考察投资项目的盈利水平。需编制全部投资现金流量表、自有资金现金流量表和损益表三个基本财务报表；计算财务内部收益率、财务净现值、投资回收期、投资收益率等指标。

（2）项目偿债能力分析。投资项目的资金构成一般可分为借入资金和自有资金。自有资金可长期使用，而借入资金必须按期偿还。项目的投资者自然要关心项目偿债能力，借入资金的所有者——债权人也非常关心贷出资金能否按期收回本息。项目偿债能力分析可在编制贷款偿还表的基础上进行。为了表明项目的偿债能力，可按尽早还款的方法计算。在计算中，贷款利息一般作如下假设：长期借款，当年贷款按半年计息，当年还款按全年计息。

（3）外汇平衡分析。主要是考察涉及外汇收支的项目在计算期内各年的外汇短缺程度，提出切实可行的解决方案。

（4）不确定性分析。是在信息不足，无法用概率描述因素变动规律的情况下，估计可变因素对项目可行性的影响程度及项目承受风险能力的一种分析方法。不确定性分析包括盈亏平衡分析、敏感性分析和风险分析，其中风险分析是在可变因素的概率分布已知的情况下，分析可变因素在各种可能状态下项目经济评价指标的取值，从而了解项目的风险状况。

5. 财务分析的方法

财务分析是在产品需求研究和工程技术研究的基础上进行的财务评价，主要是用有关基础数据，通过基本财务报表，计算财务评价指标和各项财务比率，进行财务分析；考察项目的盈利能力、贷款清偿能力以及外汇效果等财务状况，做出财务评价。

财务评价的盈利能力分析要计算财务内部收益率、投资回收期等主要评价指标，根据项目的特点及实际需要，也可计算财务净现值、投资利润率、投资利税率、资本金利润率等指标；清偿能力分析要计算资产负债率、借款偿还期、流动比率、速动比率等指标。此外，还可计算其他价值指标或实物指标（如单位生产能力投资），进行辅助分析。

6. 财务分析的基本步骤

工程项目财务分析是在产品市场研究、工程技术研究等工作的基础上进行的。其基本工作程序如图 4-2 所示。

（1）收集、整理和计算有关基础财务数据资料

财务基础数据的估算是指在项目市场、资源、技术条件分析的基础上，从项目角度出发，依据现行的财税制度和价格政策，对一系列有关的财务数据进行调查、收集、整理和测算，并编制有关财务数据估算表的工作。财务数据主要有：

① 项目投入物和产出物的价格。

② 项目建设期间分年度投资和总投资。

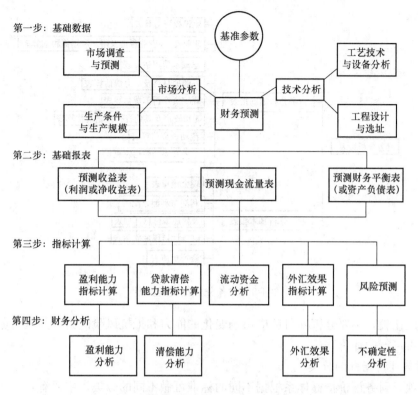

图 4-2 财务分析的工作程序

③ 项目资金来源方式、数额、利息率、偿还时间，以及分年还本付息数额。

④ 项目生产期的分年产品成本，包括总成本、经营成本、单位产品成本、固定成本。

⑤ 项目生产期的分年产品销售数量、销售收入、销售税金和销售利润及其分配数额。

（2）根据基础财务数据资料编制财务报表

财务报表分为基本报表和辅助报表。它是根据上一步骤估算的基础数据填列的，是计算反映项目盈利能力、清偿能力和外汇平衡的技术经济指标的基础。所以，在分析和估算财务数据之后，需要编制财务报表。

① 在对已取得的财务数据进行分析、审核、评估的基础上，编制辅助报表（总成本费用估算表、销售收入和销售税金及附加估算表、固定资产折旧费估算表等）。

② 将辅助报表中的基础数据进行汇总，编制财务基本报表，主要是编制现金流量表、损益表、资金来源与运用表、资产负债表及外汇平衡表等。

财务分析报表的类型如图 4-3 所示。

（3）计算财务指标

用财务报表的数据计算项目的各种财务经济评价指标值，并进行财务可行性分析，得出财务经济评价的结论。利用财务基本报表，可直接计算出一系列财务经济评价指标，包括反映项目盈利能力指标、反映清偿能力指标及外汇平衡状况等静态指标和动态指标。

（4）进行财务数据分析

将计算出的有关指标与国家有关部门公布的基准值，或与经验标准、历史标准、目标

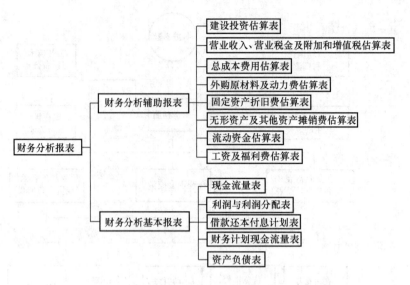

图 4-3　财务分析报表的类型

标准等加以比较，主要分析项目适应市场变化的能力和抵抗风险能力，并从财务的角度提出项目是否可行的评价结论。

7. 财务评价指标的分类

工程项目财务评价指标体系根据不同的标准可做不同的分类，主要有：

（1）根据是否考虑资金的时间价值，划分为静态评价指标和动态评价指标，如图 4-4 所示。

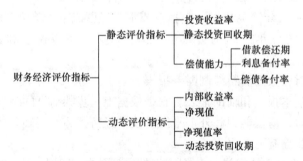

图 4-4　财务评价指标分类（一）

其中静态指标主要用于技术经济数据不完备和不精确的方案初选阶段，或对寿命期比较短的方案进行评价；动态评价指标则用于方案最后决策前的详细可行性研究阶段，或对寿命期较长的方案进行评价。

（2）根据评价的目标，划分为盈利能力分析指标、财务生存能力分析指标和清偿能力指标，如图 4-5 所示。

（3）根据指标的性质，划分为时间性指标、价值性指标和比率性指标，如图 4-6 所示。

上述有关财务分析内容及财务基本报表和财务分析指标体系之间的对应关系见表 4-2。

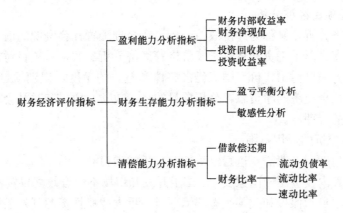

图 4-5　财务评价指标分类（二）

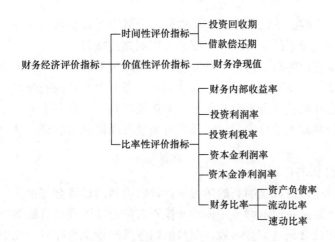

图 4-6　财务评价指标分类（三）

财务分析指标与基本报表的关系表　　　　　　　　　　　　　表 4-2

分析内容	基本报表	静态指标	动态指标
盈利能力分析	现金流量表（全部投资）	全部投资回收期	财务内部收益率； 财务净现值； 动态投资回收期
	现金流量表（自有资金）		
	利润表	投资利润率； 投资利税率； 资本金利润率	
清偿能力分析	借款还本付息计算表； 资金来源与运用表； 资产负债表	借款偿还期； 资产负债率； 流动比率； 速动比率	
外汇平衡能力分析	财务外汇平衡表		
其他		价值指标或实物指标	

4.2.2 工程项目经济分析

工程项目经济分析，又称为经济效益分析，在合理配置社会资源的前提下，采用社会折现率、影子汇率、影子工资和货物影子价格等经济分析参数，从项目对社会经济所做贡献以及社会经济为项目付出代价（国家经济整体利益）的角度，识别项目的效益和费用，分析计算项目对社会经济的净贡献，分析项目的经济效益、效果和对社会的影响，评价项目在宏观经济上的合理性。

1. 经济效益分析的适用范围

从投资管理角度，一般需要进行经济效益分析的项目有：

（1）政府预算内投资用于国家安全、国土开发和市场不能有效配置资源的公益性项目和公共基础设施项目、保护和改善生态环境项目、重大战略性资源开发项目。

（2）政府各类专项建设投资用于交通运输、农林水利等基础设施、基础产业建设项目。

（3）利用国际金融组织和外国政府贷款，需要政府主权信用担保的项目。

（4）法律、法规规定的其他政府性资金投资的建设项目。

（5）企业投资建设的涉及国家经济安全，影响环境资源、不可再生自然资源和公众利益，可能出现垄断、涉及整体布局等公共性问题，需要政府核准的建设项目，主要是产出品不具备实物形态且明显涉及公众利益的无形产品项目，如水利水电、交通运输、市政建设、医疗卫生等公共基础设施项目，以及具有明显外部影响的有形产品项目，如污染严重的工业产品项目等。

2. 经济效益分析的作用

（1）正确反映项目对社会福利的净贡献，评价项目的经济合理性。

财务分析主要是从企业（财务主体）和投资者的角度考察项目的效益。由于企业利益并不总是与国家和社会利益完全一致，项目的财务盈利性至少在以下几个方面可能难以全面正确地反映项目的经济合理性。

① 国家给予项目补贴；

② 企业向国家缴税；

③ 某些货物市场价格可能的扭曲；

④ 项目的外部效果（间接效益和间接费用）。

因而需要从项目对社会资源增加所做贡献和项目引起社会资源耗费增加的角度进行项目的经济分析，以便正确反映项目对社会福利的净贡献。

（2）为政府合理配置资源提供依据。

合理配置有限的资源（包括劳动力、土地、各种自然资源、资金等）是人类经济发展所面临的共同问题。项目的经济分析对项目的资源配置效率，也即项目的经济效益（或效果）进行分析评价，可为政府的资源配置决策提供依据，提高资源配置的有效性。主要体现在以下两个方面：

① 对那些本身财务效益好但经济效益差的项目实行限制。政府在审核或核准项目的过程中，对该类项目实行限制，使有限的社会资源得到更有效利用。

② 对那些本身财务效益差但经济效益好的项目予以鼓励。对该类项目，政府可采用某些支持措施鼓励项目的建设，促进社会资源更有效利用。

（3）政府审批或核准项目的重要依据。

在我国新的投资体制下，国家对项目的审批和核准重点放在项目的外部性、公共性方面，而经济分析强调对项目的外部效果进行分析，可以作为政府审批或核准项目的依据。

（4）为市场化运作的基础设施等项目提供财务方案的制订依据。

对部分或完全市场化运作的基础设施等项目，可通过经济分析来论证项目的经济价值，为制订财务方案提供依据。

（5）比选和优化项目（方案）的重要作用。

在项目决策分析与评价的全过程中强调方案比选，为提高资源配置的有效性，方案比选应根据能反映资源真实经济价值的相关数据进行，这只能依赖于经济分析，因此经济分析在方案比选和优化中可发挥重要作用。

（6）有助于实现企业利益、地区利益与全社会利益的有机结合和平衡。

从社会经济的角度评价和考察，支持和发展对社会经济贡献大的产业项目，限制和制止对社会经济贡献小甚至有负面影响的项目。正确运用经济分析方法，在项目决策中可以有效地察觉盲目建设、重复建设项目，有效地将企业利益、地区利益和全社会利益有机地结合。

3. 经济效益分析与财务分析的异同与联系

（1）主要区别

① 分析角度和出发点不同。

财务分析是从项目的财务主体、投资者甚至债权人角度，分析项目的财务效益和财务可持续性，分析投资各方的实际收益或损失，分析投资或贷款的风险及收益；经济分析则是从全社会的角度分析评价项目对社会经济的净贡献。

② 效益和费用的含义及范围划分不同。财务分析只根据项目直接发生的财务收支计算项目的直接效益和费用，称为现金流入和现金流出；经济分析则从全社会的角度考察项目的效益和费用，不仅要考虑直接的效益和费用，还要考虑间接的效益和费用，称为效益流量和费用流量。同时，从全社会的角度考虑，项目的有些财务收入或支出不能作为效益和费用，如企业向政府缴纳的大部分税金和政府给予企业的补贴等。

③ 采用的价格体系不同。财务分析使用预测的财务收支价格体系，考虑通货膨胀因素；经济分析则使用影子价格体系，不考虑通货膨胀因素。

④ 分析内容不同。财务分析包括盈利能力分析、偿债能力分析和财务生存能力分析三方面的分析；而经济分析只有盈利性分析，即经济效益的分析。

⑤ 基准参数不同。财务分析最主要的基准参数是财务基准收益率、经济分析的基准参数则是社会折现率。

⑥ 计算期可能不同。根据项目实际情况，经济分析计算期可长于财务分析计算期。

（2）相同之处

① 两者都采用效益与费用比较的理论方法；

② 两者都遵循效益与费用识别的有无对比原则；

③ 两者都根据资金时间价值原理进行动态分析，计算内部收益率和净现值等指标。

（3）相互关系

经济分析与财务分析之间联系密切。在很多情况下，经济分析是在财务分析基础上进行的，通常是利用财务分析中所估算的财务数据为基础进行所需要的调整计算，得到经济效益和费用数据。经济分析也可以独立进行，即在项目的财务分析之前就进行经济分析。

4. 经济效益分析的基本方法

（1）经济分析遵循项目评价的"有无对比"原则，采用"有无对比"方法识别项目的效益和费用。

（2）经济分析采用影子价格（或称计算价格）估算各项效益和费用。

（3）经济分析采用费用效益分析或费用效果分析方法，寻求以最小的投入（费用）获取最大的产出（效益、效果）。

（4）经济费用效益分析采用费用效益流量分析方法，计算经济内部收益率、经济净现值等指标，从资源配置角度评价项目的经济效率是否达到要求；经济费用效果分析对费用和效果采用不同的度量方法，计算效果费用比或费用效果比指标。

5. 费用效益分析的参数

费用效益分析参数是项目经济效益分析的重要基础。正确理解和使用这些参数，对正确估算经济效益和费用，计算评价指标并进行经济合理性的判断，以及方案的比选优化是十分重要的。经济分析参数分为两类：一类是通用参数，包括社会折现率、影子汇率、影子工资等，应由专门机构组织测算和发布；另一类是各种货物、服务、土地、自然资源等影子价格，需要由项目评价人员根据项目具体情况自行测算。

（1）社会折现率

社会折现率反映社会成员对于社会费用效益价值的时间偏好，也即对于现在的社会价值与未来价值之间的权衡。社会折现率又代表着社会投资所要求的最低动态收益率。

社会折现率是资金的影子利率，是经济分析的重要参数，既用作经济内部收益率的判别基准，也用作计算经济净现值的折现率。

社会折现率是根据社会经济发展多种因素综合测定的，根据社会经济发展目标、发展战略、发展优先顺序、发展水平、宏观控制意图、社会成员的费用效益时间偏好、社会投资的边际投资收益水平、资金供求状况、资金机会成本等因素的综合分析，由国家专门机构统一组织测定和发布。

社会折现率表征社会对资金时间价值的估量，适当的社会折现率有助于合理分配建设资金，引导资金投向对国民经济贡献大的项目，调节资金供需关系，促进资金在短期和长期项目间的合理配置。对于永久性工程或受益期超长的项目，如水利工程等大型基础设施和具有长远环境保护效益的建设项目，社会折现率可适当降低，但不得低于6%。

社会折现率可用于间接调控投资规模。社会折现率的取值高低直接影响项目经济合理性判断的结果，社会折现率取值提高，会使一些本来可以通过的投资项目因达不到判别标准而被舍弃，从而使可以通过的项目总数减少，使投资总规模下降，间接地起到调控国家投资规模的作用。因此，社会折现率可以作为国家建设投资的间接调控参数，需要缩小投资规模时，可提高社会折现率；需要扩大投资规模时，可降低社会折现率。

社会折现率的取值高低会影响项目的优选和方案的比选。社会折现率较高，则不利于初始投资大而后期费用节省或收益增大的方案或项目，因为后期的效益折算为现值时的折减率较高；而社会折现率较低时，情况正好相反。

（2）影子价格

影子价格是进行项目经济分析专用的计算价格。影子价格依据经济分析的定价原则测定，反映项目投入和产出的真实经济价值，反映市场供求关系，反映资源稀缺程度，反映资源合理配置的要求。进行项目的经济分析时，项目的主要投入和产出，原则上应采用影子价格。

影子价格应当根据项目的投入和产出对社会经济的影响，从"有无对比"的角度研究确定。项目使用资源，会造成两种影响：对社会经济造成资源消耗和挤占其他用户的资源；项目生产的产品及提供的服务也会造成两种影响：用户使用得到效益和挤占其他供应者的市场份额。

① 市场定价货物的影子价格

随着我国市场经济的发展和国际贸易的增长，大部分货物已经主要由市场定价，政府不再进行管制和干预。市场价格由市场形成，可以近似反映支付意愿或机会成本。

进行项目经济分析应采用市场价格作为市场定价货物的影子价格的基础；另外，加上或者减去相应的物流费用作为项目投入或产出的"厂门口"（进厂或出厂）影子价格。其中，可外贸的投入物和产出物的价格应基于口岸价格进行计算，以反映其价格取值具有国际竞争力；对于价格完全取决于市场且不直接进出口的项目投入和产出，按非外贸货物定价，以其国内市场价格作为确定影子价格的基础。

② 非市场定价货物的影子价格

某些项目的产出效果没有市场价格，或市场价格不能反映其经济价值，特别是项目的外部效果往往很难有实际价格计量。对于这种情况，应遵循消费者支付意愿和（或）接受补偿意愿的原则，采取显示偏好法或陈述偏好测算影子价格。

③ 政府调控价格货物的影子价格

作为项目的投入，电力的影子价格可以按成本分解法测定。一般情况下，应当按当地的电力供应完全成本口径的分解成本定价。有些地区，若存在阶段性的电力过剩，可以按电力生产的可变成本分解定价。作为项目的产出时，电力的影子价格应体现消费者支付意愿，最好按照电力对当地经济的边际贡献测定。

交通运输作为项目的投入时，一般情况下按完全成本分解定价；交通运输作为项目的产出时，经济效益的计算不考虑服务收费收入，而是采用专门的方法，按替代运输量（或转移运输量）和正常运输量的时间节约效益、运输成本节约效益、交通事故减少效益以及诱增运输量的效益等测算。

水作为项目的投入时，按后备水源的成本分解定价，或者按照恢复水功能的成本定价；作为项目的产出时，按消费者支付意愿或者按消费者承受能力加政府补贴来测定水的影子价格。

④ 特殊投入物的影子价格

在我国，土地是一种稀缺资源，其影子价格应反映其稀缺价值。项目占用了土地，社会就为此付出了代价，无论是否实际需要支付费用，都应根据机会成本或消费者支付意愿计算土地影子价格。土地影子价格应当不低于项目取得土地使用权的成本加上政府为此付出的补贴或政府给予的优惠。项目占用住宅区、休闲区等非生产性用地，市场完善的，应根据市场交易价格作为土地影子价格；市场不完善或无市场交易价格的，应按消费者支付意愿确定土地影子价格。项目占用农业、林业、牧业等生产性用地，按照这些生产用地的机会成本及因改变土地用途而发生的新增资源消耗进行计算。

项目使用了自然资源，社会就会为之付出代价。如果该资源的市场价格不能反映其经济价值，或者项目并未支付费用，该代价应该用表示该资源经济价值的影子价格表示，而不是市场价格。矿产等不可再生资源的影子价格应当按照该资源用于其他用途的机会成本计算，水和森林等可再生资源的影子价格可以按资源再生费用计算。

（3）影子汇率

汇率是指两个国家不同货币之间的比价或交换比率。影子汇率是在国民经济评价中区别于官方汇率的外币与本币的真实价格。而官方汇率是由国家规定的单位外币的国内价格。由于实施进口关税、出口补贴及其他贸易保护主义措施，官方汇率不能反映外币的真实价值。影子汇率是单位外币用国内货币表示的影子价格，也是外汇的机会成本，反映外币的真实价值。影子汇率的确定主要依据一个国家或地区一段时期内进出口的结构和水平、外汇的机会成本及发展趋势、外汇供需状况等因素的变化。在经济分析中，影子汇率通过换算系数计算。影子汇率换算系数是影子汇率与国家外汇牌价的比值，由国家专门机构统一组织测定和发布。

影子汇率换算系数越高，外汇的影子价格越高，产品是可外贸货物的项目效益较高，评价结论会有利于出口方案；同时，项目引进投入的方案费用较高，评价结论会不利于引进方案。

（4）影子工资

劳动力作为一种资源，项目使用了劳动力，社会要为此付出代价，经济分析中用"影子工资"来表示这种代价。影子工资是指项目使用劳动力而社会为此付出的代价，包括劳动力的机会成本和劳动力转移而引起的新增资源消耗。

经济分析中，影子工资将作为项目使用劳动力的费用；一般是通过影子工资换算系数计算。影子工资换算系数是影子工资与财务分析中的职工薪酬之比。

6. 经济费用效益分析指标

项目经济费用和经济效益估算出来后，可编制经济费用效益流量表，计算经济净现值、经济内部收益率和经济效益费用比等经济费用效益分析指标。

（1）经济净现值

经济净现值（ENPV）是项目按照社会折现率将计算期各年的经济净效益流量折现到建设期初的现值之和，是经济费用效益分析的主要评价指标。计算公式如下：

$$ENPV = \sum_{t=1}^{n}(B-C)_t(1+i_c)^{-t} \qquad (4-12)$$

式中　B——经济效益流量；

C——经济费用流量；

$(B-C)_t$——第 t 年的经济净效益流量；

n——计算期，以年计；

i_c——社会折现率。

经济净现值是反映项目对社会经济净贡献的绝对量指标。项目的经济净现值大于等于0表示社会经济为拟建项目付出代价后，可以得到符合或超过社会折现率所要求的以现值表示的社会盈余，说明项目的经济盈利性达到或超过了社会折现率的基本要求，则认为从经济效率看，或者从经济资源配置的角度看，该项目可以被接受。经济净现值越大，表明项目所带来的以现值表示的经济效益越大。

（2）经济内部收益率

经济内部收益率（EIRR）是项目在计算期内经济净效益流量的现值累计等于0时的折现率，是经济费用效益分析的辅助评价指标。计算公式如下：

$$\sum_{t=1}^{n} (B-C)_t (1+EIRR)^{-t} = 0 \tag{4-13}$$

式中　EIRR——经济内部收益率；

其余符号意义同前。

经济内部收益率可由式（4-13）利用数值解法求解，手算可用人工试算法，利用计算机可使用现成的软件程序或函数求解。项目经济内部收益率是从资源配置角度反映项目经济效益的相对量指标，表示项目占用的资金所能获得的动态收益率，反映资源配置的经济效率。项目的经济内部收益率等于或大于社会折现率时，表明项目对社会经济的净贡献达到或者超过了社会折现率的要求。

（3）经济效益费用比

效益费用比 R_{BC} 是项目在计算期内效益流量的现值与费用流量的现值的比率，是经济费用效益分析的辅助评价指标。计算公式为：

$$R_{BC} = \frac{\sum_{t=1}^{n} B_t (1+i_c)^{-t}}{\sum_{t=1}^{n} C_t (1+i_c)^{-t}} \tag{4-14}$$

式中　R_{BC}——经济效益费用比；

B_t——经济效益流量；

C_t——经济费用流量。

如果效益费用比大于1，表明项目资源配置的经济效率达到了可以被接受的水平。

4.3　建设项目不确定性分析

在项目实施的整个过程中，所有未来结果都是未知的；同时用于计算和评价的参数，如价格、产量、成本、利润、所使用的折现率、投资、经济寿命等，不可避免地带有一定程度的不确定性，从而对评价指标的计算产生影响。因此，为了有效地减少不确定性因素对项目经济效果的影响，需要对建设项目进行不确定性分析。

建设项目的不确定性分析，是计算分析项目实施过程中各种不确定因素的假想变动，对经济效果评价的影响程度，估计项目可能承担的风险，确保项目在财务经济上的可靠性。

不确定性分析主要包括盈亏平衡分析和敏感性分析。

4.3.1　盈亏平衡分析

盈亏平衡分析（Break-Even Analysis）是指项目达到设计生产能力的条件下，通过计算盈亏平衡点（BEP，Break-Even Point），分析项目成本与收益的平衡关系，判断项目对产出品数量变化的适应能力和抗风险能力。盈亏平衡分析只用于财务分析。

盈亏平衡分析分为线性盈亏平衡分析和非线性盈亏平衡分析，投资项目决策分析中一般仅进行线性盈亏平衡分析。

1. 线性盈亏平衡分析中产量、成本和利润的关系

（1）销售收入与产品产量的关系

若产品的产量等于销售量，即当年生产的产品当年销售出去，则年销售收入 TR 与年产量 Q 之间呈线性关系，即

$$TR = PQ \tag{4-15}$$

式中　TR——年销售收入；

　　　P——单位产品价格；

　　　Q——产品年产（销）量。

（2）成本与产品产量的关系

项目产品的年成本 TC 主要包括固定成本与可变成本两部分。

固定成本是不随产量变动而变动的生产费用（即为常数），通常指年固定成本 C_f，主要包括工资（计件工资除外）、固定资产折旧费、无形资产及其他资产摊销费、修理费和其他费用等。即使产量为零，固定成本也是必须要支出的一笔不变费用。

可变成本 C_v 是随产量变动而变动的生产费用，通常指单位产品可变成本 C_v，主要包括原材料、燃料、动力消耗、包装费和计件工资等，一般情况下可近似看作可变成本随产量作正比例变动。

此外，还需考虑每件产品的销售税金及附加这项支出，这样年成本 TC 与产量的关系也可近似地看作线性关系，即

$$TC = C_f + C_v Q + TQ \tag{4-16}$$

式中　TC——年成本；

　　　C_f——年固定成本；

　　　C_v——单位产品可变成本；

　　　T——单位产品销售税金及附加；

　　　Q——产品年产（销）量。

（3）年利润与产量的关系

项目年利润是其年销售收入与年成本的差额，即

$$年利润 = TR - TC = PQ - (C_f + C_v Q + TQ) \tag{4-17}$$

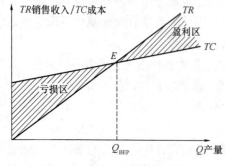

图 4-7　线性盈亏平衡分析图

式中各符号意义同前。这是线性盈亏平衡分析的基本损益方程。

2. 线性盈亏平衡分析模型

如图 4-7 所示，横坐标表示产品年产量 Q，纵坐标表示年销售收入 TR 或年成本 TC。年销售收入线 TR 与年成本线 TC 的交点 E 称为盈亏平衡点（Break Even Point，简称 BEP），是项目的盈利与亏损的转折点，越低表明项目适应产出品数量变化的能力越大，抗风险能力越

强。在平衡点 E 的左边，年成本大于年销售收入，为亏损区；在平衡点 E 的右边，年销售收入大于年成本，为盈利区；在平衡点 E 处，项目不盈不亏。

项目盈亏平衡点（BEP）的表达形式有多种，可以用绝对值表示，如以产品产销量、单位产品售价、单位产品的可变成本、年固定成本以及年销售收入等表示的盈亏平衡点；也可以用相对值表示，如以生产能力利用率表示的盈亏平衡点。项目评价中最常用的是以产量和生产能力利用率表示的盈亏平衡点。

盈亏平衡点一般采用公式计算，也可利用盈亏平衡图求取。盈亏平衡点通过正常年份的产量或销售量、可变成本、固定成本、产品价格和销售税金及附加等数据计算。

在平衡点 E 处，项目不盈不亏，即

$$PQ = C_f + C_v Q + TQ \tag{4-18}$$

与其对应的产量，称为盈亏平衡点产量 $BEP_{产量}$，其计算式为：

$$BEP_{产量} = \frac{C_f}{P - C_v - T} \tag{4-19}$$

项目产量只有达到盈亏平衡点产量才能盈利，否则就会亏损。对单个方案进行盈亏平衡分析，可把握方案的盈利与亏损的可能性。

盈亏平衡点产量 $BEP_{产量}$ 越低，说明项目盈利的可能性越大，亏损的可能性越小，风险越小。盈亏平衡点产量 $BEP_{产量}$ 与设计年产量 Q_0 的比值，称为盈亏平衡点生产能力利用率 BEP（％），其越小越好，说明项目抗风险能力越强，亏损的可能性越小。

同理，若按照设计年产量 Q_0 进行生产和销售，盈亏平衡点还可表示为盈亏平衡销售价格 $BEP_{价格}$：

$$BEP_{价格} = \frac{C_f + C_v Q_0 + TQ_0}{Q_0} = C_v + \frac{C_f}{Q_0} + T \tag{4-20}$$

【例 4-7】某项目的年设计能力为 15 万台，年固定成本为 1200 万元，单台产品销售价格为 800 元，单台产品可变成本为 580 元，单台产品的销售税金及附加为 100 元。试求该产品盈亏平衡点产量、销售价格及生产能力利用率。

【解】根据相应公式可得：

$$BEP_{产量} = 12000000 / (800 - 580 - 100) = 10 \text{ 万台}$$
$$BEP_{价格} = 12000000 / 150000 + 580 + 100 = 760 \text{ 元/台}$$
$$BEP（％）= 100000 / 150000 \times 100\% = 66.7\%$$

此计算结果表明，当项目的产销量低于 10 万台时，项目亏损；当项目的产销量大于10 万台时，项目盈利；当产品的销售单价低于 760 元/台时，项目亏损；当产品的销售单价高于 760 元/台时，项目盈利。

3. 线性盈亏平衡分析在多方案比较中的应用

当不确定性因素同时对两个以上的方案，如对互斥方案的经济效果产生不同程度的影响时，可通过盈亏平衡分析方法开展互斥方案在不确定性条件下的比选，也称为优劣平衡分析。其具体做法是，首先确定某一分析指标（如有收入时，可以是利润；当各方案收入相等时，可以是成本），然后将这一分析指标用同一变量表示，即确定分析指标的函数式；令方案的分析指标函数式相等，便可以求出该变量的某一特定值，称为方案的优劣平衡点（或盈亏平衡点）；最后分析优劣平衡点左右的方案优劣。它可以对决策者确定项目的合理经济规模及对项目工艺技术方案的投资抉择起到一定的参考与帮助作用。

【例 4-8】 拟兴建某工程项目，现有三种方案，机械化程度高时投资大，固定成本高，可变成本低。其具体参数见表 4-3，试评价三种方案的优劣。

项目参数汇总表 表 4-3

方案费用项目	A	B	C
产品变动成本（元/件）	100	60	40
产品年固定成本（元）	1000	2000	3000

【解】 当产量达到某一值时，几个方案销售收入是一致的，故评价指标应是成本大小；而成本又与产量有关，所以以列出产量与成本的关系式进行评价。

设预计产量为 Q，则各方案的生产成本为：

$$TC_A = 1000 + 100Q, \ TC_B = 2000 + 60Q, \ TC_C = 3000 + 40Q$$

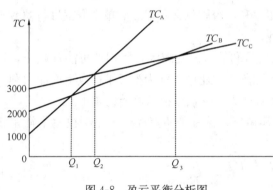

图 4-8 盈亏平衡分析图

各方案的成本线如图 4-8。

当 $TC_A = TC_C$ 时，得 $Q_1 = 25$；当 $TC_A = TC_B$ 时，得 $Q_2 = 33.3$；当 $TC_B = TC_C$ 时，得 $Q_3 = 50$。由图 4-8 可以看出，每种方案在不同产量范围内有不同的相应效果，即产量越大，对方案 C 越有利，而对方案 A 越不利。故当产量 $Q < Q_1 = 25$ 件时，A 方案成本最低，故应选择 A 方案；当产量 Q 介于 $Q_1 = 25 \sim Q_3 = 50$ 范围之内时，B 方案成本最低，故应选择 B 方案；当产量 $Q > Q_3 = 50$ 时，C 方案成本最低，故应选择 C 方案。

【例 4-9】 某建筑工地需抽除积水以保证施工顺利进行，现有 A、B 两个方案可供选择。

A 方案：新建一条动力线，需购置一台 2.5kW 电动机并线运转，其投资为 1400 元，第 4 年末残值为 200 元；电动机每小时运行成本为 0.84 元，每年预计的维护费 120 元。

B 方案：购置一台 3.68kW 柴油机，其购置费为 550 元，使用寿命为 4 年，设备无残值；运行每小时燃料费为 0.42 元，平均每小时维护费 0.15 元，每小时的人工成本为 0.8 元。

若寿命都为 4 年，基准折现率为 10%，试比较 A、B 方案的优劣。

【解】 两方案的总费用都与年开机小时数 t 有关，故两方案的年成本均可表示为 t 的函数：

$C_A = 1400(A/P, 10\%, 4) - 200(A/F, 10\%, 4) + 120 + 0.84t = 518.56 + 0.84t$

$C_B = 550(A/P, 10\%, 4) + (0.42 + 0.15 + 0.8)t = 175.51 + 1.37t$

令 $C_A = C_B$，$518.56 + 0.84t = 173.51 + 1.37t$

得 $t = 651$h，即 $t = 651$ 这一点上，$C_A = C_B = 1065.4$ 元

A、B方案的年成本线如图4-9所示。

从图中可见，当年开机小时数低于651时，选B方案有利；当年开机小时数高于651时，选A方案有利；当年开机时数等于651时，A、B方案效果相同。

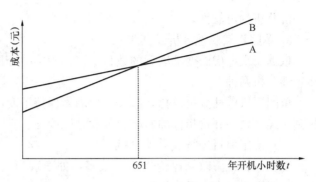

图4-9 A、B方案盈亏平衡分析图

4. 非线性盈亏平衡分析

线性盈亏平衡分析的基本假设具有一定的合理性，但在实际生产中随着项目产销量的增加，市场上产品的单位价格将下降；同时原材料价格可能上涨，也可能会致使人工费用增加等。这些因素使得企业的总成本、销售收入与产量之间并非单一的线性关系，即非线性的盈亏平衡。这种情况下，可能会出现多个盈亏平衡点。

5. 盈亏平衡分析的局限性

盈亏平衡分析虽然能够从市场适应性方面说明项目风险的大小，但并不能揭示产生项目风险的根源。比如说虽然知道降低盈亏平衡点，就可以降低项目的风险，提高项目的安全性，也知道降低盈亏平衡点可采用降低固定成本的方法；但如何降低固定成本，应该采取哪些可行的方法或通过哪些有利途径来达到目的，盈亏平衡分析并未给出答案，还需采用其他一些方法来开展进一步的分析。因此在应用盈亏平衡分析时，应注意使用场合及目标。

4.3.2 敏感性分析

1. 敏感性分析的概念

一个项目，在其建设与生产经营的过程中，许多因素都会发生变化，如投资、价格、成本、产量、工期等，都可能随项目内外部环境的变化而变化，与在项目经济评价中对其所做的预测值（估计值）之间存在差异，不可避免地会对项目的经济评价指标产生影响。

但这种影响的程度又各不相同：有些因素可能仅发生较小幅度的变化，就能引起经济评价指标发生了较大变动，而另一些因素虽然变化幅度较大，但对经济评价指标的影响却并不显著。前一类因素称为敏感性因素，后一类因素称为非敏感性因素。从评价项目风险的角度出发，敏感性因素及其对项目经济评价指标的影响程度更值得关注。

敏感性分析是在方案确定分析的基础上，通过进一步研究和预测建设项目的主要不确定因素在发生变化的时候对项目经济指标的影响，找出敏感因素，确定其敏感程度以及经济评价指标出现临界值时各主要敏感性因素变化的数量界限，并分析该项目达到临界值时项目承受风险的能力。

2. 敏感性分析的目的

敏感性分析的目的就在于，通过分析各个因素对项目经济评价指标的影响程度大小，找出敏感性因素，以便为采取必要的风险防范措施提供依据。

（1）掌握不确定性因素在什么范围内变化，项目方案的经济效果最好；什么范围内变化，项目方案的经济效果最差，以便对不确定性因素实施有效的控制。

（2）区分敏感性大的方案和敏感性小的方案，以便选出敏感性小即风险小的方案。

（3）找出敏感性强的因素，向决策者提出是否需要进一步收集资料，进行研究，以提高经济分析的可靠性。

3. 单因素敏感性分析及其步骤

依据每次考虑的变动因素的数目不同，敏感性分析又分为单因素敏感性分析和多因素敏感性分析两种。

单因素敏感性分析是指，假设其他因素保持不变，每次只考虑一个因素的变动，并分析其对经济效果评价指标的影响程度和敏感程度。其工作步骤如下：

（1）确定项目经济效果评价指标

工程项目经济效果评价指标有很多，如净现值、净年值、内部收益率、投资回收期等，一般选择一个主要指标即可。

（2）选取不确定因素

选择需要分析的不确定因素时主要考虑两个方面：

①在评价工程项目经济效果时采用的预测的基础数据发生变化的可能性较大。

②对项目经济效果评价指标影响较大的，而且应尽可能选择彼此独立的不确定性因素。

（3）确定不确定性因素变化率

实践中不确定因素变化程度主要以变化率表示，通常取±5％、±10％、±20％的变化率。

（4）在选定的不确定因素变化率下重新计算评价指标

（5）计算敏感性分析的指标

常用的敏感性分析指标有敏感度系数、临界点。

① 敏感度系数

敏感度系数是项目经济效果评价指标变化的百分率与不确定因素变化的百分率之比，其计算公式为：

$$S = (\Delta A/A)/(\Delta F/F) \tag{4-21}$$

式中　S——敏感度系数；

　$\Delta F/F$——不确定因素 F 的变化率（％）；

　$\Delta A/A$——不确定因素 F 发生 ΔF 变化时，评价指标 A 的相应变化率（％）。

S 绝对值越大，表明评价指标 A 对于不确定因素越敏感，该因素为敏感性因素；反之，则越不敏感，该因素为非敏感因素。

敏感度系数不能直接显示变化后评价指标的值，通常我们通过敏感性分析图辅助分析。将不确定因素变化率作为横坐标，以工程经济评价指标作为纵坐标，即可作出工程经济评价指标随每种不确定因素变化的曲线。图中每一条直线的斜率的绝对值，反映了经济评价指标对该不确定性因素的敏感程度，斜率的绝对值越大敏感度越高。

② 临界点（又称转换值）

临界点指不确定因素的变化使项目由可行变为不可行的临界数值，变化幅度超过这个界限（最大幅度），项目将不可行。比如选用净现值作为评价项目是否可行的评价指标，则不确定因素的临界点即是项目净现值等于零的变化百分率；比如选用内部收益率作为评价项目是否可行的评价指标，则不确定因素的临界点即是项目财务内部收益率等于基准收益率时的变化百分率。

临界点的高低与设定的基准收益率有关，对于同一个投资项目，随着设定基准收益率的提高，临界点就会变低（即临界点表示的不确定因素的极限变化变小）。在一定的基准收益率下，临界点越低，说明该因素对项目经济评价指标影响越大，项目对该因素就越敏感。这一点对于净现值同样适用。

（6）敏感性分析及分析结果

对敏感性分析的结果应进行汇总，通常是将敏感性分析的结果汇集于敏感性分析表，并用敏感性分析曲线辅助说明。

如果对某一特定项目进行敏感性分析，则需重视敏感性因素对项目的影响；如果进行敏感性分析的目的是对不同的投资项目或某一项目的不同方案进行选择，一般应选择敏感程度小、承受风险能力强、可靠性大的项目或方案。

【例 4-10】已知某项目的投资额、单位产品价格和年经营成本在初始值的基础上分别变动±10％时对应的净现值的计算结果见表 4-4。

（1）根据该表的数据计算各因素的敏感系数，并对 3 个因素的敏感度进行排序。

（2）根据表中的数据绘制单因素敏感度分析图，列式计算并在图中标出单位产品价格的临界点。

单因素变动下的净现值　　　　　　　　　　　　　　表 4-4

	−10％	0	10％	敏感度系数	敏感度排序
投资额	1410	1300	1190	−0.85	3
单位产品价格	320	1300	2280	7.54	1
年经营成本	2050	1300	550	−5.77	2

【解】（1）本项目工程经济评价指标：净现值；

不确定因素：投资额、单位产品价格和年经营成本；

不确定因素变化率：±10％；

如表 4-4 所示为 3 个不确定因素的变化对应的净现值。

（2）根据公式（4-21）计算敏感度系数：

$$S_{投资1}=(1410-1300)/1300/(-10％)=-0.85$$
$$S_{投资2}=(1190-1300)/1300/(10％)=-0.85$$

同理，可计算单位产品价格和年经营成本的敏感度系数，具体结果参照表 4-4。

（3）敏感度分析

敏感度系数的绝对值越大，表明评价指标净现值对于不确定因素越敏感。所以，敏感度排序为：单位产品价格＞年经营成本＞投资额。

（4）敏感度分析图

将不确定因素变化率作为横坐标，以净现值作为纵坐标，得到 3 条敏感度分析曲线，每条曲线与横坐标的交点称为该不确定因素的临界点，该点对应的横坐标即为不确定性因素变化的临界值。如图 4-10 所示，单位产品价格的临界值为−13.27％。

4. 多因素敏感度分析

单因素的敏感度分析仅考虑一个因素发生变动，忽略了各不确定因素之间相互作用的可能性，只适用于分析最敏感的因素。由于不确定因素往往是同时变化的，有必要进行多

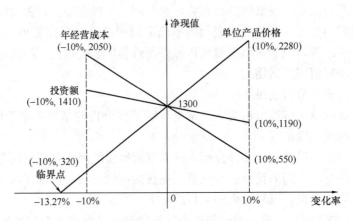

图 4-10 单因素敏感度分析图

因素敏感度分析，即假设两个或两个以上相互独立的不确定因素同时变化时，分析其对经济效果指标的影响程度和敏感程度。

多因素敏感度分析测量考查多个因素同时变动时对方案经济效果的影响，分析时要考虑被分析的各因素可能的不同变化幅度的多种组合，计算起来比单因素敏感度分析要复杂得多。当同时变化的因素不超过 3 个时，一般可采用解析法和作图法相结合的方法进行分析。

5. 敏感度分析的局限性

敏感度分析是建立在各个不确定性因素发生变动可能性相同的前提下进行的，其局限性恰恰在于没有考虑不确定因素在未来发生变动的概率，而这种概率是与项目的风险大小密切相关的。比如，两个同样敏感的因素向不同方向变动的概率，一个可能性很大，而另一个很小。显然，前一个因素会给项目带来大的影响；而后一个因素虽也很敏感，但它变化的可能性很小，对项目的影响自然也很小。敏感度分析无法区别这两个因素对项目带来的风险程度，需要借助于项目风险分析，以得知不确定因素发生的可能性以及给项目带来经济损失的程度；其联系在于，不确定分析找出的敏感因素，是项目风险分析中风险因素识别和风险估计的重要依据。

4.4 建设项目风险决策

4.4.1 决策问题及其构成

1. 决策实例及其描述

某河面上增建一座公路桥，某建筑公司需对是否承包该工程做出决策。相关资料如下：如果承包，在整个建桥过程中，遇河水为低水位，则可省工省料，公司可挣 40 万元；若在施工过程中遇河水上涨，就会损失 10 万元；如果不承包，未来这段时间公司也会因工程任务少而亏损 3 万元。由气象及水文资料分析得知，未来这段时间出现低水位的概率为 0.7，出现高水位的概率为 0.3。

在上述决策问题中，河水出现低水位或高水位事先不能肯定，称为自然状态，为不可控因素；建筑公司可能采取的行动有两种——承包或不承包，称为行动方案，为可控因素；对应不同自然状态和行动方案的损失或收益，称作损益值，也叫作风险值，如表 4-5 所示。

表 4-5

自然状态	概 率	行动方案	
		承包	不承包
低水位	0.7	40	−3
高水位	0.3	−10	−3

修建公路桥资料　单位：万元

2. 决策问题的构成

由上述决策实例可以看到，构成一个决策问题通常应具备以下条件：

(1) 存在着决策人希望达到的一个明确目标，如收益最大或损失最小；

(2) 存在着两个以上不以决策人的主观意志为转移的自然状态；

(3) 存在着两个以上可供选择的行动方案；

(4) 在各自然状态下，不同行动方案将导致不同的结果，其损益值可以计算出来；

(5) 在几种不同的自然状态中今后将出现哪种自然状态，决策人不能肯定。

4.4.2　决策的分类

按决策所具备的条件不同，有确定型决策、非确定型决策和风险型决策等。

1. 确定型决策

确定型决策是指在自然状态的发生为已知情况下进行的决策。一个方案确定只有一种结果，通过比较、计算、选优，即可做出决策。严格来讲，确定型决策只是单纯的数学计算，不属于决策论的研究范畴。

2. 非确定型决策

非确定型决策是在各自然状态的发生完全未知情况下进行的决策，即决策者对自然状态是否发生事先不能肯定，被决策的事物具有两种以上客观存在的自然状态，同时具有可供决策人选择的两个以上方案。

3. 风险型决策

风险型决策比非确定型决策中的条件有所增加，即虽然在几种不同自然状态中，未来决策人不能肯定究竟将出现哪种；但是各种自然状态出现的可能性（即概率），可以预先估计或计算出来。这种决策具有一定的风险性，所以谓之风险型决策，也称为概率分析。

4.4.3　非确定型决策方法

非确定型决策常用的方法，按决策思路主要分为以下三种：

1. 乐观法

这种方法的思路是：决策人对客观情况持乐观态度，总是认为会出现最好的自然状态。其决策过程是：先从各种自然状态下选出每个方案的最大损益值，然后对各个方案进行比较，以最大收益值为最大的方案为最优方案，其表达式为：

$$最优方案 j = \max_j \{\max_i [a_{ij}]\} \tag{4-22}$$

式中　a_{ij}——方案 j 在状态 i 下的损益值。

2. 悲观法

这种方法的思路是：决策人对客观情况持保守态度，总是根据最差的自然状态来选择行动方案。其决策过程是：先从各种情况下选出每个方案的最小损益值，以最小损益值为最大的方案为最优方案，其表达式为：

$$最优方案 j = \max_j\{\min_i[a_{ij}]\} \qquad\qquad (4\text{-}23)$$

式中 a_{ij}——方案 j 在状态 i 下的损益值。

3. 后悔值法

后悔值是指每种自然状态下所有方案中的最大收益值与各方案收益值之差。如果决策者选择了某一个方案，但后来事实证明所选方案并非最优方案，就会少得收益或承受损失，因而会后悔把方案选错了，或感到遗憾。这个因选错方案而导致的可得而未得的收益或由此遭受的损失，称为后悔值或遗憾值。

其决策过程是：先计算出各方案的最大后悔值，进行比较，从中选择最大后悔值最小的方案作为最佳方案。这种方法中，决策人选择方案既不像悲观者那样保守，也不像乐观者那样冒险，较好地兼顾了二者特点。

【例 4-11】某建筑制品厂拟投产一种新产品，由于相关市场资料不充分，无法获知每种市场状态出现的概率，只能获取三种方案以及各种方案在销路好、一般、差三种市场状态下的损益值，如表 4-6 所示，试进行方案决策。

【解】对于这种非确定型决策，可分别用乐观准则、悲观准则和后悔值准则进行决策，并以损益值矩阵表示，见表 4-6。

各方案损益矩阵表　　　　　　　　　　表 4-6

损益值（万元）　销售情况 决策方案	销路好	销路一般	销路差
A₁	36	23	−5
A₂	40	22	−8
A₃	21	17	9

（1）乐观法

$\max_j\{\max_i[a_{ij}]\} = \max\{36,40,21\} = 40$，故选取方案 A₂。

（2）悲观法

$\max_j\{\min_i[a_{ij}]\} = \max\{-5,-8,9\} = 9$，故选取方案 A₃。

（3）后悔值法

用每种市场状态下的最大损益值减去该市场状态下各方案的损益值，即得到该方案在该市场状态下的后悔值；找出每一种方案的最大后悔值，从中选取最大后悔值最小的方案即为决策方案。后悔值的计算及决策过程如表 4-7，因此选择 A₁ 方案。

后悔值计算表　　　　　　　　　　表 4-7

产品销售情况		销路好	销路一般	销路差	各方案最大后悔值
最理想收益值（万元）		40	23	9	
后悔值（万元）	A₁	40−36=4	23−23=0	9−（−5）=14	14
	A₂	40−40=0	23−22=1	9−（−8）=17	17
	A₃	40−21=19	23−17=6	9−9=0	19
选取方案					A₁

4.4.4 风险型决策方法

风险型决策中，可以预先估计或计算各种自然状态出现的可能性（即概率），因此利用概率来做出决策，又称为概率分析。风险型决策的思路有最大可能准则和期望值准则。

1. 最大可能准则

某种自然状态的概率越大，表明发生的可能性越大。根据最大可能准则，取概率最大自然状态下最大损益值大的对应方案为最优方案。

例如，在4.4.1节中的决策实例中，低水位的概率大，按最大可能准则、不考虑高水位这个自然状态；在低水位自然状态下，承包方案的损益值大于不承包方案，为最优方案。

2. 期望值准则

所谓期望值准则，就是以期望值最大的行动方案作为最佳方案。在进行概率分析时，假设各种自然状态是服从某种分布的随机变量（通常简化为离散变量），先对不同自然状态的发生做出概率估计；相应地，各行动方案在各自然状态下的相应损益值（经济效果）也为随机变量，因此可通过损益值的期望值、累计概率等信息来反映方案的风险。

（1）单方案的概率分析

单方案的概率分析中，一般是计算工程项目净现值的期望值和净现值大于或等于零时的累计概率。如果计算出的累计概率值越大，说明工程项目承担的风险越小。

概率分析的主要步骤：

① 列出各种要考虑的不确定性因素，如投资、经营成本、销售价格等。

② 根据历史资料或经验估计不确定因素的概率分布，或直接确定各种不确定因素的各种取值及其相应概率；

③ 分别求出各种不确定因素发生变化时，方案净现金流量各状态发生的概率和相应状态下的净现值 $NPV(i)$；方案净现值的期望值为：

$$E(NPV) = \sum_{i=1}^{k} NPV(i) \cdot P_i \qquad (4-24)$$

式中 P_i——第 i 种状态出现的概率；

k——可能出现的状态数。

④ 求出方案净现值非负的累计概率，对概率分析结果做出说明。

【例 4-12】某商品住宅小区开发项目现金流量的估计值如表 4-8 所示。根据经验推断，销售收入和开发成本为离散型随机变量，其值在估计值的基础上可能发生的变化及其概率见表 4-9 所示。试确定该项目净现值大于等于零的概率。基准收益率 i_c 为 12%。

某项目现金流量表　　单位：万元　　　　　　　　　　表 4-8

年　份	1	2	3	4	5
租售收入	1600	6400	8800	8800	8800
开发成本	4500	5900	6900	1800	200
其他支出	—	—	—	2500	3000
净现金流量	−2900	500	1900	4500	5000

开发成本和销售收入变化的概率表　　　　　　　　　　　　　表 4-9

因素＼概率＼变幅	−20%	0	20%
租售收入	0.3	0.6	0.1
开发成本	0.1	0.4	0.5

【解】（1）列出本项目净现金流量的全部可能状态，共 9 种，如表 4-10 所示。

现金流量序列计算表　　　　　　　　　　　　　表 4-10

开发成本变幅	租售收入变幅	方案状态序号	相应概率 P_i	NPV_i	$NPV_i \cdot P_i$
+20%	+20%	1	0.05	7733.2	386.66
	0	2	0.30	2106.3	631.89
	−20%	3	0.15	−3054.7	−458.21
0	+20%	4	0.04	10602.7	424.11
	0	5	0.24	5441.7	1306.01
	−20%	6	0.12	280.8	33.70
−20%	+20%	7	0.01	13938.1	139.38
	0	8	0.06	8777.2	526.63
	−20%	9	0.03	3616.2	108.49
合　计			1.00		3098.66

（2）分别计算项目净现金流量序列状态的概率 P_i（$i=1$，2，…，9）：

$P_1=0.5×0.1=0.05$，$P_2=0.5×0.6=0.30$，其余类推。

（3）分别计算各状态下的项目净现值 NPV_i（$i=1$，2，…，9）：

$NPV_1=7733.2$ 万元，$NPV_2=2106.3$ 万元，其余类推。

（4）计算 $NPV_i \cdot P_i$

（5）求项目净现值的期望值和标准差

$$E(NPV) = \sum_{i=1}^{9} NPV_i \cdot P_i = 3098.66 \text{ 万元}$$

$$\sigma = \sqrt{\sum_{i=1}^{9} [NPV_i - E(NPV)]^2 \times P_i} = 3832.69$$

（6）方案风险的判断

本方案的 E（NPV）$=3098.66$ 万元>0，说明该项目是可行的；且 P（$NPV \geqslant 0$）$=1-0.15=0.85$，项目无太大风险；但标准差较大，说明该方案收益的变动性较大（计算过程见表 4-10）。

（2）多方案的概率分析

对于多个投资方案运用概率分析进行决策，损益期望值应用最为广泛。由于损益期望值体现了损益值的平均水平，对于互斥方案的比选，通常选择收益期望值较大的方案或是成本期望值较低的方案。

【例 4-13】某项目工程，施工管理人员要决定下个月是否开工。若开工后不下雨，则可按期完工，获利润 5 万元；遇下雨，则要造成 1 万元的损失。假如不开工，不论下雨还是不下雨都要付窝工费 1000 元。根据气象预测，下月天气不下雨的概率为 0.2，下雨概率为 0.8。试用期望值大小为施工管理人员做出决策。

【解】开工方案的期望值：

$$E_1 = 50000 \times 0.2 + (-10000) \times 0.8 = 2000 \, 元$$

不开工方案的期望值：

$$E_2 = (-1000) \times 0.2 + (-1000) \times 0.8 = -1000 \, 元$$

由于 $E_1 > E_2$，应选开工方案。

（3）概率分析的决策树法

对于复杂项目，可以运用决策树来辅助进行分析。决策树是利用树形决策网络来描述和求解风险型决策问题的一种方法。

其画法（图 4-11）如下：

① 先画一个方框作为出发点，又称决策点；

② 从出发点向右引出若干条直线，这些直线叫作方案枝；

③ 在每个方案枝的末端画一个圆圈，这个圆圈称为机会点；

④ 从自然状态点引出代表各自然状态的分枝，称为概率分枝；

⑤ 如果问题只需要一级决策，则概率分支末端画三角形，表示终点。

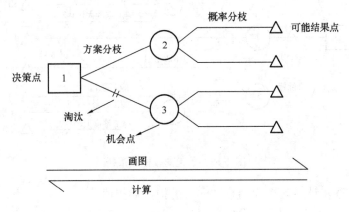

图 4-11 决策树画法示意图

决策树形象直观，思路清晰，层次分明，一目了然。程序是先画图，再计算。

在计算之前，先对决策点"□"和机会点"○"进行编号，原则是从左至右、从上到下；计算与编号的顺序相反，先计算编号大的机会点的损益期望值，再计算编号小的损益期望值；遇到决策点，再根据期望值结果做出选择（选择收益期望值较大的方案枝或是选择成本期望值较低的方案枝），被否定的方案枝用"//"代表，称为"剪枝"；接着把被选方案枝的期望值前移至决策点，一直计算到最初的决策原点；最后，决策点"□"上只留下一枝最佳方案。

【例 4-14】某承包商对某项工程做是否投标和如何投标的决策。根据该承包商过去的投标经验和施工资料，已知条件见表 4-11。用决策树法做出决策。

方　案	自然状态		发生概率	可能的利润（万元）
投高标	中标：		0.3	
		施工顺利	0.3	80
		一般	0.5	50
		施工难度大	0.2	−30
	失标：		0.7	−10
投低标	中标：		0.6	
		施工顺利	0.3	60
		一般	0.5	40
		施工难度大	0.2	−20
	失标：		0.4	−10
不投			1.0	0

【解】（1）从左至右逐步绘制决策树，见图 4-12。

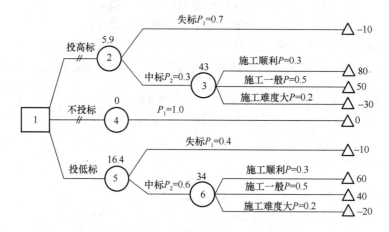

图 4-12　承包商投标决策树

（2）逆顺序逐步计算各个机会点"○"的损益期望值。

节点⑥：$60 \times 0.3 + 40 \times 0.5 + (-20) \times 0.2 = 34$

节点③：$80 \times 0.3 + 50 \times 0.5 + (-30) \times 0.2 = 43$

节点⑤：$34 \times 0.6 + (-10) \times 0.4 = 16.4$

节点②：$43 \times 0.3 + (-10) \times 0.7 = 5.9$

节点④：0

决策点节点，通过比较机会点节点⑤、节点②、节点④的期望值，节点②的期望值最大，故应选择投低标，剪掉投高标和不投标。

例 4-14 中的决策比较简单，只有一个决策点。对于复杂的决策，可能会有多个决策点。

【例 4-15】某工程分两期进行施工，第一期工程完工后，由于某种原因，第二期工程要半年后才能开工，工地上的施工机械设备面临着是否要搬迁的问题。如搬迁，半年后再搬回来，共需搬迁费 8000 元。如不搬迁，对工地上的设备必须采取保养性措施：当遇到天气好（概率为 0.6），可采取一般性保养措施，需费用 3000 元；当遇到天气经常下雨（概率为 0.4），仍采取一般性保养措施，需费用 3000 元，且肯定会造成 10 万元经济损失；若采取特殊保养措施，需费用 10000 元，则有 0.8 的可能性造成 1000 元损失，0.2 的可能性造成 4000 元损失。试用决策树选择方案。

【解】（1）从左至右逐步绘制决策树，见图 4-13。

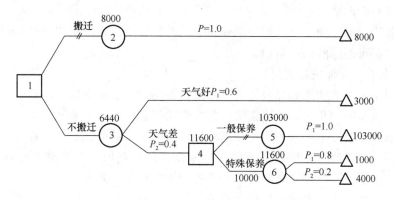

图 4-13　施工机械搬迁决策树

（2）逆顺序逐步计算各个机会点"○"的损失期望值。

节点⑤：103000 元

节点⑥：$1000 \times 0.8 + 4000 \times 0.2 + 10000 = 11600$ 元

比较计算结果，应选择特殊保养措施，"剪掉"一般保养措施。因此，决策点节点④的期望值为 11600 元。

节点③：$11600 \times 0.4 + 3000 \times 0.6 = 6440$ 元

节点②：8000 元

比较计算结果，节点②的损失期望值大于节点③的损失期望值，故应选择不搬迁，"剪掉"搬迁方案。故最终决策方案为不搬迁，若天气差，采取特殊保养措施，该方案损失期望值为 6440 元。

4.5　设备更新的经济分析

机器设备是进行现代化生产的物质条件，也是国民经济的物质技术基础。更新是指用技术性能更完善、经济效益更显著的新型设备来替换原有技术上不能继续使用或经济上不宜继续使用的设备。企业设备使用到一定时期就需要更新，设备更新是投资决策的重要组成部分。

4.5.1　设备的磨损与补偿

任何机械设备在长期的使用过程中，会逐渐磨损，从而降低其使用效能，导致其价值降低。机械设备的磨损有以下形式：

1. 有形磨损（又称物质磨损）

设备的有形磨损包括使用磨损和自然磨损两方面。

（1）使用磨损。是指机械设备在使用过程中的慢性磨损和损伤（包括机械损伤和化学损伤）引起的磨损，是机械设备磨损中的主要部分。它主要与以下因素有关：负荷程度、机械设备的质量和耐磨程度、机械设备装配和安装的准确性、机械设备的固定程度、设备使用过程中防避外界影响（如粉尘、水汽、高温等）的程度、设备的维修情况、工人操作熟练程度。

（2）自然磨损。是指由于自然力的作用，如大气中的水分、粉尘和污染物等产生的锈蚀、腐蚀造成的有形磨损。

机械设备的有形磨损，可以通过维修，使一部分磨损得到修复和补偿。即有形磨损分为可消除的、不可消除的两种情形。

2. 无形磨损（又称精神磨损）

无形磨损是由于非使用和非自然力作用所引起的设备价值损失。与有形磨损不同，这种磨损与技术进步密切相关，无法消除，且在实物形态上看不出来。

产生无形磨损有以下两种原因：一是机械设备的技术结构、性能没有变化，但由于再生产费用下降，价格降低，而使原有同种机械设备发生贬值；二是由于发明了更为完善的、高效率的机械设备，使原有同种机械设备的性能相对下降而发生贬值。这两种原因产生的无形磨损，都使得设备继续使用在经济上已不合算而提前淘汰。

3. 设备磨损的补偿

设备的上述磨损，必须以各种形式加以补偿才能维持企业的再生产；补偿磨损的主要资金来源于原有设备提取的折旧。

由于设备遭受的磨损形式不同，补偿方式也不一样，一般有局部补偿和完全补偿两种。其中，有形磨损的局部补偿是修理，无形磨损的局部补偿是改造；而设备的完全补偿是更新，即淘汰旧设备更换新设备，适用于有形磨损和无形磨损两种情形。

机械设备的磨损与补偿之间的关系，如图 4-14 所示。

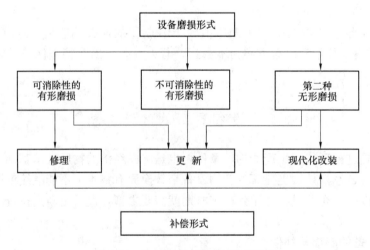

图 4-14　机械磨损与补偿之间的关系

4.5.2　设备更新及其策略

1. 设备更新的形式

设备更新有原型更新和新型更新两种形式。

（1）设备原型更新，即用相同的设备去更换有形磨损严重而不能继续使用的旧设备。这种更新只是解决设备因磨损且不能通过修理而改善并继续使用的，或即使能通过维修而改善并能继续使用但修理费用高于购置新设备时所采用的方式。这种方式不具有技术更新的性质，不能促进技术的进步。

（2）设备新型更新，又称技术更新，它是以结构更先进、技术更完善、性能更好、效率更高、能源和原材料消耗更少的新型设备，来换掉技术上陈旧落后、经济上不宜继续使用的设备。它是实现企业技术进步、提高经济效益的主要途径。

2. 设备更新的策略

设备更新同技术方案选择一样，应遵循有关的技术政策，进行技术论证和经济分析，做出最佳的选择。如果因设备暂时故障而草率做出报废的决定，或者片面追求现代化，一味购买最新式设备，都会造成资本的流失；而如果延缓设备更新，失去设备更新的最佳时机，同时竞争对手又积极利用现代化设备降低产品成本和提高产品质量时，则企业必定会丧失竞争力。因此，识别设备在什么时间不能再有效地使用、应该怎样更新和何时更新等，是工程经济学要解决的重要问题。

设备更新策略应在系统、全面地了解现有设备的性能、服务年限、磨损程度、技术进步等情况下，有重点、有区别地对待。对于陈旧落后的设备，即消耗高、性能差、使用操作条件不好、对环境污染严重的设备，应当用较先进的设备尽早代替；对整机性能尚可、有局部缺陷、个别技术经济指标落后的设备，应选择技术改造；对较好的设备，要适应技术进步的发展需要，吸收国内外的新技术，不断加以改造和现代化改装。

确定设备更新必须进行经济分析。凡修复比较合理的，不应过早更新，可以修中有改；通过改进、改装就能满足生产技术要求的，不要急于更新；更新个别关键零部件就可以达到要求的，不必更换整台设备；更换单机能满足要求的，不必更换整个机群或整条生产线。

4.5.3 设备更新经济决策

对管理者来说，某台设备是否要更新、何时更新、选用何种设备更新等，是经常遇到的经济决策问题。理想的决策既要考虑技术发展的需要，又要考虑经济效益，以确定经济合理的更新时机，选择合理的更新方案。

1. 设备更新最佳时机决策

从常理来看，人们可能会因为新设备的购置费用较大，而趋向于保留现有设备；但是新设备将带来运行费用、维修费用的减少以及产品质量的提高。因此，设备更新的关键在于，使用新设备的综合收益是否高于保留旧设备的综合收益。设备更新的最佳时机应为综合收益最大的那个时点。

【例4-16】某项目剩余寿命为3年，其主要设备A在3年前以250000元购置，现市场上相同成色相同型号的设备价格为100000元，以后每年残值如表4-12所示，每年产值为80000元，使用成本为30000元；此时有技术性能更好的设备B面世，售价为300000元，每年产值为150000元，使用成本为50000元，每年残值如表4-12所示，项目结束后设备B也不再使用。需要确定：（1）是否应该更换设备B？（2）如应更换，何时较为合适？设基准收益率为10%。

使用年数	设备 A 残值	设备 B 残值
1	70000	240000
2	30000	200000
3	10000	150000

各设备更新年限及残值表 表 4-12

【解】

方案一：马上更新，在接下来的 3 年时间均使用设备 B，则其产生的效益为：

$$NPV_1 = -300000 + 150000(P/F, 10\%, 3) + (150000 - 50000)(P/A, 10\%, 3)$$
$$= -300000 + 150000 \times 0.7513 + 100000 \times 2.487 = 61395 \text{ 元}$$

方案二：如果设备 A 使用 1 年，然后更新为设备 B，则产生的效益为：

$$NPV_2 = -100000 + 70000(P/F, 10\%, 1) + (80000 - 50000)(P/A, 10\%, 1)$$
$$+ [(-300000 + 200000)(P/F, 10\%, 2)$$
$$+ (150000 - 50000)(P/A, 10\%, 2)](P/F, 10\%, 1)$$
$$= -100000 + 70000 \times 0.9091 + 50000 \times 0.9091$$
$$+ (-300000 + 200000) \times 0.8264$$
$$+ 100000 \times 1.7355) \times 0.9091 = 44392.35 \text{ 元}$$

方案三：如果设备 A 使用 2 年，然后更新为设备 B，则产生的效益为：

$$NPV_2 = -100000 + 30000(P/F, 10\%, 2) + (80000 - 30000)(P/A, 10\%, 2)$$
$$+ [(-300000 + 240000)(P/F, 10\%, 1)$$
$$+ (150000 - 50000)(P/A, 10\%, 1)](P/F, 10\%, 2)$$
$$= -100000 + 30000 \times 0.8264 + 50000 \times 1.7355$$
$$+ (-300000 + 240000 \times 0.0.9091)$$
$$+ 100000 \times 0.9091) \times 0.8264$$
$$= 19082.28 \text{ 元}$$

方案四：如果设备 A 使用 3 年，则产生的效益为：

$$NPV_4 = -100000 + 100000(P/F, 10\%, 3) + (80000 - 30000)(P/A, 10\%, 3)$$
$$= -100000 + 10000 \times 0.7513 + 50000 \times 2.487$$
$$= 31863 \text{ 元}$$

很明显，NPV_1 最大，则应该马上更换设备。

2. 以经济寿命为依据的更新时机决策

(1) 设备的经济寿命

机械设备的更新要求分析设备的寿命周期，以确定最佳的更新周期。设备的寿命周期，不仅要考虑设备的自然寿命，而且还要考虑设备的技术寿命和经济寿命。

① 设备的自然寿命。又称物质寿命，是指设备从投入使用开始，直到因物质磨损而不能继续使用、报废为止所经历的时间。它主要是由设备的有形磨损所决定的。搞好设备

的维修和保养，可延长设备的物质寿命，但不能从根本上避免设备的磨损。任何一台设备磨损到一定程度时都必须进行更新。

② 设备的技术寿命。又称有效寿命，是指设备从开始使用到因技术落后而被淘汰所延续的时间，也即设备在市场上维持其价值的时期。例如一台电子计算机，即使完全没有使用过，它的功能也会被更为完善、技术更为先进的电子计算机所取代。由此可见，技术寿命主要是由设备的无形磨损所决定的，它一般比自然寿命要短。科学技术进步越快，技术寿命越短。

③ 设备的经济寿命。设备的经济寿命是从经济的角度来看设备最合理的使用期限。具体而言，是指设备从投入使用开始，到因继续使用经济上不合理而被更新所经历的时间。它是由维护费用的提高和使用价值的降低决定的。

设备的年度费用包括年度资金恢复费用和年度使用费用，其中年度资金恢复费用是指一次性购置费用的分摊，随使用年限增长而减小；年度使用费用则包括年度运行费用和年度维护保养费用，随使用年限增长而增大。如图4-15所示，在整个变化过程中，年度费用是时间的函数；在 N_0 年时，等值年成本达到最低值。称设备从开始使用到其等值年成本最小（或年盈利最高）的使用年限 N_0 为设备的经济寿命。

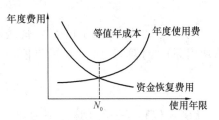

图4-15　设备年度费用曲线

由此可见，设备的经济寿命就是从经济观点（即成本观点或收益观点）确定的设备更新的最佳时刻。确定设备经济寿命的方法可以分为静态和动态两种模式。

（2）静态模式下的设备经济寿命

静态模式是在不考虑资金时间价值来计算设备年平均成本 $\overline{C_n}$，其计算公式如下：

$$\overline{C_n} = \frac{P - L_n}{n} + \frac{1}{n} \sum_{t=1}^{n} C_t \tag{4-25}$$

式中　$\overline{C_n}$——n 年内设备的年平均使用成本；

　　　P——设备目前实际价值；

　　　C_t——第 t 年的年度使用费用；

　　　L_n——第 n 年末的设备净残值。

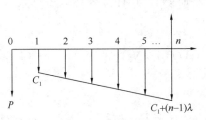

图4-16　劣化增量均等的现金流量图

其中，将 $\dfrac{P - L_n}{n}$ 称为设备的年度资金恢复费用，而 $\dfrac{1}{n} \sum_{t=1}^{n} C_t$ 称为设备的平均年度使用费用。

随着设备使用时间的增长，设备的有形磨损和无形磨损都将增加，设备的维护修理费用及燃料、动力费用也会逐渐增加；将这种运营成本的逐年递增称为设备的劣化。

现假定每年运营成本均发生在年末，设每年运营成本增加额是均等的，记为 λ，如图4-16所示。若设备的使用期限为 n 年，则第 n 年的运营成本为：

$$C_n = C_1 + (n-1)\lambda \qquad (4\text{-}26)$$

式中 C_1——第一年的运营成本；

λ——年运营成本增加额；

n——设备使用年限。

n 年内设备的年等额运营成本为：

$$C = C_1 + \frac{\lambda + 2\lambda + 3\lambda + \cdots + (n-1)\lambda}{n} = C_1 + \frac{n-1}{2}\lambda \qquad (4\text{-}27)$$

则年等额总成本 $\overline{C_n}$ 的计算公式为：

$$\overline{C_n} = \frac{P-L_n}{n} + C_1 + \frac{n-1}{2}\lambda \qquad (4\text{-}28)$$

能够使 $\overline{C_n}$ 为最小的年数 N_0 就是设备的经济寿命。设 L_n 为常数（即不论寿命年数残值均相等），计算式（4-28）的极值，令其一阶导数为零可得：

$$N_0 = \sqrt{\frac{2(P-L_n)}{\lambda}} \qquad (4\text{-}29)$$

【例 4-17】有一台车床原值为 850 元，假设不论使用几年其残值均为 50 元。该车床第一年的使用费用为 200 元，以后每年增加 100 元，不考虑利息。试计算该车床的经济寿命，并求经济寿命时该车床的年等额总成本。

【解】根据已知条件，$P=850$ 元，$L_n=50$ 元，$C_1=200$ 元，$\lambda=100$ 元，

那么该车床的经济寿命为：

$$N_0 = \sqrt{\frac{2(P-L_n)}{\lambda}} = \sqrt{\frac{2(850-50)}{100}} = 4 \text{ 年}$$

经济寿命时该车床的年等额总成本为：

$$\overline{C_n} = \frac{P-L_n}{n} + C_1 + \frac{n-1}{2}\lambda = \frac{850-50}{4} + 200 + \frac{100}{2}(4-1) = 550 \text{ 元}$$

（3）动态模式下的设备经济寿命

动态模式是在考虑资金时间价值下的情况下计算设备的年成本 AC 或净年值 NAV，通过比较年平均费用或年平均效益来确定设备的经济寿命 N_0，其计算表达式参见式（4-30）和式（4-31）。即

$$AC(N_0) = \Big[\sum_{t=0}^{N_0} CO_t (1+i_c)^{-t} \Big] (A/P, i_c, N_0) \qquad (4\text{-}30)$$

或

$$NAV(N_0) = \Big[\sum_{t=0}^{N_0} (CI-CO)_t (1+i_c)^{-t} \Big] (A/P, i_c, N_0) \qquad (4\text{-}31)$$

用年成本 AC 或净年值 NAV 计算设备经济寿命的过程是：在已知设备现金流量和利率的情况下，逐年计算出从寿命 1 年到 n 年全部使用期的年等效值，从中找出平均年成本的最小值（项目考虑以支出为主时）或是平均年盈利的最大值（项目考虑以收入为主时）所对应的年限，从而确定设备的经济寿命。这个过程通常是用表格计算来完成。

【例 4-18】 某设备目前实际价值为 30000 元，有关数据资料见表 4-13；设年利率为 6%，计算其经济寿命。

设备年经营成本及年末残值表　　　　　　　　表 4-13

继续使用年限 t	1	2	3	4	5	6	7
年经营成本（元）	5000	6000	7000	9000	11500	14000	17000
年末残值（元）	15000	7500	3750	1875	1000	1000	1000

【解】

设备不同使用年限时的年末成本表　　　　　　　表 4-14

n	$P-L_n$	$(A/P,6\%,t)$	$L_n\times6\%$	$(2)\times(3)+(4)$	C_t	$(A/P,6\%,t)$	$[\Sigma(6)\times(7)]\times(3)$	$AC=(5)+(8)$
(1)	(2)	(3)	(4)	(5)	(6)	(7)	(8)	(9)
1	15000	1.06	900	16800	5000	0.9434	5000	21800
2	22500	0.5454	450	12721.5	6000	0.89	5485.1	18206.6
3	26250	0.3741	225	10045.1	7000	0.8396	5961	16006.1
4	28125	0.2886	112.5	8229.4	9000	0.7921	6656	14885.4
5	29000	0.2374	60	6944.6	11500	0.7473	7515.4	14460
6	29000	0.2034	60	5958.6	14000	0.705	8446.6	**14405.2**
7	29000	0.1791	60	5253.9	17000	0.6651	9462.5	14716.4

从表 4-14 的计算可以看出，第 6 年时设备的年成本最低为 14405.2 元，因此该设备的经济寿命为 $n=6$ 年。

3. 设备更新方案比选

(1) 设备更新经济分析的特点

① 只考虑未来发生的现金流量

在项目评价或决策中，应考虑的是未来可能发生的费用及所能带来的收益。由于设备原值是以前发生的现金流量，属于不可恢复费用，不需要参与更新决策。因此拟更新设备的价值要按其目前的实际价值来考虑，而不管其原值或目前折旧余额是多少。也就是说，设备更新时不考虑沉没成本。这里沉没成本是指过去的成本支出，是项目投资决策评价前已经花费的、在目前的决策中无法改变的成本。

② 应站在客观的角度分析问题

设备更新问题的分析应从客观角度出发，而不是资产所有者的角度考虑问题。通常咨询者不拥有任何资产，所以如果要保留旧资产，首先要付出相当于旧资产当前市场价值的资金，取得旧资产的使用权；因此设备更新分析应站在咨询者的立场上分析问题。

③ 只比较设备的费用

通常在比较设备更新分析方案时，假设设备产生的收益相同，因此只对其费用进行比较。

④ 以费用年值法为主

由于不同设备方案的服务寿命不同，因此通常都采用年值法进行比较。

（2）设备更新方案的综合比较

一般而言，对超过最佳期限的设备可以采用以下 5 种处理办法：①继续使用旧设备；②对旧设备进行大修理；③用原型设备更新；④对旧设备进行现代化改造；⑤用新型设备更新。对以上更新方案进行综合比较，宜采用"最低总费用现值法"，即通过计算各方案在不同使用年限内的总费用现值，根据打算使用年限，按照总费用现值最低的原则进行方案优选。

（3）寿命不等的更新方案比选

通常，不同设备方案的使用寿命有所不同，且假定设备产生的收益相同，因此对于寿命期不等的更新方案比较，最简捷的方法是采用年费用比较法。

【例 4-19】某厂 3 年前以 20000 元购置了机器设备 A，估计使用寿命为 8 年，8 年末的预计净残值为 2000，年度运行成本为 1000 元；目前设备 A 在市场上的折卖价值为 10000 元。现在市场上出现了同类设备 B，其功能与 A 相同，其原始成本为 25000 元，估计可使用 8 年，8 年末的净残值为 3000 元，年度运行成本为 700 元。现有两个方案：方案一是继续使用 A 设备；方案二购买 B 设备以更新 A 设备。已知基准收益率为 12%，试对这两个方案进行比较。

【解】

（1）根据设备更新的特点，A 设备的原始成本 20000 元是 3 年前发生的，是沉没成本，评价时不应计入；A 设备在第三年年末的折卖价值 10000 元即为 A 设备继续使用的投资。

（2）站在客观的立场上进行比较，方案一相当于以 10000 元购置 A 设备，使用 5 年，年运行成本 1000 元，使用期满预计净残值为 2000 元。

两方案的现金流量见图 4-17 所示。

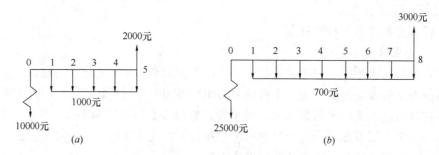

图 4-17　两方案现金流量图
(a) 方案一现金流量；(b) 方案二现金流量

分别计算两个方案的平均年费用为：

$AC_1 = 10000(A/P，12\%，5) - 2000(A/F，12\%，5) + 1000 = 3459.28$ 元

$AC_2 = 25000(A/P，12\%，8) - 3000(A/F，12\%，8) + 700 = 5488.6$ 元

因为 $AC_1 < AC_2$，所以方案一为优，平均每年可节约费用（5488.6 - 3459.28）= 2029.32 元。因此，应选择方案一，继续使用 A 设备，不作更新。

4.6 设计及施工方案的经济评价

4.6.1 评价方法概述

1. 多指标比较法

这是目前在设计与施工方案评价中采用较多的一种方法。其基本特点是使用一个适用体系，将对比方案的指标值列出，然后一一进行对比分析，根据指标值的高低，分析判断其优劣。利用多指标比较法评价方案，需要解决以下两个问题：

（1）将对比指标分成主要指标和辅助指标

主要指标是能够比较充分地反映工程技术经济特点的指标，如工程造价、民用建筑设计方案平面指标、物理性能、工业建筑设计方案的建设投资、工期、单位产品成本等。辅助指标可以用来作为主要指标的补充，尤其是当主要指标不足以说明技术经济效果优劣时，可用辅助指标来做进一步的技术经济分析。

（2）要解决可比性问题

两种方案进行对比的必要条件是：建筑标准与使用功能基本相同，建筑层数和层高相同或相似，建筑结构的抗震设防等级相同，采用统一的定额和价格标准，建筑的质量标准和要求应相近。如果不完全符合可比条件，可用调整局部方案或修正系数法进行调整，使其满足可比条件后再进行对比，并在综合分析时予以说明。

2. 单指标综合分析法

单指标综合分析法是将方案比较的各项目分析指标换算成同一指标进行比较的方法。将多指标换算成同一指标，一般有三种方法。

（1）价值指标综合法

价值指标基本上反映了可以用价值体现的全部经济因素，它可以解决不同因素在实物形态上难以综合的问题。但它能反映的仅仅是物化在建筑产品中的劳动消耗或生产过程中的劳动消耗、生产成果等，如投资、生产成本、总产值等，而无法反映质量、功能等不同的具体劳动消耗所创造的有用效果的差异。这就无法在比较中综合考虑使用效果和劳动消耗两个方面的情况。应用价值指标进行综合评价时，须在产品功能一致的条件下方有可比性。

（2）综合评分法

综合评分法是指将各项分析指标，根据其重要程度给出权重值，在分析时对各方案评定分数，计算各方案的总分值，然后进行评价。其计算公式如下：

$$M_j = \sum_{i=1}^{n} C_{ij} W_i \qquad (4-32)$$

式中　M_j ——某一方案 j 的总分值；

　　　C_{ij} ——某一方案 j 对 i 指标的分值；

　　　W_i ——第 i 指标权重值。

该方法在分析时强调了使用价值指标体系的作用，比"价值指标综合法"来得全面，在一定程度上克服了忽视使用价值在比较中的地位问题，困难在于权重值的确定和评分的尺度掌握。

（3）价值分析法

在工程建设中，价值工程的应用是广泛的。同一建设项目，同一单项、单位工程可以有不同的设计方案；方案不同，造价也会有差异。这时，设计人员可通过价值工程活动进行方案的优选。根据功能系统图分析，对上位功能进行分析和改善比对下位功能效果好；对功能领域进行分析和改善比对单个功能效果好。因此，价值工程既可用于工程项目设计方案的分析选择，也可用于单位工程设计方案的分析选择。同时，价值工程在工程施工组织设计及进行工程造价的控制中也广泛应用。

① 价值工程在设计方案优选中的应用

建设项目设计主要是对项目的功能及其实现手段进行设计，因此，整个设计方案可以作为价值工程的研究对象。在设计阶段实施价值工程的步骤一般为：

a. 功能分析。建筑功能是指建筑产品满足社会需要的各种性能的总和。不同的建筑产品有不同的功能；建筑产品的功能一般分为社会性功能、适用性功能、技术性功能、物理性功能和美学功能。功能分析首先应明确项目各类功能具体有哪些，哪些是主要功能，并对功能进行定义和整理，绘制功能系统图。

b. 功能评价。功能评价主要是比较各项功能的重要程度，用 $0\sim1$ 评分法、$0\sim4$ 评分法、环比评分法等，计算各项功能的功能评价系数，作为该功能的重要度权数。

c. 方案创新。根据功能分析的结果，提出各种实现功能的方案。

d. 方案评价。对方案创新提出各种方案的各项功能的满意程度打分，然后以功能评价系数作为权数计算各方案的功能评价得分，最后再计算各方案的价值系数，以价值系数最大者为最优。

② 价值工程在设计阶段工程造价控制中的应用

价值工程在设计阶段工程造价控制中应用的程序为：

a. 对象选择。在设计阶段应用价值工程控制工程造价，应以对影响工程造价较大的项目作为价值工程的研究对象。因此，将设计方案的成本进行分解，将成本比重大，品种数量少的项目作为实施价值工程的重点。

b. 功能分析。分析研究对象具有哪些功能，确定各项功能之间的关系。

c. 功能评价。评价各项功能，确定功能评价系数，并计算实现各项功能的现实成本是多少，从而计算各项功能的价值系数。价值系数小于 1 的，应该在功能水平不变的条件下降低成本，或在成本不变的条件下提高功能水平；价值系数大于 1 的，如果是重要的功能，应该提高成本，保证重要功能的实现。如果该项功能不重要，可以不做改变。

d. 分配目标成本。根据限额设计的要求，确定研究对象的目标成本，并以功能评价系数为基础，将目标成本分摊到各项功能上，与各项功能的现实成本进行对比，确定成本改进期望值，成本改进期望值大的，应重点改进。

e. 方案创新及评价。根据价值分析结果及目标成本分配结果的要求，提出各种方案，对方案进行比选，使设计方案更加合理。

③ 案例分析

某工程项目设计人员根据业主的使用要求，提出了三个设计方案。有关专家决定从五个方面（分别以 $F_1\sim F_5$ 表示）对不同方案的功能进行评价，并对各功能的重要性分析如下：F_3 相对于 F_4 很重要，F_3 相对于 F_1 较重要，F_2 和 F_5 同样重要，F_4 和 F_5 同样重要。各方案单位面积造价及专家对三个方案满足程度的评分结果见表 4-15。

方案评分结果 表 4-15

得分\方案\功能	A	B	C
F_1	9	8	9
F_2	8	7	8
F_3	8	10	10
F_4	7	6	8
F_5	10	9	8
单位面积造价（元/m²）	1680	1720	1590

问题：

（1）试用 0～4 评分法计算各功能的权重；

（2）用功能指数法选择最佳设计方案；

（3）在确定某一设计方案后，设计人员按限额设计要求，确定建安工程目标成本额为 14000 万元；然后以主要分部工程为对象进一步开展价值工程分析。各分部工程评分值及目前成本见表 4-16。试分析各功能项目的功能指数、目标成本及应降低额，并确定功能改进顺序。

各分部工程评分值及目前成本 表 4-16

功能项目	功能评分	目前成本（万元）
A. ±0.000 以下工程	21	3854
B. 主体结构工程	35	4633
C. 装饰工程	28	4364
D. 水电安装工程	32	3219

【解】（1）各功能的权重如表 4-17 所示。

功能权重计算表 表 4-17

功能	F_1	F_2	F_3	F_4	F_5	得分	权重
F_1	×	3	1	3	3	10	0.250
F_2	1	×	0	2	2	5	0.125
F_3	3	4	×	4	4	15	0.375
F_4	1	2	0	×	2	5	0.125
F_5	1	2	0	2	×	5	0.125
合计						40	1.000

（2）计算各方案的加权得分：

$$W_A = 9 \times 0.25 + 8 \times 0.125 + 8 \times 0.375 + 7 \times 0.125 + 10 \times 0.125 = 8.375$$

$$W_B = 8 \times 0.25 + 7 \times 0.125 + 10 \times 0.375 + 6 \times 0.125 + 9 \times 0.125 = 8.500$$

$$W_C = 9 \times 0.25 + 8 \times 0.125 + 10 \times 0.375 + 8 \times 0.125 + 8 \times 0.125 = 9.000$$

总得分：$W_A + W_B + W_C = 25.875$

计算各方案的功能系数：

$$F_A = 8.375/25.875 = 0.324；F_B = 8.500/25.875 = 0.329；F_C = 9.000/25.875 = 0.348$$

计算各方案的成本系数：

$$C_A = 1680/(1680 + 1720 + 1590) = 1680/4990 = 0.337$$

$$C_B = 1720/(1680 + 1720 + 1590) = 1720/4990 = 0.345$$

$$C_C = 1590/(1680 + 1720 + 1590) = 1590/4990 = 0.319$$

计算各方案的价值系数：

$$V_A = 0.324/0.337 = 0.961；V_B = 0.329/0.345 = 0.954；V_C = 0.348/0.319 = 1.091$$

方案 C 的价值系数最高，故 C 为最佳设计方案。

（3）计算各功能项目的功能指数：

$$F_A = 21/(21 + 35 + 28 + 32) = 21/116 = 0.181$$

$$F_B = 35/(21 + 35 + 28 + 32) = 35/116 = 0.302$$

$$F_C = 28/(21 + 35 + 28 + 32) = 28/116 = 0.241$$

$$F_D = 32/(21 + 35 + 28 + 32) = 32/116 = 0.276$$

计算各功能项目的目标成本：

A. ±0.000 以下工程：$14000 \times 0.181 = 2534$ 万元

B. 主体结构工程：$14000 \times 0.302 = 4228$ 万元

C. 装饰工程：$14000 \times 0.241 = 3374$ 万元

D. 水电安装工程：$14000 \times 0.276 = 3864$ 万元

计算各功能项目的降低额：

A. ±0.000 以下工程：3854-2534＝1320 万元

B. 主体结构工程：4633－4228＝405 万元

C. 装饰工程：4364-3374＝990 万元

D. 水电安装工程：3219－3864＝－645 万元

根据各功能项目的降低额，确定功能改进顺序为：

A. ±0.000 以下工程→C. 装饰工程→B. 主体结构工程→D. 水电安装工程。

4.6.2 民用建筑设计方案技术经济评价

居住建筑设计方案的技术经济评价包括评价指标体系和评价指标计算两部分。

1. 评价指标体系

居住建筑设计方案的技术经济评价是以满足人们居住的需要为前提的。影响居住建筑优劣的因素很多，但总的来说，居住建筑设计方案技术经济评价指标体系应包括两方面的内容：其一是使用价值指标，即满足居住需要的程度（功能）指标，包括反映使用功能的评价指标，如建筑面积、使用面积系数等；反映技术性能的评价指标，如耐火性、隔热、隔声、采光、通风等指标。其二是创造使用价值的社会劳动消耗量指标，包括建设阶段的指标，如建设工期、工程造价、材料消耗等指标；使用阶段的评价指标，如使用年限、经常使用费、能源消耗等指标。

2. 评价指标计算

（1）建筑面积。按各层外墙外边线所围的水平面积之和，再加上按规定应计算建筑面积部分计算。建筑面积包括居住面积、辅助面积、公共辅助面积和结构面积四个部分。

（2）使用面积系数。使用面积是指建筑面积扣除结构面积所余部分，使用面积系数是指使用面积与建筑面积的比值（％）

（3）平面系数：

$$平面系数＝居住面积/建筑面积（\%）\tag{4-33}$$

（4）平均每套建筑面积：

$$平均每套建筑面积＝建筑面积/总套数（m^2/套）\tag{4-34}$$

（5）平均每人居住面积：

$$平均每人居住面积 = \frac{总居住面积}{总人数}（m^2/套）\tag{4-35}$$

式中，总人数＝Σ（各套型套数×各套型居住人数定额）。

（6）工程造价。是指建筑物本身包括基础、设备在内的全部造价，不包括室外工程及附属工程的造价，可按预算确定。

（7）主要材料耗用量指标。是指用于建筑物本身土建工程的主要材料，包括钢材、木材、水泥的单方耗用量等，可按预算定额确定。

（8）劳动量消耗指标。是指住宅建造过程中直接耗用的全部劳动量，包括现场用工和预制厂用工，按预算定额计算。

（9）施工工期指标。是指单位工程从开工到竣工的全部日历天数，但应扣除不正常的停歇天数，如预计雨季或冬季停工天数。

（10）房屋服务年限指标。即建筑寿命指标。一般要求砌体结构的住宅可用 30～50 年，钢筋混凝土结构可用 50～60 年。

4.6.3　工业建筑项目设计方案技术经济评价

评价一个工业建筑项目设计方案的优劣，常常不是根据一个或几个经济指标就可解决问题的；不仅要有几个经济指标，而且还要有一些技术指标参数。主要有：

（1）建筑面积。按规则计算。

（2）建筑系数（％）。是综合说明建筑设计经济价值的指标。总平面设计的建筑系数一般指建筑密度而言，用它来说明土地的使用率。

$$建筑系数 = \frac{建筑物＋构筑物＋堆置场地的占地面积}{总平面占地面积}\tag{4-36}$$

（3）厂区占地面积。厂区所占地面积一般指各生产车间、各种仓库和生产动力的建筑物、堆场以及供运输成品和材料的道路、铁路和美化厂区的绿化用地等。

（4）总产值（元/年）。总产值是以货币表现的工业企业生产的产品总量。它是各种产品的产量与价格相乘的总和。

（5）总产量（产品产量/年）。工业产品以实物单位表示的产品量（实物量），即以适合产品特征、特性并能体现其使用价值的计量单位所表示的产品量。

（6）全员劳动生产率。这是表示全厂生产产品劳动效率的指标。

以实物量指标表示：

$$全员劳动生产率 = \frac{年产量}{全厂人数}\tag{4-37}$$

以价值指标表示：

$$全员劳动生产率 = \frac{年产值}{全厂人数}(元／人·年) \tag{4-38}$$

（7）生产工人劳动生产率：

$$生产工人劳动生产率 = \frac{年产值}{生产工人＋辅助生产工人}(元／人·年) \tag{4-39}$$

（8）全厂总投资。系指全厂基本建设投资的总概算。

（9）利润指标（元/年）。

① 净利润。净利润是劳动者为社会创造的一部分剩余产品的价值表现形式。

$$年净利润 = 全年产品销售收入－全年产品工厂成本－年税金 \tag{4-40}$$

② 产值利润率。以利润角度反映项目综合生产能力的利用情况。

$$产值利润率 = \frac{年净利润}{年总产值} \times 100\% \tag{4-41}$$

③ 成本利润率：

$$成本利润率 = \frac{年净利润}{年产品总成本} \times 100\% \tag{4-42}$$

④ 资金利润率。资金利润率可较全面反映建设项目投产后的经济效果。

$$资金利润率 = \frac{年利润率}{固定资金＋年平均占用流动资金} \times 100\% \tag{4-43}$$

⑤ 实际投资利润率：

$$实际投资利润率 = \frac{资金利润率 \times 固定资产}{投资总额} \times 100\% \tag{4-44}$$

（10）产品成本。为生产产品而支出的各种费用，是综合反映经济效果的重要指标。

$$单位产品成本 = \frac{产品总成本}{年产量} \tag{4-45}$$

另外，还有主要原材料消耗，全年用水、电、气量，全年货物运输量、全厂设备数量等。

4.6.4 施工方案的技术经济评价

1. 施工方案技术经济评价的特点

（1）施工方案要根据施工工期的长短，确定在方案的评价中是否考虑时间因素。施工方案技术经济评价的时间因素，就是指计算资金的时间价值。如果施工工期在一年以内时，计算或不计算资金占用的利息，对方案经济评价影响较小，此时可不考虑时间因素。如果施工工期在一年以上时，则应考虑时间因素。对于用外资贷款或以外币结算的工程项目，其施工方案评价均应考虑资金的时间价值。

（2）施工方案评价时，若工期较短，由于预见性大，可视为确定问题。若工期较长，难以准确预见，方案评价可视为不确定型或风险型问题。

（3）在施工阶段，建筑企业支出生产费用而构成工程成本，在工程交工后即得以收回。而评价设计方案时，是考虑在项目投产后分期回收最初投资的问题。这就表明，在工程施工阶段，对于施工方案评价主要的现金流量是工程成本费用支出。

（4）施工方案评价多属微观决策问题，一般不涉及国民经济宏观评价，因而评价内容比设计方案简单。

2. 施工工艺方案的评价指标

（1）技术指标

技术指标是指用以反映方案的技术特征或适用条件的指标，可用各种技术性参数表示。如主体结构为现浇框架施工工艺方案，可用现浇混凝土总量、混凝土运输高度等；如果是装配式结构，则可用安装构件的总量、构件最大尺寸、构件最小尺寸、构件最大重量、最大安装高度等；又如钢筋混凝土工程等模板方案的技术指标，可用模板型号数、各型号模板尺寸、模板单件重量等表示。

（2）经济指标

经济指标主要反映完成工程任务必要的劳动消耗，由一系列价值指标、实物指标及劳动量指标组成。

① 工程施工成本。评价拟定施工工艺方案的成本指标，在大多数情况下，主要采用施工直接成本，其中包括直接人工费、施工设施的成本摊销费、防治施工公害设施及其费用等，可用施工总成本或单位施工成本表示。

② 主要专用机械设备需要量。包括设备台数、使用时间、总台班数等。

③ 主要材料资源消耗量。这里指的是为顺利进行施工所必需的主要资源。

④ 主要工种工作需要量。可用主要工种工人需要总数、需用期、月平均需用数、高峰期需用数来表示。

⑤ 劳动消耗量。可用劳动消耗量、月平均劳动量、高峰期劳动消耗量表示。

（3）效果指标

效果指标反映采用该工艺方案后预期达到的效果，分为 4 项：

① 施工工期。可用总工期与工期定额相比的节约工期指标表示。

② 劳动生产率。劳动生产率是指建筑安装工人在一定时间内制造建筑产品的能力。如土方工程、混凝土工程的劳动生产率指标可用"m^3"或"$m^3/$班"表示，钢筋工程、钢结构工程可用"t/d"或"$t/$班"表示等。

③ 成本降低额或降低率。它反映采用该工艺方案后，较工程预算成本的降低额或降低率。

④ 主要材料节约额或节约率。

3. 施工工艺方案的评价指标

（1）技术指标

① 反映工程特征的指标。如建筑面积、主要分部（项）工程量等。

② 反映施工方案特征的指标。如与施工方案有关的指标和说明等。

（2）经济指标

① 工程施工成本。主要包括直接人工费、机械设备使用费、防治施工成本或摊销费、防治施工公害设施及费用、施工现场管理费等。

② 主要专用机械设备需用量。包括设备台数、使用时间等。

③ 主要材料资源耗用量。

④ 劳动消耗量。

⑤ 反映施工均衡性的指标。施工是否均衡进行，对于工程的综合经济效果有着重大影响。而施工的均衡性在很大的程度上是由施工组织方案所决定，所以，评价施工组织方

案应计算以下均衡性指标：

$$主要工种工程施工不均衡系数 = \frac{高峰月工程量}{平均月工程量} \qquad (4\text{-}46)$$

$$劳动消耗量不均衡系数 = \frac{高峰月劳动消耗量}{平均月劳动消耗量} \qquad (4\text{-}47)$$

不均衡系数是大于 1 的。系数的值越大，说明越不均衡，即均衡性差。由于建筑生产的特点，施工的均衡性也是相对的，因此，也只能要求适度的均衡。

（3）效果指标

① 工程总工期。可用总工期与定额或合同工期相比的节约工期表示。

② 工程施工成本节约。可用工程施工成本与相应预算成本对比的节约额表示。

复 习 思 考 题

1. 工程项目的资金来源及其筹措方式有哪些？

2. 简述资金成本及其作用。何谓综合资金成本？

3. 简述工程项目财务分析的含义及其作用。

4. 简述工程项目财务分析的目的和内容。

5. 简述工程项目财务分析的指标体系及其分类。

6. 简述工程项目经济分析的含义、适用范围及作用。

7. 简述项目经济效益分析与财务分析的关系。

8. 简述项目经济效益分析的基本方法。

9. 项目经济效益分析的参数有哪些？

10. 不确定分析方法主要有哪些？

11. 何谓盈亏平衡分析？简述其具体应用。

12. 线性盈亏平衡分析的前提假设是什么？

13. 什么是敏感性因素？确定敏感性因素的方法有哪些？

14. 何谓敏感性分析？简述单因素敏感性分析的步骤。

15. 非确定型决策的常用方法有哪些？

16. 何谓概率分析？简述其决策思路。

17. 简述概率分析的实施步骤。

18. 简述决策树法的原理及其应用。

19. 简述设备的磨损形式及其补偿方式。

20. 何谓设备的经济寿命？

21. 简述设备更新经济分析的特点。

22. 简述价值工程在设计阶段工程造价控制中应用的程序。

23. 施工工艺方案评价的经济指标有哪些？

24. 某公司拟通过银行借款筹资 200 万元，年利率为 11%；如改为发行债券，年利率为 12%，并需支付发行手续费费率 2%，所得税税率 25%。资金投入营运后，预计每年平均增加收益 21 万元。试计算两种筹资方式的资金成本率；并与投资收益率比较，确定筹资优选方案。

25. 某公司发行普通股，按股票面值筹集资金 12 亿元，股票发行费率为 4%，第一年股利 10%，以后预期股利增长率为 5%，试计算该公司普通股资金成本。

26. A公司某年年初有一投资项目，需资金 4000 万元，通过以下方式来筹资：发行债券 600 万元，资金成本为 12%；长期借款 800 万元，资金成本为 11%；发行普通股 1700 万元，资金成本为 16%；保留盈余 900 万元，资金成本为 15.5%。试计算其综合资金成本。

27. 某企业生产某种产品，计划年产量 6000 件，每件产品的出厂价格估算为 50 元；企业每年固定开支 6.6 万元，每件产品成本 28 元，求企业的最大可能盈利、企业不盈不亏时的最低产量以及企业年利润为 50 万元时的产量。

28. 某市拟建一个商品混凝土搅拌站。已知年设计产量 10 万 m^3，混凝土平均售价 105 元/m^3，平均可变成本为 76.25 元/m^3，平均销售税金为 5.25 元/m^3；该搅拌站的年固定总成本为 194.39 万元。试计算该项目以产量和生产能力利用率表示的盈亏平衡点。

29. 有一挖土方工程，有两种方案可供选择：一是人工挖土，单价为 4 元/m^3；另一个是机械挖土，单价为 2 元/m^3，但需机械租赁费 1 万元。该土方工程应采用人工挖土还是机械挖土？

30. 修建某金工车间（建筑面积为 400m^2 到 1200m^2），可以采用三种结构：（1）砖混结构：每平方米造价 1200 元，每年维修费 56000 元，每年空调费 24000 元，使用寿命 20 年；（2）钢筋混凝土结构：每平方米造价 1460 元，每年维修费 50000 元，每年空调费 15000 元，使用寿命 20 年，残值为造价的 3.2%；（3）砖木结构：每平方米造价 1750 元，每年维修费 30000 元，每年空调费 12500 元，使用寿命 20 年，残值为造价的 1.0%；若设定利率为 8%，试选择最经济的方案。

31. 对某技术方案进行单因素敏感性分析时，设甲、乙、丙、丁四个因素分别发生 5%、10%、10%、15% 的变化，使评价指标财务净现值分别产生 10%、15%、25%、25% 的变化，相比而言，最敏感的因素是哪一个？

32. 某企业在投资某产品生产线之前进行了市场调研，得出如表 4-18 所示的有关参数。试用该表数据为基础，用决策树法做出决策。

有关参数汇总表　　　　　　　　　　　　　　　　　　　表 4-18

方　案	各种自然状态下的效益及概率值		
	销路好（概率 0.3）	销路一般（概率 0.5）	销路差（概率 0.2）
A_1（大批量生产）	38 万元	20 万元	20 万元
A_2（中批量生产）	24 万元	22 万元	18 万元
A_3（小批量生产）	16 万元	14 万元	12 万元

33. 某科研单位考虑向某工厂提出开发一种新产品的建议。为提出此建议需进行一些初步的科研工作，需花费 2 万元。根据该科研单位的经验及对该工厂和产品竞争者的估计，建议提出后，估计有 60% 的可能性能成功签约合同；如签约失败，2 万元费用厂方不予补偿。该产品有两种生产方法，方法一要花费 30 万元，成功概率为 80%；方法二只需花费 18 万元，但成功概率仅为 50%。如果该科研单位成功签约并研究成功，厂方将付给该单位 80 万元技术转让费；若研制失败，该科研单位需赔偿厂方 15 万元。请据此绘制决策树；并判断该科研单位是否应提出研制建议？

34. 某种机器，原始费用为 2000 元，第一年年度使用费为 1000 元，以后每年增加 200 元，任何时候都不计残值、不计利息，求机器的经济寿命。

35. 某厂因生产需要 3 年前花费 1800 元买了一台抽水机，年度使用费为 1000 元，估计还能使用 5 年，不计残值。现在，该厂又有一个机会，花 2700 元可以购买一台新的抽水机，估计寿命为 5 年，也不计残值，年度使用费为 400 元。假如现在购买新抽水机，旧抽水机可以以 200 元售出。若基准贴现率为 6%，问企业是否应该淘汰原抽水机？

36. 某企业正在进行设备更新。旧设备是 5 年前用 100000 元购买的，目前残值为 35000 元，以后每年贬值 4000 元。保留使用一年的年使用费 65000 元，以后每年增加 3000 元。新设备的安装成本为 130000 元，经济寿命为 8 年，8 年末的残值为 10000 元，年度使用费固定为 49000 元。设公司的基准贴现率为 15%，问：

（1）旧设备是否马上更换？

（2）如果要更换，何时更换最经济？

5 工程项目组织管理

组织是工程项目管理的基本职能之一。组织有两种含义：一是指组织机构，即按一定的领导体制、部门设置、层次划分、职责分工、规章制度和信息系统等构成的人的集合体；二是指组织行为，即通过一定权力和影响力，对所需资源进行合理配置，以实现一定的目标。

组织构成的要素一般包括管理层次、管理跨度、管理部门和管理职责四个方面。各要素之间密切相关、相互制约，在组织结构设计时，必须考虑各要素间的平衡与衔接。

5.1 工程项目组织策划

5.1.1 组织的基本内容

组织的基本内容包括：

（1）组织设计。包括选定一个合理的组织系统，划分各部门的权限和职责，制定各种基本的规章制度。

（2）组织联系。规定组织机构中各部门的相互关系，明确信息流通和信息反馈渠道，以及各部门之间的协调原则和方法。

（3）组织运行。规定各组织体的工作顺序和业务管理活动的运行过程，按分担的责任完成各自的任务。组织运行应解决好三个关键性问题：一是人员配置；二是业务明确；三是信息反馈。

（4）组织调整。根据工作需要及环境的变化，分析现有组织系统的缺陷、适应性和有效性，对现有组织系统进行调整或重新组合。包括组织形式的变化、人员的变动、规章制度的修订或废止、责任系统及信息系统的调整等。

5.1.2 组织构成要素

组织构成的要素一般包括管理层次、管理跨度、管理部门和管理职责四个方面。各要素之间密切相关、相互制约，在组织结构设计时，必须考虑各要素间的平衡与衔接。

1. 管理层次

管理层次是指从最高管理者到实际工作人员之间的等级层次的数量。管理层次通常分为决策层、协调层和执行层、操作层。决策层的任务是确定管理组织的目标和大政方针，必须精干、高效；协调层主要是参谋、咨询职能，其人员应有较高的业务工作能力；执行层是直接调动和组织人力、财力、物力等具体活动内容的，其人员应有实干精神，并能坚决贯彻管理指令；操作层是从事操作和完成具体任务的，其人员应有熟练的作业技能。这三个层次的职能和要求不同，标志着不同的职责和权限，同时也反映出组织系统中的人数变化规律。它犹如一个三角形，从上至下权责递减，人数递增。

管理层次不宜过多，否则是一种浪费，也会使信息传递慢、指令失真、协调困难。

2. 管理跨度

管理跨度是指一名上级管理人员所直接领导的下级人数。由于每一个人的能力和精力有限，所以其能够直接、有效地指挥下级的数量也是有一定限度的。

管理跨度的大小取决于需要协调的工作量。如果下级数目按算术级数增长，其直接领导者需要协调的关系数目则按几何级数增长。

管理跨度的弹性很大，影响因素也很多。它与管理人员的性格、才能、个人经历、授权程度以及被管理者的素质有很大关系。此外，还与职能的难易程度、工作地点远近、工作的相似程度、工作制度和程序等客观因素有关。确定适当的管理跨度，需积累经验，并在实践中进行必要的调整。

3. 管理部门

组织系统中各部门的合理划分对发挥组织效应是十分重要的。如果部门划分得不合理，会造成控制、协调的困难，也会造成人浮于事，浪费人力、物力、财力。部门的划分要根据组织目标与工作内容确定，形成既有相互分工又有相互配合的组织系统。

4. 管理职责

确定组织系统中各部门的职责，应使纵向的领导、检查、指挥灵活，确保指令传递快、信息反馈及时。同时要使组织系统中的各部门在横向之间相互联系、协调一致，能够有职有责、尽职尽责。

5.1.3 组织活动的基本原理

1. 要素有用性原理

一个组织系统中的基本要素有人力、财力、物力、信息、时间等，这些要素在组织活动过程中都是有用的。项目管理人员要具体分析各要素的特殊性，根据各要素作用的大小、主次、好坏进行合理安排、组合和使用，充分发挥各要素的作用，做到人尽其才、财尽其利、物尽其用，尽最大可能提高各要素的有用率。

2. 动态相关性原理

组织系统处在静止状态是相对的，处在运动状态则是绝对的。组织系统内部各要素之间既相互联系，又相互制约；既相互依存，又相互排斥，这种相互作用推动组织活动的进步与发展。充分发挥组织系统内部各要素之间的作用，是提高组织管理效应的有效途径。事物在组合过程中，由于各要素之间的作用，可能会使整体效应并不等于其各局部效应的简单相加。如果系统内部各要素之间发生内耗，其作用相互抵消，则会使整体效应小于局部效应之和；而如果系统内部各要素之间的作用是积极的，则会使整体效应大于局部效应之和。

3. 主观能动性原理

人是有生命、有思想、有感情、有创造力的。人是生产力中最活跃的因素，组织管理者的重要任务就是要把人的主观能动性发挥出来。如果能够充分发挥人的主观能动性，就会取得很好的组织管理效果。

4. 规律效应性原理

规律是指客观事物内部本质、必然的联系。组织管理者在管理过程中，要掌握规律，按规律办事，以达到预期的目标，取得良好的效应。规律与效应的关系非常密切，组织管理者只有努力揭示规律，才有取得效应的可能。而要取得良好的效应，就要主动研究规律，坚决按规律办事。

5.2　工程项目组织结构

工程项目管理机构的形式应根据工程项目规模和特点、工程项目承包模式、项目管理单位自身情况等确定。常见的项目管理组织形式有直线制、职能制、直线职能制、矩阵制等。

5.2.1　直线制

直线制是一种最简单的组织机构形式。在这种组织机构中，各种只能均按直线垂直排列，项目经理直接进行单线垂直领导。直线制组织机构如图 5-1 所示。

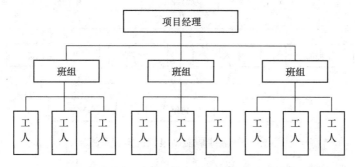

图 5-1　直线制组织机构示意图

直线制组织机构的主要优点是结构简单，权力集中，易于统一指挥，隶属关系明确，职责分明，决策迅速。但由于不设职能部门，领导没有参谋和助手，要求领导者通晓各种业务，成为"全能式"人才；无法实现管理工作专业化，不利于管理水平的提高。

5.2.2　职能制

职能制组织机构是在各管理层次之间设置职能部门，各职能部门分别从职能角度对下级执行者进行业务管理。在职能制组织机构中，各级领导不直接指挥下级，而是指挥职能部门。各职能部门可以在上级领导的授权范围内，就其所辖业务范围向下级执行者发布命令和指示。职能制组织机构如图 5-2 所示。

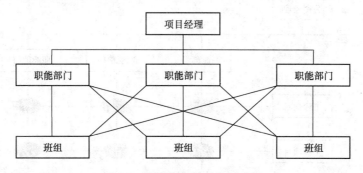

图 5-2　职能制组织结构示意图

职能制组织机构的主要优点是强调管理业务的专门化，注意发挥各类专家在项目管理中的作用。由于管理人员工作单一，易于提高工作质量，同时可以减轻领导者的负担。但是，由于这种机构没有处理好管理层次和管理部门的关系，形成多头领导，使下级执行者接收多方指令，容易造成职责不清。

5.2.3 直线职能制

直线职能制是吸收了直线制和职能制两种组织机构的优点而形成的一种组织结构形式。与职能制组织结构形式相同的是，在各管理层次之间设置职能部门，但职能部门只作为本层次领导的参谋，在其所辖业务范围内从事管理工作，不直接指挥下级，和下一层次的职能部门构成业务指导关系。职能部门的指令，必须经过同层次领导的批准才能下达。各管理层次之间按直线制的原理构成直接上下级关系。直线职能制组织结构如图 5-3 所示。

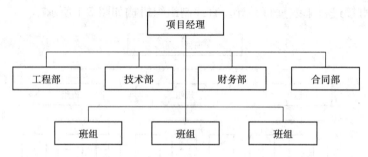

图 5-3 直线职能制组织机构示意图

直线职能制组织结构既保持了直线制统一指挥的特点，又满足了职能制对管理工作专业化分工的要求。其主要特点是集中领导、职责清楚，有利于提高管理效率；但各职能部门之间的横向联系差，信息传递路线长，职能部门与指挥部门之间容易产生矛盾。

5.2.4 矩阵制

矩阵制组织结构是把按职能划分的部门和按工程项目（或产品）设立的管理机构，依照矩阵方式有机地结合起来的一种组织机构形式。这种组织机构以工程项目为对象设置，各项目管理机构内的管理人员从各职能部门临时抽调，归项目经理统一管理，待工程完工交付后又回到原职能部门或到另外工程的组织机构中工作。矩阵制组织机构如图 5-4 所示。

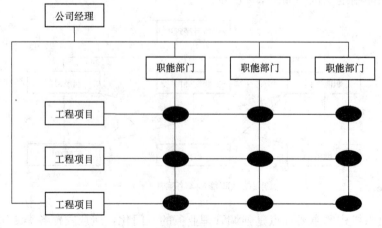

图 5-4 矩阵制组织机构示意图

矩阵制组织结构的优点是能根据工程任务的实际情况灵活地组建与之相适应的管理机构，具有较大的机动性和灵活性。它实现了集权与分权的最优组合，有利于调动各类人员的工作积极性，使工程项目管理工作顺利进行。但是，矩阵制组织机构经常变动，稳定性差，尤其是业务人员的工作岗位频繁调动。此外，矩阵中的每一个成员都受项目经理和职能部门经理的双重领导，如果处理不当，会造成矛盾，产生扯皮现象。

5.3　工程项目管理组织模式

在工程项目实施过程中，往往不止一个承包单位。由于承包单位之间以及承包单位与业主之间的关系不同，因而形成了不同的工程项目管理组织模式。

5.3.1　总分包模式

将工程项目全过程或其中某个阶段（如设计和施工）的全部工作发包给一家资质条件符合要求的承包单位，由该承包单位再将若干专业性较强的部分工程任务发包给不同的专业承包单位去完成，并统一协调和监督各分包单位的工作。这样，业主只与总包单位发生直接关系，而不与各专业分包单位发生关系，如图 5-5 所示。

总分包模式中还有一种特殊的项目组织管理模式——项目总承包管理模式。它是指业主将项目设计与施工的主要部分发包给专门从事设计与施工组织管理的项目管理公司，该公司自己既没有设计力量，也没有施工队伍，而是将其所承接的设计和施工任务全部分包给其他设计单位和施工单位，项目管理公司专心致力于工程项目管理工作。

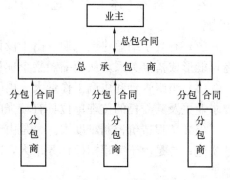

图 5-5　总分包合同结构

采用总分包模式的特点：

（1）有利于项目的组织管理。由于业主只与总承包商签订合同，合同结构简单，有利于合同管理。同时，由于合同数量少，使得业主的组织管理和协调工作量小，可发挥总承包商多层次协调的积极性。

（2）有利于控制工程造价。由于总包合同价格可以较早确定，业主可以承担较小风险。

（3）有利于控制工程质量。由于总承包商和分包商之间通过分包合同建立了责、权、利关系，在承包商内部，工程质量既有分包商的自控，又有总承包商的监督管理，从而增加了工程质量监控环节。

（4）有利于缩短建设工期。总承包商具有控制的积极性，分包商之间也有相互制约作用。此外，在工程设计与施工总承包的情况下，由于设计与施工由一个单位统筹安排，使两个阶段能够有机地融合，一般均能做到设计阶段和施工阶段的相互搭接。

（5）招标发包工作难度大。由于合同条款不易准确确定，容易造成较多的合同纠纷。对业主而言，尽管合同量最少，但合同管理的难度一般较大。

（6）对总承包商而言，责任重、风险大，需要具有较高的管理水平和丰富的实践经验。当然，获得高额利润的潜力也比较大。

5.3.2 平行承包模式

业主将工程项目的设计、施工以及设备和材料采购的任务分别发包给多个设计单位、施工单位和设备材料供应厂商，并分别与各承包商签订合同。这时，各承包商之间的关系是平行的，如图 5-6 所示。

采用平行承包模式的特点：

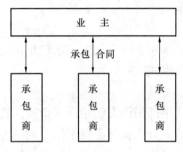

图 5-6　平行承包合同结构

（1）有利于业主择优选择承包商。由于合同内容比较单一、合同价值小、风险小，对不具备总承包管理能力的中小承包商较为有利，使他们有可能参与竞争。业主可以在更大的范围内进行选择，为择优选择承包商创造了条件。

（2）有利于控制工程质量。整个工程经过分解分别发包给各承包商，合同约束与相互制约使每一部分能够较好地实现质量要求。如主体工程与装修工程分别由两个施工单位承包，当主体工程不合格时，装修单位不会同意在不合格的主体工程上进行装修，这相当于有了他人控制，比自己控制更有约束力。

（3）有利于缩短建设工期。由于设计和施工任务经过分解分别发包，设计和施工阶段有可能形成搭接关系，从而缩短整个项目的建设工期。

（4）组织管理和协调工作量大。由于合同数量多，使项目系统内结合部分数量增加，要求业主及其委托的监理单位具有较强的组织协调能力。

（5）工程造价控制难度大。一是由于总合同价不易短期确定，从而影响工程造价控制的实施；二是由于工程招标任务量大，需控制多项合同价格，从而增加了工程造价控制的难度。

（6）相对于总承包模式而言，平行承包模式不利于发挥那些技术水平高、综合管理能力强的承包商的综合优势。

5.3.3 联合体承包模式

当工程项目规模巨大或技术复杂，以及承包市场竞争激烈，由一家公司总承包有困难时，可以由几家公司联合起来成立联合体（Joint Venture，简称 JV）去竞争承揽工程建设任务，以发挥各公司的特长和优势。联合体通常由一家或几家公司发起，经过协商确定各自投入联合体的资金份额、机械设备等固定资产及人员数量等，签署联合体章程，建立联合体组织机构，产生联合体代表，以联合体的名义与业主签订工程承包合同。其合同结构如图 5-7 所示。

采用联合体承包模式的特点：

（1）对业主而言，与总分包模式相同，合同结构简单，组织协调工作量小，而且有利于工程造价和建设工期的控制。

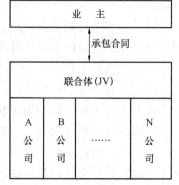

图 5-7　联合体承包合同结构

（2）对联合体而言，可以集中各成员单位在资金、技术和管理等方面的优势，克服单一公司力不能及的困难，不仅增强了竞争能力，同时也增强了抗风险能力。

5.3.4 合作体承包模式

当工程项目包含工程类型多、数量大，或专业配套需要时，一家公司无力实行总承包，而业主又希望承包方有一个统一的协调组织时，就可能产生几家公司自愿结成合作伙伴，成立一个合作体，以合作体的名义与业主签订工程承包意向合同（也称基本合同）。达成协议后，各公司再分别与业主签订工程承包合同，并在合作体的统一计划、指挥和协调下完成承包任务。其合同结构如图 5-8 所示。

采用合作体承包模式的特点：

（1）业主的组织协调工作量小，但风险较大。由于承包单位是一个合作体，各公司之间能相互协调，从而减少了业主的组织协调工作量。但当合作体内某一家公司倒闭破产时，其他成员单位及合作体机构不承担项目合同的经济责任，这一风险由业主承担。

（2）各承包商之间既有合作的愿望，又不愿意组成联合体。参加合作体的各成员单位都没有与建设任务相适应的力量，都想利用合作体增强总体实力。他们之间既有合作的愿望，但又出于自主性的要求，或彼此之间信任度不够，不采取联合体的捆绑式经营方式。

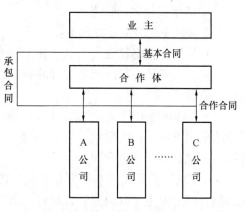

图 5-8 合作体承包合同结构

5.3.5 EPC 承包模式

EPC 承包也可称为项目总承包，是指一家总承包商或承包商联合体对整个工程的设计（Engineering）、材料设备采购（Procurement）、工程施工（Construction）实施全面、全过程的"交钥匙"承包。

由于工程项目本身具有实施时间长、合同各方关系复杂及一次性等特点，使得业主需要获得全面服务，业主更多的是要求承包商提供工程项目的一揽子解决方案。从另一个角度看，绝大多数的业主投资某一项目的目的是为了获得经济效益（虽然有时也考虑政治影响），其投资的前提是基于项目的一个固定投资额和开始投产的确定时间。只要在预计的投资金额和投产时间范围内，业主就会盈利。对业主来说，该项目就是可行的。因此，业主希望承包商的投标价格是固定不变的包干总价，并将工程实施过程中的绝大部分风险让承包商来承担。于是，在实践中就逐渐出现了 EPC 承包模式。

采用 EPC 承包模式的特点：

（1）业主的组织协调工作量少，但合同管理难度大。由于业主只与总承包商签订合同，合同数量少，使得业主的组织管理和协调工作量小。但由于合同条款不易准确确定，容易造成较多的合同纠纷，因而合同管理的难度一般较大。

（2）有利于控制工程造价。由于总包合同价格可以较早确定，业主可以承担较少风险。

（3）有利于缩短建设工期。由于设计与施工由一个单位统筹安排，使两个阶段能够有机地融合，一般均能做到设计阶段与施工阶段的相互搭接。

（4）对总承包商而言，责任重、风险大，需要具有较高的管理水平和丰富的实践经验。当然，获得高额利润的潜力也比较大。

5.3.6　CM 承包模式

CM 承包模式是美国人 Charles B. Thomsen 于 1968 年首先提出并开始实施的，其全称为 Fast—Track—Construction Management。它是由业主委托一家 CM 单位承担项目管理工作，该 CM 单位以承包商的身份进行施工管理，并在一定程度上影响工程设计活动，组织快速路径（Fast—Track）的生产方式，使工程项目实现有条件的"边设计、边施工"。

1. CM 承包模式的特点

CM 承包模式的主要特点是：

（1）采用快速路径法施工。即在工程设计尚未结束之前，当工程某些部分的施工图设计完成时，就开始进行该部分工程的施工招标，从而使这部分工程的施工提前到工程项目的设计阶段。

（2）CM 单位有代理型（Agency）和非代理型（Non—Agency）两种。代理型的 CM 单位不负责工程分包的发包，与分包商的合同由业主直接签订。而非代理型的 CM 单位直接与分包商签订分包合同。

（3）CM 合同采用成本加酬金方式。代理型和非代理型的 CM 合同是有区别的。由于代理型合同是业主和分包商直接签订，所以采用简单的成本加酬金合同形式。而非代理型合同则采用保证最大工程费用（GMP）加酬金的合同形式。这是因为 CM 合同总价是在 CM 合同签订之后，随着 CM 单位与各分包商签约而逐步形成的。只有采用保证最大工程费用，业主才能控制工程总费用。

2. 实施 CM 承包模式的价值

CM 承包模式特别适用于那些实施周期长、工期要求紧迫的大型复杂建设工程。采用 CM 承包模式的基本指导思想是缩短工程项目的建设周期，但其价值远不止于此，它在工程质量、进度和造价控制方面都有很大的价值。

（1）工程质量控制方面的价值。

① 设计与施工的结合，有利于提高工程质量。采用 CM 承包模式，实现了工程设计与施工的结合和协调，从而使工程项目采用新的施工工艺和方法，尽量提高工程项目的施工质量成为可能。CM 单位根据以往的施工经验，在材料和设备的选择方面提出合理化建议，也为保证和提高工程质量提供了可能。

② 严格的工程质量控制程序，为控制工程质量提供了保证。按照 CM 合同规定，CM 单位在施工阶段要设立专门的现场控制及质量监督班子，建立质量控制和检查程序，编制质量保证计划，监督分包商的施工质量，检查设备材料供应商的产品质量，严格按质量标准和合同进行检查、验收，这一系列措施为控制工程项目的施工质量提供了保证。

（2）工程进度控制方面的价值。

① 由于采取分阶段发包，集中管理，实现了有条件的"边设计、边施工"，使设计与施工能够充分的搭接，有利于缩短建设工期。

② 尽管工程建设总承包也是在工程设计前期或设计早期进行发包，但由于 CM 承包

模式的招标不需要编制项目功能描述书，因而缩短了招标准备工作时间。因此，采用CM承包模式，比工程建设总承包的招标时间更短。

③ CM单位在工程项目设计早期即可参与项目的实施，并对工程设计提出合理化建议，使设计方案的施工可行性和合理性在设计阶段就得到考虑和证实，从而可以减少施工阶段因修改设计而造成的实际进度拖后。

④ 为了实现设计和施工以及施工与施工的合理搭接，CM承包模式将项目的进度安排看作一个完整的系统工程，一般在项目实施早期即编制供货期长的设备采购计划，并提前安排设备招标，提前组织设备采购，从而可以避免因设备供应工作的组织和管理不当而造成的工程延期。

⑤ CM单位一般都拥有一套先进的计算机进度控制系统，充分利用现代化管理方法和手段，卓有成效地进行工程项目的进度安排和控制。

（3）工程造价控制方面的价值。

① 与施工总承包相比，采用CM承包模式时的合同价更具合理性。采用CM承包模式时，施工任务要进行多次分包，施工合同总价不是一次确定，而是有一部分完整施工图纸，就分包一部分，将施工合同总价化整为零。而且每次分包都通过招标展开竞争，每个分包合同价格都通过谈判进行详细讨论，从而使各个分包合同价格汇总后形成的合同总价更具合理性。

② CM单位不赚取总包与分包之间的差价。与总分包模式相比，CM单位与分包商或供货商之间的合同价是公开的，业主可以参与所有分包工程或设备材料采购招标及分包合同或供货合同的谈判。CM单位不赚取总包与分包之间的差价，CM单位在进行分包谈判时，会努力降低分包合同价。经谈判而降低合同价的节约部分全部归业主所有，CM单位可获得部分奖励，这样，有利于降低工程费用。

③ 应用价值工程方法挖掘节约投资的潜力。CM承包模式不同于普通承包模式的"按图施工"，CM单位早在工程设计阶段就可凭借其在施工成本控制方面的实践经验，应用价值工程方法对工程设计提出合理化建议，以进一步挖掘节省工程投资的可能性。此外，由于工程设计和施工的早期结合，使得设计变更在很大程度上得到减少，从而减少了分包商因设计变更而提出的索赔。

④ GMP大大减少了业主在工程造价控制方面的风险。当采用非代理型CM承包模式时，CM单位将对工程费用的控制承担更直接的经济责任，其必须承担GMP的风险。如果实际工程费用超过GMP，超出部分将由CM单位承担；如果实际工程费用低于GMP，节约部分全部归业主所有。由此可见，业主在工程造价控制方面的风险将大大减少。

⑤ 采用现代化管理方法和手段控制工程费用。与普通承包商相比，CM单位不是单"为自己控制成本"，还要承担"为业主控制工程费用"的任务。CM单位要制定和实施完整的工程费用计划和控制工作流程，并不断向业主报告工程费用情况。在国外，许多成功的CM承包商都拥有一套先进的计算机费用控制系统，以便在项目实施过程中编制和调整不同版本的费用预算，进行费用计划值与实际值的动态跟踪比较，发现实际费用超过计划值时，及时采取纠偏措施。

5.3.7 Partnering 模式

Partnering模式于20世纪80年代中期首先在美国出现，到20世纪90年代中后期，其应用范围逐步扩大到英国、澳大利亚、新加坡、中国香港等国家和地区，近年来日益受到建设工程管理界的重视。Partnering 一词看似简单，但要准确地译成中文却比较困难。我国大陆有的学者将其译为伙伴关系，台湾地区学者则将其译为合作管理。

1. Partnering 模式的主要特征

Partnering 模式的主要特征表现在以下几个方面：

（1）出于自愿。Partnering 协议并不仅仅是业主与承包商双方之间的协议，而需要工程项目建设参与各方共同签署，包括业主、总包商或主包商、主要的分包商、设计单位、咨询单位、主要的材料设备供应单位等。参与 Partnering 模式的有关各方必须是完全自愿，而非出于任何原因的强迫。Partnering 模式的参与各方要充分认识到，这种模式的出发点是实现工程项目建设的共同目标以使参与各方都能获益。只有在认识上达到统一，才能在行动上采取合作和信任的态度，才能愿意共同承担风险和有关费用，共同解决问题和争议。

（2）高层管理的参与。Partnering 模式的实施需要突破传统的观念和组织界限，因而工程项目建设参与各方高层管理者的参与以及在高层管理者之间达成共识，对于该模式的顺利实施是非常重要的，由于 Partnering 模式需要参与各方共同组成工作小组，要分担风险、共享资源，因此，共层管理者的认同、支持和决策是关键因素。

（3）Partnering 协议不是法律意义上的合同。Partnering 协议与工程合同是两个完全不同的文件。在工程合同签订后，工程建设参与各方经过讨论协商后才能签署 Partnering 协议。该协议并不改变参与各方在有关合同中规定的权利和义务。Partnering 协议主要用来确定参与各方在工程建设过程中的共同目标、任务分工和行为规范，它是工作小组的纲领性文件。当然，该协议的内容也不是一成不变的，当有新的参与者加入时，或某些参与者对协议的某些内容有意见时，都可以召开会议经过讨论对协议内容进行修改。

（4）信息的开放性。Partnering 模式强调资源共享，信息作为一种重要的资源，对于参与各方必须公开。同时，参与各方要保持及时、经常和开诚布公的沟通，在相互信任的基础上，要保证工程投资、进度、质量等方面的信息能为参与各方及时、便利地获取。

2. Partnering 模式的组成要素

Partnering 模式的成功运作所不可缺少的元素包括以下几个方面：

（1）长期协议。虽然 Partnering 模式也经常用于单个工程项目，但从各国实践情况看，在多个工程项目上持续运用 Partnering 模式可以取得更好的效果。这也是 Partnering 模式的发展方向。通过与业主达成长期协议、进行长期合作，承包商能够更加准确地了解业主的需求；同时能保证承包商不断地获取工程任务，从而使承包商将主要精力放在工程项目的具体实施上，充分发挥其积极性和创造性。这样既有利于对工程投资、进度、质量的控制，同时也降低了承包商的经营成本。对业主而言，一般只有通过与某一承包商的成功合作，才会与其达成长期协议，这样不仅使业主避免了在选择承包商方面的风险，而且可以大大降低"交易成本"，缩短建设周期，取得更好的投资效益。

（2）资源共享、风险共担。工程建设参与各方共享有形资源（如人力、机械设备等）和无形资源（如信息、知识等）、共享工程实施所产生的有形效益（如费用降低、质量提高等）和无形效益（如避免争议和诉讼的产生、工作积极性提高、承包商社会信誉提高等）；同时，参与各方共同分担工程的风险和采用 Partnering 模式所产生的相应费用。

（3）相互信任。相互信任是确定工程建设参与各方共同目标和建立良好合作关系的前提，是Partnering模式的基础和关键。只有对参与各方的目标和风险进行分析和沟通，并建立良好的关系，彼此间才能更好地理解；只有相互理解，才能产生信任，而只有相互信任，才能产生整体性的效果。Partnering模式所达成的长期协议本身就是相互信任的结果，其中每一方的承诺都是基于对其他参与方的信任。只有相互信任，才能将工程项目组织管理其他模式中常见的参与各方之间相互对立的关系转化为相互合作的关系，才能够实现参与各方的资源和效益共享。

（4）共同的目标。在一个确定的工程项目中，参与各方都有其各自不同的目标和利益，在某些方面甚至还有矛盾和冲突。尽管如此，工程建设参与各方之间还是有许多共同利益的。例如，通过设计、施工、业主三方的配合，可以降低工程的风险，对参与各方均有利；还可以提高工程的使用功能和使用价值，这样不仅提高了业主的投资效益，而且也提高了设计单位和施工承包单位的社会声誉，等等。工程建设参与各方要充分认识到，只有工程建设项目实施结果本身是成功的，才能实现他们各自的目标和利益，从而取得双赢或多赢的结果。

（5）合作。工程建设参与各方要有合作精神，并在相互之间建立良好的合作关系。但这只是基本原则，要做到这一点，还需要有组织保证。Partnering模式需要突破传统的组织界限，建立一个由工程参与各方人员共同组成的工作小组。同时，要明确各方的职责，建立相互之间的信息流程和指令关系，并建立一套规范的操作程序。

值得指出的是，Partnering模式不是一种独立存在的模式，它通常需要与工程项目其他组织模式中的某一种结合使用，如总分包模式、平行承包模式、CM承包模式等。

复 习 思 考 题

1. 简述组织的基本内容和构成要素。
2. 常见的项目管理组织形式有哪些？各有哪些优缺点？适用范围如何？
3. 常见的工程项目组织管理模式有哪些？其特点如何？

6 工程项目范围管理与合同管理

6.1 工程项目的范围确定

6.1.1 工程项目范围及其管理

1. 项目范围

项目范围是指为了顺利实现项目的目标、完成项目可交付成果而必须完成的工作，即项目行为系统的范围。对一个工程项目而言，它的范围就是完成一个确定规模的工程建设任务的所有活动的范围，它构成了工程项目的实施过程。项目的范围是确定项目的费用、时间和资源计划的前提条件和基准。

项目范围通常由专业工作、管理工作、行政工作构成。专业工作是指各种专业设计、施工和供应工作等。管理工作是指为实现项目目标所必需的预测、决策、计划和控制工作，这些管理工作还可以分为各种职能管理工作，如进度管理、质量管理、成本管理、合同管理、资源管理和信息管理等。行政工作是指在项目实施过程中的一些行政事务性工作，如行政审批等。

2. 项目范围管理

（1）工程项目范围管理的含义

工程项目范围管理是指确保项目完成全部规定要做的工作，而且仅仅完成规定要做的工作，从而成功地达到项目目标的管理过程，即在满足工程项目使用功能的条件下，对项目应该包括哪些具体的工作进行定义和控制。工程项目范围管理的过程包括项目范围确定、项目结构分析、项目范围控制，如图 6-1 所示。

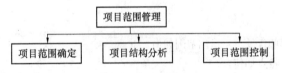

图 6-1 工程项目范围管理的过程

（2）工程项目范围管理的目的

范围管理的目的是通过明确项目系统范围，保证实施过程和最终交付工程的完备性，进而保证项目目标的实现。具体体现是：

① 按照项目目标、用户及其他相关者要求确定应完成的工程活动，并详细定义、计划这些活动。

② 在项目建设过程中，确保在预定的项目范围内有计划地进行项目的实施和管理工作，完成规定要做的全部工作，既不多余又不遗漏。

③ 确保项目的各项活动满足项目范围定义所描述的要求。

（3）工程项目范围管理的内容

工程项目可划分为策划与决策阶段、准备阶段、实施阶段、竣工验收和总结评价阶段。项目范围管理在工程项目建设周期的各个阶段的内容是不同的，见表 6-1 所示。

建筑工程项目周期内各阶段范围管理的内容　　　　　　　表 6-1

项目周期各阶段	策划与决策阶段	准备阶段	实施阶段	竣工验收和总结评价阶段
工作内容	投资机会研究 预可行性研究 可行性研究	设计 招标	项目施工 协调 采购	竣工验收 项目总结 项目后评价

6.1.2　工程项目范围确定

1. 工程项目范围确定的依据

项目范围确定是指明确项目的目标和可交付成果的内容，确定项目的总体系统范围并形成文件，以作为项目设计、计划、实施和评价项目成果的依据。

确定项目范围的主要依据包括：

（1）项目目标的定义文件。

（2）项目范围说明文件。

（3）环境调查资料。

（4）项目的其他限制条件和制约因素。

（5）同类项目的相关资料。

2. 工程项目范围确定的过程

在项目任务书、设计文件、计划文件、招标文件和投标文件中应有明确的项目范围界定。同时在项目进一步的设计、计划、招标和投标以及在实施过程中，应该充分利用项目范围的说明。在工程实施过程中，项目范围会随项目目标的调整、环境的改变、计划的调整而变更，项目范围应是动态的。项目范围的变更会导致工期、成本、质量、安全和资源供应的调整。在进行计划、报价风险分析时，应预测项目范围变更的可能性、程序和影响，并制定相应的对策。

一般来说项目范围确定应经过以下过程：

（1）项目目标分析。

（2）项目环境的调查与限制条件分析。

（3）项目可交付成果的范围和项目范围确定。

（4）对项目进行结构分解的工作。

（5）项目单元的定义，即将项目目标和任务分解落实到具体的项目单元上，从质量、技术要求、实施活动的责任人、费用限制、工期、前提条件等各个方面对它们作详细的说明和定义。这个工作应与相应的技术设计、计划、组织安排等工作同步进行。

（6）项目单元之间界面分析，包括界限的划分与定义、逻辑关系的分析、实施顺序的安排，将全部项目单元还原成一个有机的项目整体。这是进行网络分析、项目组织设计的基础工作。

3. 工程项目范围确定的影响因素

按照项目的定义，工程项目的范围就是工程项目所有活动的组合，即工程项目的行为系统的范围。工程承包项目范围确定的主要影响因素如下：

（1）最终应交付成果的范围

对不同的承包模式，工程承包项目范围的确定方式不同。对于单价合同，业主在招标文件中提供比较详细的图纸、工程说明（规范）、工程量表以及合同文件等。承包工程项目的可交付成果由如下几方面因素确定：

① 工程量表，是可交付工程项目范围确定的因素和过程成果清单，是对可交付成果数量的定义和描述。

② 技术规范，主要描述项目的各个部分在实施过程中采用的通用技术标准和特殊标准，包括设计标准、施工规范、具体的施工做法、竣工验收方法、试运行方式等内容。

③ 对于"设计—采购—施工"（EPC）总承包合同，业主在招标文件中提出"业主要求"，它主要描述业主所要求的最终交付工程的功能，相当于工程的设计任务书。它从总体上定义工程的技术系统要求，是工程范围说明的框架资料。承包商必须根据业主要求编写详细的项目范围说明书（在承包商的项目建议书书中），并提出报价。

（2）合同条款

合同条件对承包商的项目范围的定义有两个方面：

① 由合同条件定义的工程施工过程责任，如承包商的工程范围包括拟建工程的施工详图设计、土建工程、项目的永久设备和设施的供应和安装、竣工保修等。

② 由合同条件定义的承包商合同责任产生的工程活动，如为了保证实施和使用的安全性而进行的试验研究工作、购买保险等。

（3）因环境制约产生的活动

如由现场环境、法律等产生的项目环境保护的工作任务，为了保护周边的建筑，或为保护施工人员的安全和健康而采取的保护措施，为运输大件设备要加固通往现场的道路等。

4. 工程项目范围确定的工作内容

（1）项目的界定

首先要把一项任务界定为项目，然后再把项目业主的需求转化为详细的工作描述，而描述的这些工作是实现项目目标所不可缺少的。

（2）项目目标的确定

① 项目目标的特点

项目目标是指实施项目所要达到的期望结果。项目目标的特点主要有：

a. 多目标性。一个项目的目标往往不是单一的，而是由多个目标构成的一个系统，不同目标之间有可能彼此相互冲突。

b. 优先性。由于项目是一个多目标的系统，因此，不同层次的目标，其重要性也不相同，往往被赋予不同的权重。不同的目标在项目生命周期的不同阶段，其权重也不相同。

c. 层次性。目标的描述需要由抽象到具体，要有一定的层次性。通常将目标系统表示为一个层次结构。它的最高层是总体目标，指明要解决问题的总的期望结果；最下层是具体目标，指出解决问题的具体措施。上层目标一般表现为模糊的、不可控的，下层目标则表现为具体的、明确的、可测的。层次越低，目标越具体而可控。

② 项目目标确定程序

a. 明确制定项目目标的主体。不同层次的目标，其制定目标的主体也是不同的。如项目总体目标一般由项目发起人或项目提议人来确定，而项目实施中的某项工序的目标则由相应的实施组织或个人来确定。

b. 描述项目目标。项目目标必须明确、具体，尽量定量描述，保证项目目标容易理解，并使每个项目管理组织成员结合项目目标确定个人的具体目标。

c. 形成项目目标文件。项目目标文件是一种详细描述项目目标的文件，也可以用层次结构图来表示。项目目标文件通过对项目目标的详细描述，预先设定了项目成功的标准。

（3）项目范围的界定

项目范围的界定就是确定成功实现项目目标所必须完成的工作。项目范围的界定应着重考虑以下三个方面：项目的基本目标是什么，必须做的工作有哪些，可以省略的工作有哪些。

经过项目范围的界定，就可以把有限的资源用在完成项目所必不可少的工作上，以确保项目目标的实现。

（4）项目范围说明书的形成

项目范围说明书说明了为什么要进行这个项目（或某项具体工作），明确了项目（或某项具体工作）的目标和主要可交付的成果，是将来项目实施管理的重要基础。

编写建筑工程项目范围说明书时必须了解以下情况：

① 成果说明书。所谓成果，就是任务的委托者在项目结束或者项目阶段结束时，要求项目班子交出的成果。显然，对于这些要求交付的成果必须有明确的要求和说明。

② 项目目标文件。项目目标是实施项目所要达到的期望结果，即项目所能交付的成果。在项目目标文件中要确定适合建设期项目特点和要求的目标体系。项目目标包括：可测量的项目成功标准，项目的费用、进度、质量等目标。

③ 制约因素。制约因素是限制项目承担者行动的因素。如项目预算将会限制项目管理组织对项目范围、人员配置以及日程安排的选择。项目管理组织必须考虑有哪些因素会限制自己的行动。

④建设前提。假设是指为了制定计划而考虑假定某些因素将是真实的、符合现实的和肯定的。如决定项目开工时间的某一前期准备工作的完成时间不确定，项目管理组织将假设某一特别的日期作为该项工作完成的时间。假设常常包含一定程度的风险。

建筑工程项目范围说明书的内容应当包括以下几个方面：项目合理性说明，即解释为何要进行这一项目，为以后权衡各种利弊关系提供依据；项目成果的简要描述；可交付成果清单；项目目标，当项目成功地完成后，必须向项目业主表明项目事先设立的目标均已达到。设立的目标要能够量化，若目标不能量化或未量化就要承担很大风险。

6.2　工程项目结构分解与范围控制

6.2.1　项目结构分解

1. 项目结构分解的含义

项目结构分解就是把主要的项目可交付成果分成较小的、更易管理的组成部分，直到可交付成果定义得足够详细，足以支持项目将来的活动，如计划、实施、控制，并便于制订项目各具体领域和整体的实施计划。项目结构分解是在确定了项目的范围之后进行的，项目范围说明书是项目分解的直接依据。

2. 项目结构分解的作用

项目结构分解是项目管理的基础工作。结构分解文件是项目管理的中心文件，是对项目进行观察、设计、计划、目标和责任分解、成本核算、质量控制、信息管理、组织管理的对象。建筑工程项目结构分解的基本作用主要表现为以下几个方面：

（1）保证项目结构的系统性和完整性。分解结果代表被管理的项目范围的组成部分，它包括项目应包含的所有工作，不能有遗漏。这样才能保证项目的设计、计划、控制的完整性。

（2）使项目的概况和组成明确、清晰。这使项目管理者甚至不懂项目管理的业主、投资者，也能把握整个项目，方便地观察、了解和控制整个项目过程，同时可以分析可能存在的项目目标的不明确性。

（3）有助于建立项目目标保证体系。工作分解结构能将项目实施过程、项目成果和项目组织有机地结合在一起，是进行项目任务承发包，建立项目组织，落实组织责任的依据。工作分解结构可以满足各级别的项目参与者的需要。工作分解结构可与项目组织结构有机地结合在一起，有助于项目经理根据各个项目单元的技术要求，赋予项目各部门和各职员相应的职责。

（4）将项目质量、工期、成本（投资）目标分解到各项目单元，这样可以对项目单元进行详细的设计，确定实施方案，做各种计划和风险分析，实施控制，对完成状况进行评价。

（5）是进行各部门、各专业协调的手段。项目分解结构和编码在项目中充当一个共同的信息交换语言。项目中的大量信息，如资源使用、进度报告、成本开支账单、质量过程、变更、会谈纪要等，都是以项目单元为对象收集、分类和沟通的。

3. 项目结构分解的要求

建筑工程项目结构分解应符合下列要求：

（1）内容完整，不重复，不遗漏。

（2）一个工作单元只能从属于一个上层单元。

（3）每个工作单元应有明确的工作内容和责任者，工作单元之间的界面应清晰。

（4）项目分解应有利于项目实施和管理，便于考核评价。

4. 项目结构分解的方法

建筑工程项目结构分解的基本思路是：以项目目标体系为主导，以工程技术系统范围和项目的实施过程为依据，按照一定的规则由上而下、由粗到细的进行。

（1）树形结构图

常见的工程项目的树形结构图见 6-2，其中每一个单元又统一被称为项目结构单元，它表达了项目总体的结构框架。

（2）项目结构分解表

项目结构分解表是将项目结构图用表来表示，它的结构类似于计算机文件的目录路径。例如，图 6-2 的项目结构图可以用表 6-2 来表示。

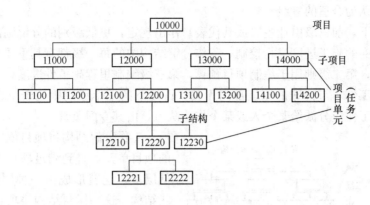

图 6-2　工程项目树形结构图

×× 项目结构分析表　　　　　　　　　　　　　　　表 6-2

编码	名称	负责人	成本	××	××	编码	名称	负责人	成本	××	××
10000						12222					
						12230					
11000											
11100						13000					
11200						13100					
						13200					
12000											
12100						14000					
12200						14100					
12210						14200					
12220											
12221											

6.2.2　工作分解结构

1. 工作分解结构 WBS 的概念

工作分解结构（Work Breakdown Structure）是一种层次化的树状结构，是以可交付成果为对象，将项目按一定的方法划分为较小和更便于管理的项目单元，通过控制这些单元的费用、进度和质量目标，使它们之间的关系协调一致，从而达到控制整个项目目标的目的。

工作分解结构可以满足各级别的项目参与者的需要。工作分解结构可与项目组织结构有机地结合在一起，有助于项目经理根据各个项目单元的技术要求，赋予项目各部门和各职员相应的职责。同时，项目计划人员也可以对 WBS 中的各个单元进行编码，以满足项目控制的各种要求。

例如，大型工程项目在实施阶段的工作内容相当多，其工作分解结构通常可以分解为六级：一级为工程项目，二级为单项工程，三级为单位工程，四级为任务，五级为工作包，六级为工作或活动。

第一级工程项目由多个单项工程组成，这些单项工程之和构成整个工程项目。每个单项工程又可以分解成单位工程，这些单位工程之和构成该单项工程。以此类推，一直分解到第六级（或认为合适的等级）。

　　一般情况下，前三级由业主（或其代表）作出规定，更低级别的分解则由承包商完成并用于对承包商的施工进度进行控制。工作分解结构中的每一级都有其重要目的：第一级一般用于授权，第二级则用于编制项目预算，第三级编制里程碑事件进度计划，这三个级别是复合性的工作，与特殊的职能部门无关。再往下的三个级别则用于承包商的施工控制。工作包或工作应分派给某个人或某个作业队伍，由其专门负责。

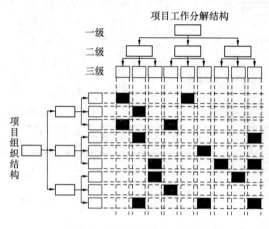

图 6-3　矩阵管理方法示意图

　　工作分解结构将项目依次分解成较小的项目单元，直到满足项目控制需要的最低层次，这就形成了一种层次化的"树"状结构。这一树状结构将项目合同中规定的全部工作分解为便于管理的独立单元，并将完成这些单元工作的责任赋予相应的具体部门和人员，从而在项目资源与项目工作之间建立了一种明确的目标责任关系，这就形成了一种职能责任矩阵，如图6-3所示。

　　2. 工作分解结构的目的

　　（1）将整个项目划分为相对独立、易于管理的较小的项目单元，这些较小的项目单元有时也称为工作或活动。

　　（2）将这些工作或活动与组织机构相联系，将完成每一工作或活动的责任赋予具体的组织或个人，形成组织或个人的目标。

　　（3）对每一工作或活动作出较为详细的时间、费用估计，并进行资源分配，形成进度目标和费用目标。

　　（4）可以将项目的每一工作或活动与公司的财务账目相联系，及时进行财务分析。

　　（5）确定项目需要完成的工作内容、质量标准和项目各项工作或活动的顺序。

　　（6）估计项目全过程的费用。

　　（7）可与网络计划技术共同使用，以规划网络图的形态。

　　3. 工程项目工作分解结构的方法

　　（1）按项目产品分解。根据习惯，工程项目可按项目产品进行分类，图6-4为其树形结构图。

　　（2）按承担任务的组织进行分解。图6-5为按承担任务的组织进行分解的树形图。

　　（3）按管理目标分解。建筑企业承揽任务后，可以根据目标管理（MBO）的需要，按WBS的要求自上而下进行目标分解（或目标展开）。分解的目的是为了自下而上保证目标的实现。目标分解的程序和体系分别如图6-6和图6-7所示。

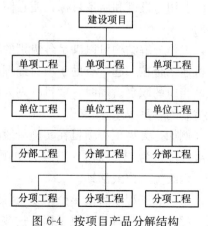

图 6-4　按项目产品分解结构

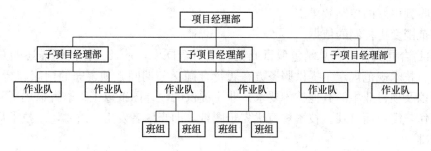

图 6-5　项目按组织分解结构

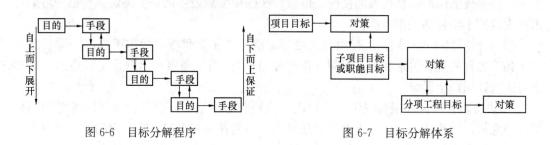

图 6-6　目标分解程序　　　　　　图 6-7　目标分解体系

6.2.3　工程项目范围控制

1. 项目范围控制的要求

工程项目范围控制是指保证在预定的工程项目范围内进行项目的实施，对工程项目范围的变更进行有效控制，保证项目系统的完备性和合理性。

项目范围控制的目的是严格按照项目的范围和结构分析文件进行项目的计划和实施控制，以保证在预定的项目范围内按照规定的数量完成项目。

（1）项目范围控制应作为项目管理组织成员的责任。项目的合同管理、计划管理、质量管理等工程小组人员都应有相应的项目范围控制责任。

（2）在制订项目实施计划，审核设计任务书，进行图纸或技术方案的会审，审查工程承（分）包合同、采购合同、变更指令、会议纪要时，要掌握项目实施动态，识别所确定（计划或分派）的任务是否属于合同工作范围，是否遗漏或多余。

工程师在审核（或批准）承包商的实施计划时，必须注意承包商工程项目范围的完备性，对工程项目范围的任何缺陷、遗漏应及时指令修改。

（3）在工程实施过程中，变更管理、质量管理、工程量计量、工程价款结算等都要包含范围管理的工作内容，审查工程项目范围的完备性。

2. 工程项目范围变更控制

在项目实施期间，项目合同赋予业主在合同范围内对工程进行变更的权利。依据合同，这些变更可能涉及增加合同工作或从合同中删去某些工作，或对某些工作进行修改，或改变施工方法和方式，或改变业主提供的材料和设施的数量和规格等。

项目范围变更是项目变更的一个方面，是指在实施合同期间项目工作范围发生的改变，如增加或删除某些工作等。范围变更控制就是：对造成范围变更的因素施加影响，以确保这些变化给项目带来益处；确定范围变更已经发生；当变更发生时对实际变更进行管理。范围变更控制必须完全与其他的控制过程（如时间控制、费用控制、质量控制等）相结合才能收到更好的控制效果。

（1）范围变更控制的依据

① 项目合同文件。在总承包项目或施工项目合同中，涉及工作范围描述的是技术规范和图纸。技术规范规定了提供服务方在履行合同义务期间必须遵守的国家和行业标准、工作范围以及项目业主的其他技术要求。业主提供的设计图纸以工程语言描述了需要完成的项目工作，简单而直观。技术规范优先于图纸，即当两者发生矛盾时，以技术规范规定的内容为准。

② 变更令。形成正式变更令的第一步是提出变更申请，变更申请可能以多种形式发生——口头或书面的，直接或间接的，以及合法的命令或业主的自主决定。变更令可能要求扩大或缩小项目的工作范围。

③ 工程项目进度计划。工程项目进度计划既定义了工程项目的范围基准，同时又定义了各项工作的逻辑关系和起止时间（即进度目标）。当工程项目范围发生变更时，必然会对进度计划产生影响。

④ 进度报告。进度报告提供了项目范围执行状态的信息。例如，项目的哪些中间成果已经完成，哪些还未完成。进度报告还可以对可能在未来引起不利影响的潜在问题向项目管理班子发出警示信息。

（2）工程师的监督

在工程实施监督中，应加强对承（分）包商工程项目范围的监督，使承（分）包商的整个工程施工符合合同和计划确定的范围，工程师的合同监督通过如下工作完成：

① 检查并防止承包商工程范围的缺陷，如漏项、供应不足，对设计的缺陷进行纠正。

② 对承包商的施工组织计划、施工方法（工艺）进行事前的认可和实施过程中的监督，保证工程达到合同所规定的质量、安全、健康和环境保护的要求。

③ 确保承包商的材料、设备符合合同的要求，进行事前认可、进场检查、使用过程中的监督。

④ 审查、监督按照合同所确定的工程范围施工，不漏项也不多余。无论单价合同还是总价合同，没有工程师的指令，漏项和超过合同范围完成工作都得不到相应的付款。

（3）工程项目的检查与跟踪

在项目实施过程中，项目管理人员应根据项目范围描述文件对设计、计划和施工日程进行经常性的检查和跟踪，建立各种文档，记录实际检查结果，了解项目实施状况，控制项目范围，通过项目实施状态报告，了解项目实施的中间过程和动态，识别是否按项目范围定义实施，判断任务的范围（如数量）和标准（如质量）有无变化等；定期或不定期进行现场访问，通过现场观察，了解项目实施状况，控制项目范围。

（4）工程项目的变更管理

在项目实施过程中，范围变更是十分频繁的。从系统的角度看，项目范围的变更有如下原因：环境的变化、目标变更、工程技术系统采购的变更、实施计划或实施方案的变更等。

项目范围变更管理应符合下列要求：

① 项目范围变更的影响程度常取决于做出变更的时间。同样一个变更，发生在项目早期时，对项目目标及实施过程的影响要比发生在项目实施过程中的小，所以应该对项目

范围的可能变更有预见性。

②应有严格的项目范围变更审批程序。

③范围变更后,应及时调整项目的实施计划及相应的成本、进度、质量和资源计划。

④分析项目范围变更对目标的影响。项目范围做出重大变更决策前,应向有关方面提出影响报告。

⑤在工程项目的结束阶段或整个工程竣工时,应对项目的实施过程和最终交付工程进行全面审核,对项目范围进行全面确认,检查项目范围规定的各项工作是否已经完成,检查可交付成果是否完备。范围确认需要进行必要的测量、考察和试验等活动。

⑥在项目结束后,组织的相关责任人应对该项目范围管理的经验教训进行总结,并及时传递相关信息。

6.3 工程项目合同及其管理

合同管理是建设工程项目管理的重要内容之一。在建设工程实践中,合同各方(业主、监理工程师和承包商)都十分重视合同的管理工作。

6.3.1 工程项目合同概述

1. 工程项目合同的概念

《中华人民共和国合同法》(以下简称《合同法》)规定,建设工程项目合同是承包人进行工程建设,发包人支付相应价款的合同。建设工程合同包括勘察、设计、施工合同。工程项目合同是一种特殊的承揽合同。它与一般的承揽合同相同,均为诺成合同、双务合同和有偿合同,并都是承包人按照发包人的要求完成一定工作,由发包人交付报酬或价款的合同。

工程项目合同的双方当事人分别称为承包人和发包人。承包人是指在工程项目合同中负责工程的勘察、设计、施工任务的一方当事人;发包人是指在工程项目合同中委托承包人进行工程的勘察、设计、施工任务的建设单位(业主、项目法人)。在合同中,承包人最主要的义务是进行工程建设,即进行工程的勘察、设计、施工等工作。发包人最主要的义务是向承包人支付相应的价款(除了包括发包人对承包人因进行工程建设而支付的报酬外,还包括对承包人提供的建筑材料、设备支付的相应价款)。

2. 工程项目合同的主要内容

勘察、设计合同的内容包括提交有关基础资料和文件(包括概预算)的期限、质量要求、费用以及其他协作条件等条款。

施工合同的内容包括工程范围、建设工期、中间交工工程的开工和竣工时间、工程质量、工程造价、技术资料交付时间、材料和设备供应责任、拨款和结算、竣工验收、质量保修范围和质量保证期、双方相互协作等条款。

《合同法》规定,建设工程实行监理的,发包人应当与监理人采用书面形式订立委托监理合同。发包人与监理人的权利和义务以及法律责任,应当依照本法委托合同以及其他有关法律、行政法规的规定。

3. 工程项目合同的特征

(1) 合同的严格性

合同的严格性主要体现在：一是合同主体的严格性。建设过程合同主体必须是法人，无营业执照或相应资质的单位不能作为建设过程合同的主体，资质等级低的单位不能越级承包建设工程。二是投资和程序的严格性。由于工程建设对国家的社会经济发展有重大影响，因此国家对工程建设在投资和程序上有严格的管理制度。国家重大建设工程合同，应当按照国家规定的程序和国家批准的投资计划、可行性研究报告等文件订立。建设合同的订立和履行还必须遵守国家关于建设程序的规定。

（2）合同履行期限的长期性

建设工程由于结构、体积、材料、投资、工期等特殊原因使得项目的生产周期相对较长，并且在合同履行过程中，还可能因为不可抗力、工程变更、材料供应等问题导致合同期限延长，因此，建设工程合同的履行期限具有长期性。

（3）合同具有严肃的法律效力

合同是双方当事人在合同关系中有目的、有意识、自愿的经济活动和民事行为，是双方的法律行为。合同双方都是履行合同者，具有平等地位。

合同的内容和形式不能违背国家的政策、法令和法律规范，合法订立的合同具有法律约束力，受国家法律保护，具有严肃的法律效力。

（4）工程项目合同的要式性

由于工程项目合同通常的工程量较大，当事人的权利、义务关系复杂。因此《合同法》明确规定，工程项目合同应当采用书面形式。

4. 工程项目合同文件的组成

（1）工程项目合同文件的组成

工程项目合同文件一般包括以下几个组成部分。

① 合同协议书。

② 中标通知书。

③ 投标书及其附件。

④ 合同通用条款。

⑤ 合同专用条款。

⑥ 洽商、变更等明确双方权利义务的纪要、协议。

⑦ 工程量清单、工程报价单或工程预算书、图纸。

⑧ 标准、规范和其他有关技术资料、技术要求。

⑨ 其他合同文件。

（2）工程项目合同文件的解释顺序

工程项目合同的所有合同文件，应能互相解释、互为说明、保持一致。

在工程实践中，当发现合同文件出现含糊不清或不一致的时候，通常按合同文件的优先顺序进行解释。合同文件的优先顺序，除双方另有约定外，应按合同条件中的规定确定，即排在前面的合同文件比排在后面的更具有权威性。

6.3.2 工程项目合同管理概述

1. 工程项目合同管理的概念

工程项目是一个复杂的系统，参建各方由各种合同关系组合在工程项目上，按照合同约定的目标，行使权力、应尽义务和责任，完成工程任务。因此，工程项目完成的过程也就是一系列过程合同的订立和履行过程。建设工程项目合同管理是在工程项目中对合同的策划、订立、履行、变更、索赔和争议解决的管理。

（1）合同管理是项目全过程、全方位的动态的专业化管理

工程项目中，从前期准备、招标投标、谈判、修改、合同签订到实施，都是十分专业化的重要环节。工程项目的实施和管理全部工作都可以纳入合同管理的范围，必须对项目实施的各个环节和所有工程活动都实施全过程的有效的合同管理。合同管理贯穿于工程实施的全过程中，对整个项目的实施起总控制和总保证作用。

（2）建设项目合同管理是建设项目管理的核心

合同管理的对象和内容是各种合同及其关系，建设项目合同界定了建设主体各方的基本权利与义务关系，是建设主体各方履行义务、享有权利的法律基础，也是正确处理项目实施过程中各种争执与纠纷的法律依据。工程项目合同确定项目价格、工期和质量等项目主要目标，规定合同双方责权关系，必然是工程项目管理的核心。

2. 工程项目合同管理的特征

（1）工程项目合同管理是一个复杂、长期、渐进的过程

由于工程项目本身的建设周期较长，且涉及的工程项目建设活动的内容较为庞杂，从而导致工程项目合同条款内容比一般合同更为复杂、履行周期更长，故建设工程合同管理的完成是一个长期、渐进的过程。《合同法》对工程项目合同应当具备的主要条款内容做出了明确的规定。

（2）经济效益影响大

一般而言，建设工程投资大，价值量大，合同价格高，因此合同管理对经济效益影响较大。

（3）工程项目合同变动较为频繁

由于建设工程在实施过程中受内部与外部干扰的事件较多，工程合同变动较为频繁。因此，加强合同控制与变更管理十分重要。

（4）工程项目合同管理工作极为复杂

首先是因为工程体积庞大、结构复杂，技术标准和质量标准要求很高。其次，由于资金来源渠道多，有许多融资方式和承包方式，使工程项目合同关系越来越复杂。再次，合同条件也越来越多，不同的合同其条件也不同，使得工程合同管理的工作极为复杂，对工程合同管理必须做到严密、细致、准确。

（5）工程项目合同管理的风险大

由于合同自身具有的实施时间长、变动大、涉及面广，导致合同受外界环境（如经济条件、社会条件、法律条件、技术条件和自然条件等）影响较大，引起的工程项目风险也较大，所以，加强建设工程合同管理对减少和降低风险是至关重要的。

6.3.3 工程项目施工合同订立与实施管理

工程项目施工合同是建设项目合同中的主要合同，是建设工程项目施工管理的源头，是进行工程建设质量、进度、成本等管理与控制的主要依据。提高工程施工管理人员的合同签订、实施与管理水平，进行高质量的施工合同管理，是防范合同风险、减少合同纠纷、维护自身权益、提高工程施工管理质量的关键。

1. 工程项目施工合同的订立

由于工程项目合同涉及面广、内容复杂、建设周期长、标的金额大等特点，《合同法》规定，建设工程合同应当采用书面形式，即当事人以书面文字形式有形表现合同内容的方式。

(1) 工程项目施工合同的当事人

工程项目施工合同的当事人是发包人和承包人，双方是平等的民事主体。施工合同的发包人是指在协议书中约定、具有工程发包主体资格和支付工程价款能力的当事人以及取得该当事人资格的合法继承人。承包人是指在协议中约定、被发包人接受的具有工程承包主体资格的当事人以及取得该当事人资格的合法继承人。

签订施工合同的承、发包双方，必须具备相应资质条件和履行施工合同的能力。

(2) 建设工程施工合同订立原则

① 合同当事人的法律地位平等，一方不得将自己的意志强加给另一方。

② 当事人依法享有自愿订立合同的权利，任何单位和个人不得非法干预。

③ 当事人确定各方的权利和义务应当遵守公平原则。

④ 当事人行使权利、履行义务应当遵循诚实信用原则。

⑤ 当事人应当遵守法律、行政法规和社会公德，不得扰乱社会经济秩序，不得损害社会公共利益。

⑥ 订立建设工程施工合同的谈判，应根据招标文件的要求，结合合同实施中可能发生的各种情况进行周密、充分的准备，按照"缔约过失责任原则"保护企业的合法权益。

(3) 建设工程施工合同订立条件

① 初步设计已经批准。

② 工程项目已列入年度建设计划。

③ 有能够满足施工需要的设计文件和有关技术资料。

④ 建设资金和主要建筑材料设备来源已经落实。

⑤ 招投标工程中标通知已经下达。

(4) 建设工程施工合同订立程序

一般合同的签订需要经过要约和承诺两个步骤，但施工合同的签订有其特殊性，需要经过要约邀请、要约、承诺、签约 4 个阶段。

① 要约邀请

要约邀请是指发包人采取招标通知或公告的方式，向不特定人发出的，以吸引或邀请相对人发出要约为目的的意思表示。在通知或公告规定时间内，潜在投标人报名参加并通过资格预审的，以投标人身份，按照招标文件要求，参加发包人的招标活动。一般包含以下几项内容：

a. 投标须知。包括工程概况、工程资金来源、标段划分、工期、质量要求、现场踏勘、投标文件编制要求、投标报价要求、投标有效期、开标时间地点、评标方法和标准等内容。

b. 招标工程的技术要求和设计文件。

c. 采用工程量清单招标的，应提供工程量清单。

d. 投标函的格式及附录。

e. 拟签订合同的主要条款。

f. 要求投标人提供的其他材料。

② 要约

要约即投标，是指投标人按照招标人提出的要求，在规定的期间内向招标人发出的，以订立合同为目的，包括合同主要条款的意思表示。在投标过程中，投标人应当按照招标文件的要求编制投标文件，对招标文件提出的实质性要求和条件作出响应。

③ 承诺

承诺及中标通知，是指由招标人通过评标后，在规定期间内发出的，表示愿意按照投标人所提出的条件与投标人订立合同的意思表示。

④ 签约

根据《合同法》规定，在承诺生效后，即中标通知产生法律效力后，工程合同就已经成立。但由于工程建设的特殊性，招标人和中标人还需要按照招标文件、投标文件和中标通知书等内容进行合同谈判，订立书面合同后，工程合同成立并生效。招标人和中标人不得再订立背离合同实质性内容的其他协议。

2. 工程项目施工合同的实施管理

工程施工过程就是工程项目施工合同的实施过程，由于工程项目合同确定了工程项目的价格、工期和质量等目标，使得项目合同的实施管理处于核心地位。合同双方必须共同完成各自的合同责任，确保工程目标实现。

(1) 工程项目施工合同的履行原则

《合同法》规定：合同当事人应当按照约定"全面履行自己的义务"，故施工合同一经依法订立即具有法律效力，双方当事人应当按合同约定严格履行，不得违反。施工合同的履行应当遵守以下两个原则。

① 实际履行原则

施工合同的实际履行原则是指施工合同当事人必须依据施工合同规定的标的履行自己的义务。由于施工合同标的具有特殊性及不可替代性，因此，施工合同签订后，合同当事人就必须按照合同规定的内容和范围实际履行，承包方应按期保质保量交付工程项目，发包人应及时予以接受。

② 全面履行原则

施工合同的全面履行原则是指施工合同当事人必须按照合同规定的所有条款完成工程建设任务。因此，在施工合同中应明确履行标的、履行期限、履行价格以及标的质量等内容。如果施工合同对以上内容约定不明，当事人不能通过协商达成补充协议，则应按照合同有关条款或交易习惯确定；如仍确定不了，则可根据适当履行的原则，在适当的时间、适当的地点，以适当的方式来履行。

(2) 工程项目施工合同的实施控制

① 建立合同实施保障体系

a. 设立专门的合同管理机构和人员。

b. 进行合同履行分析和合同交底。

c. 建立合同管理工作程序。

d. 建立报告和行文制度，建立文档管理系统。

② 合同实施控制

a. 对合同实施过程进行监督。

b. 对工程的各种书面文件进行合同法律方面的审查。

c. 对整体工程项目及具体各项合同活动或事件进行跟踪。

d. 实施合同文档管理。

e. 调解合同争执。

f. 处理索赔及反索赔。

③ 合同评价和判断

在跟踪合同实施的基础上，分析工程实施情况与合同文件的差异及其造成的原因，明确和落实责任，对合同实施进行趋向性预测，考虑是否采取调控措施，并以此指导后续的管理工作。

（3）工程项目施工合同的履行

① 安全施工

承包人按工程质量、安全及消防管理有关规定组织施工，并随时接受行业安全检查人员依法实施的监督检查，采取严格的安全防护措施，消除事故隐患，承担由于自身的安全措施不力造成事故的责任和因此发生的费用。

发包人应对其在施工场地的工作人员进行安全教育，并对他们的安全负责。发包人不得要求承包人违反安全管理的规定进行施工。因发包人原因导致的安全事故，由发包人承担相应的责任及发生的费用。

承包人在动力设备、输电线路、地下管道、密封防震车间、易燃易爆地段以及临街交通要道附近施工时，施工开始前应向工程师提出安全防护措施，经工程师认可后实施，防护措施费用由发包人承担。

实施爆破作业或在放射、毒害性环境中施工（含存储、运输）及使用毒害性、腐蚀性物品施工时，承包人应在施工前 14d 以书面形式通知工程师，并提出相应的安全防护措施，经工程师认可后实施，由发包人承担安全防护措施费用。

发生重大伤亡及其他安全事故，承包人应按有关规定立即上报有关部门并通知工程师，同时按政府有关部门要求处理，由事故责任方承担发生的费用。

发包人和承包人对事故责任有争议时，应按政府有关部门的认定处理。

② 不可抗力

不可抗力是指合同当事人不能预见、不能避免且不能克服的客观情况。建设工程施工中的不可抗力包括因战争、动乱、空中飞行物坠落或其他非承包人责任造成的爆炸、火灾以及专用条款约定的风、雨、雪、洪水、地震等自然灾害。不可抗力事件的发生会对施工合同的履行造成较大的影响。在合同订立时应当明确不可抗力的范围。

不可抗力事件发生后，承包人应立即通知工程师，在力所能及的条件下迅速采取措施，尽力减少损失，发包人应协助承包人采取措施。不可抗力事件结束后 48h 内承包人向工程师通报受害情况和损失情况，以及预计清理和修复费用。不可抗力事件持续发生，承包人应每隔 7d 向工程师报告一次受害情况。不可抗力事件结束后 14d 内，承包人向工程师提交清理和修复费用的正式报告及有关资料。

我国标准施工合同依据《合同法》的规定，不可抗力导致的费用及延误的工期，双方以施工现场人员和财产的归属，发包人和承包人各自承担本方的损失。

a. 工程本身的损害、第三方人员伤亡和财产损失以及施工场地用于施工的材料和待安装设备的损害，由发包人承担。

b. 承发包双方人员伤亡由其所在单位负责，并承担相应费用。

c. 承包人机械设备损坏及停工损失，由承包人承担。

d. 停工期间，承包人应监理工程师要求留在施工场地必要的管理人员及保卫人员的费用由发包人承担。

e. 工程所需清理、修复费用，由发包人承担。

f. 延误的工期相应顺延。

③ 担保

承发包双方为了全面履行合同，应互相提供以下担保。

a. 发包人向承包人提供履约担保，按合同约定支付工程价款及履行合同约定的其他义务。

b. 承包人向发包人提供履约担保，按合同约定履行自己的各项义务。

一方违约后，另一方可要求提供担保的第三方承担相应责任。

④ 保险

工程开工前，发包人为建设工程和施工场地内的所有人员及第三方人员生命财产办理保险，支付保险费用；运至施工场地内用于工程的材料和待安装设备，由发包人办理保险，并交付保险费用；发包人可以将有关保险事项委托承包人办理，费用由发包人承担。

承包人必须为从事危险作业的职工办理意外伤害保险，并为施工场地内所有人员生命财产和施工机械设备办理保险，支付保险费用。

保险事故发生时，承包人、发包人有责任尽力采取必要的措施，防止或者减少损失。

⑤ 工程分包

工程分包是指经合同约定和发包单位认可，从工程承包人承包的工程中承包部分工程的行为。承包人与分包单位签订分包合同，分包合同签订后，发包人与分包单位之间不存在直接的合同关系，分包单位应对承包人负责，承包人也应对发包人负责。非经发包人同意，承包人不得将承包工程的任何部分分包。

工程分包不能解除承包人的任何责任与义务。承包人应在分包场地派驻相应的管理人员，保证本合同的履行。分包单位的任何违约行为或疏忽导致工程损害或给发包人造成其他损失，承包人承担连带责任。分包工程价款由承包人与分包单位结算。

《合同法》规定：禁止承包人将工程分包给不具备相应资质条件的单位。禁止分包单位将其承包的工程再分包。建设工程主体结构的施工必须由承包人自行完成。

（4）工程项目施工合同的变更与解除

① 施工合同变更

因施工条件改变、业主要求或设计原因使工程或其任何部分形式、质量、数量发生变更，称为工程变更。工程变更实质上是对合同的修改，是在合同仍然有效的前提下，合同权利、义务的部分修改。

工程变更可分为设计变更、进度计划变更、施工条件变更和新增工程变更。工程变更导致合同文件、合同目标、合同责任的变更，对工程施工影响较大，会造成工期的拖延和费用的增加，易引起争议。合同变更具有如下特征：一是项目合同的双方当事人必须协商一致；二是改变合同的内容和标的；三是合同变更的法律后果是将会产生新的债权和债务关系。

② 施工合同解除

施工合同订立后，当事人应当按照合同的约定履行。但在一定条件下，合同没有履行或者完全履行，当事人也可以解除合同。

a. 可以解除合同的条件：

● 承发包双方协商一致，可以解除合同，不因此损害国家利益和社会公共利益；

● 发包人不按合同约定支付工程款（进度款），双方又未达成延期付款协议，导致施工无法进行，承包人可停止施工；停止施工超过 56d，发包人仍不支付工程款（进度款），承包人有权解除合同；

● 当承包人将其承包的全部工程转包给他人或者肢解以后以分包的名义分别转包给他人时，发包人有权解除合同；

● 有下列情形之一的，发包人、承包人可以解除合同：因不可抗力致使合同无法履行，或因一方违约（包括因发包人原因造成工程停建或缓建）致使合同无法履行。

b. 解除合同的程序。

合同一方依据上述非双方协商一致情形约定要求解除合同的，应以书面形式向对方发出解除合同的通知，并在发出通知前 7d 告知对方，通知到达对方时合同解除。对解除合同有争议的，按照关于争议的约定处理。

③ 合同解除后的善后处理。

合同解除后，承包人应妥善做好已完工程和已购材料、设备的保护和移交工作，按发包人要求将自有机械设备和人员撤出施工场地。发包人应为承包人撤出提供必要条件，支付以上所发生的费用，并按合同约定支付已完工程款。已经订货的材料、设备由订货方负责退货或解除订货合同，不能退还的货款和因退货、解除订货合同发生的费用，由发包人承担。因未及时退货造成的损失由责任方承担。

合同解除后，不影响双方在合同中约定的结算和清理条款的效力。

（5）项目合同的违约责任

违反合同必须负赔偿责任，这是我国《合同法》中规定的一项重要的法律制度。追究不履行合同行为，须具备以下条件：

① 要有不履行合同的行为。

② 要有不履行合同的过错。

③ 要有不履行合同造成损失的事实。

如前所述，法律只要求行为人对其故意和过失行为造成不履行项目合同负赔偿责任。而对于无法预知或防止的事故致使合同不能履行时，则不能要求合同当事人承担责任。所以，在下列情况下可免除合同当事人不履行项目合同的赔偿责任：合同当事人不履行或不适当履行，是由于当事人无法预知或防止的事故所造成时，可免除赔偿责任；法律规定和合同约定有免责条件，当发生这些条件时，可不承担责任；由于一方的故意和过失造成不能履行合同，另一方不仅可以免除责任，而且还有权要求赔偿损失。

（6）工程项目合同的争议解决

① 工程项目合同争议产生的原因

工程项目合同争议（也称合同纠纷），是指工程项目合同当事人双方对合同执行的情况和不履行后果产生争议，或违约责任承担责任等问题产生不同意见。

工程项目合同争议的产生原因主要包括以下几点：一是工程项目主体不符合要求（如法人资格、执业资格等）；二是工程项目合同条款不全，约定不明确；三是工程项目合同缺乏具体违约责任；四是不可抗力原因（如对暴雨、暴雪、狂风等界定）；五是其他导致合同争议的原因（如合同当事人的风险防范意识较差，存在非法分包和违法转包，缺乏有效的诚信机制等）。

② 工程项目合同争议解决的方法

根据《合同法》和《中华人民共和国仲裁法》的相关规定，解决项目合同纠纷主要有四种方式，即协商解决、调解解决、仲裁解决和诉讼解决。

当发生项目合同争议时，通常按照如下程序进行：首先双方协商解决，即在相互谅解的基础上，在彼此都认为可以接受继续合作的基础上达成和解协议。当经过反复磋商，双方相持不下、无法达成协议时，则通过调解解决，即由第三者从中调停，促进双方当事人和解。当事人达成协议的内容，调解书一经送达，即发生法律效力。当调解不能达成协议的，或者达成协议后又反悔的，仲裁机关或人民法院应当尽快作出裁决或判决。双方当事人自愿把争议提交一定的第三者审理，由其依照一定的程序作出判决或裁决。仲裁是一种行政措施，是维护合同法律效力的必要手段。若当事人不愿仲裁，可以向人民法院提出诉讼解决。

6.4　工程项目索赔管理

从合同公平原则及诚实信用原则出发，法律应该对当事人提供保护，允许当事人通过索赔对合同约定的条件进行公正、适当的调整，以弥补其不应承担的损失。

6.4.1　工程索赔概述

1. 工程索赔的概念

工程索赔是指当事人在建设工程项目合同履行过程中，合同一方因对方未履行合同或不适当履行合同所设定的义务而遭受损失时，根据法律、合同规定及惯例，受损失方向责任方提出利益补偿和（或）工期顺延的要求。索赔是合同双方共同享有的权利，索赔也是工程项目合同管理的目的之一。

在工程建设的各个阶段，都有可能发生索赔。但索赔最集中、处理难度最复杂的情况发生在施工阶段。因此我们常说的工程建设索赔主要是指工程施工的索赔。广义上讲，索赔应当是双向的，既可以是施工企业（承包人、承包商）向建设单位（发包人、业主）的索赔，也可以是建设单位向施工企业的索赔。但索赔管理的重点通常是指施工企业向建设单位的索赔；建设单位在向施工企业的索赔中处于主动地位，可通过冲账、扣拨工程款、没收履约保函、扣保留金等实现对承包商的索赔，即反索赔。反索赔的工作内容主要包括两个方面：一是防止对方提出索赔；二是反击或反驳对方的索赔要求。

在合同实施过程中，合同双方都在进行合同管理，都在寻找索赔机会。干扰事件发生后，合同双方都企图推卸自己的合同责任，并向对方提出索赔。

2. 索赔的特征

（1）索赔是双向的，不仅发包人可以向承包人索赔，承包人同样也可以向发包人索赔。但在工程实践中，大量发生的、处理比较困难的是承包人向发包人的索赔。

（2）只有实际发生了经济损失或权利损害，一方才能向对方索赔。经济损失是指因对方因素造成合同外的额外支出，如人工费、材料费、机械费、管理费等额外开支；权利损害是指虽然没有经济上的损失，但造成了一方权利上的损害，如异常不利的气候条件造成工程进度的影响，承包人有权要求工期延长等。

（3）索赔是一种未经对方确认的单方行为。索赔是一种单方面行为，对对方尚未形成约束力，这种索赔要求能否得到最终实现，必须要通过确认（如双方协商、谈判、调解或仲裁、诉讼）后才能实现。

3. 索赔的依据

总体而言，索赔的依据主要包括以下三个方面：

（1）合同文件。

（2）法律、法规。

（3）工程建设惯例。

针对具体的索赔要求（费用或工期），索赔的具体依据也有所不同，比如有关工期的索赔就要依据有关的进度计划、变更指令等。

合同文件是索赔的主要依据，包括合同协议书，中标通知书，投标书及其附件，合同专用条款，合同通用条款，标准、规范及有关技术文件，图纸，工程量清单，工程报价单或预算书等。合同履行中，发包人与承包人有关工程的洽商、变更等书面协议或文件应视为合同文件的组成部分。

订立合同所依据的法律法规，需要明示的法律、行政法规，由双方在专用条款中约定。

6.4.2 工程索赔的原因和分类

1. 工程索赔的原因

在建设工程合同实施过程中，可以引起索赔的原因是很多的，主要有以下几种。

（1）当事人违约

当事人违约常常表现为没有按照合同约定履行自己的义务。发包人违约常常表现为没有为承包人提供合同约定的施工条件、未按照合同约定的期限和数额付款等。工程师未能按照合同约定完成工作，如未能及时发出图纸、指令等也视为发包人违约。承包人违约的情况则主要是没有按照合同约定的质量、期限完成施工，或者由于不当行为给发包人造成其他损害。

（2）不可抗力

不可抗力分为自然事件和社会事件。自然事件主要是指不利的自然条件和客观障碍，如恶劣气候条件、地震、洪水等。社会事件则包括国政策、法律、法令的变更以及战争、罢工等。

（3）合同缺陷

合同缺陷表现为合同文件规定不严谨甚至矛盾、合同中的遗漏或错误。在这种情况下，工程师应当给予解释，如果这种解释将导致成本增加或工期延长，发包人应当给予补偿。

（4）合同变更

合同变更表现为设计变更、施工方法变更、追加某些工作、合同其他规定的变更等。

（5）工程师指令

工程师指令有时也会产生索赔，如工程师指令承包人加速施工、进行某项工作、更换某些材料、采取某些措施等，造成的成本增加和（或）工期延误。

（6）其他第三方原因

其他第三方原因常常表现为与工程有关的第三方的问题而引起的对本工程的不利影响。例如，发包人在规定时间内按规定方式向银行寄出了要求向承包人支付款项的付款申请，但由于邮递延误，银行迟迟没有收到该付款申请，因而导致承包人没有在合同规定的期限内收到工程款。

2. 工程索赔的分类

（1）按索赔有关当事人分类

① 总承包乙方向甲方索赔，是指总承包乙方在履行合同中因非自方责任事件产生的工期延误及额外支出后向甲方提出的赔偿要求。非自方责任事件应理解为非总承包及其分包责任事件。这是施工索赔中最常发生的情况。

② 总承包向其分包或分包之间的索赔，是指总承包单位与分包单位或分包单位之间为共同完成工程施工所签订的合同、协议在实施中的相互干扰事件影响利益平衡，其相互之间发生的赔偿要求。

此外，还有发包人或承包人与供货人、运输人之间的索赔、发包人或承包人与保险人之间的索赔等。

（2）按索赔的合同依据分类

① 合同中明示的索赔，是指承包人所提出的索赔要求，在该工程项目的合同文件中有文字依据，承包人可以据此提出索赔要求，并取得经济补偿。这些在合同文件中有文字规定的合同条款，称为明示条款。

② 合同中默示的索赔，是指承包人的该项索赔要求，虽然在工程项目的合同条款中没有专门的文字叙述，但可以根据该合同的某些条款的含义，推论出承包人有索赔权。这种索赔要求，同样有法律效力，有权得到相应的经济补偿。这种有经济补偿含义的条款，在合同管理工作中被称为"默示条款"或称为"隐含条款"。

默示条款是一个广泛的合同概念，它包含合同明示条款中没有写入但符合双方签订合同时设想的愿望和当时环境条件的一切条款。这些默示条款，或者从明示条款所表述的设想愿望中引申出来，或者从合同双方在法律上的合同关系引申出来，经合同双方协商一致，或被法律和法规所指明，都成为合同文件的有效条款，要求合同双方遵照执行。

（3）按索赔目的分类

① 工期索赔。由于非承包人责任的原因而导致施工进程延误，要求批准顺延合同工期的索赔，称之为工期索赔。工期索赔形式上是对权利的要求，以避免在原订合同竣工日不能完工时，被发包人追究拖期违约责任。一旦获得批准合同工期顺延后，承包人不仅免除了承担拖期违约赔偿费的严重风险，而且可能提前工期得到奖励，最终仍反映在经济收益上。

② 费用索赔。费用索赔的目的是要求经济补偿。当施工的客观条件改变导致承包人

增加开支，要求对超出计划成本的附加开支给予补偿，以挽回不应由其承担的经济损失。

（4）按索赔事件所处合同状态分类

① 正常施工索赔，是指在正常履行合同中发生的各种违约、变更、不可预见因素、加速施工、政策变化等引起的索赔。

② 工程停、缓建索赔，是指已经履行合同的工程因不可抗力、政府法令、资金或其他原因中途停止施工引起的索赔。

③ 解除合同索赔，是指因合同中的一方严重违约，致使合同无法正常履行的情况下，合同的另一方行使解除合同的权力所产生的索赔。

（5）按索赔依据的范围分类

① 合同内索赔，是指索赔所涉及的内容可以在履行的合同中找到条款依据，并可根据合同条款或协议预先规定的责任和义务划分责任，按违约规定和索赔费用、工期的计算办法提出索赔。一般情况下，合同内索赔的处理解决相对顺利些。

② 合同外索赔，与合同内索赔依据恰恰相反。即索赔所涉及的内容难于在合同条款及有关协议中找到依据，但可能来自民法、经济法或政府有关部门颁布的有关法规所赋予的权力。如在民事侵权行为、民事伤害行为中找到依据所提出的索赔，就属于合同外索赔。

③ 道义索赔，是指乙方无论在合同内或合同外都找不到进行索赔的依据，没有提出索赔的条件和理由。但他在合同履行中诚恳可信，为工程的质量、进度及配合上尽了最大的努力，且由于工程实施过程中估计失误赔了过多的钱，恳请甲方尽力给予救助。在此情况下，甲方在详细了解实际情况后，为了使自己的工程获得良好的进展，出于同情和信任合作的乙方而慷慨给予补偿。甲方支付的这种道义救助，能够获得乙方更理想的合作，最终对甲方并无损失。因为乙方这种并非管理不善和质量事故造成的亏损过大，往往是在投标时估价不足造成的，换言之，若乙方充分地估价了实际情况，在合同价中也应含有这部分。即这部分索赔支出，在正常的情况下，并不属于甲方额外的支出。

（6）按照索赔的处理方式分类

① 单项索赔，是指某一事件发生对乙方造成工期延长或额外费用支出时，乙方即可对这一事件的实际损失在合同规定的索赔有效期内提出的索赔。因此，单项索赔是对发生的事件而言。可能是涉及内容比较简单、分析比较容易、处理起来比较快的事件，也可能是涉及的内容比较复杂、索赔数额比较大、处理起来比较麻烦的事件。

② 综合索赔，又称总索赔，一揽子索赔。是指乙方在工程竣工结算前，将施工过程中未得到解决的或乙方对甲方答复不满意的单项索赔集中起来，综合提出一份索赔报告，双方就综合索赔将会进行长时间的谈判协商。综合索赔中涉及的事件一般都是单项索赔中遗留下来的、意见分歧较大的难题，责任的划分、费用的计算等都各持己见，不能立即解决。

（7）按索赔管理策略上的主动性分类

① 索赔。主动寻找索赔机会，分析合同缺陷，抓住对方的失误，研究索赔的方法，总结索赔的经验，提高索赔的成功率。把索赔管理当成工程及合同管理的组成部分。

② 反索赔。在索赔管理策略上表现为防止被索赔，不给对方留有进行索赔的漏洞。使对方找不到索赔的机会，在工程管理中体现为签署严密的合同条款，避免自己违约。当

对方提出索赔时，对索赔的证据进行置疑，对索赔理由进行反驳，以达到减少索赔额度甚至否定对方索赔要求之目的。

在实际工作中，索赔与反索赔是同时存在且互为条件的，应当培养工作人员加强索赔与反索赔意识。

（8）按索赔事件的性质分类

① 工程延误索赔。因发包人未按合同要求提供施工条件，如未及时交付设计图纸、施工现场、道路等，或因发包人指令工程暂停或不可抗力事件等原因造成工期拖延的，承包人对此提出索赔。这是工程中常见的一类索赔。

② 工程变更索赔。由于发包人或监理工程师指令增加或减少工程量或增加附加工程、修改设计、变更工程顺序等，造成工期延长和费用增加，承包人对此提出索赔。

③ 合同被迫终止的索赔。由于发包人或承包人违约以及不可抗力事件等原因造成合同非正常终止，无责任的受害方因其蒙受经济损失而向对方提出索赔。

④ 工程加速索赔。由于发包人或工程师指令承包人加快施工速度，缩短工期，引起承包人的人、财、物额外开支而提出的索赔。

⑤ 意外风险和不可预见因素索赔。在工程实施过程中，因人力不可抗拒的自然灾害、特殊风险以及一个有经验的承包人通常不能合理预见的不利施工条件或外界障碍，如地下水、地质断层、溶洞、地下障碍物等引起的索赔。

⑥ 其他索赔。如因货币贬值、汇率变化、物价、工资上涨、政策法令变化等原因引起的索赔。

6.4.3 工程施工索赔的程序及原则

1. 工程施工索赔程序

具体的工程索赔程序，应在双方签订的施工合同中规定。在工程实践中，承包人可按以下程序以书面形式向发包人索赔。

（1）发出索赔意向通知

在索赔事件发生后，承包商必须抓住索赔机会，迅速作出反应，在一定时间内（FIDIC 中规定为 28d），向工程师和业主递交索赔意向通知。该项通知是承包商就具体的索赔事件向工程师或业主表示的索赔愿望和要求，是保护自己索赔权利的措施。如果超过这个期限，工程师和业主有权拒绝承包商的索赔要求。

（2）索赔资料的准备

索赔事件一旦发生，承包商就应进行索赔处理工作，直到正式向工程师和业主提交索赔报告。此阶段的主要工作有以下几项。

① 事态调查

事态调查即寻找索赔机会。通过对合同实施的跟踪、分析、诊断，如发现索赔机会，则应进行详细的调查和跟踪，以了解事件经过、前因后果、掌握事件详细情况。

② 干扰事件原因分析

干扰事件（即索赔事件）原因分析即分析这些干扰事件是由谁引起的，责任应由谁来承担。一般只有非承包商责任的损害事件才有可能提出索赔。在实际工作中，干扰事件的责任往往是多方面的，故必须进行责任分解，划分责任范围。按责任大小承担损失，否则极易引起合同双方的争执。

③ 索赔根据

索赔根据即索赔理由，主要指合同文件。必须按合同判断这些索赔事件是否违反合同，是否在合同规定的索赔范围之内。只有符合合同规定的索赔要求才有合法性，才能成立。

④ 损失调查

损失调查即索赔事件的影响分析。它主要表现为工期的延长和费用的增加。如果索赔事件不造成损失，则无索赔可言。损失调查的重点是收集、分析、对比实际和计划的施工进度、工程成本和费用方面的资料，在此基础上计算索赔值。

⑤ 搜集证据

索赔事件发生后承包人就应抓紧时间搜集证据，并在索赔事件持续期间一直保持有完整的同期记录。同样，这也是索赔要求有效的前提条件。如果在索赔报告中提不出证明其索赔理由、索赔事件的影响、索赔值的计算等方面的详细资料，索赔要求是不能成立的。

⑥ 起草索赔报告

索赔报告是上述各项工作的结果和总括，是承包商的索赔要求和支持这个要求的详细依据，是索赔要求能否获得有利和合理解决的关键。

（3）递交索赔报告

承包商必须在合同规定的时间内向工程师和业主提交索赔报告。FIDIC 合同条件规定，承包商必须在索赔意向通知发出后的 28d 内，或经工程师同意的合理时间内递交索赔报告。如果干扰事件持续时间长，则承包商应按工程师要求的合理时间间隔，提交中间索赔报告（或阶段索赔报告），并于干扰事件影响结束后 28d 内提交最终索赔报告。

当该索赔事件持续进行时，承包人应当阶段性地向工程师发出索赔意向，在索赔事件终了后 28d 内，向工程师提供索赔的有关资料和最终索赔报告。

（4）工程师处理索赔

① 工程师审核承包人的索赔申请

工程师接到承包人的索赔报告后，应及时分析承包人报送的索赔资料，并对不合理的索赔事件提出各种质询，即要求承包商作出解释，或进一步补充证据，或要求承包商修改索赔要求。

工程师在收到承包人送交的索赔报告和有关资料后，于 28d 内给予答复，或要求承包人进一步补充索赔理由和证据。如果 28d 未予答复或进一步要求的话，则视为承包人剔除索赔要求已经认可。

② 索赔成立条件

承包人索赔成立应该具备以下三个条件：

a. 与合同相对照，事件已造成了承包人施工成本的额外支出，或总工期延误。

b. 造成费用增加或工期损失的原因，按照合同约定不属于承包商的行为责任或风险责任。

c. 承包人按合同规定的程序提交了索赔意向通知和索赔报告。

上述三个条件没有先后主次之分，应当同时具备。只有工程师认定索赔成立后，才按一定程序处理。

③ 工程师对索赔报告的审查

工程师对索赔报告的审查主要包括以下 5 个方面：

a. 事态调查。通过对合同实施的跟踪，分析事件的全过程，掌握事件的详细情况。

b. 索赔事件原因分析。即分析引起索赔事件的原因，划分责任范围。

c. 分析索赔理由。只有符合合同规定的索赔要求才具有合法性，索赔才能成立。

d. 实际损失调查分析。损失调查的重点是分析、对比实际和计划的施工进度、工程成本和费用等方面资料，并在此基础上核算赔偿。

e. 证据资料分析。主要分析证据资料的有效性、合理性、正确性，这也是索赔要求有效的前提条件。

（5）确定合理的补偿额

① 工程师与承包人协商补偿

工程师核查后，初步确定应予以补偿的额度往往与承包人索赔报告中要求的额度不一致，甚至差额较大，主要原因大多为对承担事件损害责任的界限划分不一致，索赔证据不充分，索赔计算的依据和方法分歧较大等，因此双方应就索赔的处理进行协商。

② 工程师索赔处理决定

在经过认真分析研究，与承包人、发包人广泛讨论后，工程师应该向发包人和承包人提出自己的"索赔处理决定"。监理工程师收到承包人送交的索赔报告和有关资料后，于 28d 内给予答复或要求承包人进一步补充索赔理由和证据。如果在 28d 内既未予以答复，也未对承包人作进一步要求的话，则视为承包人提出的该项索赔要求已经认可。

通常，工程师的处理决定不是终局性的，对于业主和承包人都不具有强制性的约束力。在收到工程师的《索赔处理决定》后，业主或承包人如果认为处理决定不公正，都可以在合同规定的时间内提请工程师重新考虑；工程师不得无理拒绝这种要求。如果工程师仍然坚持原来的决定，或承包人对工程师新作出的决定仍不满时，则可按照合同的仲裁条款提交仲裁机构仲裁。

（6）发包人审查索赔处理

对于工程师的初步处理意见，发包人需要进行审查和批准，然后工程师才可签发有关证书。当工程师确定的索赔额超过其权限范围时，必须报请发包人批准。发包人首先根据事件发生的原因、责任范围、合同条款审核承包人的索赔申请和工程师的处理报告，再依据工程建设的目的、投资控制、竣工投产日期要求以及针对承包人在施工中的缺陷或违反合同规定等的有关情况，决定是否同意工程师的处理意见。

（7）承包人是否接受最终索赔处理

承包人接受最终的索赔处理决定，索赔事件的处理即告结束。如果承包人不同意，就会导致合同争议。通过协商双方达成互谅互让的解决方案，是处理争议的理想方式。如达不成谅解时，承包人有权提交仲裁或诉讼，最典型的和在国际工程中通用的是 FIDIC 合同条件规定的争执解决程序。

2. 工程施工索赔的原则

索赔时应遵循以下原则：

（1）必须以合同为依据。施工企业必须对合同条件、协议条款等有详细了解，遭遇索赔事件时，以合同为依据来提出索赔要求。

（2）及时提交索赔意向书。根据招标投标文件及合同要求中的有关规定提出索赔意向书，意向书应包含索赔项目（分部分项工程名称）、索赔事由及依据、事件发生起算日期和估算损失，无须附详细的计算资料和证明。索赔意向书递交监理工程师后应经主管监理工程师签字确认，必要时施工企业负责人、现场负责人、现场监理工程师和主管监理工程师要一起到现场核对。这样，监理工程师通过意向书就可以对整个事件的起因、地点及索赔方向有大致了解。

（3）必须注意资料的积累。积累一切可能涉及索赔论证的资料。施工企业与建设单位研究的技术问题、进度问题和其他重大问题的会议应做好文字记录，并争取与会者签字，作为正式文档资料。同时应建立业务往来的文件档案编号等业务记录制度，做到处理索赔时以事实和数据为依据。收集的证据要确凿，理由要充分，所有工程费用和工期索赔应附该项目现场监理工程师认可的记录、计算资料及相关的证明材料。

复习思考题

1. 何谓工程项目范围管理？其目的是什么？
2. 工程项目范围确定的影响因素有哪些？
3. 何谓项目结构分解？其作用是什么？
4. WBS 如何进行项目工作结构的分解？
5. 如何对项目范围变化进行有效的控制？
6. 项目范围的变化是孤立存在的吗？
7. 何谓工程项目合同？简述其特征。
8. 简述工程项目合同文件的构成。
9. 何谓工程项目合同管理？简述其特征。
10. 订立建设工程施工合同应满足哪些条件？
11. 简述建设工程施工合同的订立程序。
12. 工程项目施工合同的履行原则是什么？
13. 工程项目施工合同实施管理的内容有哪些？
14. 何谓工程索赔？简述其特征。
15. 常见的工程索赔原因有哪些？
16. 工程索赔的分类有哪几种？
17. 简述工程施工索赔的程序。

7 工程项目质量管理

"百年大计,质量第一",说明了工程质量的重要性。确保工程质量,是工程项目建设管理永恒的主题。美国著名质量管理学家朱兰博士1994年在美国质量管理学会年会上指出:"20世纪是生产率的世纪,21世纪是质量的世纪。"2011年4月22日,第十一届全国人民代表大会常务委员会第二十次会议修正并通过的《中华人民共和国建筑法》明确规定:"建筑工程勘察、设计、施工的质量必须符合国家有关建筑工程安全标准的要求","交付竣工验收的建筑工程,必须符合规定的建筑工程质量标准,有完整的工程技术经济资料和经签署的工程保修书,并具备国家规定的其他竣工条件。"在工程项目管理中,由于项目实施的一次性、任务的复杂性和过程的不确定性等特点,使工程项目的质量难以保证。因此,在项目实施过程中更应加强质量管理。应坚持"质量第一,预防为主"的方针和全面质量管理的工作方法,不断改进工程质量。

7.1 概　　述

7.1.1 质量与质量管理

质量有狭义和广义两种含义。狭义的质量是指产品本身所具有的特性。产品本身特性一般包含五个内容,即性能、寿命、可靠性、安全性和经济性。其中性能是指为达到产品的使用目的所提出的各项功能要求,即产品应达到的设计和使用要求;寿命是指在规定的条件下,能够工作的期限;可靠性指产品在规定的时间和条件下,完成规定工作的能力;安全性是指产品在使用过程中确保安全的程度;经济性是指产品在建造和使用过程中所支付费用的多少。

广义的质量除包括产品本身所具有的特性外,还包含形成产品过程和使用产品过程中的工作质量。工作质量是指企业的经营管理、技术、组织、服务等各项工作对于提高产品质量的保证程度。工作质量主要由信息工作质量、研究开发设计工作质量、组织生产工作质量、经营管理工作质量、技术工作质量、服务工作质量等组成。

质量管理就是在一定技术经济条件下,为保证和提高产品质量而进行的一系列管理工作。由于建筑产品质量是建筑产品能否发挥效用,企业声誉好坏的重要因素,所以,建筑产品的质量是建筑企业的生命。建筑业企业要像对待生命那样来重视质量管理工作,把质量管理作为建筑业企业管理的最主要工作抓紧抓好。

7.1.2 工程项目质量管理过程

(1) 质量计划。识别与项目相关的质量标准,并确定如何满足这些标准。

(2) 质量保证。定期评估项目整体绩效,以确信项目可以满足相关的质量标准,是组织提供相关质量信任的一种活动。它贯穿项目的始终。可以分为两种:内部质量保证,提供给项目管理小组和管理执行组织的保证;外部质量保证,提供给客户和其他参与人员的保证。

（3）质量控制。监控特定的项目结果，确定它们是否遵循相关质量标准，并找出消除不满意绩效的途径，是贯穿项目始终的活动。项目结果包括产品成果（可交付使用部分）和管理成果（如成本、进度等）。

7.1.3 工程项目质量管理原则

1. 坚持以顾客为关注焦点

顾客是组织的生存基础。没有顾客组织将无法生存。工程质量是建筑产品使用价值的集中体现，用户最关心的就是工程质量的优劣，或者说用户的最大利益在于工程质量。因此组织在项目施工中必须树立以顾客为关注焦点，切实保证质量。

2. 坚持以人为控制核心

人是质量的创造者。一方面质量控制应该"以人为本"，把人作为质量控制的动力，在管理中充分发挥人的积极性、创造性。只有这样，项目质量控制才能达到既定的目标。另一方面工程质量是项目各方面、各部门、各环节工作质量的集中反映。提高工程项目质量依赖于上自项目经理下至一般员工的共同努力。所以，质量控制必须坚持"以人为控制核心"，做到人人关心质量控制，人人做好质量控制工作。

3. 坚持预防为主

预防为主的思想，是指事先分析影响产品质量的各种因素，找出主导因素，采取措施加以重点控制，使质量问题消灭在发生之前或萌芽状态，做到防患于未然。

过去通过对成品或竣工工程进行质量检查，才能对工程的合格与否作出鉴定，这属于事后把关，不能预防质量事故的产生。提倡严格把关和积极预防相结合，并以预防为主的方针，才能使工程质量在施工全过程中处于可控状态。

4. 坚持和提升质量标准

质量标准是评价工程质量的尺度，数据是质量控制的基础。工程质量是否持续符合质量要求，必须通过严格检查加以控制。同时只有努力提升质量标准的水平，才能保证组织的质量竞争力，增强顾客的满意度。

5. 坚持持续的过程控制

围绕质量目标坚持持续的过程控制是项目质量管理的基础。过程指的就是工程质量产生、形成和实现的过程。建筑安装工程质量，是勘察设计质量、原材料与成品半成品质量、施工质量、使用维护质量的综合反映。为了保证和提高工程质量，质量控制不能仅限于施工过程，必须贯穿于从勘察设计直到使用维护的全过程，把所有影响工程质量的环节和因素控制起来，协调好各个过程的接口问题，坚持持续不断的改进和管理，使过程的质量风险降至最低。

7.1.4 全面质量管理

1. 全面质量管理的主要特点

（1）全面质量管理的对象是全面的。既对产品质量进行管理，又对工作质量进行管理，是针对广义的质量要求进行的管理。

（2）全面质量管理的范围是全面的。即对一项工程从可行性研究、勘察设计、现场施工、竣工验收及交工后维修服务的全过程都进行质量管理。

（3）全面质量管理的参加者是全面的。即企业各个部门、各个岗位的全体成员都参与质量管理，通过全体成员的工作质量来保证最终的产品质量。

（4）全面质量管理的手段方法是全面的。由于影响产品质量的因素多种多样，相互关系错综复杂，所以，要针对具体情况采用技术的、经济的、管理的、组织的、制度的手段方法进行质量管理。

2. 全面质量管理的主要观点

（1）质量第一的观点。在全面质量管理工作中，要树立强烈的质量意识，始终围绕产品质量进行管理。

（2）为用户服务的观点。凡是接收和使用建筑企业建造产品或提供劳务服务的单位和个人都是建筑企业的用户，企业必须树立一切为用户服务的观点。

（3）预防为主的观点。由于建筑产品的质量是由设计和施工质量综合决定的，所以，要对设计、施工的每一道工序进行严格的质量控制，把可能导致产品质量问题的各种影响因素都控制起来，预先消除不利于产品质量因素的影响，从而保证最终的产品质量。

（4）用数据说话的观点。数据能够准确地反映产品质量状况，所以，只有运用数理统计方法，对施工过程中搜集的大量数据进行科学的分析整理，研究产品质量的波动情况，找出影响产品质量的原因及其规律性，有针对性地采取保证质量的有效措施，才能提高产品的质量。

（5）全面管理的观点。建筑产品的质量是企业各部门全体成员在生产经营全过程中工作质量的综合反映。为了保证和提高产品质量，要对生产经营全过程实行质量控制，要求各部门共同对产品质量作出保证，要求每个成员积极参与质量管理。

3. 质量管理的基础工作

（1）质量管理工作标准化

标准化是开展质量管理的基础，质量管理是贯彻执行标准化的保证。建筑企业的标准有技术标准和管理标准两大类。技术标准主要有产品质量标准、操作规程、验收规范、原材料标准、技术定额、试验标准等；管理标准主要有工作标准、规章制度、经济定额、机构编制定员、信息传递报表等。

（2）质量管理的计量工作

计量工作包括投料计量、控制计量、监测计量和对产品的测试、检验、分析等内容。只有完善计量工作，才能获取准确真实的数据，定量化地分析质量问题，准确地把握质量关，保证质量标准得以贯彻执行。

（3）质量信息工作

质量信息是反映产品质量和施工生产过程中有关环节工作质量的信息。

质量信息来源分为三类：

① 企业外部质量反馈信息。指通过用户回访和征集用户意见得到的质量信息。

② 企业内部质量反馈信息。指通过各种材料验收记录、试验记录、施工操作记录、隐蔽工作记录、工程验收记录等得到的质量信息。

③ 国内外同行有关质量信息。指同行业中新产品、新材料、新技术、新工艺发展趋势质量信息。

（4）质量管理责任制

质量管理责任制是指把质量管理的各个方面的要求落实到每个部门、每个成员，把与质量有关的工作组织起来，形成一个严密的质量管理工作体系。通过质量管理责任制使质量目标具体化并落到实处。质量管理责任制中所建立的工作体系必须做到：组织上合理，规章制度上健全，责任制度上严密，责权利相统一。

（5）质量教育工作

质量教育一般包括质量意识教育、质量管理知识教育和专业技术教育等三方面的内容。通过质量教育，保证企业全体成员树立质量观念，掌握质量管理方法和保证质量的技术。

7.2 工程项目质量管理的工作体系

7.2.1 工作体系

质量管理工作体系是指企业以保证和提高产品质量为目标，用系统的概念和方法，把企业各部门、各环节的质量管理职能组织起来，形成一个有明确任务、职责、权限，互相协调、互相促进的有机整体。通过质量管理工作体系，可以把分散在企业各部门的质量管理职能组成一个有机整体；可以把企业各环节的工作质量系统地联系起来；可以把企业内部质量活动和产品使用效果的质量反馈联系在一起；可以在个别工作质量发生问题时，及时控制并得到纠正；可以使质量管理工作制度化、标准化。质量管理工作体系大致分为三个部分：

（1）目标方针体系。就是自上而下地层层落实任务，把企业的质量总目标和总方针，分解落实到各部门、各岗位和个人。

（2）质量保证体系。就是在自下而上地完成任务时，通过每个环节、每项工作的具体措施来保证质量目标的实现。

（3）信息流通体系。就是上下左右地通报情况，反映问题，根据信息制定改进措施，保证质量目标的实现。

7.2.2 工作体系的运转方式

质量管理工作的运转方式是PDCA循环。即质量管理工作体系按计划（Plan）、实施（Do）、检查（Check）、处理（Action）四个阶段，把企业管理工作开展起来。PDCA循环是美国质量管理专家戴明（W. E. Deming）根据质量管理工作经验总结出来的一种科学的质量管理工作方法和工作程序，因此PDCA循环也称戴明环，如图7-1所示。

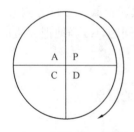

图7-1 质量管理工作运行方式

1. PDCA循环的内容

PDCA循环的内容包括四个阶段、八个步骤。分述如下：

（1）计划阶段

明确提出质量管理方针目标，制定出改进措施计划。计划阶段包括四个步骤：

第一步：调查分析质量现状，找出存在的质量问题。

第二步：分析产生质量问题的各种原因或影响因素。

第三步：找出影响质量的主要原因或影响因素。

第四步：针对主要原因或影响因素制定改进措施计划。

（2）实施阶段

按制定的改进措施计划组织贯彻执行。实施阶段只有一个步骤：

第五步：按计划组织实施。

（3）检查阶段

通过计划要求和实施结果的对比，检查计划是否得以实现。检查阶段只有一个步骤：

第六步：对照计划，检查实施结果。

（4）处理阶段

就是对检查结果好的，给予肯定；对检查结果差的，找出原因，准备改进。

处理阶段有两个步骤：

第七步：总结成功经验，制定标准。

第八步：将遗留问题转入下一个 PDCA 循环中去。

2. PDCA 循环的特点

作为质量管理工作体系运转方式的 PDCA 循环，有以下四个特点：

（1）完整性。四个阶段八个步骤一个不少地做完，才算完成了一件工作，缺少任何一个内容，都不是 PDCA 循环。

（2）程序性。四个阶段八个步骤必须按次序进行，既不能颠倒着做，又不能跳跃着做。

（3）连续性与渐近性。计划、实施、检查、处理不间断地循环进行，这就是 PDCA 循环的连续性。每经过一个 PDCA 循环，都会使质量有所提高，即下一个 PDCA 循环是在上一个 PDCA 循环已经提高了的质量水平之上进行的。这样，PDCA 循环的连续运转，就使质量水平得到提高。这是 PDCA 循环的渐近性，如图 7-2（a）所示。

（4）系统性。PDCA 循环作为一种科学工作程序，可应用于企业各方面的管理工作。企业有 PDCA 循环，项目经理部有 PDCA 循环，施工队、班组以及个人都有 PDCA 循环，并且下面的 PDCA 循环服从上面的 PDCA 循环，上面的 PDCA 循环指导约束下面的 PDCA 循环。企业上下形成一个大环套小环，小环保大环的 PDCA 循环系统，如图 7-2(b) 所示。

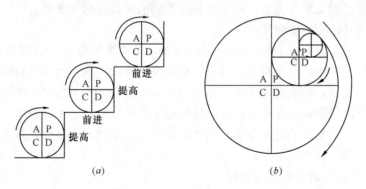

图 7-2 PDCA 循环示意图

7.3 工程项目质量控制

质量控制是质量管理的一部分，致力于满足质量要求。质量控制的目标就是确保项目质量能满足有关方面所提出的质量要求（如适用性、可靠性、安全性等）。质量控制的范围涉及项目质量形成全过程的各个环节。项目质量受到各阶段质量活动的直接影响，任一环节的工作没有做好，都会使项目质量受到损害而不能满足质量要求。质量循环的各阶段是由项目的特性所决定的，根据项目形成的工作流程，由掌握必需的技术和技能的人员进行一系列有计划、有组织的活动，使质量要求转化为满足质量要求的项目或产品，完好地交付给用户；还应根据项目的具体情况进行用后服务。

7.3.1 质量控制概述

1. 质量控制的工作内容

质量控制的工作内容包括了作业技术和活动，即包括专业技术和管理技术两方面。质量控制应贯彻预防为主与检验把关相结合的原则，在项目形成的每一个阶段和环节，即质量循环的每一阶段，都应对影响其工作质量的人、机、料、法、环（4M1E）因素进行控制，并对质量活动的成果进行分阶段验证，以便及时发现问题，查明原因，采取措施，防止类似问题重复发生，并使问题在早期得到解决，减少经济损失。

为使每项质量活动都能有效，质量控制对干什么、为何干、如何干、由谁干、何时干等问题应作出规定，并对实际质量活动进行监控。项目的进行是一个动态过程，所以，围绕项目的质量控制也具有动态性。为了掌握项目随时间变化而变化的状态，应采用动态控制的方法和技术进行质量控制工作。

2. 项目各阶段的质量控制

项目寿命周期内决策阶段、设计阶段、施工阶段的质量控制各有其具体内容。

（1）项目决策阶段的质量控制

项目决策阶段包括项目的可行性研究和项目决策。项目的可行性研究直接影响项目的决策质量和设计质量。所以，在项目的可行性研究中，应进行方案比较，提出对项目质量的总体要求，使项目的质量要求和标准符合项目所有者的意图，并与项目的其他目标相协调，与环境目标相协调。项目决策是影响项目质量的关键阶段，项目决策的结果应能充分反映项目所有者对质量的要求和意愿。在项目决策过程中，应充分考虑项目费用、时间和质量等目标之间的对立统一关系，确定项目应达到的质量目标和水平。

（2）项目设计阶段的质量控制

项目设计阶段是影响项目质量的决定性环节，没有高质量的设计就没有高质量的项目。在项目设计过程中，应针对项目特点，根据决策阶段已确定的质量目标和水平，使其具体化。设计质量是一种适合性质量，即通过设计，应使项目质量适应项目使用的要求，以实现项目的使用价值和功能；应使项目质量适应项目环境的要求，使项目在其生命周期内安全、可靠；应使项目质量适应用户的要求，使用户满意。实现设计阶段质量控制的主要方法是方案优选、价值工程等。

7.3.2 项目施工阶段的质量控制

工程施工中的质量控制属于生产过程的质量控制。施工质量控制不仅要保证工程的各个要素（材料、设备、工作过程、工艺等）符合规定（合同、设计文件、质量保证体系）要求，而且要保证各部分的成果，即分部分项工程符合规定，还要保证最终整个工程符合质量要求，达到预定的功能，整个系统能够经济、安全、高效地运行。这个阶段质量控制的对象是承（分）包商、供应商或工程小组。

1. 质量影响因素的控制

影响工程项目质量的因素主要有五大方面：人、材料、设备、方法和环境。对这五方面的因素予以控制，是保证工程项目质量的关键。

（1）人的控制

人，是指直接参与工程建设的决策者、组织者、指挥者和操作者。人，作为控制的对象，要避免产生失误；作为控制的动力，要充分调动人的积极性，发挥其主导作用。因此，应提高人的素质，健全岗位责任制，改善劳动条件，在公平合理地激励劳动热情外，还应根据项目特点，从确保质量出发，在人的技术水平、人的生理缺陷、人的心理行为和人的错误行为等方面控制人的使用；更为重要的是提高人的质量意识，形成人人重视质量的项目环境。

（2）材料的控制

材料主要包括原材料、成品、半成品和构配件等。对材料的控制主要通过严格的检查验收，正确合理的使用，进行收、发、储、运的技术管理，杜绝使用不合格材料等环节来进行控制。

（3）机械设备的控制

机械设备的控制，包括生产机械设备控制和施工机械设备控制。

① 生产机械设备的控制。在工程项目设计阶段，主要是控制设备的选型和配套；在工程项目施工阶段，主要是控制设备的购置、设备的检查验收、设备的安装质量和设备的试车运转。要求按生产工艺、配套投产、充分发挥效能来确定设备类型；按设计选型购置设备；设备进场时，要按设备的名称、型号、规格、数量的清单逐一检查验收；设备安装要符合有关设备的技术要求和质量标准；试车运行正常，要能配套投产。

② 施工机械设备的控制。在项目施工阶段，必须综合考虑施工现场条件、建筑结构形式、机械设备性能、施工工艺和方法、施工组织与管理、建筑技术经济等各种因素，制定出合理的机械化施工方案，使之合理装备、配套使用、有机联系，以充分发挥建筑机械的效能，力求获得较好的综合经济效益。

施工机械设备是实现施工机械化的重要物质基础，是现代化工程建设中必不可少的设施，对工程项目的施工进度和质量均有直接影响。从保证工程项目施工质量角度出发，应着重从机械设备的选型、机械设备的主要性能参数和机械设备的使用操作要求三方面予以控制。

（4）方法的控制

广义的方法控制是指施工承包企业为完成项目施工过程而采取的施工方案、施工工艺、施工组织设计、施工技术措施、施工检测手段和施工程序安排所进行的控制，而狭义的方法则是指对施工方案所进行的控制，它要求施工承包企业做出的施工方案应结合工程实际，能解决工程难题，从技术、组织、管理、工艺、操作、经济等方面进行全面分析、综合考虑，力求方案技术可行、经济合理、工艺先进、措施得力、操作方便，有利于提高质量、加快进度、降低成本。

（5）环境的控制

影响工程项目质量的环境因素较多，有工程技术环境，如工程地质、水文、气象等；工程管理环境，如质量保证体系、质量管理制度等；劳动环境，如劳动组合、劳动工具、工作面等。环境因素对工程质量的影响具有复杂而多变的特点,如气象条件变化万千,温度、湿度、大风、暴雨、酷暑、严寒都直接影响工程质量,往往前一工序就是后一工序的环境,前一分项、分部工程也就是后一分项、分部工程的环境。因此,根据工程特点和具体条件,应对影响质量的环境因素,采取有效的措施严加控制;尤其在施工现场,应建立起文明施工和文明生产的环境,保持材料、构配件堆放有序,道路畅通,工作场所清洁整齐,施工秩序井井有条,从而为确保工程质量和施工安全创造良好条件。

2. 施工阶段质量控制过程划分

(1) 按施工阶段工程实体形成过程中物质形态的转化划分

可分为对投入的物质、资源质量的控制。施工及安装生产过程质量控制,即在使投入的物质资源转化为工程产品的过程中,对影响产品质量的各因素、各环节及中间产品的质量进行控制;对完成的工程产出品质量的控制与验收。

(2) 按工程项目施工层次结构划分

工程项目施工质量管理分为:工序质量管理、分项工程质量管理、分部工程质量管理、单位工程质量管理、单项工程质量管理等,其中单位工程质量管理与单项工程质量管理包括建筑施工质量管理、安装施工质量管理与材料设备质量管理。

(3) 按工程实体质量形成过程的时间阶段划分

在工程项目实施阶段的不同环节,其质量控制的工作内容不同。根据项目实施的不同阶段,可以将工程项目实施阶段的质量控制分为事前控制、事中控制和事后控制。

① 事前质量控制

在项目实施前所进行的质量控制就称为事前质量控制,其控制的重点是做好项目实施的准备工作,且该项工作应贯穿于项目实施的全过程。其主要工作内容如下:

a. 技术准备。熟悉和审查项目的有关资料、图样;调查分析项目的自然条件、技术经济条件;确定项目实施方案及质量保证措施;确定计量方法和质量检测技术等。

b. 物质准备。对项目所需材料、构配件的质量进行检查与控制,对永久性生产设备或装置进行检查与验收;对项目实施中所使用的设备或装置应检查其技术性能,不符合质量要求的不能使用;准备必要的质量检测设备、机具及质量控制所需的其他物质。

c. 组织准备。建立项目组织机构及质量保证体系,指派管理者代表;对项目参与人员分层次进行培训教育,提高其质量意识和素质;建立与保证质量有关的岗位责任制等。

d. 现场准备。不同的项目,现场准备的内容亦不相同。例如,建筑施工项目的现场准备包括控制网、水准点标桩的测量;"五通一平",生产、生活临时设施等的准备;组织机具、材料进场;拟定有关试验、试制和技术进步项目计划等;软件开发项目的现场准备包括清理机房、安装调试硬件设备、调试网络等。

② 事中质量控制

在项目实施过程中所进行的质量控制就是事中质量控制。事中质量控制的策略是全面控制实施过程和重点控制工序或工作质量。其具体措施包括:工序交接有检查,质量预控有对策,项目实施有方案,质量保证措施有交底,动态控制有方法,配制材料有试验,隐蔽工程有验收,项目变更有手续,质量处理有复查,行使质控有否决,质量文件有档案。

③ 事后质量控制

一个项目、工序或工作完成形成成品或半成品的质量控制称为事后质量控制。事后质量控制的重点是进行质量检查、验收及评定。

因此施工阶段的质量管理可以理解成对所投入的资源和条件，对生产过程各环节、对所完成的工程产品，进行全过程质量检查与控制的一个系统过程。

3. 施工过程中的质量控制

施工过程中的质量控制分为实施单位及项目经理两个层次，包括工序质量控制、工程质量检查、工程质量监督、成品保护等具体内容。

（1）质量控制层次

工程施工过程中的质量控制可分为两个层次：

① 实施单位（如承包商、供应商、工程小组）内部建立质量控制系统，包括领导、协调、计划、组织控制等，通过生产过程的内部监督和调整及质量检查达到质量保证的目标，其中包括技术监督工作和质量信息的收集、整理、分析判断工作。

② 项目经理行使对质量的控制权，包括：行使质量检查的权力；行使对承包商质量管理体系和质量文件的批准、确认、变更权力；对不符合质量标准的工程（包括材料、设备、工程）的处置权力；在工程中做到隐蔽工程不经签字不得覆盖；上道工序不经质量验收，下道工序不能施工；已完的分项工程不经质量检查，不能验收、不能量方、不能结算工程价款。这一切应在合同中明确规定，并在实际工作中不折不扣地执行。

（2）工序质量控制

① 基本概念

工序是指一个（或一组）工人在一个工作地对一个（或若干个）劳动对象连续完成的各项生产活动的综合。项目过程就是由一系列相互关联、相互制约的工序所构成，要控制项目质量，首先应控制工序质量。

工序质量包括两方面内容：一是工序活动条件的质量；二是工序活动效果的质量。就质量控制而言，这两者是互为关联的。一方面要控制工序活动条件的质量，使每道工序投入品的质量符合要求；另一方面应控制工序活动效果的质量，使每道工序所形成的产品（或结果）达到其质量要求或标准。工序质量控制，就是对工序活动条件和活动效果进行质量控制从而达到对整个项目的质量控制。

② 工序质量控制的原理

工序质量控制的原理是采用数理统计方法，通过对工序样本数据进行统计、分析，来判断整个工序质量的稳定性。若工序不稳定，则应采取对策和措施予以纠正，从而实现对工序质量的有效控制。其基本步骤如下：

a. 检测。采用必要的检测工具和手段，抽取工序样本并对工序样本进行检测。

b. 分析。采用数理统计方法对所得数据进行分析，为正确判断工序质量状况提供依据。

c. 判断。根据分析结果，判断工序状态。如数据是否符合正态分布状态；是否在控制图的控制界限之间；是否在质量标准规定的范围之内；是属于正常状态还是异常状态；是由偶然因素引起的质量变异，还是由系统因素引起的质量变异等。

d. 对策。根据判断的结果，采取相应的对策；若出现异常情况，则应查找原因，予以纠正，并采取措施加以预防，以达到控制工序质量的目的。

③ 工序质量控制点及其设置

工序质量控制应遵循如下原则：严格遵守工序作业标准或规程，主动控制工序活动条件的质量，及时控制工序活动效果的质量，合理设置工序质量控制点。其中，工序质量控制点是指在不同时期工序质量控制的重点。

质量控制点的涉及面较广，根据项目的特点，视工序的重要性、复杂性、精确性、质量标准和要求而定。质量控制点可能是材料、操作环节、技术参数、设备、作业顺序、自然条件、项目环境等。质量控制点的设置，主要视其对质量特征影响的程度及危害程度加以确定。质量控制点的设置是保证项目质量的有力措施，也是进行质量控制的重要手段。

在工序质量控制过程中，首先应对工序进行全面分析、比较，以明确质量控制点；其次应分析所设置质量控制点在工序进行过程中可能出现的质量问题或造成质量隐患的因素，并加以严格控制。

（3）工程质量检查

工程质量检查是按照国家施工及验收规范、质量标准所规定的检查项目，用规定的方法和手段，对分项工程、分部工程和单位工程进行质量检测，并和质量标准的规定相比较，确定工程质量是否符合要求。

在工程项目施工中，应建立并认真贯彻执行以下质量检查制度：

① 原材料、半成品和各种加工预制品的检查制度材料产品质量的优劣是保证工程质量的基础。在订货时应依据质量标准签订合同，必要时应先鉴定样品，经鉴定合格的样品应予封存，作为材料验收的依据。必须保证材料符合质量标准和设计要求方可使用。

② 班组的自检和交接检制度

按照生产者负责质量的原则，所有生产班组必须对本班组的操作质量负责。完成或部分完成施工任务时，应及时进行自检，如有不合格的项目应及时进行返工处理，使其达到合格的标准。而后，经工长组织质量检查员和下道工序的生产班组进行交接检查，确认质量合格后，方可进行下道工序施工。

③ 隐蔽工程验收制度

隐蔽工程验收是指将被其他分项工程所隐蔽的分项工程或分部工程，在隐蔽前所进行的验收。实践证明，坚持隐蔽工程验收制度是防止质量隐患，保证工程项目质量的重要措施。重要的隐蔽工程项目如基础工程等，其验收应由工程项目的技术负责人主持，同时邀请建设单位、设计单位、质量监督部门进行验收。

隐蔽工程验收的主要项目包括：地基基础、主体结构各部位钢筋、现场结构焊接、防水工程等。

隐蔽工程验收后，要办理隐蔽工程验收手续，列入工程档案。对于隐蔽工程验收中提出的不符合质量标准的问题，要认真处理，处理后要经复核合格并写明处理情况。未经隐蔽工程验收或验收不合格的，不得进行下道工序施工。

④ 预检制度

预检是指该分项工程在未施工前所进行的预先检查。预检是保证工程质量，防止可能发生差错造成重大质量事故的重要措施。一般预检项目由工长主持，请质量检查员、有关班组长参加（若为质量监督站指定的核验项目，应邀请质量监督员参加核验）。重要的预检项目应由项目经理或技术负责人主持，邀请设计单位、建设单位、质量监督站的代表参加。

预检的项目主要有建筑物位置线、基础尺寸线、模板、墙体轴线和门窗洞口位置线、楼层 50cm 水平线等。

预检后要办理预检手续，列入工程档案。对于预检中提出的不符合质量标准的问题，要认真处理，处理后要经复核合格并写明处理情况。未经预检或预检不合格的，不得进行下一道工序施工。

⑤ 基础、主体工程检查验收制度

单位工程的基础完成后必须进行验收，方可进行主体工程施工；主体工程完成后必须经过验收，方可进行装修施工。结构验收可以分阶段进行，一般工程在主体完成后，做一次结构验收。有人防地下室的工程，可分两次进行结构验收（地下室一次、主体一次）。如需提前装修的工程，可分层进行验收。结构验收单经建设单位、设计单位、施工单位三方代表签证后，由质量监督站进行核验。

（4）工程质量监督

① 质量监督站的主要任务

贯彻执行国家和上级颁发的工程质量监督工作的法规、规定和技术标准；对建设工程质量、混凝土构件厂、商品混凝土搅拌站进行质量监督，对竣工工程进行质量核验，核定企业评定的工程质量等级；督促和帮助施工企业建立和完善质量保证体系；参加重大工程质量事故的处理；参加对企业等级的审定；参加新技术的鉴定工作。

② 质量监督的程序

a. 工程开工前，建设单位应持建设单位介绍信、施工许可证、开工批准书（外国企业还需要工商行政管理部门批准的登记注册证件）、工程的基本情况和地质勘探报告、设计图纸等到质量监督站办理注册监督手续，并按规定交纳监督费。质量监督站在办理注册监督手续后，确定该工程的质量监督员，拟定质量监督计划，确定质量监督重点，并进行质量监督工作的交底。

b. 工程施工中，质量监督站按确定核验的部位和项目进行检查，并随时对施工质量进行抽查。对质量监督站确定核验的部位、项目，工程项目的施工人员应按计划提前两天通知质量监督员到现场核验。经核验合格后，方可进行下道工序施工。

c. 工程完工后，项目经理应首先邀请建设单位、设计单位和本企业领导进行检验评定，在验评的基础上，由建设单位、施工单位向质量监督站申报核验，同时提交工程技术资料。经质量监督站核验合格后，方可交付使用和报竣工面积。

项目经理和有关人员应认真接受质量监督站对本工程项目所进行的质量监督工作，遵守质量监督的有关规定，虚心听取质量监督人员的意见，并为质量监督工作提供必要的方便。质量监督是代表政府进行的，具有法律效力，所有工程都必须接受监督，因此项目经理必须认真履行上述各种手续。

（5）成品保护

做好成品保护，是一项关系到保证工程质量、降低工程成本和按期竣工的重要工作。在施工过程中，要对已完的和正在施工的分项工程进行保护；否则，一旦造成损伤，将会增加修理工作量，造成工料浪费，拖延工期，甚至部分损伤难以恢复到原样，成为永久性缺陷。因此，做好成品保护工作是项目经理和技术人员在施工中一项十分重要的工作。

做好成品保护工作，要抓好以下几个环节：

① 进行职业道德教育

教育全体职工要对国家、对人民负责，爱护公物，尊重他人和自己的劳动成果，施工操作时，要珍惜已完的和部分完成的工程。

② 合理安排施工顺序

按正确的施工流程组织施工，不得颠倒工序，防止后道工序损坏或污染前道工序。如应先喷浆而后安装灯具，避免安装灯具后又修理浆活，从而污染灯具。

③ 采取行之有效的保护措施

主要措施是提前保护、包裹覆盖和局部封闭。

a. 提前保护可以防止可能发生的损伤和污染。如为了保证清水墙面洁净，在脚手架、安全网横杆、进料口四周和临近的水刷石墙面上，提前钉上塑料布或贴上纸；为了保护清水楼梯踏步的无磕损，提前加护棱角的角铁；为了保护门洞、门框不受损伤，在小车轴的高度，应钉铁皮或木条。

b. 包裹覆盖用于保护高级装饰工程。如大理石、花岗石柱面完成后可用立板加塑料布（或线毯）捆扎，防止磕碰；大理石、花岗石、现制磨石地面应用苫布、塑料布或棉毯覆盖加以保护；铝合金门窗可用塑料条粘贴保护，塑料条开胶后应及时补贴。

c. 局部封闭是在施工过程中对部分楼梯、通道、房间临时封闭。在预制水磨石楼梯、水泥抹面楼梯完成后，应将楼梯口暂时封闭，待达到上人强度并采取保护措施后再开启；室内塑料墙纸、木地板油漆等完成后均应立即锁门。

7.4 工程项目质量统计分析方法

7.4.1 常用的质量数据

数据是进行质量管理的基础，"一切用数据说话"才能作出科学的判断。通过收集、整理质量数据，可以帮助分析、发现质量问题，以便及时采取对策措施，纠正和预防质量事故。

常用的质量数据有以下几种：

1. 子样平均值

子样平均值用来表示数据的集中位置，也称为子样的算术平均值，即

$$\overline{X} = \frac{1}{n}(X_1 + X_2 + \cdots + X_n) = \frac{1}{n}\sum_{i=1}^{n} X_i \qquad (7\text{-}1)$$

式中　$\overline{X}$——子样的算术平均值；

$\quad\quad X_i$——所测得的第 i 个数据；

$\quad\quad n$——子样的个数。

2. 中位数

中位数是指将收集到的质量数据按大小次序排列后，处在中间位置的数据值，故又称为中值。它也表示数据的集中位置。当子样数 n 为奇数时，取中间一个数为中位数；n 为偶数时，则取中间 2 个数的平均值作为中位数。

3. 极差

极差是一组数据中最大值与最小值之差，常用 R 表示。它表示了数据分散的程度。

4. 子样标准偏差

子样标准偏差反映数据分散的程度，常用 S 表示，即

$$S = \sqrt{\frac{1}{n-1}\sum_{i=1}^{n}(X_i - \overline{X})^2}，(n < 30) \tag{7-2}$$

$$S = \sqrt{\frac{1}{n}\sum_{i=1}^{n}(X_i - \overline{X})^2}，(n \geqslant 30) \tag{7-3}$$

式中　　S——子样标准偏差；

$(X_i - \overline{X})$——第 i 个数据与子样平均值 X 之间的离差。

5. 变异系数

变异系数是用平均数的百分率表示标准偏差的系数，用以表示相对波动的大小，即

$$C_V = \frac{S}{\overline{X}} \times 100\% \tag{7-4}$$

式中　C_V——变异系数；

S——子样标准偏差；

$\overline{X}$——子样平均值。

7.4.2　排列图

1. 排列图原理

排列图法又叫巴氏图法或巴雷特图法，也叫主次因素分析图法。排列图有两个纵坐标，左侧纵坐标表示产品频数，即不合格产品件数；右侧纵坐标表示频率，即不合格产品累计百分数。图中横坐标表示影响产品质量的各个因素或项目，按影响质量程度的大小，从左到右依次排列。每个直方形的高度表示该因素影响的大小，图中曲线称为巴雷特曲线。

在排列图上，通常把曲线的累计百分数分为三级，与此相对应的因素分三类。A类因素对应于累计频率 $0 \sim 80\%$，是影响产品质量的主要因素；B类因素对应于累计频率 $80\% \sim 90\%$，为次要因素；与累计频率 $90\% \sim 100\%$ 相对应的为C类因素，属一般影响因素。运用排列图便于找出主次矛盾，使错综复杂问题一目了然，有利于采取对策，加以改善。

【例7-1】对某项模板施工精度进行抽样检查，得到150个不合格点数的统计数据见表7-1所示。试根据排列图法确定影响模板工程质量的主要因素。

某项模板施工精度的抽样检查数据　　　　　　　　表7-1

序号	检查项目	不合格点数	序号	检查项目	不合格点数
1	轴线位置	1	5	平面水平度	15
2	垂直度	8	6	表面平整度	75
3	标高	4	7	预埋设施中心位置	1
4	截面尺寸	45	8	预埋孔洞中心位置	1

【解】按照质量特性不合格点数（频数）由大到小的顺序，重新整理得到表7-2，并分别计算出累计频数和累计频率。

序号	检查项目	频数	频率（%）	累计频率（%）
1	表面平整度	75	50	50
2	截面尺寸	45	30	80
3	平面水平度	15	10	90
4	垂直度	8	5.3	95.3
5	标高	4	2.7	98.0
6	其他	3	2.0	100.0
合计		150	100	

重新整理后的抽样检查数据　　　　　　　　　　　　表 7-2

根据表 7-2 的统计数据画排列图，如图 7-3 所示。

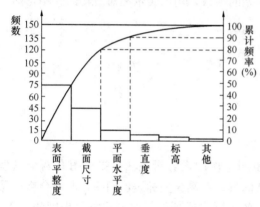

图 7-3　模板尺寸质量不合格点排列图

观察排列图，根据 ABC 分类法，影响模板质量的主要因素是表面平整度和截面尺寸，二者累计频率达到了 80%；故应采取措施以确保工程质量。

2. 排列图的应用

排列图可以形象、直观地反映主次因素，其主要应用如下：

（1）按不合格点缺陷形式分类，可以分析出造成质量问题的薄弱环节；

（2）按生产作业分类，可以找出生产不合格品最多的关键过程；

（3）按生产班组或单位分类，可以分析比较各单位技术水平和质量管理水平；

（4）将采取提高质量措施前后的排列图对比，可以分析措施是否有效；

（5）可以用于成本费用分析、安全问题分析等。

7.4.3　因果分析图

因果分析图又称为特性要因图、鱼刺图、树枝图。这是一种逐步深入研究和讨论质量问题的图示方法。在工程实践中，任何一种质量问题的产生，往往是多种原因造成的。这些原因有大有小，把这些原因依照大小次序分别用主干、大枝、中枝和小枝图形表示出来，便可系统地观察出产生质量问题的原因。运用因果分析图可以帮助我们制定对策，解决工程质量上存在的问题，从而达到控制质量的目的。

【例 7-2】以混凝土强度不足的质量问题为对象来阐明因果分析图的画法。

【解】因果分析图的绘制步骤为：

① 确定特性。特性就是需要解决的质量问题，如混凝土强度不足放在主干箭头的前面。

② 确定影响质量特性的大枝。如影响混凝土强度不足的因素主要是人、材料、工艺、设备和环境等五个方面。

③ 进一步画出中、小细枝，即找出中、小原因，如图 7-4 所示。

最后针对影响质量的因素，有的放矢地制定对策，落实解决问题的人和时间，并以计划表的形式表示，且注明限期改正的时间。

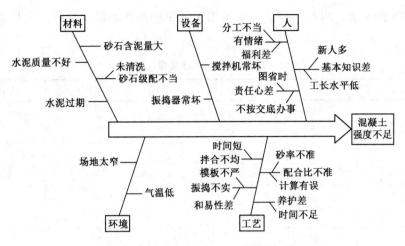

图 7-4 混凝土强度不足因果分析图

7.4.4 分层法

分层法又称分类法或分组法，就是将收集到的质量数据，按统计分析的需要进行分类，使之系统化，以便找到产生质量问题的原因，及时采取措施加以预防。

分层方法多种多样，可按班次、日期分类；按操作者（男、女、新、老工人）或其工龄、技术、等级分类；按施工方法分类；按设备型号、生产组织分类；按材料成分、规格、供料单位及时间分类等。

【例 7-3】以钢筋焊接质量的调查数据为例，采用分层法进行统计分析。共调查钢筋焊接点 50 个，其中不合格的有 19 个，不合格率为（19/50）×100％＝38％。为了查清焊接不合格的原因，需分层收集数据。据查该批钢筋由 3 个焊工操作，并采用两种不同型号的焊条。

【解】分别按操作者和按供应焊条的工厂分层进行分析，结果如表 7-3 及表 7-4 所示。

按操作者分层 表 7-3

操 作 者	不合格	合 格	不合格率（％）
甲	6	13	32
乙	3	9	35
丙	10	9	53
合计	19	31	38

按供应焊条工厂分层 表 7-4

工 厂	不合格	合 格	不合格率（％）
甲	9	14	39
乙	10	17	37
合计	19	31	38

从表 7-3 和表 7-4 可以看出，操作工人甲的质量较好，用工厂乙的焊条质量较好。

若进一步分析，可提出综合分层表（表 7-5）。综合分层结论是：用甲厂焊条，应采用工人乙的操作方法；用乙厂焊条，应采用工人甲的操作方法。这样，可提高钢筋焊接质量。

综合分层焊接质量 表 7-5

操作者		甲 厂	乙 厂	合 计
甲	不合格	6	0	6
	合 格	2	11	13
乙	不合格	0	3	3
	合 格	5	4	9
丙	不合格	3	7	10
	合 格	7	2	9
合计	不合格	9	10	19
	合 格	14	17	31

7.4.5 频数分布直方图

频数分布直方图又称质量分布图，简称直方图，它是将所收集的质量数据按一定的规定进行整理、分析，然后画成长方形（长柱形）的统计图。由于这种图中的每一个长方形代表一定范围内实测数据出现的频数，所以该图称为频数分布直方图。

1. 直方图的绘制

下面以实例说明直方图的绘制方法。今从某工程公司混凝土构件预制厂连续抽取试块，测取某混凝土强度数据共计 200 个（一般情况数据应取 100 个左右）。

其作图步骤归纳如下：

（1）将收集的实测数据汇总列表，并从中找出最大值（X_{max}）与最小值（X_{min}）。例中数据见表 7-6，其中 $X_{max}=299$，$X_{min}=271$。

混凝土试块抗压强度数据表 表 7-6

296	287	284	287	286	275	287	283	290	278	294	273	282	282	273	285	289	283	299	280
271	286	281	289	286	297	286	292	286	287	289	279	281	283	289	288	278	275	284	279
284	287	279	283	290	291	278	284	289	279	288	271	271	279	280	284	286	283	289	288
286	287	284	287	287	294	290	290	297	285	285	291	284	290	286	289	270	273	286	284
293	289	296	281	285	281	287	282	284	286	287	292	290	277	280	285	289	277	279	277
283	294	287	293	283	288	283	279	275	299	291	290	287	276	283	286	285	283	285	285
280	287	288	285	286	274	288	281	299	285	287	283	283	289	291	280	277	293
284	290	284	290	298	290	280	283	284	288	283	278	281	284	289	281	273	275	284
286	285	284	283	291	292	294	270	290	281	284	290	289	283	286	277	287	277	290	294
285	284	284	288	281	278	288	280	290	284	293	281	297	283	289	200	288	281	294	279

（2）计算极差值 R。$R=X_{max}-X_{min}=299-271=28$。

（3）确定组数 K。K 值可参考表 7-7 选用。

经验证明，组数太少，会掩盖各组内数据变动的情况；组数太多，会使组的高度参差不齐，不易看出明显的规律。通常要使每组平均至少包含 4～5 个数据。本例取 $K=9$。

分组数参考表		表 7-7
数据总数 n	适当分组数 K	一般使用组数
50 个以下	7 组以下	
50~100	6~10	10
100~200	7~12	
200 个以上	10~20	

（4）确定组距 h。组距 h 等于极差 R 除以 K，并取近似整数值。

$$h = \frac{X_{max} - X_{min}}{K} = \frac{R}{K} \tag{7-5}$$

本例中：

$$h = \frac{299 - 271}{9} = 3.11（取 3）$$

（5）计算组界值。为了避免数据刚好落在分组的界线上，分组的组界值应按下式计取。

第一组数据的组界值为

下界值：$X_{min} - \dfrac{h}{2}$；

上界值：$X_{min} + \dfrac{h}{2}$

以第一组的上界值为第二组的下界值，第二组的下界值加上组距 h 即为第二组的上界值，依此类推。例中第一组：

上界值：$X_{min} + \dfrac{h}{2} = 271 + \dfrac{3}{2} = 272.5$

下界值：$X_{min} - \dfrac{h}{2} = 271 - \dfrac{3}{2} = 269.5$

第二组：上、下界值分别为 275.5 和 272.5；第三组：上、下界值分别为 278.5 和 275.5；其余各组组界值见表 7-8。

（6）编制频数分布表。根据确定的组界值，统计频数和计算频数值，编制频数分布表。例中频数分布见表 7-8。

混凝土抗压强度频数分布统计表			表 7-8
序　号	组界值	频　数	频　率
1	269.5~272.5	4	0.020
2	272.5~275.5	6	0.030
3	275.5~278.5	13	0.065
4	278.5~281.5	30	0.150
5	281.5~284.5	40	0.200
6	284.5~287.5	42	0.210
7	287.5~290.5	38	0.190
8	290.5~293.5	12	0.060
9	293.5~296.5	9	0.045
10	296.5~299.5	6	0.030
Σ		200	1.000

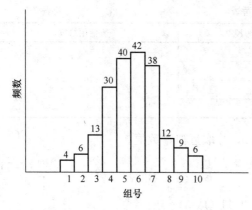

图 7-5 混凝土强度分布直方图

（7）绘制频数分布直方图。以横坐标表示分组的组界值，纵坐标表示各组数据的频数。将频数分布表中数据绘制在图上，形成以组距为底边、频数为高度的若干直方形，构成频数分布直方图。例中，混凝土强度分布如图 7-5 所示。

（8）最后，在直方图上要注明数据个数 n、平均值 $\overline{X}$、标准偏差 S、极差 R、测取数据的日期等。

2. 直方图的定量表示

直方图的定量表示需要有一个定量的表达方式，以对直方图加以概括。一般情况下，质量分布应符合正态分布曲线，该曲线的分散和集中情况可用 $\overline{X}$（算术平均值）来表示集中位置，用 R（极差）和 S（标准偏差）来表示分散程度，用 C_V（变异系数）来表示两组数据间的相对波动程度。下面仍结合混凝土强度数据分析如下：

（1）平均值 $\overline{X}$。

平均值 $\overline{X}$ 又称算术平均数，表示质量分布的集中位置与波动水平。当质量形成正态分布时，平均值代表大部分质量数据所取得的数值的大小，也就是说，大部分质量数据密集在平均值的附近。

例中：$\overline{X}=\dfrac{296+287+\cdots}{200}=285$

（2）极差 R。极差 R 是反映数据分散程度的参数，R 越小，说明工序越稳定。

例中：$R=X_{max}-X_{min}=299-271=28$

（3）标准偏差 S。标准偏差 S 反映各个数据对平均值的偏离程度。

例中：$S=\sqrt{\dfrac{1}{200}\sum_{i=1}^{200}(X_i-\overline{X})^2}=5.7$

（4）变异系数 C_V，表示两组数据间的相对波动程度。

例中：$C_V=\dfrac{S}{X}=\dfrac{5.7}{285}=0.02$

3. 直方图的分析

（1）直方图图形分析

直方图形象直观地反映了数据分布情况，通过对直方图的观察和分析可以看出生产是否稳定及其质量的状况。常见直方图的典型形状有以下几种，如图 7-6 所示。

①正常型——又称为"对称型"。它的特点是中间高，两边低，左右基本对称，说明相应工序处于稳定状态，如图 7-6（a）所示。

②孤岛型——在远离主分布中心的地方出现小的直方形，形如孤岛。孤岛的存在表明生产过程中出现了异常因素。例如原材料改变发生的质量变化，或由于短期内操作不当发生的质量变动，如图 7-6（b）所示。

③双峰型——直方图出现两个中心，形成双峰状。这往往是由于把两个总体的数据混

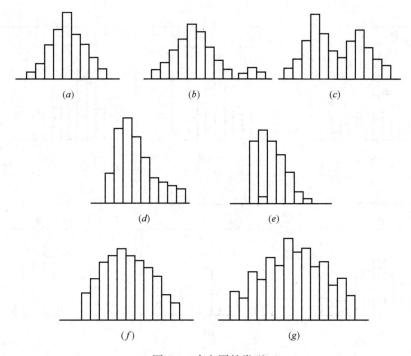

图 7-6　直方图的类型

（a）正常型；（b）孤岛型；（c）双峰型；（d）偏向型；（e）陡壁型；（f）平顶型；（g）锯齿型

在一起作图所造成的，如把两个班组的数据混为一批等，如图 7-6（c）所示。

④偏向型——直方图的顶峰偏向一侧，故又称偏坡型，它往往是因为计数值或计量值只控制一侧界限或剔除了不合格数据造成的，如图 7-6（d）所示。

⑤陡壁型——直方图的一侧出现陡峭绝壁状态。这里由于人为地剔除一些数据，进行不真实的统计造成的，如图 7-6（e）所示。

⑥平顶型——在直方图顶部呈平顶状态。一般是由多个数据混在一起造成的，或者是在生产过程中有缓慢变化的因素在起作用所造成的，如图 7-6（f）所示。

⑦锯齿型——直方图出现参差不齐的形状，即频数不是在相邻区间减少，而是隔区间减少，形成了锯齿状。造成这种现象的原因不是生产上的问题，而主要是绘制直方图时分组过多或测量仪器精度不够而造成的，如图 7-6（g）所示。

（2）对照标准分析比较

当工序处于稳定状态（直方图为正常型）时，还需进一步将直方图与规格标准进行对照，确定工序满足标准要求的程度。主要分析内容为：

直方图的平均值 $\overline{X}$ 与质量标准中心重合程度，直方图的分布范围 B 同公差范围 T 的关系。在图 7-7 中标出了标准范围 T、标准上偏差 T_U、标准下偏差 T_L 和实际尺寸范围 B。将实际产品质量分布的直方图与标准图形对比，找出存在的差异。常见的差异类型分析如下：

①理想型——实际平均值 $\overline{X}$ 与规格标准中心 μ 重合，实际尺寸分布与标准范围两边有一定余量，约为 $T/8$，如图 7-7（a）所示。

②偏向型——虽在标准范围之内，但分布中心偏向一边，说明存在系统偏差，必须采

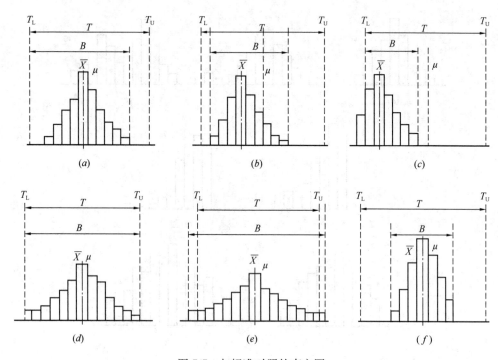

图 7-7　与标准对照的直方图

（a）理想型；（b）偏向型；（c）陡壁型；（d）无富余型；（e）能力不足型；（f）能力富余型

取措施，如图 7-7（b）所示。

③陡壁型——此种图形反映数据分布过分地偏离规格中心，造成超差，出现不合格产品。这是由于工序控制不好造成的，应采取措施使数据中心与规格中心重合，如图 7-7（c）所示。

④无富余型——又称双侧压线型。分布虽然落在规格范围之内，但两侧均无余地，稍有波动就会出现超差，出现废品，如图 7-7（d）所示。

⑤能力不足型——又称双侧超越线型。此种图形实际尺寸超出标准线，已产生不合格产品，如图 7-7（e）所示。

⑥能力富余型——又称过于集中型。实际尺寸分布与标准范围两边余量过大，属控制过严而不经济，如图 7-7（f）所示。

以上分析表明了满足标准公差范围的程度，也就是说，如果在施工的过程中能正确控制偏离标准的差异，就能稳定地生产出合格的产品。

7.4.6　相关图

产品质量与影响质量的因素之间，常常有一定的依存关系，但它们之间不是一种严格的函数关系，即不能由一个变量的值精确地求出另一个变量的值。这种依存关系称为相关关系。相关图又叫散布图，就是把两个变量之间的相关关系用直角坐标系表示出来，借以判断两个质量特性之间的关系，通过控制容易测定的因素达到控制不易测定的因素的目的，以便对产品或工序进行有效的控制。相关图的形式有：

正相关：当 X 增大时，Y 也增大；

负相关：当 X 增大时，Y 却减少；

非线性相关：两种因素之间不成直线关系；

无相关：Y 不随 X 的增减而变化。

分析中，除了绘制相关图之外，还必须计算相关系数，以确定两种因素之间关系的密切程度。相关系数计算公式为：

$$r = \frac{S(XY)}{\sqrt{S(XX)S(XY)}} \tag{7-6}$$

式中　$S(XX) = \sum_{i=1}^{n}(X_i - \overline{X})^2 = \sum_{i=1}^{n}X_i{}^2 - \frac{\left(\sum\limits_{i=1}^{n}X_i\right)^2}{n}$

$\quad\quad S(YY) = \sum_{i=1}^{n}(Y_i - \overline{Y})^2 = \sum_{i=1}^{n}Y_i{}^2 - \frac{\left(\sum\limits_{i=1}^{n}Y_i\right)^2}{n}$

$\quad\quad S(XY) = \sum_{i=1}^{n}(X_i - \overline{X})(Y_i - \overline{Y}) = \sum_{i=1}^{n}X_iY_i - \frac{\left(\sum\limits_{i=1}^{n}X_i\sum\limits_{i=1}^{n}Y_i\right)}{n}$

$\quad\quad \overline{X} = \frac{1}{n}\sum_{i=1}^{n}X_i, \overline{Y} = \frac{1}{n}\sum_{i=1}^{n}Y_i$

相关系数值可以为正，也可以为负。正值表示正相关，负值表示负相关。相关系数的绝对值总是在 0~1 之间，绝对值越大，表示相关关系越密切。

【例 7-4】根据表 7-9 所列数据，计算相关系数，确定其相关关系。

数据汇总表　　　　　　　　　　　　　　　　　表 7-9

序号	1	2	3	4	5	6	7	8	9	10	11	合计
X_i	5	5	10	20	30	40	50	60	65	90	120	495
Y_i	4	6	8	13	16	17	19	25	25	29	46	208
X_i^2	25	25	100	400	900	1600	2500	3600	4225	8100	14400	35875
Y_i^2	16	36	64	169	256	289	361	625	625	841	2116	5398
X_iY_i	20	30	80	260	480	680	950	1500	1625	2610	5520	13755

【解】$S(XX) = \sum_{i=1}^{n}X_i{}^2 - \frac{\left(\sum\limits_{i=1}^{n}X_i\right)^2}{n} = 35875 - \frac{(495)^2}{11} = 13600$

$\quad\quad S(YY) = \sum_{i=1}^{n}Y_i{}^2 - \frac{\left(\sum\limits_{i=1}^{n}Y_i\right)^2}{n} = 5398 - \frac{(208)^2}{11} = 1465$

$\quad\quad S(XY) = \sum_{i=1}^{n}X_iY_i - \frac{\left(\sum\limits_{i=1}^{n}X_i\sum\limits_{i=1}^{n}Y_i\right)}{n} = 13755 - \frac{(495 \times 208)}{11} = 4395$

$\quad\quad r = \frac{S(XY)}{\sqrt{S(XX)S(XY)}} = \frac{4395}{\sqrt{13600 \times 1465}} = 0.98$

由 $r=0.98$，则相关关系为正相关，且两因数 X、Y 关系密切。

7.4.7 管理图

管理图又叫控制图，它是反映生产工序随时间变化而发生的质量波动的状态，即反映生产过程中各个阶段质量变动状态的图形。

1. 管理图原理

质量波动一般有两种情况：一种是偶然性因素引起的波动，称为正常波动；另一种是系统性因素引起的波动，则属异常波动。质量控制的目标就是要查找异常波动的因素并加以排除，使质量只受正常波动因素的影响，符合正态分布的规律。

质量管理图就是利用上下控制界限，将产品质量特性控制在正常波动范围之内。质量管理图如图 7-8 所示。一旦有异常原因引起质量波动，通过管理图就可看出，能及时采取措施预防不合格产品的出现。

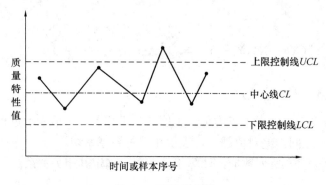

图 7-8　质量管理图

2. 管理图的分类

管理图分计量值管理图和计数值管理图两类，如图 7-9 所示。计量值管理图适用于质量管理中的计量数据，如长度、强度、湿度、温度等；计数值管理图则适用于计数数据，如不合格的点数、件数等。

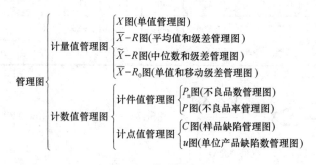

图 7-9　管理图分类

3. 管理图的绘制

管理图的种类虽多，但其基本原理是相同的。现以常用的 $\overline{X}-R$ 管理图为例，阐明其作图步骤。

（1）收集数据归纳列表

例如，表 7-10 所示其中每组样本有三个数据，分别为 X_1、X_2、X_3。

样本组数	X_1	X_2	X_3	$\overline{X}$	R
1	155	166	178	166	23
2	169	161	164	165	8
3	147	152	135	145	17
4	168	155	151	158	17
...					
24	140	165	167	157	27
25	175	169	175	173	6
26	163	171	171	168	8
合 计				4195	407

（2）计算样本的平均值

$$\overline{X}_j = \frac{\sum\limits_{i=1}^{n} X_i}{n}$$

例中第一个样本平均值为：

$$\overline{X}_1 = \frac{155 + 166 + 178}{3} = 166$$

其余类推，计算值列于表 7-10 中。

（3）计算样本极差值 $R = X_{max} - X_{min}$

例中第一个样本极差值为 $R_1 = 178 - 155 = 23$；其余类推，计算值列于表 7-10 中。

（4）计算样本总平均值

$$\overline{X} = \frac{\sum\limits_{j=1}^{N} \overline{X}_j}{N} = \frac{4195}{26} = 161$$

式中 N——样本组数。

（5）计算极差平均值

$$\overline{R} = \frac{\sum\limits_{j=1}^{N} R_j}{N}$$

例中：$\overline{R} = \frac{407}{26} = 16$

（6）计算控制界限

①$\overline{X}$ 管理图控制界限

各种管理图的控制界限，可根据表 7-11 中的计算公式获得。

分　类		图　名	中 心 线	上下控制界限	管理特征
计量值管理图		$\overline{X}$图	$\overline{\overline{X}}$	$\overline{\overline{X}}\pm A_2\overline{R}$	用于观察分析平均值的变化
		R图	$\overline{R}$	$\dfrac{D_4\overline{R}}{D_3\overline{R}}$	用于观察分析分布的宽度和分散变化的情况
		$\widetilde{X}$图	$\overline{\widetilde{X}}$	$\overline{\widetilde{X}}+M_3A_2\overline{R}$	$\widetilde{X}$代$\overline{X}$图,可以不计算平均值
		X图	$\overline{X}$	$\overline{X}\pm E_2\overline{R}$	观察分析单个产品质量特征的变化
		R_0图	$\overline{R}_0$	$D_4\overline{R}_0$	同R图,适用于不能同时取得数据的工序
计数值管理图	计件值管理图	P图	$\overline{P}$	$\overline{P}_n\pm\sqrt{P_n\ (1-P)}$	用不良品率来管理工序
		P_n图	$\overline{P}_n$	$\overline{P}_n\pm3\sqrt{\dfrac{P_n\ (1-P)}{n}}$	用不良品数来管理工序
	计点值管理图	C图	$\overline{C}$	$\overline{C}\pm\sqrt{\overline{C}}$	对一个样本的缺陷进行管理
		U图	$\overline{U}$	$\overline{U}\pm\sqrt{\dfrac{\overline{U}}{n}}$	对每一个给定单位产品中的缺陷数进行控制

由表 7-11 可知,$\overline{X}$ 管理图的控制界限分别为:

中心线:$CL=\overline{\overline{X}}$;上控制界限:$UCL=\overline{\overline{X}}+A_2\overline{R}$;下控制界限:$LCL=\overline{\overline{X}}-A_2\overline{R}$。

其中,A_2 为 $\overline{X}$ 管理图系数,可参照表 7-12 取值(表中 N 为数据个数)。

N	A_2	M_3A_2	D_3	D_4	E_2	d_3
2	1.880	1.880		3.267	2.660	0.853
3	1.023	1.187		2.575	1.772	0.888
4	0.729	0.796		2.282	1.457	0.880
5	0.577	0.691		2.115	1.290	0.864
6	0.483	0.549		2.004	1.184	0.848
7	0.419	0.509	0.076	1.924	1.109	0.833
8	0.373	0.342	0.136	1.864	1.054	0.820
9	0.337	0.412	0.184	1.816	1.010	0.080
10	0.308	0.363	0.223	1.727	1.975	0.797

本例中,CL、UCL、LCL 分别为:

$CL=161$;$UCL=161+1.023\times16=177$;$LCL=161-1.023\times16=145$。

②R 管理图的控制界限:

由表 7-11 可知,R 管理图的控制界限分别为:

中心线:$CL=\overline{R}$;上控制界限:$UCL=D_4\overline{R}$;下控制界限:$LCL=D_3\overline{R}$。

式中,D_3、D_4 均为 R 管理图控制界限系数,参照表 7-12 取值。

本例中 $D_3=0$,$D_4=2.575$,代入上式得 CL、UCL、LCL 值分别为 16、41、0。

（7）绘制 $\overline{X}-R$ 管理图

以横坐标为样本序号或取样时间，纵坐标为所要控制的质量特性值，按计算结果绘出中心线和上下控制界限。用例中数据绘制的 $\overline{X}-R$ 管理图，如图7-10所示。

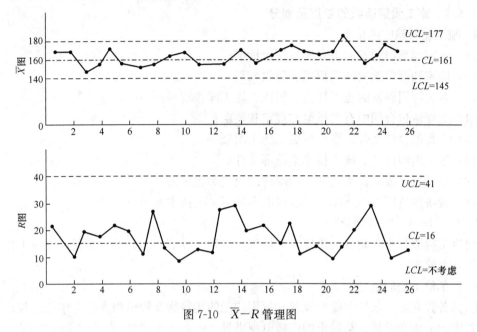

图7-10　$\overline{X}-R$ 管理图

4. 管理图的观察分析

正常管理图的判断规则是：图上的点在控制上下限之间围绕中心作无规律波动。连续35个点中，仅有一点超出控制界限线；连续100个点中，仅有两点超出控制界限线。异常管理图的判断如图7-11所示。

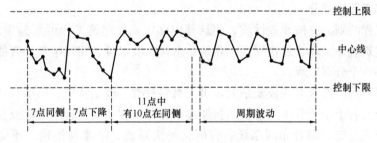

图7-11　异常管理图的判断

其判断规则为：

（1）连续7个点在中心线的同侧。

（2）有连续7个点上升或下降。

（3）连续11个点中，有10个点在中心线的同一侧；连续14个点中，有12个点在中心线的同一侧；连续17个点中，有14个点在中心线的同一侧；连续20个点中，有16个点在中心点子围绕某一中心线作周期波动。

在观察管理图发生异常后，要分析找出产生问题的原因，然后采取措施，使管理图所控制的工序恢复正常。

7.5 工程项目施工质量验收

7.5.1 施工质量验收的依据及划分

1. 施工质量验收的依据

(1) 国家和部门颁发的工程质量评定标准；

(2) 国家和部门颁发的工程项目验收规程；

(3) 有关部门颁发的施工规范、规程、施工操作规程；

(4) 工程承包合同中有关质量的规定和要求；

(5) 工程的设计文件、设计变更、施工图纸等；

(6) 施工组织设计、施工技术措施等文件；

(7) 原材料、成品、半成品、构配件的质量验收标准；

(8) 设备制造厂家的产品、安装说明书和有关的技术规定。

2. 施工质量验收的划分

建筑工程质量验收划分为单位（子单位）工程、分部（子分部）工程、分项工程和检验批等几个层次。

(1) 单位工程的划分

①具备独立施工条件并能形成独立使用功能的建筑物及构筑物为一个单位工程，如一个学校中的一栋教学楼、某城市的广播电视塔等。

②规模较大的子单位工程，可将其能形成独立使用功能的部分划分为一个子单位工程。一般可根据工程的建筑设计分区、使用功能的显著差异、结构缝的设置等实际情况划分子单位工程。

③室外工程可根据专业类别和工程规模划分单位（子单位）工程。

(2) 分部工程的划分

①分部工程的划分应按专业性质、建筑部位确定。如建筑工程可划分为地基与基础、主体结构、建筑装饰装修、建筑屋面、建筑给水排水及采暖、建筑电气、智能建筑、通风与空调、电梯 9 个分部工程。

②当分部工程规模较大或较复杂时，可按材料种类、施工特点、施工程序、专业系统及类别等划分为若干个子分部工程。如智能建筑分部工程中就包含了火灾及报警消防联动系统、安全防范系统、综合布线系统、智能化集成系统、电源与接地、环境、住宅（小区）智能化系统等子分部工程。

(3) 分项工程的划分

分项工程应按主要工种、材料、施工工艺、设备类别等进行划分。如混凝土结构工程按主要工种分为模板工程、钢筋工程、混凝土工程等分项工程；按施工工艺又可分为预应力结构、现浇结构、装配式结构等分项工程。

(4) 检验批的划分

分项工程可由一个或若干个检验批组成。

所谓检验批是按统一的生产条件或按规定的方式汇总起来供检验用的，由一定数量样本组成的检验批。检验批是施工质量验收的最小单位，是分项工程乃至整个建筑工程质量验收的基础。检验批可根据施工、质量控制和专业验收需要按楼层、施工段、变形缝等进行划分。

7.5.2 施工质量验收的要求和内容

1. 检验批质量验收

检验批的质量合格标准为：

（1）主控项目和一般项目的质量经抽样检验合格；

（2）具有完整的施工操作依据、质量检查记录。

主控项目是指建筑工程中对安全、卫生、环境保护和公众利益起决定性作用的检验项目，而除主控项目以外的检验项目都称为一般项目。

检验批的质量合格主要取决于对主控项目和一般项目的检验结果。主控项目对检验批的基本质量有决定性影响，不允许有不符合要求的检验结果，即这种项目的检查具有否决权，因此必须全部符合有关专业工程验收规范的要求；而一般项目则可按专业规范的要求处理。

质量控制资料反映了检验批从原材料到最终验收的各施工过程的操作依据、检查情况以及质量保证所必须的管理制度等。对其完整性的检查，实际是对过程控制的确认，这是检验批合格的前提。

2. 分项工程质量验收

分项工程的验收在检验批的基础上进行，其合格标准为：

（1）分项工程所含的检验批均应符合合格质量的规定；

（2）分项工程所含的检验批的质量记录应完整。

3. 分部（子分部）工程质量验收

分部工程的验收在其所含各分项工程验收的基础上进行，其合格标准为：

（1）分部（子分部）工程所含分项工程的质量均应验收合格；

（2）质量控制资料应完整；

（3）地基与基础、主体结构和设备安装等分部工程有关安全及功能的检验和抽样检测结果应符合有关规定；

（4）观感质量验收应符合要求。

4. 单位（子单位）工程质量验收

单位工程质量验收也称质量竣工验收，是建筑工程投入使用前的最后一次验收，也是最重要的一次验收。验收合格的条件有5个：

（1）单位（子单位）工程所含分部（子分部）工程的质量应验收合格；

（2）质量控制资料应完整；

（3）单位（子单位）工程所含分部工程有关安全和功能的检验资料应完整；

（4）主要功能项目的抽查结果应符合相关专业质量验收规范的规定；

（5）观感质量验收应符合要求。

5. 施工质量不符合要求时的处理

（1）经返工重做或更换器具、设备的检验批，应重新进行验收。这种情况是指主控项目不能满足验收规范规定或一般项目超过偏差限制的子项不符合检验规定的要求时，应及时处理的检验批。其中，严重的缺陷应推倒重来；一般的缺陷通过返修或更换器具、设备予以解决，在重新验收后如能符合相应的专业工程质量验收规范，则应认为该检验批合格。

（2）经有资质的检测单位鉴定达到设计要求的检验批，应予以验收。这种情况是指个别检验批发现如试块强度等不满足要求，难以确定是否验收等情况时，应请具有资质的法定检测单位检测。当鉴定结果能够达到设计要求时，该检验批应允许通过验收。

（3）经有资质的检测单位鉴定达不到设计要求、但经原设计单位核算认可，能够满足安全和使用功能的检验批，可予以验收。

一般情况下，规范标准给出了满足安全和功能的最低限度要求，而设计往往在此基础上留有一定余量。不满足设计要求和符合相应规范标准的要求，两者并不矛盾。

（4）经返修或加固的分项、分部工程，虽然改变外形尺寸但仍能满足安全使用要求，可按技术处理方案和协商文件进行验收。

这种情况是指可能影响结构的安全性和使用功能的更为严重的缺陷、更大范围内的缺陷，经过加固处理后能够满足安全使用的基本要求，但会造成一些永久性的缺陷，如改变结构的外形尺寸、影响一些次要的使用功能等。为了避免社会财富更大的损失，在不影响安全和主要使用功能的条件下，可按处理技术方案和协商文件进行验收。

（5）经过返修或加固仍不能满足安全使用要求的分部工程、单位（子单位）工程，严禁验收。

7.5.3 施工质量验收的程序和组织

1. 检验批及分项工程

检验批及分项工程应由监理工程师（或建设单位项目技术负责人）组织施工单位专业质量检验员、专业技术负责人等进行验收。验收前，施工单位先填好"检验批和分项工程质量验收记录"，并由项目专业质量检验员和项目专业技术负责人分别在检验批和分项工程质量检验记录中相关栏目签字，然后由监理工程师组织，严格按规定程序进行验收。

2. 分部工程

分部工程由总监理工程师或建设单位项目负责人组织施工单位项目负责人和技术、质量负责人等进行验收；地基与基础、主体结构分部工程的勘察、设计单位工程项目负责人和施工单位技术、质量部门负责人也应参加相关分部工程的验收。

3. 单位工程

（1）单位工程完成后，施工单位首先要依据质量标准、设计图纸等组织有关人员进行自检，并对检查结果进行评定，符合要求后向建设单位提交工程验收报告和完整的质量资料，请建设单位组织验收。

（2）建设单位收到工程验收报告后，应由建设单位（项目）负责人组织施工（含分包单位）、设计、监理等单位（项目）负责人进行单位（子单位）工程验收。

（3）单位工程有分包单位施工时，分包单位对所承包的工程项目应按标准规定的程序检查评定，总包单位应派人参加。分包工程完成后，应将工程有关资料交总包单位。

（4）当参加验收各方对工程质量验收意见不一致时，可请当地建设行政主管部门或工程质量监督机构协调处理，也可以由各方认可的咨询单位调解。

（5）单位工程质量验收合格后，建设单位应在规定时间内将工程竣工验收报告和有关文件，报建设行政管理部门备案。

7.5.4　工程项目质量持续改进

1. 持续改进

我国国家标准《质量管理体系要求》GB/T 19001—2016 中"持续改进"的含义是："组织应利用质量方针、质量目标、审核结果、数据分析、纠正和预防措施以及管理评审，持续改进质量管理体系的有效性"。

持续改进的目的是不断提高质量管理体系的有效性，以不断增强顾客满意；改进的重点是改善产品的特殊性和提高质量管理体系过程的有效性；改进的途径可以是日常渐进的改进活动，也可以是突破性的改进项目。

持续改进的范围包括质量体系、过程和产品 3 个方面，改进的内容涉及产品质量、日常的工作和企业长远的目标，不仅不合格现象必须纠正、改进，而且目前合格但不符合发展需要的也要不断改进。

施工项目经理部应分析和评价项目管理现状，识别质量持续改进区域，确定改进目标，实施选定的解决办法。施工项目质量持续改进应坚持全面质量管理的方法，同时还可以运用其他先进的管理办法、专业技术和数理统计方法。

2. 不合格控制

"不合格"即"未满足要求"。控制不合格正是为了质量持续改进。施工项目经理部对不合格控制应符合下列规定。

（1）应按企业的不合格控制程序，控制不合格物资进入项目施工现场，严禁不合格工序未经处置而转入下道工序。

（2）对验证中发现的不合格产品和过程，应按规定进行鉴别、记录、评价、隔离和处置。

（3）应进行不合格评审。

（4）不合格处置应根据不合格严重程度，按返工、返修或让步接收、降级使用、拒收或报废几种情况进行处理。构成等级质量事故的不合格，应按国家法律、行政法规进行处置。

（5）对返修或返工后的产品，应按规定重新进行检验和试验，并应保存记录。

（6）进行不合格让步接收时，项目经理部应向发包人提出书面让步申请，记录不合格程度和返修的情况，双方签字确认让步接收协议和接收标准。

（7）对影响建筑主体结构安全和使用功能的不合格，应邀请发包人代表或监理工程师、设计人，共同确定处理方案，报建设主管部门批准。

（8）检验人员必须按规定保存不合格控制的记录。

3. 纠正措施

纠正措施是为消除已发现的不合格或其他不期望情况的原因所采取的措施。纠正措施的实施有助于持续改进，因为它可以防止再发生。纠正措施应符合下列规定：

（1）对发包人或监理工程师、设计人、质量监督部门提出的质量问题，应分析原因，制定纠正措施。

（2）对已发生或潜在的不合格信息，应分析并记录结果。

（3）对检查发现的工程质量问题或不合格报告提及的问题，应由项目技术负责人组织有关人员判定不合格程度，制定纠正措施。

（4）对严重不合格或重大质量事故，必须实施纠正措施。

（5）实施纠正措施的结果应由项目技术负责人验证并记录，对严重不合格或等级质量事故的纠正措施和实施效果应验证，并报企业管理层。

（6）项目经理部或责任单位应定期评价纠正措施的有效性。

4. 预防措施

预防措施是为消除潜在不合格或其他潜在不期望情况的原因所采取的措施。一个潜在的不合格可以有若干个原因，采取预防措施是为了防止发生。预防措施应符合下列规定：

（1）项目经理部应定期召开质量分析会，对影响工程质量的潜在原因，采取预防措施。

（2）对可能出现的不合格，应制定防止再发生的措施并组织实施。

（3）对质量通病应采取预防措施。

（4）对潜在的严重不合格，应实施预防措施控制程序。

（5）项目经理部应定期评价预防措施的有效性。

5. 检查、验证

检查、验证是质量目标控制的重要过程，是 PDCA 循环的"A"。项目经理部应对质量计划的执行情况进行检查、内部审核和考核评价，验证实施效果。项目经理应根据考核中出现的问题、缺陷或不合格，召开有关专业人员参加质量分析会，并制定措施。

复 习 思 考 题

1. 工程项目质量管理原则是什么？

2. 全面质量管理的主要观点是什么？

3. 质量管理的基础工作有哪些？

4. 何谓质量管理工作体系？说明其运转方式。

5. 简述项目决策阶段、设计阶段的质量控制内容。

6. 工程项目施工过程中质量控制的具体内容是什么？

7. 常用的质量统计分析方法有哪些？

8. 质量波动分哪两种情况？质量控制的目标是什么？

9. 施工质量验收划分为哪几个层次？

10. 简述单位工程施工质量验收的程序。

11. 试将钢筋加工质量检查中所收集的数据（见表 7-13 所示）画成排列图，确定改善重点；并根据生产实践经验，作出因果分析图及拟定对策。

钢筋加工质量检查中不合格项目统计表　　　　　　　　　　　　　表 7-13

序号	检查项目	频数	频率%	累计频率%
1	平整度超差	2		
2	弯起钢筋高度超差	6		
3	弯起钢筋位置超差	3		
4	对焊接头强度超差	8		
5	加工长度超差	1		

12. 已知某项目检测其 200 块混凝土试件强度如表 7-14 所示，试绘制其频数分布直方图并做出必要的分析评定。

试件强度列表　　　　　　　　　　　　　　　　　表 7-14

组范围	组中值	频数
13.095～13.145	13.12	8
13.145～13.195	13.17	2
13.195～13.245	13.22	1
13.245～13.295	13.27	17
13.295～13.345	13.32	27
13.345～13.395	13.37	25
13.395～13.445	13.42	42
13.445～13.495	13.47	27
13.495～13.545	13.52	25
13.545～13.595	13.57	17
13.595～13.645	13.62	0
13.645～13.695	13.67	9

13. 某工序测得 125 个数据如表 7-15 所示（$K=15$，$n=5$）。试做出均值 $\overline{X}$ 与极差 R 控制图，并观察判断。

实测数据汇总表　　　　　　　　　　　　　　　　表 7-15

组序	X_1	X_2	X_3	X_4	X_5	均值 $\overline{X}_i$	极差 R_i
1	47	32	44	35	20		
2	19	37	31	25	34		
3	19	11	16	11	44		
4	29	29	42	59	39		
5	28	12	45	36	25		
6	40	35	11	38	33		
7	15	30	12	33	26		
8	35	44	32	11	38		
9	27	37	26	20	35		
10	23	45	26	27	32		
11	28	44	40	31	16		
12	31	25	24	32	28		
13	22	37	19	47	14		
14	37	32	12	38	30		
15	25	40	24	50	19		

8 工程项目成本管理

工程项目，特别是经营性工程项目的开发，是以发展经济或以最大化工程项目投资方利益为目的；即使是政府投资的公益性工程项目，政府对工程项目的经济性也特别关注。参与工程建设的各承包方，包括设计、施工和材料设备供应等各方均是以获得经济利益为目的。因此，工程项目成本管理与控制在工程项目管理中占有特别重要的地位，是工程项目业主及工程建设其他参与方所关心的重要问题。

8.1 概　　述

8.1.1 工程项目成本的内涵

1. 关于价值消耗的相关术语

工程项目关于价值消耗方面的术语较多，如投资、造价、成本和费用等。

（1）工程项目投资

工程项目投资是指进行某项工程建设花费的全部费用。

（2）工程造价

工程造价一般是指一项工程预计开支或实际开支的全部固定资产投资费用。在这个意义上，工程造价与建设投资的概念是一致的。因此在讨论建设投资时，经常使用工程造价这个概念。

在实际应用中，工程造价还有另外一种含义，那就是指工程价格，即为了建成一项工程，预计或实际在土地市场、设备市场、技术劳务市场以及承包市场等活动中所形成的建筑安装工程的价格和建设工程的总价格。因此，投资和造价一般是从投资者和业主的角度出发的。

（3）成本

成本是指为实现和完成工程项目所需资源的货币表现，通常承包商使用较多。

（4）费用

费用的意义则更为广泛，各种对象均可使用。但在财务上，"成本"与"费用"的概念有所区别，如有的费用可以归入成本，有的则不能作为成本开支。

上述概念的含义都是以工程项目价值消耗为依据的，具有实质上的统一性。无论从业主还是承包商的角度出发，其计划、控制的方法和程序大致都是相同的。

2. 工程项目成本

工程项目成本一般是指工程项目从决策到完成交付使用期间所需全部费用的总和，包括建筑安装工程费、设备及工器具购置费、工程建设其他费、预备费、建设期贷款利息等。准确估算项目投资额、制定科学的资金筹措方案是降低项目成本、提高投资效益的重要途径。其具体表现为如下内容：

（1）工程项目决策成本

项目决策是项目形成的第一阶段，对项目建成后的经济效益与社会效益有着重要影响。为对项目进行科学决策，在这一阶段要进行全面的市场调查，掌握翔实资料，进行科学的可行性研究。完成这些工作所耗用的资金构成了项目的决策成本。

（2）招标费用

工程项目投资者无论是采用自行招标还是委托代理招标，都需要一笔费用开支，这就是招标费用。

（3）勘察设计成本

根据可行性研究报告和项目功能要求进行勘察，根据勘察资料、可行性研究报告和项目功能要求进行设计，这些工作耗用的费用总和构成勘察设计成本。

（4）工程项目施工成本

在项目施工过程中，为完成项目的建筑安装施工所耗用的各项费用总和，它包括施工生产过程中所耗费的生产资料转移的价值和劳动消耗所创造的价值中以工资和附加费形式分配给劳动者的个人消费金。

项目的施工成本是项目总成本的主要组成部分。虽然决策质量、勘察设计结果都将直接影响施工成本，但在正确的决策和勘察设计条件下，在项目总成本中，施工成本一般占总成本的90%以上。因此，在一定意义上讲工程项目成本管理实际是施工成本的管理。

3. 建筑安装工程费用项目的组成

根据建标〔2013〕44号文件：住房城乡建设部、财政部关于印发《建筑安装工程费用项目组成》的通知的规定，建筑安装工程费按照费用构成要素划分，由人工费、材料（包含工程设备）费、施工机具使用费、企业管理费、利润、规费和税金组成，其中人工费、材料费、施工机具使用费、企业管理费和利润包含在分部分项工程费、措施项目费、其他项目费中，如图8-1所示。

（1）人工费。是指按工资总额构成规定，支付给从事建筑安装工程施工的生产工人和附属生产单位工人的各项费用。内容包括：

①计时工资或计件工资：是指按计时工资标准和工作时间或对已做工作按计件单价支付给个人的劳动报酬。

②奖金：是指对超额劳动和增收节支支付给个人的劳动报酬，如节约奖、劳动竞赛奖等。

③津贴补贴：是指为了补偿职工特殊或额外的劳动消耗和因其他特殊原因支付给个人的津贴，以及为了保证职工工资水平不受物价影响支付给个人的物价补贴，如流动施工津贴、特殊地区施工津贴、高温（寒）作业临时津贴、高空津贴等。

④加班加点工资：是指按规定支付的在法定节假日工作的加班工资和在法定日工作时间外延时工作的加点工资。

⑤特殊情况下支付的工资：是指根据国家法律、法规和政策规定，因病、工伤、产假、计划生育假、婚丧假、事假、探亲假、定期休假、停工学习、执行国家或社会义务等原因按计时工资标准或计时工资标准的一定比例支付的工资。

（2）材料费。是指施工过程中耗费的原材料、辅助材料、构配件、零件、半成品或成品、工程设备的费用。内容包括：

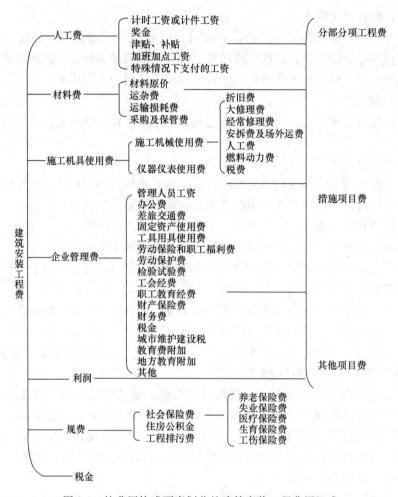

图 8-1 按费用构成要素划分的建筑安装工程费用组成

①材料原价：是指材料、工程设备的出厂价格或商家供应价格。

②运杂费：是指材料、工程设备自来源地运至工地仓库或指定堆放地点所发生的全部费用。

③运输损耗费：是指材料在运输装卸过程中不可避免的损耗。

④采购及保管费：是指为组织采购、供应和保管材料、工程设备的过程中所需要的各项费用，包括采购费、仓储费、工地保管费、仓储损耗。

工程设备是指构成或计划构成永久工程一部分的机电设备、金属结构设备、仪器装置及其他类似的设备和装置。

（3）施工机具使用费：是指施工作业所发生的施工机械使用费、仪器仪表使用费或其租赁费。

①施工机械使用费：以施工机械台班耗用量乘以施工机械台班单价表示，施工机械台班单价应由下列七项费用组成：

a. 折旧费：指施工机械在规定的使用年限内，陆续收回其原值的费用。

b. 大修理费：指施工机械按规定的大修理间隔台班进行必要的大修理，以恢复其正常功能所需的费用。

c. 经常修理费：指施工机械除大修理以外的各级保养和临时故障排除所需的费用。包括为保障机械正常运转所需替换设备与随机配备工具附具的摊销和维护费用，机械运转中日常保养所需润滑与擦拭的材料费用及机械停滞期间的维护和保养费用等。

d. 安拆费及场外运费：安拆费指施工机械（大型机械除外）在现场进行安装与拆卸所需的人工、材料、机械和试运转费用以及机械辅助设施的折旧、搭设、拆除等费用；场外运费指施工机械整体或分体自停放地点运至施工现场或由一施工地点运至另一施工地点的运输、装卸、辅助材料及架线等费用。

e. 人工费：指机上司机（司炉）和其他操作人员的人工费。

f. 燃料动力费：指施工机械在运转作业中所消耗的各种燃料及水、电等。

g. 税费：指施工机械按照国家规定应缴纳的车船使用税、保险费及年检费等。

②仪器仪表使用费：是指工程施工所需使用的仪器仪表的摊销及维修费用。

（4）企业管理费：是指建筑安装企业组织施工生产和经营管理所需的费用。内容包括：

①管理人员工资：是指按规定支付给管理人员的计时工资、奖金、津贴补贴、加班加点工资及特殊情况下支付的工资等。

②办公费：是指企业管理办公用的文具、纸张、账表、印刷、邮电、书报、办公软件、现场监控、会议、水电、烧水和集体取暖降温（包括现场临时宿舍取暖降温）等费用。

③差旅交通费：是指职工因公出差、调动工作的差旅费、住勤补助费，市内交通费和误餐补助费，职工探亲路费，劳动力招募费，职工退休、退职一次性路费，工伤人员就医路费，工地转移费以及管理部门使用的交通工具的油料、燃料等费用。

④固定资产使用费：是指管理和试验部门及附属生产单位使用的属于固定资产的房屋、设备、仪器等的折旧、大修、维修或租赁费。

⑤工具用具使用费：是指企业施工生产和管理使用的不属于固定资产的工具、器具、家具、交通工具和检验、试验、测绘、消防用具等的购置、维修和摊销费。

⑥劳动保险和职工福利费：是指由企业支付的职工退职金、按规定支付给离休干部的经费，集体福利费、夏季防暑降温、冬季取暖补贴、上下班交通补贴等。

⑦劳动保护费：是企业按规定发放的劳动保护用品的支出，如工作服、手套、防暑降温饮料以及在有碍身体健康的环境中施工的保健费用等。

⑧检验试验费：是指施工企业按照有关标准规定，对建筑以及材料、构件和建筑安装物进行一般鉴定、检查所发生的费用，包括自设试验室进行试验所耗用的材料等费用，不包括新结构、新材料的试验费，对构件做破坏性试验及其他特殊要求检验试验的费用和建设单位委托检测机构进行检测的费用。对此类检测发生的费用，由建设单位在工程建设其他费用中列支，但对施工企业提供的具有合格证明的材料进行检测不合格的，该检测费用由施工企业支付。

⑨工会经费：是指企业按《工会法》规定的全部职工工资总额比例计提的工会经费。

⑩职工教育经费：是指按职工工资总额的规定比例计提，企业为职工进行专业技术和职业技能培训，专业技术人员继续教育、职工职业技能鉴定、职业资格认定以及根据需要对职工进行各类文化教育所发生的费用。

⑪财产保险费：是指施工管理用财产、车辆等的保险费用。

⑫财务费：是指企业为施工生产筹集资金或提供预付款担保、履约担保、职工工资支付担保等所发生的各种费用。

⑬税金：是指企业按规定缴纳的房产税、车船使用税、土地使用税、印花税等。

⑭城市维护建设税：是指为了加强城市的维护建设，扩大和稳定城市维护建设资金的来源，规定凡缴纳增值税、消费税的单位和个人，都应当按照规定缴纳城市维护建设税。城市维护建设税税率如下：纳税人所在地在市区的，税率为7%；纳税人所在地在县城、镇的税率为5%；纳税人所在地不在市区、县城、县属镇的，税率为1%。

⑮教育费附加：是指对缴纳增值税、消费税的单位和个人征收的一种附加费。其作用是为了发展地方性教育事业，扩大地方教育经费的资金来源。以纳税人实际缴纳的增值税、消费税的税额为计费依据，教育费附加的征收率为3%。

⑯地方教育附加：按照《关于统一地方教育附加政策有关问题的通知》（财综〔2010〕98号）要求，各地统一征收地方教育附加，地方教育附加征收标准为单位和个人实际缴纳的增值税、消费税税额的2%。

⑰其他：包括技术转让费、技术开发费、投标费、业务招待费、绿化费、广告费、公证费、法律顾问费、审计费、咨询费、保险费等。

（5）利润：是指施工企业完成所承包工程获得的盈利。

（6）规费：是指按国家法律、法规规定，由省级政府和省级有关权力部门规定必须缴纳或计取的费用。包括：

①社会保险费：

a. 养老保险费：是指企业按照规定标准为职工缴纳的基本养老保险费。

b. 失业保险费：是指企业按照规定标准为职工缴纳的失业保险费。

c. 医疗保险费：是指企业按照规定标准为职工缴纳的基本医疗保险费。

d. 生育保险费：是指企业按照规定标准为职工缴纳的生育保险费。

e. 工伤保险费：是指企业按照规定标准为职工缴纳的工伤保险费。

②住房公积金：是指企业按规定标准为职工缴纳的住房公积金。

③工程排污费：是指按规定缴纳的施工现场工程排污费。

其他应列而未列入的规费，按实际发生计取。

（7）税金：是指国家税法规定的应计入建筑安装工程造价内的增值税销项税额。增值税是以商品（含应税劳务）在流转过程中产生的增值额作为计税依据而征收的一种流转税。从计税原理上说，增值税是对商品生产、流通、劳务服务中多个环节的新增价值或商品的附加值征收的一种流转税。根据财政部、国家税务总局《关于全面推开营业税改征增值税试点的通知》（财税〔2016〕36号）要求，建筑业自2016年5月1日起纳入营业税改征增值税试点范围（简称营改增）。建筑业营改增后，工程造价按"价税分离"计价规则计算，具体要素价格适用增值税税率执行财税部门的相关规定。税前工程造价为人工费、材料费、施工机具费、企业管理费、利润和规费之和。

4. 工程项目成本的分类

工程项目成本通常由许多费用因素组成。为了认识和了解各项费用的性质和特点，可按照不同的目的和角度进行科学的分类。

（1）按照工程项目的特点和管理要求划分

①预算成本：预算成本是指施工企业根据施工图纸或工程量清单，利用工程量计算规则、预算定额以及取费标准等计算出来的工程项目成本。预算成本以施工图预算为基础，反映出社会或企业的平均成本水平。

②计划成本：计划成本是指项目经理部根据项目管理目标责任书的要求，结合工程项目的技术特征、自然地理环境、劳动力素质、设备情况等确定的工程项目成本。计划成本以施工预算为基础，反映出社会或企业的平均先进水平，是控制项目成本支出的标准和成本管理的目标。

③实际成本：实际成本是指在项目施工过程中实际发生的，并可按一定的成本核算对象进行归集的各项支出费用的总和。实际成本受工程项目的技术水平、管理水平、组织措施等因素的影响，是项目各种消耗的综合反映。

上述各项成本既有联系又有区别。将项目的实际成本与预算成本对比，可以反映项目的经济效益；将项目的实际成本与计划成本对比，可以反映成本计划的执行情况。

（2）按照费用与工程量的关系划分

按照费用与工程量的关系划分成本，有利于项目成本决策与管理。例如，可以通过提高劳动生产率、增大工程总量等途径降低单位固定成本，而降低变动成本则应从降低消耗定额入手。

①固定成本：固定成本是指总额在一定的时期和工程量范围内，不受工程量增减变动的影响且相对不变的成本。例如，间接费中的办公费、差旅费、折旧费、管理人员工资等。然而，单位固定成本则与工程量的增减变动成反比关系。

②变动成本：变动成本是指总额随着工程量的增减变动而成正比例变化的成本。例如，直接费中的材料费、计件工资制下的人工费等。同上，单位变动成本则与工程总量增减的变动无关。

（3）按照计入成本的方法划分

①直接成本：直接成本包括人工费、材料费、施工机具使用费等。

②间接成本：间接成本包括管理人员工资、办公费等企业管理费用。

此外，工程项目成本还有其他划分方式。例如，按照经济性质，可以分为活劳动、劳动对象、劳动手段方面的费用等。

8.1.2 工程项目成本管理的概念及作用

1. 工程项目成本管理的概念

工程项目成本管理就是要在保证工期和满足质量要求的条件下，利用组织措施、经济措施、技术措施和合同措施，保证在批准的预算范围内完成工程项目的建设内容，即将工程成本支出限制在预先确立的标准和计划之内的一种管理方法。

工程项目成本管理通常根据既定的工程成本目标和计划，对成本形成过程中的一切耗费进行严格的计量，对脱离成本目标和计划的差异进行分析，找出原因，及时调节，纠正偏差，确保成本控制在标准范围之内。它应从工程投标报价开始，直至项目保证金返还为止，贯穿于项目实施的全过程。

2. 工程项目成本管理的作用

工程项目成本管理是根据业主的总体目标和工程项目的具体要求，对工程项目建设过程中发生的资本运动及其结果进行全员、全过程、全方位的科学管理，以达到强化经营管理、完善成本管理制度、提高成本核算水平、降低开发建设和经营管理成本、实现目标利润、创造良好经济效益的目的。其作用如下：

（1）实现企业的利润目标

项目成本管理可以对其发生的各种成本进行监督、调控、及时纠错，将实际成本耗费限制在预定的目标范围内，确保物质消耗与劳动消耗均达到最小，保证项目利润目标的实现。成本的变动往往与诸多方面的因素相关联，对制造成本实行严格管理，把成本与产量、质量、价格、市场份额等因素联系起来，使企业能够最大限度地获得利润。

（2）促进企业的生产组织条件

通过改变生产技术组织条件，如采用新的技术设备、新的工艺过程、新的结构设计、新的材料等，提高生产效率，降低材料消耗，使成本得到降低。通过运用科学的方法，可以发现项目的薄弱环节，寻找可能降低成本的途径，促进项目组织改善经营管理方式，提高项目的竞争力。

（3）通过监督提高资源的利用效率

整个项目的一切费用均应置于项目主管人员的监控下，通过成本信息反馈，可以掌握整个过程中的成本状况，并及时采取措施，减少浪费，节约成本。企业进行经营活动，都会受到资源的制约，对资源的节约利用和提高资料的利用效率，是企业实现边际收益最大化的有效途径。

（4）协调企业内外的利益关系

项目成本的高低及其管理的好坏，直接决定项目的利益和各方面的利害冲突及协调。对项目进行成本管理，使利益各方都保障各自利润目标，从而协调各方的关系；反之，项目内部人员之间的协调又直接影响项目成本管理工作的进行。二者之间相互影响，和谐统一。协调项目组织各系统之间的利益，使之协调一致，达到效率最大化。

8.1.3 工程项目施工成本管理

由于施工成本在项目总成本中所占比重一般高达 90% 以上，施工成本的管理是工程项目成本管理的重要内容。

1. 含义

工程项目施工成本管理，是从工程投标报价到竣工结算完成整个阶段的管理过程，是对生产经营所消耗的人力、物资和费用开支，进行指导、监督、调节和限制，将各项生产费用控制在计划成本范围内，保证目标成本的实施。施工项目成本管理包括两个层次的管理：一是组织管理层的成本管理，组织管理层的成本管理除生产成本外，还包括经营管理费用，组织管理层贯穿于项目投标、实施和结算过程，体现效益中心的管理职能；二是项目管理层的成本管理，是对生产成本进行管理。项目管理层执行组织确定的施工成本管理目标，发挥现场生产成本控制中心的管理职能。

2. 工程项目施工成本管理的任务

施工成本是指建设工程项目在施工过程中发生的全部生产费用的总和，包括支付给生产工人的人工费，工程消耗的原材料、辅助材料、构配件等费用，周转材料的摊销费或租赁费等，工程设备费，施工机械的使用费或租赁费等，以及进行施工组织与管理所发生的全部费用支出。

施工成本管理的任务是成本预测、成本计划、成本控制、成本核算、成本分析和成本考核。

（1）施工项目成本预测

施工项目成本预测是根据已建工程的成本信息资料，运用科学的方法和手段，结合工程项目的具体情况，对一定时期内的成本变动进行判断和推测。它是企业运用成本变化规律，对未来的成本水平及其可能发生趋势做出科学的估计，其实质是工程项目在施工前对成本进行核算。成本预测的目的：一是为挖掘降低成本的潜力指明方向，为计划期降低成本提供参考；二是为施工单位内部各责任单位降低成本指明途径，为编制增产节约计划和编制降低成本措施提供依据。成本预测的程序如图 8-2 所示。施工项目成本预测是施工项目成本决策与计划的依据。

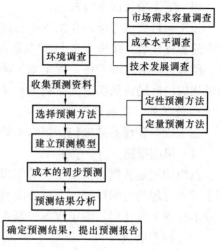

图 8-2　施工项目成本预测的程序

（2）施工项目成本计划

施工项目成本计划是在成本预测的基础上编制的，是根据确定的成本目标值编制的实施计划，用来确定施工单位在计划期内完成一定数量的施工任务及所需支出的各项费用，是项目经理部对项目施工成本进行计划管理的工具。一般来说，施工项目成本计划应包括从开工到竣工所必需的施工成本，它是该施工项目控制施工生产耗费、开展增产节约的依据，也是设立目标成本、建立内部责任制的依据。成本计划是目标成本的一种形式。

（3）施工项目成本控制

施工项目成本控制是指项目在施工过程中，对影响施工项目成本的各种因素加强管理，并采取各种有效措施，将施工中实际发生的各种消耗和支出严格控制在成本计划范围内，随时揭示并及时反馈，严格审查各项费用是否符合标准，计算实际成本和计划成本之间的差异并进行分析，采取措施纠正偏差，从而实现成本目标。项目成本控制应贯穿在项目从招标投标阶段开始直到项目竣工验收的全过程，它是企业全面成本管理的重要环节。因此，必须明确各级管理组织和各级人员的责任和权限。

（4）施工项目成本核算

施工项目成本核算是指项目施工过程中所发生的各种费用和形成施工项目成本的核算。它包括两个基本环节：一是按照规定的成本开支范围对施工费用进行归类，计算出施工费用的实际发生额；二是根据成本核算对象，采用适当的方法，计算出该施工项目的总成本和单位成本。项目经理部应作为企业的成本中心，大力加强施工项目成本核算，为成本控制各环节提供必要的资料。成本核算应贯穿于成本管理的各个环节。

（5）施工项目成本分析

施工项目成本分析是在成本形成过程中，对施工项目成本进行的对比评价和剖析总结的工作，它贯穿于施工项目成本管理的全过程。一方面，根据统计核算、业务核算和会计核算提供的资料，对项目成本的形成过程和影响成本升降的因素进行分析，以寻求进一步降低成本的途径；另一方面，通过成本分析，可从账簿、报表反映的成本现象看清成本的实质，从而增强了项目成本的透明度和可控性，为加强成本控制，实现项目成本目标创造条件。由此可见，施工项目成本分析，也是降低成本，提高项目经济效益的重要手段之一。

（6）施工项目成本考核

施工项目成本考核是在工程项目施工成本管理的过程中或结束后，对施工项目成本形成中的各责任者，按施工项目成本目标责任制的有关规定将成本的实际指标与计划、定额、预算进行对比和考核，评定施工项目成本计划的完成情况和各责任者的业绩，并以此给以相应的奖励或惩罚。其目的是调动责任者成本管理的积极性。

3. 施工项目成本管理的措施

施工成本管理的措施包括组织措施、技术措施、经济措施和合同措施四个方面。

（1）组织措施

组织措施是从施工成本管理的组织方面采取的措施。包括实行项目经理责任制，落实施工成本管理的组织机构和人员，明确各级施工成本管理人员的任务、职责分工，编制施工成本控制工作计划、确定成本控制工作流程等。组织措施是其他措施的前提和保障。

（2）技术措施

施工过程中降低成本的技术措施，主要是对工程方案进行技术经济分析，包括制订合理的技术方案，进行技术分析。结合施工方法，进行材料使用的比选，确定合适的施工机械、设备使用方案等。因此，技术纠偏措施的关键是针对提出的多个不同的技术方案进行技术经济分析，对纠正费用偏差有相当重要的作用。

（3）经济措施

经济措施是最易被人们接受和运用的措施，主要是审核工程量和签发支付证书，编制资金使用计划，分解施工成本管理目标。对施工成本管理目标进行风险分析，并制定防范性对策。对各种变更，做好增减账，及时落实业主签证，及时结算工程款。通过偏差分析和未完工程预测，找出可能引起未完工程成本增加的因素，及时采取预防措施。因此，经济措施的运用不只是财务人员的事。

（4）合同措施

成本管理是以合同为依据的，合同措施贯穿于从合同谈判开始到合同终结的全过程。主要包括合同报价、合同的谈判、合同条款的签订、处理合同执行过程中的索赔问题等。在合同的签订过程要注意对合同结构的选用、合同结构模式的分析比较；关注影响成本和效益因素的合同条款的潜在的风险因素。合同措施中，合同的投标报价和合同执行过程中的索赔问题是主要的控制点，应从主动控制的角度出发，加强日常的合同管理、落实合同规定的责任。

8.2　工程项目施工成本计划

施工项目成本计划是工程项目成本管理的一个重要环节，是实现降低施工项目成本任务的指导性文件。它是在项目经理负责下，根据一定依据，对施工项目目标成本进行合理分解，在预测和确定施工项目计划成本的基础上进行编制。

8.2.1　目标成本与成本计划

1. 目标成本的概念

所谓目标成本是项目（或企业）对未来期产品成本所规定的奋斗目标，它比已经达到的实际成本要低，但又是经过努力可以达到的。目标成本管理是现代化企业经营管理的重要组成部分，它是市场竞争的需要，是企业挖掘内部潜力，不断降低产品成本，提高企业整体工作质量的需要，是衡量企业实际成本节约或开支，考核企业在一定时期内成本管理水平高低的依据。

一个施工项目成本应包括从开工到竣工所必需的施工成本。项目管理的最终目标是低成本、高质量、短工期，而低成本是这三大目标的核心和基础；施工项目成本管理实质上就是一种目标管理。

2. 目标成本的形式及计算公式

目标成本有很多形式。在制定目标成本作为编制施工项目成本计划和预算的依据时，可能以计划成本、定额成本或标准成本作为目标成本，目标成本还将随成本计划编制方法的变化而变化。

一般而言，目标成本的计算公式如下：

$$项目目标成本 = 预计结算收入 - 税金 - 项目目标利润 \tag{8-1}$$
$$目标成本降低额 = 项目预算成本 - 项目目标成本 \tag{8-2}$$
$$目标成本降低率 = 目标成本降低额 / 项目预算成本 \tag{8-3}$$

3. 施工项目成本计划的类型

施工项目成本计划是以货币形式编制的，施工项目在计划期内的生产费用、成本水平、成本降低率以及为降低成本所采取的主要措施和规划的书面方案，是施工项目目标成本的一种形式。它是建立施工项目成本管理责任制、开展成本控制和核算的基础，也是该施工项目降低成本的指导文件，还是设立目标成本的依据。

按其形成作用可分为以下三种类型：

(1) 竞争性成本计划

竞争性成本计划是工程项目投标和签订合同阶段的估算成本计划。

(2) 指导性成本计划

指导性成本计划是选派项目经理阶段的预算成本计划，是项目经理的责任成本目标。

(3) 实施性成本计划

实施性成本计划是项目施工准备阶段的施工预算成本计划，利用企业的施工定额编制施工预算所形成的实施性施工成本计划。

8.2.2　施工项目成本计划的内容

1. 施工项目成本计划的组成

施工项目成本计划一般由施工项目降低直接成本计划和间接成本计划组成。如果项目设有附属生产单位，成本计划还包括产品成本计划和作业成本计划。

(1) 施工项目降低直接成本计划

施工项目降低直接成本计划主要反映工程成本的预算价值、计划降低额和计划降低率。一般包括以下几方面的内容：

①总则。包括对施工项目的概述，项目管理机构及层次介绍，有关工程的进度计划、外部环境特点，对合同中有关经济问题的责任，成本计划编制中依据其他文件及其他规格也均应作适当介绍。

②目标及核算原则。包括施工项目降低成本计划及计划利润总额、投资和外汇总节约

额、主要材料和能源节约额、货款和流动资金节约额等。核算原则系指参与项目的各单位在成本、利润结算中采用何种核算方式。

③降低成本计划总表或总控制方案。项目主要部分的分部成本计划，如施工部分，编写项目施工成本计划，按直接费、间接费、利润的合同中标数、计划支出数、计划降低额分别填入。如有多家单位参与施工时，要分单位编制后再汇总。

④对施工项目成本计划中计划支出数估算过程的说明要对材料、人工、机械费、运费等主要支出项目加以分解。

⑤计划降低成本的来源分析。应反映项目管理过程中计划采取的增产节约、增收节支和各项措施及预期效果。

（2）间接成本计划

间接成本计划主要反映施工现场管理费用的计划数、预算收入数及降低额。间接成本计划应根据工程项目的核算期，以项目总收入费的管理费为基础，制定各部门费用的收支计划，汇总后作为工程项目的管理费用的计划。在间接成本计划中，收入应与取费口径一致，支出应与会计核算中管理费用的二级科目一致。间接成本计划的收支总额，应与项目成本计划中管理费一栏的数额相符。各部门应按照节约开支、压缩费用的原则，制定"管理费用归口包干指标落实办法"，以保证该计划的实施。

2. 成本计划表

成本计划表通常由成本计划任务表、技术组织措施表、降低成本计划表和施工现场管理费计划表构成。

（1）项目成本计划任务表：它主要是反映工程项目预算成本、计划成本、成本降低额、成本降低率的文件。它是落实成本降低任务的依据，其格式如表8-1所示。

项目成本计划任务表

表8-1

工程名称：　　　　　项目经理：　　　　日期：　　　　　单位：

项　目	预算成本	计划成本	计划成本降低额	计划成本降低率
1. 直接费用				
人工费				
材料费				
机械使用费				
其他直接费				
2. 间接费用				
施工管理费				
合　计				

（2）技术组织措施表：它是预测项目计划期内施工工程成本各项直接费用计划降低额的依据，也是提出各项节约措施和确定各项措施的经济效益的文件。由项目经理部有关人员分别就应采取的技术组织措施预测其经济效益，最后汇总编制而成。

编制技术组织措施表的目的是为了在不断采用新工艺、新技术的基础上提高施工技术水平，改善施工工艺过程，推广工业化和机械化施工方法以及通过采纳合理化建议达到降低成本的目的。格式如表8-2所示。

技术组织措施表　　　　　　　　　　　　　　　　　　　　表 8-2

工程名称：　　　　　　　　　　　　　　日期
项目经理：　　　　　　　　　　　　　　单位

措施项目	措施内容	涉及对象			降低成本来源		成本降低额				
		实物名称	单价	数量	预算收入	计划开支	合计	人工费	材料费	机械费	其他直接费

（3）降低成本计划表：它是根据企业下达给项目的降低成本任务和项目经理部自己确定的降低成本指标而制定出项目成本降低计划。它是编制成本计划任务表的重要依据。格式如表 8-3 所示。

降低成本计划表　　　　　　　　　　　　　　　　　　　　表 8-3

工程名称：　　　　　　　　　　　　　　日期
项目经理：　　　　　　　　　　　　　　单位

分项工程名称	成本降低额					
	总　计	直接成本				间接成本
		人工费	材料费	机械费	其他直接费	

（4）施工现场管理费计划表：反映发生在项目经理部的各项施工管理费的预算收入、计划数和降低额。格式如表 8-4 所示。

施工现场管理费计划表　　　　　　　　　　　　　　　　　表 8-4

成本项目	预算收入	计划成本	降低额
1. 工作人员工资			
2. 生产工人辅助工资			
3. 工资附加费			
4. 办公费			
5. 差旅交通费			
6. 固定资产使用费			
7. 工具用具使用费			
8. 劳动保护费			
9. 检验试验费			
10. 工程保养费			
11. 财产保险费			
12. 取暖、水电费			
13. 排污费			
14. 其他			
合计			

3. 施工项目成本计划的风险分析

（1）施工项目成本计划的风险因素

①由于技术上、工艺上的变更，造成施工方案的变化；

②交通、能源、环保方面的要求带来的变化；

③原材料价格变化、通货膨胀带来的连锁反应；

④工资及福利方面的变化；

⑤气候带来的自然灾害；

⑥可能发生的工程索赔、反索赔事件；

⑦国际国内可能发生的战争、骚乱事件；

⑧国际结算中的汇率风险等。

（2）成本计划中降低施工项目成本的可能途径

①加强施工管理，提高施工组织水平。正确选择施工方案，合理布置施工现场；采用先进的施工方法和施工工艺，不断提高工业化、现代化水平；组织均衡生产，搞好现场调度和协作配合；注意竣工收尾，加快工程进度，缩短工期。

②加强技术管理，提高工程质量。主要是研究推广新产品、新技术、新结构、新材料、新机器及其他技术新措施，制订并贯彻降低成本的技术组织措施，提高经济效果，加强施工过程的技术质量检验制度，提高工程质量，避免返工损失。

③加强劳动工资管理，提高劳动生产率。主要是改善劳动组织，合理使用劳动力，减少窝工浪费；执行劳动定额，实行合理的工资和奖励制度；加强技术教育和培训工作，提高工人的文化技术水平和操作熟练程度；加强劳动纪律，提高工作效率，压缩非生产用工和辅助用工，严格控制非生产人员比例。

④加强机械设备管理，提高机械使用率。主要是正确选配和合理使用机械设备，搞好机械设备的保养修理，提高机械的完好率、利用率和使用效率，从而加快施工进度、增加产量、降低机械使用费。

⑤加强材料管理，节约材料费用。主要是改进材料的采购、运输、收发、保管等方面的工作，减少各个环节的损耗，节约采购费用；合理堆置现场材料，组织分批进场，避免和减少二次搬运；严格材料进场验收和限额领料制度；制订并贯彻节约材料的技术措施，合理使用材料，尤其是三大材，大搞节约代用、修旧利废和废料回收，综合利用一切资源。

⑥加强费用管理，节约施工管理费。主要是精简管理机构，减少管理层次，压缩非生产人员，实行定额管理，制定费用分项分部门的定额指标，有计划地控制各项费用开支。

⑦积极采用降低成本的新管理技术。如系统工程、工业工程、全面质量管理、价值工程等，其中价值工程是寻求降低成本途径的行之有效的方法。

4. 降低成本措施效果的计算

降低成本的技术组织措施项目确定后，要计算其采用后预期的经济效果。这实际上也是降低成本目标保证程度的预测。

（1）由于劳动生产率提高超过平均工资增长而使成本降低

$$成本降低率 = \left(1 - \frac{1 + 平均工资计划增长率}{1 + 劳动生产率计划提高率}\right)$$

$$\times 生产工人工资占工程本的比重 \qquad (8\text{-}4)$$

(2) 由于材料、燃料消耗降低而使成本降低

$$成本降低率 = 材料、燃料等消耗降低率 \times 材料成本占工程成本的比重 \qquad (8\text{-}5)$$

(3) 由于多完成工程任务使固定费用相对节约而使成本降低

$$成本降低率 = \left(1 - \frac{1}{生产增长率}\right) \times 固定费用占工程成本的比重 \qquad (8\text{-}6)$$

(4) 由于节约管理费而使成本降低

$$成本降低率 = 管理费节约率 \times 管理费占工程成本的比重 \qquad (8\text{-}7)$$

(5) 由于减少废品、返工损失使成本降低

$$成本降低率 = 废品返工损失降低率 \times 废品返工损失占工程成本的比重 \qquad (8\text{-}8)$$

机械使用费和其他直接费的节约额，也可以根据要采用的措施计算出来。

将以上各项成本降低率相加，就可以测算出总的成本降低率。

8.2.3 施工项目成本计划的编制

施工项目成本计划要根据一定依据，对施工项目目标成本进行合理分解，在预测和确定施工项目计划成本的基础上进行编制。

1. 编制依据

施工成本计划的编制依据包括：投标报价文件；企业定额、施工预算；施工组织设计或施工方案；人工、材料、机械台班的市场价；企业颁布的材料指导价、企业内部机械台班价格、劳动力内部挂牌价格；周转设备内部租赁价格、摊销损耗标准；已签订的工程合同、分包合同（或估价书）；结构件外加工计划和合同；有关财务成本核算制度和财务历史资料；施工成本预测资料；拟采取的降低施工成本的措施；其他相关资料。

2. 编制程序

编制成本计划的程序，因项目的规模大小、管理要求不同而不同，大中型项目一般采用分级编制的方式，即先由各部门提出部门成本计划，再由项目经理部汇总编制全工程项目的成本计划；小型项目一般采用集中编制方式，即由项目经理部先编制各部门成本计划，再汇总编制全项目的成本计划。无论采用哪种方式，其编制的基本程序如下：

(1) 搜集和整理资料

需要搜集和整理的资料：国家和上级部门有关编制计划的规定；项目经理部与企业签订的承包合同及企业下达的成本降低额、降低率和其他有关技术经济指标；有关成本预测、决策的资料；施工项目的施工图预算、施工预算文件；施工组织设计；施工项目使用的机械设备生产能力及其利用情况；施工项目的材料消耗、物资供应、劳动工资及劳动效率等计划资料；计划期内的物资消耗定额、劳动工时定额、费用定额等资料；以往同类项目成本计划的实际执行情况及有关技术经济指标完成情况的分析资料；同行业、同类项目的成本、定额、技术经济指标资料及增产节约的经验和有效措施；本企业的历史先进水平和当时的先进经验及采取的措施；国外同类项目的先进成本水平情况等资料。

(2) 估算计划成本，即确定目标成本

确定目标成本以及把总的目标分解落实到各相关部门，班组大多采用工作分解法。它的特点是以施工图设计为基础，以本企业做出的项目施工组织设计及技术方案为依据，以

实际价格和计划的物资、材料、人工、机械等消耗量为基准，估算工程项目的实际成本费用，据以确定成本目标。

具体步骤：首先把整个工程项目逐级分解为内容单一、便于进行单位工料成本估算的小项或工序，然后按小项自下而上估算、汇总，从而得到整个工程项目的估算。估算汇总后还要考虑风险系数与物价指数，对估算结果加以修正。目标成本分解图如图 8-3 所示。

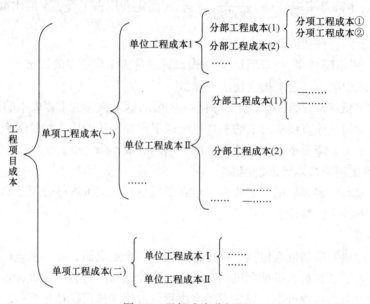

图 8-3　目标成本分解图

（3）编制成本计划草案

对大中型项目，经项目经理部批准下达成本计划指标后，在总结上期成本计划完成情况的基础上，结合本期计划指标，找出完成本期计划的有利和不利因素，提出挖掘潜力、克服不利因素的具体措施，以保证计划任务的完成。为了使指标真正落实，各部门应尽可能将指标分解落实下达到各班组及个人，使得目标成本的降低额和降低率得到充分讨论、反馈、再修订，使成本计划能够切合实际。

（4）编制成本计划

将已落实的计划成本指标和实现降低成本额的各项技术组织措施，按成本计划的格式编制成本计划。

3. 编制方法

（1）按施工成本组成编制施工成本计划

施工成本按成本构成分解分为人工费、材料费、施工机具使用费和企业管理费等，如图 8-4 所示，编制按施工成本组成分解的施工成本计划。

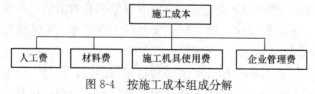

图 8-4　按施工成本组成分解

（2）按施工项目组成编制施工成本计划

工程项目由多个单项工程构成，单项工程由多个单位工程组成，单位工程由多个分部工程组成，分部工程由多个分项工程组成，因此可以按照子项目即单项工程、单位工程、分部工程和分项工程来分解编制成本计划。

（3）按施工进度编制施工成本计划

根据项目进度横道图和网络图确定各个工作所要消耗的时间资源，同时确定完成这些工作需要的成本计划。在编制进度网络计划时充分考虑进度控制对项目划分的要求，同时也考虑施工成本支出计划对项目划分的要求。

表示方法有两种，一种是在时标网络图上按月编制成本计划，如图 8-5 所示。

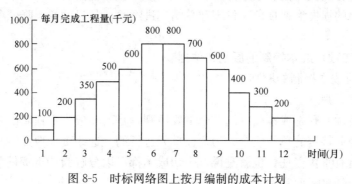

图 8-5　时标网络图上按月编制的成本计划

另一种是以时间－成本累积曲线（S 形曲线）表示。例如某工程计划每月完成工程汇总情况如表 8-5 所示，利用时间－成本累积曲线（S 形曲线）表示如图 8-6 所示。

计划每月完成工程量　　　　　　　　　　　　　　表 8-5

时间（月）	1	2	3	4	5	6	7	8	9
每月完成量（千元）	80	160	240	320	400	320	240	160	80
累计完成量（千元）	80	240	480	800	1200	1520	1760	1920	2000

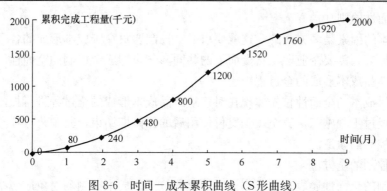

图 8-6　时间－成本累积曲线（S 形曲线）

从某种意义上来说，编制施工项目成本计划也是施工项目成本预测的继续。如果承包项目所编制的成本计划达不到目标成本要求时，就必须组织施工项目管理班子的有关人员重新研究寻找降低成本的途径，再进行重新编制、从第一次所编的成本计划到改变成第二次或第三次的成本计划直至最终定案，这实际上意味着进行一次次的成本预测。同时，编制成本计划的过程也是一次对施工项目经理部全体职工的动员，挖掘降低成本潜力的过程，也是检验施工技术质量管理、工期管理、物资消耗和劳动力消耗管理等效果的全过程。

8.3 工程项目施工成本控制

施工成本控制是指在施工过程中，对影响施工项目成本的各因素加强管理，并采用各种有效措施，将实际发生的各种消耗和支出严格控制在成本计划范围内，随时揭示并及时反馈，严格审查各项费用是否符合标准，计算实际成本和计划成本之间的差异并进行分析，消除施工中的损失浪费现象，发现和总结先进经验。其目的在于降低项目成本，提高经济效益。

8.3.1 施工项目成本控制的原则和依据

1. 施工项目成本控制的原则

（1）可控性原则

成本的可控性原则是成本控制的一个重要原则，是落实成本责任制的基础。它是指成本活动都是以企业特定的单位或个人为责任单元进行的，这些责任单元对其职责范围内生产消耗的大小负有直接责任。也就是说，一切成本都可以分解为特定责任单位的责任，这些成本对特定责任单元而言完全是可以控制的。

一般而言，只有同时具备以下三个条件的成本，才属于可控制成本：

①未来发生的成本耗费是可以通过一定途径和方法预测的；

②对发生的成本耗费能够进行计量；

③有权对发生的成本耗费进行限制和调整。

成本的可控性是由成本控制主体所处的管理层次、管理权限、控制范围等确定的。在成本控制过程中，要认真分析成本的可控性，并且依其可控性追溯成本责任，以便有效地实施成本控制。

（2）全面性原则

影响成本的因素是多方面的，这就要求成本控制要贯穿于成本形成的各个阶段、影响成本的各个环节，需要企业职工自上而下的共同参与，即成本控制的全面性原则。

①建筑产品成本形成的全过程控制

施工项目成本的全面性首先体现在对建筑产品成本形成的全过程进行控制，即从施工准备开始，经过工程施工，直至竣工交付使用后的保修期结束，其中每一项经济业务，都要纳入成本控制的轨道。

②成本控制的全方位

成本控制的全面性还表现在成本控制的全方位上。成本控制的对象应包括生产耗用的全部费用。不仅要控制构成产品实体的直接材料成本、直接人工成本以及制造费用，而且要控制销售费用、管理费用等期间费用。同时，成本控制还必须综合考虑成本、质量和效益三者之间的关系，在保证质量、满足人们需要的前提下降低成本。

③要求企业全体职工都积极参与

成本控制还是一项要求企业全体职工都积极参与的管理活动。在建立健全一个完善的成本管理机构、充实成本控制的专职人员的同时，必须充分调动全体员工参与成本控制活动。在加强专业成本管理的基础上，要求人人、事事、时时都要按照标准、定额、计划进行成本控制，堵塞漏洞，杜绝浪费，确保成本目标实现。

（3）分级归口管理原则

实行成本的分级归口管理就是将企业的成本目标层层分解，落实到各车间、部门、班组、机台、岗位和个人。成本目标指标下达采用纵向对口、横向结合、逐级下达、层层分解的办法。分级归口管理的内容包括：目标的设定和分解，目标的责任到位和执行，检查目标的执行结果，评价目标和修正目标，形成目标管理的 P（计划）D（实施）C（检查）A（处理）循环。

（4）例外管理原则

日常成本控制主要是通过对各种成本差异进行分析研究，及时发现问题，挖掘降低成本的潜力，提出改进工作和纠正缺点的措施。但实际上，每个企业日常出现的成本差异往往是成千上万、千头万绪，管理人员不可能将全部时间和精力都用于每一个发生成本差异的因素的分析和研究上。为了提高成本控制的效率，管理人员应把工作重点放在那些属于不正常的不符合常规的关键性差异上，对它们追根求源，查明发生的原因，及时反馈给有关责任中心，使之迅速采取有效措施，消除这些不正常差异。这就是成本控制中的例外管理原则。所有的不符合常规的、不正常的关键性差异，就称为"例外"。例如，在成本管理中常见的成本盈亏异常现象，即盈余或亏损超过了正常的比例；本来是可以控制的成本，突然发生了失控现象；某些暂时的节约，但有可能对今后的成本带来隐患等，都应该视为"例外"问题，进行重点检查，深入分析，并采取相应的积极的措施加以纠正。

（5）动态控制原则

又称中间控制原则，对于具有一次性特点的施工项目成本来说，应该特别强调项目成本的中间控制。因为施工准备阶段的成本控制，只是根据上级要求和施工组织设计的具体内容确定成本目标、编制成本计划、制定成本控制的方案，为今后的成本控制做好准备。然而竣工阶段的成本控制，由于成本盈亏已经基本成定局，即使发生了偏差，也来不及纠正。因此，把成本控制的重心放在基础、结构、装饰等主要施工阶段上，则是十分必要的。

（6）目标管理原则

目标管理是贯彻执行计划的一种方式，它把计划的方针、任务、目的和措施等逐一加以分解，提出进一步的具体要求，并分别落实到执行计划的有关部门、单位甚至个人。目标管理的内容包括：目标的设定和分解，目标的责任到位和执行。检查目标的执行结果，修正目标和评价目标。成本控制作为目标管理的一项重要内容，其工作的开展要遵循目标管理的原理。必须以目标成本为依据，作为对项目各种经济活动进行控制和指导的准绳，力求做到以最少的成本支出，获得最佳的经济效益。

（7）经济原则

项目施工成本控制的根本目的在于降低施工成本和提高经济效益。项目成本控制必须突出经济效益和社会效益，正确处理产值、竣工面积、工程质量和成本的关系。任何承建单位决不能只顾追求产值而不顾竣工面积、工程质量和成本，同时也不能为片面追求降低成本而不顾工程质量、产值和竣工面积，必须统筹兼顾。

2. 施工项目成本控制的依据

（1）工程承包合同

工程承包合同是施工成本控制的依据，从预算收入和实际成本两方面着手，找出增收节支的潜力，达到降低工程成本，获得最大的经济效益的目的。

（2）施工成本计划

成本计划是施工成本控制的指导性文件，是根据项目的具体情况制订的成本控制方案，既包括预定的具体成本控制目标，也包括实现控制目标的措施和规划。

（3）进度报告

进度报告能够提供每一时刻工程实际完成量，工程施工成本实际支付情况等重要信息。施工成本控制工作是将实际情况与计划成本作比较，找出二者的差别，分析产生偏差的原因，为以后的工作采取改进措施。另外，进度报告还有利于管理者及时发现工程实施中存在的隐患，采取有效的措施预防重大损失的发生。

（4）工程变更

工程变更一般包括设计变更、进度计划变更、施工条件变更、技术规范与标准变更、施工顺序变更、工程量清单中未包括的"新增工程"等。工程变更常常会导致工程量、工期、成本发生变化，从而增大施工成本控制的难度。因此，成本管理人员应及时掌握变更情况，判断变更及变更可能带来的索赔额度。

（5）其他资料

施工组织设计、分包合同等也是施工成本控制的依据。

8.3.2 施工项目成本控制的对象和内容

1. 以施工项目成本形成的过程作为控制对象

（1）工程投标阶段。投标的报价确定承包合同的合同价，由此确定工程项目的收入额。

（2）施工准备阶段。应结合设计图纸的自审、会审和其他资料，编制实施性施工组织设计，通过多方案的技术经济比较，从中选择经济合理、先进可行的施工方案，编制明确而具体的成本计划，对项目成本进行事前控制。

（3）施工阶段。施工阶段要完成工程实体的建造，是各项成本实际支出的关键环节，也是控制成本支出的关键。

（4）竣工阶段。对竣工验收过程发生的费用和保修费用进行控制。

2. 以施工项目的职能部门、施工队和生产班组作为成本控制对象

控制成本的支出，必须从形成各项费用支出的主体入手进行有效控制，因此，各职能部门、施工队和生产班组作为成本控制对象，接受项目经理部主管部门的指导、监督、检查和考评。

与此同时，项目的职能部门、施工队和班组还应对自己承担的责任成本进行自我控制。应该说，这是最直接、最有效的项目成本控制。

3. 以分部分项工程作为项目成本的控制对象

这是最直接、最具体的控制对象。施工项目的最终完成，必须依靠分项工程、分部工程的逐渐完成而实现。因此，对分部分项工程进行控制，实际是对直接成本的控制。可通过编制施工预算提出控制措施和控制目标，然后实施。

4. 以对外经济合同作为成本控制对象

施工项目的对外经济业务，都要以经济合同为纽带建立制约关系，以明确双方的权利

和义务。在签订经济合同时，必须强调要将合同的数量、单价、金额控制在预算收入以内。这是由于合同金额超过预算收入，就意味着成本亏损；反之，就能降低成本。

8.3.3 施工项目成本控制的实施

施工项目成本控制应贯穿于施工项目从投标阶段开始直到项目竣工验收的全过程，它是企业全面成本管理的重要环节，可分为事前控制、事中控制（过程控制）、事后控制。

1. 施工前期的成本控制

在投标阶段通过进行成本预测，提出投标决策意见，中标后以标书为依据确定项目成本控制目标。在施工准备阶段，制订施工项目管理规划，编制明细而具体的成本计划，为成本控制实施做好准备。在施工前期，还应根据项目建设时间的长短和参加建设人数的多少，编制间接费用预算，并对上述预算进行明细分解，以项目经理部有关部门责任成本的形式落实下去，为今后的成本控制和绩效考评提供依据。

2. 施工期间的成本控制

施工期间的成本控制应抓住以下环节：

（1）加强施工任务单和限额领料单的管理，落实执行降低成本的各项措施，做好施工任务单的验收和限额领料单的结算。

（2）将施工任务单和限额领料单的结算资料进行对比，计算分部分项工程的成本差异，分析差异产生的原因，并采取有效的纠偏措施。

（3）做好月度成本原始资料的收集和整理，正确计算月度成本，分析月度预算成本和实际成本的差异，充分注意不利差异，认真分析有利差异的原因，特别重视盈亏比例异常现象的原因分析，并采取措施尽快加以纠正。

（4）在月度成本核算的基础上实行责任成本核算。即利用原有会计核算的资料，重新按责任部门或责任者归集成本费用，每月结算一次，并与责任成本进行对比，由责任者自行分析成本差异和产生差异的原因，自行采取纠正措施，为全面实施责任成本创造条件。

（5）经常检查对外合同履约情况，防止发生经济损失。

（6）加强施工项目成本计划执行情况的检查与协调。

3. 竣工验收及保修阶段的成本控制

（1）精心安排、干净利落地完成竣工扫尾工作，把竣工扫尾时间缩短到最低限度。

（2）重视竣工验收工作，顺利交付使用。

（3）及时办理结算，避免漏项。

（4）工程保修期间，应由项目经理指定保修工作的责任者，根据实际情况提出保修计划，以此作为控制保修费用的依据。

8.3.4 施工项目成本控制方法

施工项目成本控制的方法很多，针对工程的具体情况选择适当的控制方法。以下是几种常用的成本控制方法。

1. 以目标成本控制成本支出

在施工项目的成本控制中，可按施工图预算，实行"以收定支"或"量入为出"的原则，是最有效的方法之一。其具体的控制方法如下：

（1）人工费的控制

建筑市场上，绝大多数的工程人工费是以劳务分包的形式支出的。劳务分包通过签订不同的劳务合同来进行控制。目前常用的劳务分包方式有三种：

①劳务小包（分项单价）控制法。如某分项劳务费多少钱一平方米、多少钱一立方米等。劳务小包将一个单位工程按分项（工种）或楼层的劳务作业分包给一个或几个承包人。工程劳务计价方式有工程施工总承包合同价中相应工种的人工费部分或全部包干，以工种单价乘以相应工种的工程量计算，对一些工作虽少或难于统计计算、技术复杂的工种方面辅以工种工日单价乘以工作日计算。

②劳务大包（平方米费用大包干）控制法。从基础开挖到工程竣工的全部施工内容，按建筑面积实行费用包干，这种形式主要用于砌体多层住宅工程的分包。工程劳务计价方式有工程施工总承包合同价中相应工种的人工费部分或全部包干，以建筑面积乘以相应工作内容的平方米包干价计算。

③包定额人工费加取费分成法。这种形式主要用于素质较高的一类劳务队伍。

具体采取哪种方式根据工程具体情况决定。社会平均工资水平取决于经济发展水平，由于我国经济的迅速增长，社会平均工资水平的大幅增长，导致人工单价的大幅提高。不同地区相应时期的最低人工工资标准将一定程度影响建筑用工市场的供求，从而影响各类工程劳务用工的价格。劳动力市场如果供不应求，人工单价随之提高；供过于求，人工单价随之下降。生活消费指数的提高会影响人工单价的提高，生活消费指数的变动决定于物价的变动，尤其是生活消费品价格的变动。工程设计施工图、施工组织设计、劳动定额等决定人工消耗量的确定。建设工程计价标准是投标报价的依据，影响工程交易价格。工程交易价格的高低影响工程劳务分包价格。

（2）材料费的控制

在实行按"量价分离"方法计算工程造价的条件下，控制材料用量和材料价格。

一是材料用量控制。坚持按定额确定的材料消耗量，实行"限额领料"制度。改进施工技术，推广使用降低材料消耗的新工艺，分析材料性能，力求以低价材料替代高价材料，加强周转材料的管理。

二是材料价格控制。采购部门在采购时应先对市场行情进行调查。在确保质量的前提下，择优购料，并合理组织运输就近购料。选用最经济的运输方式，以降低运输成本。同时，还应考虑资金时间价值，减少资金占用，合理确定进货批量与批次，尽可能降低材料的储备。

（3）施工机械使用费的控制

施工图预算中的机械使用费＝台班数量×定额台班单价

由于项目施工的特殊性，实际的机械利用率不可能达到预算定额的取定水平，再加上预算定额中机械台班预算单价中的施工机械原价和折旧率又有较大的滞后性，因而施工图预算的机械使用费往往小于实际发生的机械使用费，形成机械使用费超支。因此，机械使用费可以从以下几个方面控制：

①根据工程特点和施工方案，合理选择机械的型号规格，尽量减少机械台班量，合理安排机械施工，提高机械设备的利用率。

②严格执行机械维修保养制度，加强平时的机械维修保养，降低大修、经常性修理等各项成本的支出，避免因不正当使用造成机械设备的闲置。

③加强租赁设备计划的管理，充分利用社会闲置机械资源，从不同角度降低台班价格。

（4）施工分包费用的控制

分包工程价格的高低对施工项目成本产生必然的影响。在签订这些经济合同的时候，坚持"施工图预算控制合同金额"的原则，绝不允许合同金额超过施工图预算。对分包费用的控制，主要是做好分包工程的询价，订立平等互利的分包合同，建立稳定的分包关系网络，加强施工验收和分包结算等工作。

2. 赢得值（挣值）法

赢得值（挣值）法是评价项目成本实际开销与进度情况的一种方法。它通过测量和计算计划工作量的预算成本、已完成工作量的实际成本和已完成工作量的预算成本得到有关计划实施的进度和费用偏差，从而可以衡量项目成本执行情况。

（1）三个基本参数

①已完工程预算成本（Budget Cost for Work Performed，简称 BCWP），指在某一时间已经完成的工作（或部分工作），以批准认可的预算为标准所需要的资金总额。由于业主正是根据这个值为承包人完成的工作量支付相应的费用，也就是承包人获得（挣得）的金额，故称赢得值或挣值。

$$已完工程预算成本 BCWP＝已完成工程量×计划单位成本 \qquad (8-9)$$

②计划工程预算成本（Budget Cost for Work Scheduled，简称 BCWS），即根据进度计划，在某一时刻应当完成的工作，以预算为标准所需要的资金总额。除非合同有变更，一般 BCWS 在工程实施过程中保持不变。

$$计划工程预算成本 BCWS＝计划工程量×计划单位成本 \qquad (8-10)$$

③已完工程实际成本（Actual Cost for Work Performed，简称 ACWP），即到某一时刻为止，已完成的工作（或部分工作）所实际花费的总金额。

$$已完工程实际成本 ACWP ＝ 已完成工程量×实际单位成本 \qquad (8-11)$$

（2）根据基本参数开展评价

在工程施工阶段，无论是建设单位还是施工单位，均需要进行实际费用与计划费用的动态比较，分析费用偏差产生的原因，并采取有效措施控制费用偏差。

利用挣值法的三个基本参数，可以来进行费用偏差、进度偏差、进度绩效指数和成本绩效指数的评价。

①费用偏差（Cost Variance，简称 CV）。

$$费用偏差 CV ＝ 已完工程预算成本 BCWP－ 已完工程实际成本 ACWP \qquad (8-12)$$

当 CV＜0 时，表明施工成本超支；当 CV＞0 时，表明施工成本节约。

②进度偏差（Schedule Variance，简称 SV）。

$$进度偏差 SV ＝ 已完工程预算成本 BCWP－ 计划工程预算成本 BCWS \qquad (8-13)$$

当 SV＜0 时，表明施工进度拖后；当 SV＞0 时，表明施工进度超前。

③成本绩效指数（Cost Performance Index，简称 CPI）。

$$成本绩效指数 CPI ＝ 已完工程预算成本 BCWP / 已完工程实际成本 ACWP \qquad (8-14)$$

当 CPI＜1 时，表明施工成本超支；当 CPI＞1 时，表明施工成本节约。

④进度绩效指数（Schedule Performance Index，简称 SPI）。

$$进度绩效指数 SPI ＝ 已完工程预算成本 BCWP / 计划工程预算成本 BCWS \qquad (8-15)$$

当 SPI＜1 时，表明施工进度拖后；当 SPI＞1 时，表明施工进度超前。

尽管偏差和绩效指数均可用来判断施工成本计划和进度计划的执行情况，但偏差仅限于分析同一工程项目的计划执行情况；而绩效指数既可用于分析同一工程项目的计划执行情况，又可用于不同工程项目计划执行情况的比较。

运用赢得值原理进行执行效果的评价，可以直接判断检测当月进度是提前还是拖后，同时还可判断费用是节省还是超支。

【例 8-1】某工程项目总成本 300 万元，总工期为 150 天。现工程已施工 50 天，按计划项目的计划成本发生额为 110 万元，已完成的工程计划成本额为 100 万元，实际成本发生额为 105 万元；试计算费用偏差 CV、进度偏差 SV、成本绩效指数 CPI 和进度绩效指数 SPI，并对成本和进度执行情况进行分析。

【解】因为 $BCWS=110$ 万元，$BCWP=100$ 万元，$ACWP=105$ 万元，则

费用偏差 $CV=BCWP-ACWP=100-105=-5$ 万元

进度偏差 $SV=BCWP-BCWS=100-110=-10$ 万元

成本绩效指数 $CPI=BCWP/ACWP=100/105=0.952$

进度绩效指数 $SPI=BCWP/BCWS=100/110=0.909$

从 CV 和 SV 可知，本项目成本处于超支状态，项目实施落后于计划进度；从 CPI 和 SPI 可知，这两个指标比例都小于 1，说明该项目目前正处于不利状态；完成该项目的成本绩效和进度绩效分别是 95.2% 和 90.9%，即该项目投入 1 元钱仅获得 0.952 的收益，如果说现在应完成项目的全部工程量，则目前只完成了 90.0%，所以必须要分析其中的原因，制订相应的措施。成本超支的原因可能有合同变更、成本计划编制数据不准确、不可抗力事件发生、返工事件发生或管理混乱等。

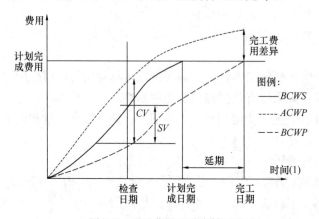

图 8-7 项目费用和进度情况

（3）赢得值（挣值）法的图形及其分析

①赢得值（挣值）图

实际应用中为了更为直观，根据以上三项基本参数的数据可分别绘制如下曲线，如图 8-7 所示。

a. BCWS 曲线，即计划工作量的预算值曲线，简称计划值曲线。它是按照批准的项目进度计划（横道图）将各个工程活动的预算成本在活动的持续时间上平均分配，然后在项目生命期上累加得到的。这条曲线是项目控制的基准线。

b. BCWP 曲线，即已完成工作量的预算曲线，也称赢得值曲线，是按控制期统计已完成工作量，并将已完成工作量的值乘以预算单价，逐月累加，就生成赢得值曲线。赢得值与实际消耗的费用（或人工）无关，它是用预算定额或单价来计算已完成工作量所取得的实物进展值，是测量项目实际进展所取得的绩效尺度。对承包商来说，这是他有权利能够从业主处获得的工程价款，或他真正已"赢得"的价值。它能较好地反映工程实物进度。

c. ACWP 曲线，即已完成工作量的实际费用消耗曲线，简称实耗值曲线。它是对应

已完成工作量实际上消耗的费用，逐项记录实际消耗的费用并逐月累加，就可生成这条实际消耗值曲线。

②赢得值（挣值）图的分析

图 8-7 中，通过 $BCWS$、$BCWP$、$ACWP$ 三条曲线的对比，能获得以下信息：

a. 可以直观地综合反映项目费用和进度的进展情况。

• $BCWP—ACWP>0$ 表示成本低于预算，$BCWP—ACWP＝0$ 表示成本符合预算，$BCWP—ACWP<0$ 表示成本超出预算；

• $BCWP—BCWS>0$ 表示进度提前，$BCWP—BCWS＝0$ 表示进度符合要求，$BCWP—BCWS<0$ 表示进度拖后。

b. 可对项目的实际进度和资金的执行情况进行测量，并可进行生产效率分析。

c. 对资金和人员的需求，可随时进行分析和调整，可以灵活地编制项目报告，满足不同需要。

d. 对项目的实施情况做出客观的评估，能及时发现原有问题和执行中的问题，并能判断这些问题对进度和费用产生影响的程度。

（4）赢得值（挣值）法的不足

赢得值（挣值）法的不足是要求应用对象有能够明确度量的工程量和单价。它仅适用工程量变化的情况，而工程中还会有质量、工作条件、难度的变化和外界不可抗力的影响。

3. 偏差控制法

项目施工成本控制中的偏差控制法，即在制定出计划成本基础上，通过采用成本分析方法找出计划成本与实际成本间偏差，分析产生偏差的原因与变化发展趋势，进而采取措施以减少或消除偏差，实现目标成本的一种科学管理方法。

（1）偏差的种类

施工成本控制的目的是尽量减少目标偏差。施工过程中进行成本控制的偏差有三种：

$$实际偏差 = 预算成本 - 实际成本 \tag{8-16}$$

$$计划偏差 = 计划成本 - 预算成本 \tag{8-17}$$

$$目标偏差 = 计划成本 - 实际成本 \tag{8-18}$$

由于目标偏差＝实际偏差＋计划偏差，所以要减少项目的目标偏差，只有采取措施减少施工中发生的实际偏差。

（2）偏差控制法

运用偏差控制法的程序如下：

①找出偏差。在项目施工过程中定期地（每日或每周）、不断地寻找和计算三种偏差，并以目标偏差为对象进行控制。通常寻找偏差可用成本对比方法进行。通过在施工过程中不断记录实际发生的成本费用，然后将记录的实际成本与计划成本进行对比，从而发现目标偏差；还可将实际成本、计划成本二者的发展变化用图表示出来。

②根据成本偏差，用因果分析图分析产生的原因，然后设计纠偏措施，制定对策，协调成本计划。对策要列成对策表，落实执行责任。最后，应对责任的执行情况应进行考核。

（3）常用的偏差分析方法

常用的偏差分析方法有横道图法、时标网络图法、表格法和曲线法。

①横道图法

用横道图进行投资偏差分析，是用不同的横道标识已完工程预算费用 BCWP、计划工程预算费用 BCWS 和已完工程实际费用 ACWP，横道线的长度与其金额成正比；然后再根据上述数据分析费用偏差和进度偏差。如图 8-8 所示，是用横道图比较并分析偏差的一个例子。

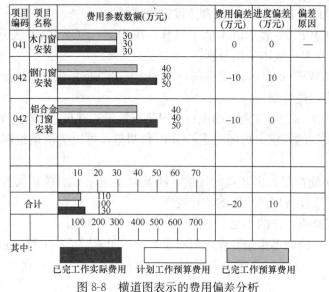

图 8-8　横道图表示的费用偏差分析

横道图的优点是简单直观，便于掌握工程费用的全貌；但这种方法反映的信息量较少，主要是累计偏差和局部偏差，因而其应用有一定的局限性。

②时标网络图法

应用时标网络图法进行费用偏差分析，是根据时标网络图得到每一时间段计划工程预算费用，然后根据实际工作完成情况测得已完工程实际费用，并通过分析时标网络图中的实际进度前锋线，得出每一时间段已完工程计划费用，即可分析费用偏差和进度偏差。

实际进度前锋线表示整个工程项目目前实际完成的工作面情况，将某一确定时点下时标网络图中各项工作的实际进度点相连就可得到实际进度前锋线。

时标网络图具有简单、直观的优点，可用来反映累计偏差和局部偏差，但实际进度前锋线的绘制需要有工程网络计划为基础。

③表格法

表格法是进行偏差分析最常用的一种方法，可以根据项目的具体情况、数据来源、投资控制的要求等条件来设计表格，因而适用性较强。表格法的信息量大，可以反映各种偏差变量和指标，对全面深入地了解项目投资的实际情况非常有益；另外，表格法还便于用计算机辅助管理，提高投资控制工作的效率。

某基础工程在一周内费用偏差和进度偏差分析如表 8-6 所示。

用表格法进行偏差分析具有如下优点：灵活、适用性强，可根据实际需要设计表格，进行增减项；信息量大，可以反映偏差分析所需的资料，从而有利于费用控制人员及时采取针对性措施，加强控制。表格处理可借助于计算机，从而节约大量数据处理所需的人力，并提高速度。

项目编码		021		022		023	
项目名称		土方开挖工程		打桩工程		混凝土基础梁	
费用及偏差	代码或计算式	单位	数量	单位	数量	单位	数量
预算单价	(1)	元/m³	10	元/m	200	元/m³	100
计划工程量	(2)	m³	300	m	100	m³	300
计划工程预算成本 $BCWS$	(3)=(1)×(2)	元	3000	元	20000	元	30000
已完工程量	(4)	m³	400	m	110	m³	280
已完工程预算成本 $BCWP$	(5)=(1)×(4)	元	4000	元	22000	元	28000
实际单价	(6)	元/m³	12	元/m	180	元/m³	120
已完工程实际成本 $ACWP$	(7)=(4)×(6)	元	4800	元	19800	元	33600
费用偏差 CV	(8)=(5)−(7)	元	−800	元	2200	元	5600
费用绩效指数 CPI	(9)=(5)÷(7)	—	0.833	—	1.111	—	0.833
进度偏差 SV	(10)=(5)−(3)	元	1000	元	2000	元	−2000
费用绩效指数 SPI	(11)=(5)÷(7)	—	1.33	—	1.1	—	0.933

④曲线法

曲线法又称为赢得值法，是利用赢得值法原理，根据费用累计曲线来进行费用偏差和进度偏差分析的一种方法，具体详见本节中的赢得值法。

(4) 偏差产生的原因分析及控制措施

①偏差产生的原因

偏差分析的一个重要目的是找出引起偏差的原因，采取有效的措施减少或避免相同原因再次发生。一般来说费用偏差产生的原因如图 8-9 所示。

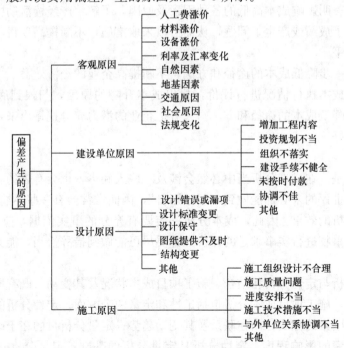

图 8-9　费用偏差原因

②费用偏差的纠正措施

对偏差原因进行分析的目的是为了有针对性地采取纠偏措施，从而实现费用的动态控制和主动控制。费用偏差的纠正主要从组织措施、经济措施、技术措施和合同措施等方面进行。

8.4 工程项目施工成本分析

施工项目成本分析，应该随着项目施工的进展，动态地、多形式地开展，而且要与生产诸要素的经营管理相结合。这是因为成本分析必须为生产经营服务，即通过成本分析，及时发现矛盾，从而改善生产经营，同时又可降低成本。

8.4.1 施工项目成本分析的作用和原则

1. 作用

（1）有助于恰当评价成本计划的执行结果

施工项目的经济活动错综复杂，在实施成本管理时制订的成本计划，其执行结果往往存在一定偏差，如果简单地根据成本核算资料直接做出结论，则势必影响结论的正确性。反之，若在核算资料的基础上，通过深入的分析，则可能做出比较正确的评价。

（2）揭示成本节约和超支的原因，进一步提高企业管理水平

成本是反映施工项目经济活动的综合性指标，它直接影响着项目经理部和施工企业生产经营活动的成果，如果施工项目降低了原材料的消耗，减少了其他费用的支出，提高了劳动生产率和设备利用率，这必定会在成本中综合反映出来。借助成本分析，用科学方法，从指标、数字着手，在各项经济指标相互联系中系统地对比分析，揭示矛盾，找出差距，就能正确地查明影响成本高低的各种因素及原因，了解生产经营活动中哪一部门、哪一环节工作做出了成绩或产生了问题，从而可以采取措施，不断提高项目经理部和施工企业经营管理的水平。

（3）寻求进一步降低成本的途径和方法，不断提高企业的经济效益

对施工项目成本执行情况进行评价，找出成本升降的原因，归根到底是为了挖掘潜力，寻求进一步降低成本的途径和方法。只有把企业的潜力充分挖掘出来，才会使企业的经济效益越来越好。

2. 原则

（1）实事求是。在成本分析当中必然会涉及一些人和事，也会有表扬和批评。受表扬的当然高兴，受批评的未必都能做到"闻过则喜"，因而常常会有一些不愉快的场面出现，乃至影响成本分析的效果。因此，成本分析一定要有充分的事实依据，应用"一分为二"的辩证方法，对事物进行实事求是的评价，并要尽可能做到措辞恰当，能为绝大多数人所接受。

（2）定量分析与定性分析相结合。施工项目成本状况及其变动，既有质的特征，又有量的界限。因此，施工项目成本分析包括定性和定量两个方面。定性分析的目的在于揭示影响工程成本各因素的性质、内在联系及其变动趋势；定量分析目的在于确定成本指标变动幅度及其各因素的影响程度。定性分析是定量分析的基础，定量分析是定性分析的深化，两者相辅相成，互为补充，缺一都不能发挥成本分析应起的作用。

（3）成本分析与技术经济指标相结合。技术经济指标是反应施工项目技术经济情况，与施工方案、技术、工艺等密切相关的一系列指标。施工项目各项技术经济指标的完成情况，都直接或间接地影响到工程成本的高低。因而，只有结合技术经济指标的变动对工程成本进行分析，才能深入成本分析，从根本上查明影响成本波动的具体原因，寻求降低成本的途径。另外，通过成本分析，也可以从资金耗费效果上促进项目经理部各部门更好地完成各项技术经济指标，有利于从经济的角度，改善项目的施工状况。

（4）成本分析与成本责任制相结合。在施工项目内部，建立健全完善的成本责任制，把成本分析工作与各部门经济效果和工作质量的考核、评比和奖惩结合起来，是成本分析工作深入持久的必要保证。在完善的成本责任制下，企业应根据各部门的特点和责任范围，开展班组成本分析、施工队成本分析和施工项目成本分析，把成本分析植根于广泛深入的调查研究之中；尤其是班组、施工队一级的成本分析，应根据项目施工生产情况、适当选择一定专题作为分析的主要内容，逐渐缩短分析时期，这样才能为成本分析的有效控制提供有价值的成本信息。

8.4.2 施工项目成本分析的方法

1. 成本分析的基本方法

（1）综合指标法

通过技术经济指标的对比，检查计划的完成情况，分析产生差异的原因，进而挖掘内部潜力的方法。这种方法，具有通俗易懂、简单易行、便于掌握的特点，因而得到了广泛的应用，但在应用时必须注意各技术经济指标的可比性。成本分析的综合指标主要有：

①计划完成相对指标：

$$计划完成相对指标 = \frac{完成指标}{计划指标} \times 100\% \tag{8-19}$$

对计划完成程度的评价，无论是实际完成数超过计划任务，还是低于计划任务数，都是以计划指标性质和要求作为评价的标准。凡是计划任务用最低限量规定的，计划完成相对指标以达到或超过 100% 为好，如工程结算收入；凡是计划任务用最高限量规定的，计划完成相对指标以低于 100% 为好，如工程成本。

通过以上计划完成差额指标和计划完成相对指标，将实际指标与计划指标对比，以检查计划的完成情况，分析完成计划的积极因素和影响计划完成的原因，以便及时采取措施，保证成本目标的实现。在进行实际与计划对比时，还应注意计划本身的质量。如果计划本身出现质量问题，则应调整计划，重新正确评价实际工作的成绩，以免挫伤人的积极性。

②比较相对指标。比较相对指标是同一时间同类现象在不同地区、企业之间的指标对比，借以反映不同地区、企业同类现象发展的差异，一般用百分比或倍数表示。其计算公式为：

$$比较相对指标 = \frac{甲地区（企业）的某种指标}{乙地区（企业）的同类指标} \tag{8-20}$$

通过比较相对指标，施工项目可以把自己的实际水平与同类项目的平均水平或先进水平相比较。通过这种对比，可以反映本项目的技术管理和经济管理与其他项目的平均水平和先进水平的差距，进而采取措施赶超先进水平。比较时采用哪个指标作为比较基础，主要根据研究目的而定。一般情况下，比较相对指标的分子、分母可以相互对换，以便从不同的角度来说明问题。

③动态相对指标。动态相对指标是同一研究对象在不同时间上的同类指标对比而得到的相对指标，用来表示某一技术经济指标在不同时间上的发展方向和变化的程度。在分析中，通常将作为比较标准的时期称为基期，把同基期对比的时期称为报告期。动态相对指标一般用百分比或倍数表示。其计算公式如下：

$$动态相对指标 = \frac{报告期技术经济指标}{基期同类技术经济指标} \times 100\% \tag{8-21}$$

根据基期选择的不同，动态相对指标分为：

a. 定基动态相对指标。定基动态相对指标是报告期实际水平与固定期实际水平之比，表明现象在较长时期内总的发展程度，故又称为定基发展速度。

b. 环比动态相对指标。环比动态相对指标是报告期实际水平与前期实际水平之比，表明现象逐期发展的速度，又称为环比发展速度。

【例8-2】某施工项目第一至第四季度的成本降低额，采用动态比率法进行成本分析，见表8-7。

成本降低额动态比较表

表 8-7

项 目	第一季度	第二季度	第三季度	第四季度
成本降低额（千元）	45.60	47.80	52.50	64.30
定基动态相对指标（%）		104.82	115.13	141.01
环比动态相对指标（%）		104.82	108.83	122.48

通过这种对比，可以看出各项技术经济指标的动态情况，反映施工项目管理水平的提高程度。在一般情况下，一个技术经济指标只能代表施工项目管理的一个侧面，只有成本指标才是施工项目管理水平的综合反映。因此，成本指标的对比分析尤为重要，一定要真实可靠，而且要有深度。

④结构相对指标。将某一技术经济指标中各组成部分的数值与该指标的数值对比求得的比值，称为结构相对指标。它主要用来反映现象总体的内部构成状况，揭露现象的特点、性质和发展规律，一般用百分比表示。其计算公式为：

$$结构相对指标 = \frac{某指标各构成部分的数值}{指标的总数值} \times 100\% \tag{8-22}$$

通过结构相对指标，可以考察成本总量的构成情况以及各成本项目占成本总量的比重，同时也可看出量、本、利的比例关系（即预算成本、实际成本和降低成本的比例关系），从而为寻求降低成本的途径指明方向。

（2）因素分析法

因素分析法又称连锁置换法或连环替代法，用这种方法可分析出各种因素影响成本形成的程度。在进行分析时，首先要假定众多因素中的某个因素发生了变化而其他因素不变，然后逐个替换，并分别比较其计算结果，以确定各个因素的变化对成本的影响程度，从数量上说明成本变动的具体原因。

因素分析法的计算步骤如下：

①确定分析对象（即所分析的技术经济指标），并计算出实际与计划（预算）数的差异。

②确定该指标是由哪几个因素组成的，并按其相互关系进行排序。

③以计划（预算）数为基础，将各因素的计划（预算）数相乘，作为分析替代的基数。

④将各因素的实际数按照上面的顺序进行替换计算，并将替换后的实际数保留下来。

⑤将每次替换计算所得的结果，与前一次的计算结果相比较，两者的差异即为该因素对成本的影响程度。

⑥各个因素的影响程度之和，应与分析对象的总差异相等。

用因素法分析各因素的影响时，应注意分析的顺序：先绝对量指标，后相对量指标；先实物量指标，后货币量指标；另外，各个因素的排列顺序应该固定不变，否则会得出不同的计算结果，也会产生不同的结论。

【例 8-3】某建筑工程材料成本资料如表 8-8 所示，分析结果如表 8-9 所示。

材料成本情况　　　　　　　　　　　　　表 8-8

项目	单位	计划	实际	差异
工程量	m^3	1000	1050	+50
材料单价	元/m^3	320	350	+30
材料损耗率	%	1.5	1	−0.5
材料成本	元	324800	371175	+46375

材料成本情况　　　　　　　　　　　　　表 8-9

计算顺序	替换因素	工程量 (m^3)	单价 (元/m^3)	损耗率 (%)	成本 (元)	与前一次的差异 (元)	差异原因
替换基数		1000	320	1.5	324800		
一次替换	工程量	1050	320	1.5	341040	+116420	工程量增加
二次替换	单价	1050	350	1.5	373012.5	+31972.5	单价提高
三次替换	损耗率	1050	350	1	371175	−1837.5	损耗率减低

各因素的影响程度之和＝16240＋31972.5−1837.5＝46375 元，跟实际成本与目标成本的差额相等。

（3）差额计算法

差额计算法是因素分析法的一种简化形式，它利用各因素的计划与实际的差额来计算其对成本的影响程度。

按上例计算：

由于工程量增加使成本增加：$(1050-1000)\times320\times1.015=16240$ 元

由于单价提高使成本增加：$(350-320)\times1050\times1.015=31972.5$ 元

由于损耗率降低使成本降低：$(1.015-1.01)\times1050\times350=1837.5$ 元

2. 综合成本分析法

所谓综合成本，是指涉及多种生产要素，并受多种因素影响的成本费用，如分部分项工程成本、月（季）度成本、年度成本等。由于这些成本都是随着项目施工的进展而逐步形成的，与生产经营有着密切的关系。因此，做好上述成本的分析工作，无疑将促进项目的生产经营管理，提高项目的经济效益。

（1）分部分项工程成本分析

分部分项工程成本分析是针对施工项目主要的、已完的分部分项工程进行的成本分析，是施工项目成本分析的基础。通过分部分项工程成本分析，可以基本了解项目成本形成全过程，为竣工成本分析和今后的项目成本管理提供一份宝贵的参考资料。

分部分项工程成本分析的资料来源：预算成本来自施工图预算，计划成本来自施工预算，实际成本来自施工任务单的实际工程量、实耗人工和限额领料单的实耗材料。

分部分项工程成本分析的方法是进行预算成本、计划成本和实际成本的对比，分别计算实际偏差和目标偏差，分析偏差产生的原因，为今后的分部分项工程成本寻求节约途径。

（2）月（季）度成本分析

月（季）度的成本分析，是施工项目定期的、经常性的中间成本分析。对于有一次性特点的施工项目来说，有着特别重要的意义。因为通过月（季）度成本分析，可以及时发现问题，以便按照成本目标指示的方向进行监督和控制，保证项目成本目标的实现。

月（季）度成本分析的依据是当月（季）的成本报表。分析的方法，通常有以下几个方面：

① 通过实际成本与预算成本的对比，分析当月（季）的成本降低水平；通过累计实际成本与累计预算成本的对比，分析累计的成本降低水平，预测实现项目成本目标的前景。

②通过实际成本与计划成本的对比，分析计划成本的落实情况，以及目标管理中的问题和不足，进而采取措施。加强成本管理，保证成本计划的落实。

③通过对各成本项目的成本分析，可以了解成本总量的构成比例和成本管理的薄弱环节。对超支幅度大的成本项目，应深入分析超支原因，并采取相应的增收节支措施，防止今后再超支；对预算定额规定的"政策性"亏损成本项目，则应从控制支出着手，把超支额压缩到最低限度。

④通过主要技术经济指标的实际与计划的对比，分析产量、工期、质量、"三材"节约率、机械利用率等对成本的影响。

⑤通过对技术组织措施执行效果的分析，寻求更加有效的节约途径。

⑥分析其他有利条件和不利条件对成本的影响。

（3）年度成本分析

企业成本要求一年结算一次，不得将本年成本转入下一年度。而项目成本则以项目的寿命周期为结算期，要求从开工到竣工到保修期结束连续计算，最后结算出成本总量及其盈亏。由于项目的施工周期一般都比较长，除了要进行月（季）度成本的核算和分析外，还要进行年度成本的核算和分析。这不仅是为了满足企业汇编年度成本报表的需要，同时也是项目管理的需要。因为通过年度成本的综合分析，可以总结一年来成本管理的成绩和不足，为今后的成本管理提供经验和教训，从而可对项目成本进行更有效的管理。

年度成本分析的依据是年度成本报表。年度成本分析的内容除了月（季）度成本分析的六个方面以外，重点是针对下一年度的施工进展情况规划切实可行的成本管理措施，以保证项目成本目标的实现。

（4）竣工成本的综合分析

凡是有几个单位工程而且是单独进行成本核算（即成本核算对象）的施工项目，其竣工成本分析应以各单位工程竣工成本分析资料为基础，再加上项目经理部的经营效益（如资金调度、对外分包等所产生的效益）进行综合分析；如果施工项目只有一个成本核算对象（单位工程），就以该成本核算对象的竣工成本资料作为成本分析的依据。

单位工程竣工成本分析，应包括以下三方面内容：

①竣工成本分析。

②主要资源节超对比分析。

③主要技术节约措施及经济效果分析。

复 习 思 考 题

1. 何谓工程项目成本？具体包含哪些内容？
2. 简述现行建筑安装工程费用项目的组成。
3. 工程项目成本有哪几种分类？
4. 简述工程项目成本管理的概念及其作用。
5. 何谓施工项目成本管理？简述其任务。
6. 施工项目成本管理的措施有哪些？
7. 何谓目标成本？其如何计算？
8. 简述施工项目成本计划的编制程序。
9. 施工项目成本计划的编制方法有哪些？
10. 简述施工项目成本控制的原则。
11. 施工项目成本控制的依据是什么？
12. 常用的施工项目成本控制方法有哪些？
13. 某施工项目进展到第 15 周时，对前 14 周的工作进行统计检查，有关情况如表 8-10 所示。请计算第 14 周末的 CV 与 SV、CPI 与 SPI，并分析成本和进度情况。

工作统计检查表 表 8-10

工作代号	A	B	C	D	E	F	G	H	I	J	K	L
计划完成工作预算费用（万元）	300	280	260	500	710	450	620	360	330	290	180	0
已完成工作量（%）	100	100	100	100	50	100	40	0	80	100	100	100
实际发生费用（万元）	278	268	254	500	325	425	248	0	268	260	180	120

注：工作 L 原没有计划，统计时已经进行了施工；工作 H 虽有计划，但并没有施工。

14. 某公司承接一座钢筋混凝土结构的办公楼，内外墙及框架间墙采用保温砌块砌筑。目标成本为305210.50 元，实际成本为 333560.40 元，比目标成本超支了 28349.90 元。用因素分析法分析砌筑量、单价、损耗率等因素的变动对实际成本的影响程度，有关对比数据见表 8-11。用因素分析法分析成本增加的原因。

砌筑工程目标成本与实际成本对比表
表 8-11

项目	单位	目标	实际	差额
砌筑量	千块	970	985	+15
单价	元/千块	310	332	+22
损耗率	%	1.5	2	+0.5
成本	元	305210.50	333560.40	28349.90

9 工程项目风险管理

"风险无处不在，风险无时不有"、"风险会带来灾难，风险与利润并存"，这说明了风险的客观性和风险与生产及发展的相关性。工程项目的实现过程是一个复杂的、一次性的、创造性的并包涵诸多不确定性的过程，对于建设规模越来越大、技术越来越复杂的现代工程项目而言，存在着各种各样的风险。因此，工程项目风险管理是建设项目管理中的重要内容之一。其目的是通过风险分析减少项目决策的不确定性，使决策更为科学，以及在项目实施阶段保证目标控制的顺利进行，更好地实现项目的目标。

9.1 概　　述

9.1.1 工程项目风险的概念

1. 风险的概念

关于风险的定义有很多，其中最基本的定义是：在约定的时间和特定情况下，可能发生的结果之间存在差异，差异越大则风险越大；前者强调结果的差异性，后者强调不利事件发生的不确定性。另一个具有代表性的定义则认为：风险是不期望发生事件的客观不确定性。

还有一些项目风险管理专家对工程项目风险的定义为：工程项目风险是所有影响工程项目目标实现的不确定因素的集合。

一般来说，风险具备下列要素：

(1) 事件（不希望发生的变化）；

(2) 事件发生的概率（事件是否发生具有不确定性）；

(3) 事件的影响（后果）；

(4) 风险的原因。

2. 工程项目风险的特征

(1) 工程项目风险的客观性与必然性

在工程项目建设中，无论是自然界的风暴、地震、滑坡等灾害还是与人们活动紧密相关的施工技术、施工方案的不当造成的风险损失，都是不以人们意志为转移的客观现实。它们的存在与发生，就总体而言是一种必然现象。自然界的物体运动以及人类社会的运动规律都是客观存在的，因此项目风险的发生也是客观必然的。

(2) 工程项目风险的不确定性

风险活动或事件的发生及其后果都具有不确定性。其表现在：风险事件是否发生、何时发生、发生之后会造成什么样的后果等均是不确定的。但人们可以根据历史数据和经验，对工程项目风险发生的可能性和损失的严重程度在一定程度上做出分析和预测。

(3) 工程项目风险具有一定的规律性和可预测性

不确定性是风险的本质属性，但这种不确定性并不是指对客观事物变化的全然不知，并非表明人们对它束手无策。工程项目的环境变化及项目的实施有一定的规律性，所以风险的发生和影响也有一定的规律性，它是可以进行预测的。根据以往的经验和发生过的类似事件的统计资料，经过分析、研究，对风险发生的频率及其造成的损失程度做出统计分析和主观判断或估计，从而对可能发生的风险进行预测与衡量。风险分析的过程实际上就是风险预测和衡量的过程。

（4）工程项目风险的可变性

事物总是会发展变化的。风险活动或事件也不例外，当引起风险的因素发生变化时，必然会导致风险的变化。风险的可变性集中表现在：风险性质的变化；风险后果的变化；出现了新的风险或风险因素已经消除。

（5）工程项目风险的相对性

①风险主体是相对的。风险总是相对于事件的主体而言的，同样的不确定事件对不同的主体有不同的影响。如工程合同的某些缺陷，可能为承包人索赔创造了条件；这对工程项目业主而言是一种风险，但对承包人而言却是一个机会。

②风险大小是相对的。人们对于风险活动或事件都有一定的承受能力，但是这种能力因活动、主体和时间的不同而异。如某一房产开发项目存在销路不畅的风险，对于具有多个房地产项目的大公司而言，可能还有几个做得较成功的项目，因此受到影响不大；但对仅有1～2个项目的小公司来说，则可能会因此破产。

（6）工程项目风险的阶段性

①潜在风险阶段。是指风险正在酝酿之中，但尚未发生的阶段。该阶段是没有损失的，但是潜在风险可以逐步发展变化，最终进入风险发生阶段。

②风险发生阶段。是指风险已变成现实，事件正在发展的阶段。此时风险正在发生，但其后果还没有形成。若不正确应对，风险就会造成后果。这一阶段一般认为持续时间较短。

③造成后果阶段。是指已经造成了人身、财产或其他损失或伤害的阶段。通常这一后果的产生是无法挽回的，只能设法减少损失或伤害的程度。

（7）工程项目风险的行为相关性

工程项目风险的行为相关性是指决策者面临的风险与其决策行为是紧密关联的。不同的决策者对同一风险事件会有不同的决策行为，具体反映在其采取的不同策略和不同的管理方法上，由此也会产生不同的风险结果。风险的行为相关性表明，任何一种风险实质上都是由决策行为与风险状态结合而成的，是风险状态与决策行为的统一，风险状态是客观的，但其结果会因不同的决策行为而不同。

（8）工程项目风险的结果双重性

工程项目风险的结果双重性是指由风险所引发的结果可能是损失也可能是收益。传统上都把工程项目风险作为损失来看待，然而工程项目风险的双重性表明风险与收益机会共存，风险和收益是一对"孪生子"。风险越大，收益越大；反之，风险越小，收益亦越小。这就是体现风险结果双重性的风险报酬原则。风险利益使风险具有诱惑效应，使人们甘冒风险去获取利益；另一方面，虽然风险与收益共存，但一旦风险代价太大或决策者厌恶风险时，就会对风险采取回避行为，这就是风险的约束效应。以上两种效应是风险效应的两个方面，它们同时存在，同时发生作用，且互相抵消，互相矛盾。人们决策时是选择还是回避风险，就是这两种效应相互作用的结果。

工程项目风险结果的双重性使我们认识到，对待风险不应只是消极看待其损失一面，还应将风险当作是一种机会，通过风险管理尽量获得风险收益。

（9）工程项目风险的全面性

①工程项目风险的多样性。一个项目中存在很多种类的风险，如政治风险、经济风险、法律风险、自然风险、合同风险、合作者风险等。这些风险之间存在复杂的内在联系。

②工程项目风险不仅在实施阶段存在，而且在整个项目生命期中都存在。例如：在目标设计中可能存在构思的错误、重要边界条件的遗漏、目标优化的错误；在可行性研究中可能有方案的失误、调查不完全、市场分析错误；在技术设计中可能存在专业不协调、地质不确定、图纸和规范错误；施工中物价上涨，实施方案不完备，资金缺乏，气候条件变化；运行中市场发生变化，产品不受欢迎，运行达不到设计能力，操作失误等。

③工程项目风险影响的全局性。例如，反常的气候条件造成工程的停滞，会影响整个后期计划及后期所有参加者的工作，这不仅会造成工期的延长，从而费用的增加，还会对工程质量产生危害；体现了项目风险影响的全局性。即使是局部的风险，其影响也会随着项目的发展逐渐扩大。例如，一个活动受到风险干扰，可能影响与它相关的许多活动，所以在项目中风险影响随时间推移具有扩大的趋势。

9.1.2　工程项目风险的分类

1. 按风险的来源分类

（1）政治风险

政治风险是一种完全的不确定事件，包括宏观和微观两个方面。宏观政治风险系指在一个国家内对所有经营都存在的风险。一旦发生以上这类风险，方方面面都可能受到影响，比如全局性政治事件，出现这类风险，该国的所有企业均受影响，无一例外。而微观风险则仅是局部受影响，一部分人受益而另一部分人受害，或仅有一部分行业受害而其他行业不受影响的风险。

政治风险通常的表现为政局的不稳定性、战争状态、动乱、政变的可能性、国家的对外关系、政府信用和政府廉洁程度、政策及政策的稳定性、经济的开放程度或排外性、国有化的可能性、国内的民族矛盾、保护主义倾向等。

（2）经济风险

经济风险系指承包市场所处的经济形势和项目发包国的经济实力及解决经济问题的能力等方面潜在的不确定因素构成的经济领域的可能后果。

经济风险主要构成因素为：国家经济政策的变化，产业结构的调整，银根紧缩；项目产品的市场变化；项目的工程承包市场、材料供应市场、劳动力市场的变动、工资的提高、物价上涨、通货膨胀速度加快、原材料进口风险、金融风险、外汇汇率的变化等。

（3）法律风险

如法律不健全，有法不依、执法不严，相关法律内容的变化，法律对项目的干预；对相关法律未能全面、正确理解，工程中可能有触犯法律的行为等。

（4）自然风险

自然风险是指自然因素带来的风险。如地震，风暴，特殊的未预测到的地质条件包括泥石流、河塘、垃圾场、流砂、泉眼等，反常的恶劣的雨、雪天气、冰冻天气，恶劣的现场条件，周边存在对项目的干扰源，工程项目的建设可能造成对自然环境的破坏，不良的运输条件可能造成供应的中断。

（5）社会风险

包括宗教信仰的影响和冲击、社会治安的稳定性、社会的禁忌、劳动者的文化素质、社会风气等。

（6）技术风险

技术风险指一些技术条件的不确定可能带来的风险。例如，勘察资料未能全面正确地反映或解释工程的地质情况，采用新技术、设计文件和技术规范的失误等。

（7）商务风险

商务风险指合同中有关经济方面的条款和规定可能带来的风险。例如，支付、工程变更、风险分配、担保、违约责任、费用和法规变化、货币和汇率等方面的条款。这类风险包括条款中写明分配的、由于条款有缺陷而引起的或者撰写方有意设置的，如"开脱责任"等。

（8）信用风险

信用风险指合同一方的业务能力、管理能力和财务能力等有缺陷或者没有圆满履行合同而给另一方带来的风险。

2. 从风险承受者角度分类

（1）业主的风险

①人为风险。它是指因人的主观因素导致的种种风险。这类风险虽然表现形式和影响的范围各不相同，但都离不开人的思想行为。这类风险有些起因于项目业主的主管部门甚至政府，有些来自于业主的合作者，还有些则应因于其内部人员。

②经济风险。对于所有从事经济活动的行业而言，风险都在所难免。这类风险的主要产生原因有：宏观形势不利、投资环境恶劣、市场物价不正常上涨、投资回收期长、基础设施落后、资金筹措困难等。

③自然风险。它是指工程项目所在地区宏观存在的恶劣自然条件以及工程实施期间可能碰上的恶劣气候。

（2）承包商的风险

①决策风险。包括进入市场的决策风险、信息失真风险、中介风险、代理风险、业主买标风险、联合保标风险、报价失误风险等。

②缔约和履约风险。缔约和履约是承包工程的关键环节。许多承包商因对缔约和履约过程的风险认识不足，致使本不该亏损的项目严重亏损，甚至破产倒闭。这类风险主要潜伏于以下方面：合同管理（合同条款中潜伏的风险往往是责任不清、权利不明所致）、工程管理、物资管理、财务管理等。

③责任风险。工程承包是基于合同当事人的责任、权利和义务的法律行为。承包商对其承揽的工程设计和施工负有不可推卸的责任，而承担工程承包合同的责任是有一定风险的。这类风险主要发生在以下几个方面：一是职业责任风险，包括地质地基条件、水文气

候条件、材料供应、设备供应、技术规范变化、设计图纸的及时提供、设计变更和工程量变更，运输问题；二是法律责任风险，包括起因于合同、行为或疏忽、欺骗和错误等方面；三是替代责任风险，因为承包商必须对其名义活动或为其服务的人员的行为承担责任。

（3）咨询监理单位的风险

①来自业主的风险。因咨询监理与业主的关系是契约关系，确切地说是一种雇佣关系。这方面的风险主要产生原因有：业主希望少花钱多办事、可行性研究缺乏严肃性、宏观管理不力、投资先天不足、盲目干预等。

②来自承包商的风险。承包商出于自己的利益，常常会有种种不轨图谋，势必给监理工程师的工作带来许多困难，甚至导致工程师蒙受重大风险。通常情况有：承包商投资不诚实、缺乏商业道德、素质太差等。

③职业责任风险。监理工程师的职业要求其承担重大的职业责任风险。这种风险的构成因素有：设计不充分、不完善，设计错误和疏忽，投资估算和设计概算不准，自身能力和水平不适应。

3. 按风险对目标的影响分类

（1）工期风险。即造成局部的（工程活动、分项工程）或整个工程的工期延长，不能及时投产。

（2）费用风险。包括：财务风险、成本超支、投资追加、报价风险、收入减少、投资回收期延长或无法收回、回报率降低。

（3）质量风险。包括材料、工艺、工程不能通过验收、工程试生产不合格、经过评价工程质量未达标准。

（4）生产能力风险。项目建成后达不到设计生产能力，可能是由于设计、设备问题，或生产原材料、能源、水、电供应问题。

（5）市场风险。工程建成后产品未达到预期的市场份额，销售不足，没有销路，没有竞争力。

（6）信誉风险。即造成对企业形象、企业信誉的损害。

（7）人身伤亡，工程或设备的损坏。

（8）法律责任。即可能被起诉或承担相应法律的或合同的处罚。

9.1.3 工程项目风险管理的概念及特点

1. 工程项目风险管理的概念

工程项目风险管理是指在对风险的不确定性及可能性等因素进行考察、预测、收集、分析的基础上，制定出包括风险识别、风险评估、积极管理风险、有效处置风险及妥善处理风险所致损失等一整套系统而科学的管理方法。

2. 工程项目风险管理的特点

（1）工程项目风险管理尽管有一些通用的方法，如概率分析法、模拟法、专家咨询法等，然而要研究具体项目的风险，还必须与项目的特点相联系。一般情况，项目的特点有：

①该项目的复杂性、系统性、规模、新颖性、工艺的成熟程度。

②项目的类型和所在的领域。不同领域的项目具有不同的风险及不同风险的规律性、

行业性特点，如航空航天开发项目与建筑工程项目就有截然不同的风险。

③项目所处的地域，如国度、环境条件等。

（2）风险管理需要大量地占有信息，了解情况，要对项目系统以及系统的环境有十分深入的了解，并进行预测，所以不熟悉情况是不可能进行有效的风险管理的。

（3）风险管理仍在很大程度上依赖于管理者的经验及管理者过去工程的经历、对环境的了解程度和对项目本身的熟悉程度。在整个风险管理过程中，人的因素影响很大，如人的认识程度、精神、创造力等。所以，风险管理中要注意专家经验和教训的调查分析，这不仅包括他们对风险范围、规律的认识，而且包括对风险的处理方法、工作程序和思维方式等，并在此基础上系统化、信息化、知识化，用于对新项目的决策支持。

（4）风险管理在项目管理中属于一种高层次的综合性管理工作。它涉及企业管理和项目管理的各个阶段的各个方面，涉及项目管理的各个子系统。所以，它必须与合同管理、成本管理、工期管理、质量管理联成一体。

（5）风险管理的目的并不是消灭风险。在工程项目中，大多数风险是不可能由项目管理者消灭或排除的，而在于有准备地、理性地进行项目实施，减少风险的损失。

9.1.4　工程项目全面风险管理的内涵

1. 项目全过程的风险管理

工程项目全面风险管理首先体现在对项目全过程的风险管理上。即：

（1）在项目目标设计阶段，就应对影响项目目标的重大风险进行预测，寻找目标实现的风险和可能的困难。风险管理强调事前的识别、评价和预防措施。

（2）在可行性研究中，对项目风险的分析必须细化，进一步预测风险发生的可能性和规律性，同时必须研究各种风险状况对项目目标的影响程度。这即为项目的敏感性分析。

（3）随着技术设计的深入，实施方案逐步细化，项目的结构分析也逐渐清晰。这时风险分析应针对风险的种类，细化（落实）到各项目结构单元直到最低层次的工作之中。在设计和计划中，要考虑对风险的防范措施，例如风险准备金的计划、备选技术方案，在招标文件（合同文件）中应明确规定工程实施中的风险分担。

（4）在工程实施中加强风险的控制：一是建立风险监控系统，能及早地发现风险，做出反应；二是及早采取预定的措施，控制风险的影响范围和影响量，以减少项目的损失；三是在风险状态下，采取有效措施保证工程正常实施，保证施工秩序，及时修改方案、调整计划，以恢复正常的施工状态，减少损失；四是在阶段性计划调整过程中，需加强对近期风险的预测，并纳入近期计划中，同时要考虑到计划的调整和修改会带来的新问题和风险；五是项目结束，应对整个项目的风险及其管理进行评价，以作为今后进行同类项目的经验和教训。

2. 全部风险的管理

在每一阶段进行风险管理，都要罗列各种可能的风险，并将它们作为管理对象，不能有遗漏和疏忽。

3. 风险的全方位管理

一是对风险要分析其对各方面的影响，例如对整个项目、对项目的各个方面，如工期、成本、施工过程、合同、技术等方面的影响。二是采用的对策措施也必须考虑综合手段，从合同、经济、组织、技术、管理等各个方面确定解决方案。三是风险管理包括风险分析、风险辨识、风险文档管理、风险评价、风险控制等全过程。

4. 全面的组织措施

在组织上全面落实风险控制责任，建立风险控制体系，将风险管理作为项目各层次管理人员的任务之一。使项目管理人员和作业人员都具有风险意识，做好风险的监控工作。

9.1.5 工程项目风险管理的工作内容

（1）风险识别。它是风险管理的第一步，是对工程项目所面临的和潜在的风险加以分析、判断、归类的过程。工程项目周围存在的风险是各种各样的，包括项目外部的和内部的、技术的和非技术的。这些风险存在于什么地方？发生的条件是什么？发生的可能性有多大？发生后的损失又是如何？这些在风险识别中均应有初步的分析和判断。

（2）风险估计。它是在风险识别的基础上，通过对所收集大量资料的分析，利用概率统计理论，估计和预测风险发生的可能性和相应损失的大小。风险估计是对风险的定量化分析，可为风险管理者进行风险决策、管理技术选择提供可靠的科学的数据。

（3）风险评价。它是在风险识别和风险估计的基础上，对风险发生的概率、损失程度和其他因素进行综合考虑，得到描述风险的综合指标——风险量，并与公认（或经验）的风险（安全）指标相比较，得到是否要采取控制措施的结论。

（4）风险应对。它就是在风险发生时实施风险管理计划中的预定措施。风险应对措施包括两类：一类是在风险发生前，针对风险因素采取控制措施，以消除或减轻风险。其具体的措施包括规避、缓解、分散、抑制和利用等。另一类是在风险发生前，通过财务安排来减轻风险对项目目标实现程度的影响。其具体的措施有：自留、转移等。

（5）风险监控。它跟踪已识别的风险，监视残余风险和识别新的风险，保证计划执行，并评估这些计划对降低风险的有效性。

9.2 风险管理工作流程及技术

9.2.1 风险识别

1. 风险识别的步骤

（1）项目状态分析

这是一个将项目原始状态与可能状态进行比较及分析的过程。项目原始状态是指项目立项、可行性研究及建设计划中的预想状态，是一种比较理想化的状态；可能状态则是基于现实、基于变化的一种估计。比较这两种状态下的项目目标值的变化，如果这种变化是恶化的，则为风险。

理解项目原始状态是识别项目风险的基础。只有深刻理解了项目的原始状态，才能正确认定项目执行过程中可能发生的状态变化，进而分析状态的变化可能导致的项目目标实现的不确定性。

（2）对项目进行结构分解

通过对项目的结构分解，可以使存在风险的环节和子项变得容易辨认。

（3）历史资料分析

通过对以往若干个相似项目情况的历史资料进行分析，有助于识别目前项目的潜在风险。

（4）确认不确定性的客观存在

风险管理者不仅要明确所发现或推测的因素是否存在不确定性，而且要确认这种不确定性是否客观存在，只有符合这两个条件的因素才可以视作风险。

（5）建立风险清单

如果已经确认了是风险，就需将这些风险一一列出，建立一个关于本项目的风险清单。开列风险清单必须做到科学、客观、全面，尤其是不能遗漏主要风险。

（6）进行风险分类

将风险清单中的风险进行分类，可使风险管理者更彻底地了解风险，管理风险时更有目的性、更有效果，并为下一步分析和评价风险做好准备。

2. 风险识别的方法

（1）头脑风暴法

头脑风暴法，是指通过专家会议，发挥专家的创造性思维来获取未来信息的一种直观预测和识别方法。头脑风暴法通过主持专家会议的人在会议开始时的发言激起专家们的思维"灵感"，促使专家们感到急需回答会议提出的问题而激发创造性的思维，在专家们回答问题时产生信息交流，受到相互启发，从而诱发专家们产生"思维共振"，以达到互相补充并产生"组合效应"，获取更多的未来信息，使预测和识别的结果更准确。

（2）德尔菲法

德尔菲法又称专家调查法，是通过函询收集若干位与该项目相关领域的专家的意见，然后加以综合整理，再匿名反馈给各位专家，再次征询意见。这样反复经过四至五轮，逐步使专家的意见趋向一致，作为最后预测和识别的根据。应用德尔菲法应注意：

①专家人数不宜太少，一般 9～50 人为宜。

②对风险的分析往往受组织者、参加者的主观因素影响，因此有可能出现偏差。

③预测分析的时间不宜过长，时间越长准确性越差。

（3）因果分析法

因果分析图因其图形像鱼刺，故也称鱼刺图分析法。图中主干是风险的后果，枝是风险因素和风险事件，分支为相应的小原因。用因果分析图来分析风险，可以从原因预见结果，也可以从可能的后果中找出将诱发结果的原因。

（4）情景分析法

情景分析法又称幕景分析法，是根据发展趋势的多样性，通过对系统内外相关问题的系统分析，设计出多种可能的未来前景，然后用类似于撰写电影剧本的手法，对系统发展态势做出自始至终的情景和画面的描述。

情景分析法是一种适用于对可变因素较多的项目进行风险预测和识别的系统技术，它在假定关键影响因素有可能发生的基础上，构造出多重情景，提出多种未来的可能结果，以便采取适当措施防患于未然。

（5）访谈法

访谈法是通过对资深项目经理或相关领域专家进行访谈来识别风险。负责访谈的人员首先要选择合适的访谈对象，其次应向访谈对象提供项目内外部环境、假设条件和约束条件等信息。访谈对象根据自己丰富的经验、掌握的项目信息，对项目风险进行识别。

（6）SWOT 技术

SWOT 技术是综合运用项目的优势和劣势、机会与威胁等方面，从多视角对项目风险进行识别。

3. 风险识别的结果

（1）项目风险表

项目风险表又称项目风险清单，可将已识别出的项目风险列入表内。表的详细程度可根据工程项目的实际情况而定，表述可至 WBS（工作分解结构）的最底层。表中对风险的描述应该包括：

①已识别项目风险发生概率大小的估计；

②项目风险发生的可能时间、范围；

③项目风险事件带来的损失；

④项目风险可能影响的范围。

项目风险表还可以按照项目风险的紧迫程度、项目费用风险、进度风险和质量风险等类别单独做出风险排序和评价。

（2）划分风险等级

找出风险因素后，为了在采取控制措施时能分清轻重缓急，故需要对风险因素进行等级划分。通常按照事故发生后果的严重程度进行划分。如可将风险等级划分为以下四级：

一级：后果小，可以忽略，可不采取措施。

二级：后果较小，暂时还不会造成人员伤亡和其他损失，应考虑采取控制措施。

三级：后果严重，会造成人员伤亡和其他损失，需要立刻采取有效措施。

四级：灾难性后果，必须立刻予以排除。

9.2.2 工程项目风险分析与评价

1. 风险分析过程

（1）采集数据

首先必须采集与所要分析的风险相关的各种数据。这些数据可以从投资者或者承包商过去类似项目的历史记录中获得。所采集的数据必须是客观的、可统计的。某些情况下，直接的历史数据资料还不够充分，尚需主观评价，特别是那些对投资者来讲在技术、商务和环境方面都比较新的项目，需要通过专家调查方法获得具有经验性和专业知识的主观评价。

（2）完成不确定性模型

以已经得到的风险的相关信息为基础，对风险发生的可能性和可能的结果给进行明确的定量化。通常用概率来表示风险发生的可能性，可能的结果体现在项目现金流量表上，用货币表示。

（3）对风险影响进行评价

在对不同风险事件的不确定性进行模型化后，继而评价以上风险的全面影响。通过评价把不确定性与可能结果结合起来。

2. 风险分析的内容

（1）风险存在和发生的时间分析

即风险可能在项目的哪个阶段、哪个环节上发生。有许多风险有明显的阶段性，有的风险是直接与具体的工程活动相联系的。这个分析对风险的预警有很大的作用。

（2）风险的影响和损失分析

风险的影响是非常复杂的，有的风险影响面较小，有的风险影响面很大，可能引起整个工程的中断或报废，并且风险之间常常是有联系的。例如：

经济形势的恶化不但会造成物价上涨，而且可能会引起业主支付能力的变化；通货膨胀引起了物价上涨，不仅会影响后期的采购、工人工资及各种费用支出，还会影响整个后期的工程费用；设计图纸提供不及时，不仅会造成工期拖延，还会造成费用提高（如人工和设备闲置、管理费开支），还可能造成在按原计划可以避开的冬、雨期施工，造成更大的拖延和费用增加。

有的风险是相克的，其作用可以相互抵消。例如反常的气候条件、设计图纸拖延、承包人设备拖延等在同一段时间段发生，则它们对总工期的影响可能会有重叠。

（3）风险发生的可能性分析

风险发生的可能性分析，是指研究风险自身的规律性，通常可用概率表示。

（4）风险级别

风险因素非常多，涉及过于各个方面，但人们并不是对所有的风险都十分重视，否则将大大增加管理费用，而且谨小慎微，反过来会干扰正常的决策过程。在二维坐标表示的风险预测图中，一个具体的风险所处点位置可定出该风险的级别，如 A、B、C 分类法。

A 类：损失期望值很大的风险。通常发生的可能性很大，而且一旦发生损失也很大。

B 类：损失期望值一般的风险。通常发生的可能性不大，损失也不大的风险，或发生的可能性很大但损失极小，或损失比较大但发生的可能性极小的风险。

C 类：损失期望值极小的风险，即发生的可能性极小，同时发生损失也很小的风险。

在具体的风险管理中 A 类是重点，B 类要顾及，C 类可以不考虑。

（5）风险的起因和可控性分析

对风险起因的研究是为风险预测进行控制、对策研究、责任分析服务的。

风险的可控性是指人对风险影响的可能性，如有的风险是人力（业主、项目管理者或承包商）可以控制的，而有的却不可控制。可控的，例如承包商对招标文件的理解风险，实施方案的安全性和效率风险，报价的正确性风险等；不可控制的，例如物价风险，反常的气候风险等。

3. 风险分析的方法

（1）列举法

通过对同类已完工项目的环境、实施过程进行调查分析、研究，可以建立该类项目的基本风险结构体系，进而可以建立该类项目的风险知识库（经验库），包括该类项目常见的风险因素。它可在对新项目决策或用专家经验法进行风险分析时给出提示，列出所有可能的风险因素，以引起人们的重视，或作为进一步分析的引导。

（2）专家经验法

专家经验法（Delphi 法）不仅可用于风险因素的罗列，而且可用于对风险影响和发生可能性的分析，一般采用专家会议的方法。

①组建有代表性的专家小组，一般以 4～8 人最好，专家应具有实践经验和代表性。

②通过专家会议，对风险进行界定、量化。召集人应让专家尽可能多地了解项目目标、项目结构、环境及工程状况，详细地调查并提供信息，有可能时请专家进行实地考察，并对项目的实施、措施的构想做出说明，使大家对项目有一个共识，否则容易增加评价的离散程度。

③召集人应有目标地与专家合作，一起定义风险因素和结构，以及可能的成本范围，作为讨论的基础和引导。专家对风险进行讨论，按以下次序逐渐深入：

a. 引导讨论各个风险的原因；

b. 风险对实施过程的影响；

c. 风险对具体工程的影响范围，如技术、工期、费用等；

d. 将影响统一到对成本的影响上，估计影响量。

④风险评价。各个专家对风险的程度（影响量）和出现的可能性，给出评价意见。在这个过程中，如果有不同的意见，可以提出讨论，但不能提出批评。为了获得真正的专家意见，可以采用匿名的形式发表意见，也可以采用争吵技术进行分析。

⑤统计整理专家意见，得到评价结果。专家咨询得到的风险期望的各个值（风险期望值为风险损失值与风险发生可能性的乘积），按统计方法进行信息处理。总风险期望值为各个风险期望值之和，而各个风险期望值与各个风险影响值和出现的可能性有关。它们可分别由专家意见结合相加得到。

（3）其他分析方法

人们对风险分析、评价方法做了许多研究，有许多常用的切实可行的分析评价方法，如：对历史资料进行统计分析的方法、模拟方法即蒙特卡罗法、决策树分析法、敏感性分析、因果关系分析、头脑风暴法、价值分析法、变量分析法等。

9.2.3 工程项目风险应对

1. 风险的分配

一个工程项目总的风险有一定的范围和规律性，这些风险必须在项目参加者（如投资者、业主、项目经理、各承包商、供应商等）之间进行分配。对已被确认的有重要影响的风险应指定专人负责风险管理，并赋予相应的职责、权限和资源。

项目的每个参加者都必须有一定的风险责任，这样他才有管理和控制的积极性与创造性。风险分配通常在任务书、责任证书、合同和招标文件等中定义，在起草这些文件的时候都应对风险做出预计、定义和分配。只有合理地分配风险，才能调动各方面的积极性，才能有高效益的项目。

正确的风险分配有如下好处：

①可以最大限度地发挥各方风险控制的积极性。任何一方如果不承担风险，则他就没有管理的积极性和创造性，项目就不可能优化。

②减少工程中的不确定性，风险分配合理就可以比较准确地计划和安排工作。

③业主可以得到一个合理的报价，承包商报价中的不可预见风险费较少。

对项目风险的分配，业主起主导作用，因为业主作为买方，负责起草招标文件和合同条件，确定合同类型，确定管理规则；而承包商和供应商等处于从属的地位。但业主不能随心所欲，不能不顾主客观条件把风险全部推给对方，而对自己免责。风险分配有以下基本原则：

（1）从工程整体效益的角度出发，最大限度地发挥各方的积极性。

项目参加者如果不承担任何风险，则他就没有任何责任，就没有控制的积极性，就不可能做好项目工作。从工程的整体效益角度出发，分配风险的准则是：

① 谁能有效地防止和控制风险或将风险转移给其他方面，则应由他承担相应的风险责任；

② 风险承担者控制相关风险应是经济的、有效的、方便的、可行的，只有通过努力才能减少风险的影响；

③ 通过风险分配，加强责任，能更好地进行计划，发挥双方管理方面和技术革新方面的积极性等。

（2）体现公平合理，责权利的平衡。

① 风险责任和权力应是平衡的。风险的承担是一项责任，即承担控制风险和风险产生的损失的责任。同时风险承担者应有控制和处理风险的权力。

② 风险与机会对等。风险承担者，同时应享受风险控制获得的收益和机会收益。

③ 承担的可能性和合理性。给承担者用以预测、计划、控制的条件和可能性，以及迅速采取控制风险措施的时间和信息等条件，否则对承担者来说风险管理成了投机。

（3）符合工程项目的惯例，符合通常的处理方法。一方面，惯例一般比较公平合理，较好地反映双方的要求；另一方面，合同双方对惯例都很熟悉，工程更容易顺利实施。如果明显地违反国际（或国内）惯例，则常常显示出一种不公平、一种危险。

2. 风险应对策略

（1）减轻风险

减轻风险策略，顾名思义，是通过缓和或预知等手段来减轻风险，降低风险发生的可能性或减缓风险带来的不利后果，以达到风险减少的目的。减轻风险是存在风险优势时使用的一种风险决策，其有效性在很大程度上要看风险是已知风险、可预测风险还是不可预测风险。

对于已知风险，项目管理组可以在很大程度上加以控制，可以动用项目现有资源降低风险的严重后果和风险发生的频率。例如，可以通过压缩关键工序时间、加班或采取"快速跟进"来减轻项目进度风险。

对于可预测风险或不可预测风险，这是项目管理组很少或根本不能够控制的风险，因此有必要采取迂回策略。例如，政府投资的公共工程，其预算不在项目管理组直接控制之中，存在政府在项目进行中削减项目预算的风险。为了减轻这类风险，直接动用项目资源一般无济于事，必须进行深入细致的调查研究，降低其不确定性。

在实施风险减轻策略时，最好将项目每一个具体"风险"都减轻到可接受的水平。项目中各个风险水平降低了，项目整体风险水平在一定程度上也就降低了，项目成功的概率就会增加。

（2）预防风险

风险预防是一种主动的风险管理策略，通常采取有形和无形的手段。

① 有形手段

工程法是一种有形的手段，此法以工程技术为手段，消除物质性风险威胁。例如，为了防止山区区段山体滑坡危害高速公路过往车辆和公路自身，可采用岩锚技术锚住松动的山体，增加因为开挖而破坏了的山体稳定性。工程法预防风险有多种措施。

a. 防止风险因素出现。在项目活动开始之前，采取一定措施，减少风险因素。

b. 减少已存在的风险因素。施工现场若发现各种用电机械和设备日益增多，及时果断地换用大容量变压器就可以减少其烧毁的风险。

c. 将风险因素同人、财、物在时间和空间上隔离。风险事件发生时，造成财产毁损和人员伤亡是因为人、财、物于同一时间处于破坏力作用范围之内。因此，可以把人、财、物与风险源在空间上实行隔离，在时间上错开，以达到减少损失和伤亡的目的。

② 无形手段

a. 教育法。项目管理人员和所有其他有关各方的行为不当可构成项目的风险因素。因此，要减轻与不当行为有关的风险，就必须对有关人员进行风险和风险管理教育。教育内容应该包含有关安全、投资、城市规划、土地管理及其他方面的法规、规章、规范、标准和操作规程、风险知识、安全技能及安全态度等。风险和风险管理教育的目的，是要让有关人员充分了解项目所面临的种种风险，了解和掌握控制这些风险的方法，使他们深深地认识到个人的任何疏忽或错误行为，都可能给项目造成巨大损失。

b. 程序法。工程法和教育法处理的是物质和人的因素，但是，项目活动的客观规律若被破坏也会给项目造成损失。程序法指以制度化的方式从事项目活动，减少不必要的损失。项目管理组织制定的各种管理计划、方针和监督检查制度一般都能反映项目活动的客观规律性。因此，项目管理人员一定要认真执行。我国长期坚持的基本建设程序反映了固定资产投资活动的基本规律。实践表明不按此程序办事，就会犯错误，就要造成浪费和损失，所以要从战略上减轻项目风险，就必须遵循基本程序，那种图省事、走捷径、抱侥幸心理甚至弄虚作假的想法和做法都是项目风险的根源。

合理地设计项目组织形式也能有效地预防风险。项目发起单位如果在财力、经验、技术、管理、人力或其他资源方面无力完成项目，可以同其他单位组成合营体，预防自身不能克服的风险。

（3）风险回避

风险回避就是在考虑到项目的风险及其所致损失都很大时，主动放弃或终止该项目以避免与该项目相联系的风险及其所致损失的一种处置风险的方式。它是一种最彻底的风险处置技术，在风险事件发生之前将风险因素完全消除，从而完全消除了这些风险可能造成的各种损失。

风险回避是一种消极的风险处置方法，因为再大的风险也都只是一种可能，可能发生，也可能不发生。采取回避，当然是能彻底消除风险，但同时也失去了实施项目可能带来的收益，所以这种方法一般只有在存在以下情况之一时才会采用：某风险所致的损失频率和损失幅度都相当高；应用其他风险管理方法的成本超过了其产生的效益时。

（4）风险转移

对损失大、概率小的风险，可通过保险或合同条款将责任转移。

风险转移是指借用合同或协议，在风险事件发生时将损失的一部分或全部移到有相互经济利益关系的另一方。风险转移主要有两种方式，即保险风险转移和非保险风险转移。

① 保险风险转移

保险是最重要的风险转嫁方式，是指通过购买保险的办法将风险转移给保险公司或保险机构。

② 非保险风险转移

非保险风险转移是指通过保险以外的其他手段将风险转移出去。非保险风险主要有：担保合同、租赁合同、委托合同、分包合同、责任约定、合资经营、实行股份制等。

（5）风险保留

对损失小、概率小的风险留给自己承担，这种方法通常在下列情况下采用：

① 处理风险的成本大于承担风险所付出的代价。

② 预计某一风险造成的最大损失项目可以安全承担。

③ 当风险降低、风险控制、风险转移等风险控制方法均不可行时。

④ 没有识别出风险，错过了采取积极措施处置的时机。

9.2.4 工程项目风险监控

1. 风险监控的含义

（1）风险监控

风险监控就是通过对风险规划、识别、估计、评价、应对全过程的监视和控制，从而保证风险管理能达到预期的目标，它是项目实施过程中的一项重要工作。监控风险实际上是监视项目的进展和项目环境，即项目情况的变化，其目的是：核对风险管理策略和措施的实际效果是否与预见的相同；寻找机会改善和细化风险规避计划，获取反馈信息，以便将来的决策更符合实际。在风险监控过程中，及时发现那些新出现的以及预先制定的策略或措施不见效或性质随着时间的推延而发生变化的风险，然后及时反馈，并根据对项目的影响程度，重新进行风险规划、识别、估计、评价和应对，同时还应对每一风险事件制定成败标准和判据。

（2）风险监视

监视风险之所以非常必要，是因为时间的影响是很难预计的，一般说来，风险的不确定性随着时间的推移而减小。这是因为风险存在的基本原因，是由于缺少信息和资料，随着项目的进展和时间的推移，有关项目风险本身的信息和资料会越来越多，对风险的把握和认识也会变得越来越清楚。

（3）风险控制

风险控制是为了最大限度地降低风险事故发生的概率和减小损失幅度而采取的风险处置技术，以改变项目管理组织所承受的风险程度。为了控制工程项目的风险，可采取以下措施：根据风险因素的特性，采取一定措施使其发生的概率接近于零，从而预防风险因素的产生；减少已存在的风险因素；防止已存在的风险因素释放能量；改善风险因素的空间分布，从而限制其释放能量的速度；在时间和空间上把风险因素与可能遭受损害的人、财、物隔离；借助人为设置的物质障碍将风险因素与人、财、物隔离；改变风险因素的基本性质；加强风险部门的防护能力；做好救护受损人、物的准备。这些措施有的可用先进的材料和技术达到，此外，还应有针对性地对实施项目的人员进行风险教育以增强其风险意识，制订严格的操作规程以控制因疏忽而造成不必要的损失。风险控制是实施任何项目都应采用的风险处置方法，应认真研究。

2. 风险监控的内容

（1）风险应对措施是否按计划正在实施。

（2）风险应对措施是否如预期的那样有效，收到显著的效果，或者是否需要制订新的应对方案。

（3）对工程项目建设环境的预期分析，以及对项目整体目标实现可能性的预期分析是否仍然成立。

（4）风险的发生情况与预期的状态相比是否发生了变化，并对风险的发展变化做出分析判断。

（5）识别到的风险哪些已发生，哪些正在发生，哪些有可能在后面发生。

（6）是否出现了新的风险因素和新的风险事件，它们的发展变化趋势又是如何的。

3. 风险监视方法

（1）工程项目进度风险监视方法。可以用横道图法和前锋线法监视局部工程进度情况，用S曲线法监视整体工程进度实施情况。

（2）工程项目技术性能或质量风险监视方法。对工程项目技术性能或质量风险的监视主要在项目施工阶段进行，其监视应分施工过程和工程产品两个层面。对这两个层面的风险监视，均可采用控制图。控制图，也称管理图，它既可用来分析施工工序是否正常、工序质量是否存在风险，也可用来分析工程产品是否存在质量风险。

（3）工程项目费用风险监视方法。费用风险监视可采用横道图法和净值分析法，前者可用于局部费用风险作分析，后者则用于对工程项目的整体风险作分析。

4. 风险控制措施

通过项目风险监视，不但可以把握工程项目风险的现状，而且可以了解工程项目风险应对措施的实施效果、有效性，以及出现了哪些新的风险事件。在风险监视的基础上，则应针对发现的问题，及时采取措施。这些措施包括权变措施、纠正措施，以及提出项目变更申请或建议等。另外，应对工程项目风险重新进行评估，对风险应对计划重新调整。

（1）权变措施。风险控制的权变措施，即未事先计划或考虑到的应对风险的措施。工程项目是一个开放性系统，建设环境较为复杂，有许多风险因素在风险计划时是考虑不到的，或者对其没有充分的认识。因此，对其的应对措施可能会考虑不足，或者事先根本就没有考虑。而在风险监控时才发现某些风险的严重性甚至是一些新的风险。若在风险监控中面对这种情况，就要求能随机应变，提出应急应对措施。对这些措施必须有效地作记录，并纳入项目和风险应对计划之中。

（2）纠正措施。纠正措施就是使项目未来预计绩效与原定计划一致所作的变更。借助于风险监视的方法，发现被监视工程项目风险的发展变化，或是否出现了新的风险。若监视结果显示，工程项目风险的变化在按预期发展，风险应对计划也在正常执行，这表明风险计划和应对措施均在有效地发挥作用。若一旦发现工程项目列入控制的风险在进一步发展或出现了新的风险，则应对项目风险作深入分析的评估，并在找出引发风险事件影响因素的基础上，及时采取纠正措施（包括实施应急计划和附加应急计划）。

（3）项目变更申请。如提出改变工程项目的范围、改变工程设计、改变实施方案、改变项目环境、改变工程项目费用和进度安排等的申请。一般而言，如果频繁执行应急计划或权变措施，则需要对项目计划进行变更以应对项目风险。

在工程项目施工阶段，无论是业主、监理单位、设计单位，还是承包商，认为原设计图纸、技术规范、施工条件、施工方案等方面不适应项目目标的实现，或可能会出现风险，均可向监理工程师提出变更要求或建议，但该申请或建议一般要求是书面的。工程变更申请一般由监理工程师组织审查。监理工程师负责对工程变更申请书或建议书进行审查时，应充分与业主、设计单位、承包商进行协商，对变更项目的单价和总价进行估算，分析因变更引起的该项工程费用增加或减少的数额，以及分析工程变更实施后对控制项目的纯风险所产生的效果。工程变更一般应遵循的原则有：

① 工程变更的必要性与合理性。

② 变更后不降低工程的质量标准，不影响工程完工后的运行与管理。

③ 工程变更在技术上必须是可行、可靠的。

④ 工程变更的费用及工期是经济合理的。

⑤ 工程变更尽可能不对后续施工在工期和施工条件上产生不良影响。

（4）风险应对计划更新

风险是一种随机事件，可能发生，也可能不发生；风险发生后的损失可能不严重，比预期的要小，也可能损失较严重，比预期的要大。通过风险监视和采取应对措施，可能会减少一些已识别风险的出现概率和后果。因此，在风险监控的基础上，有必要对项目的各种风险重新进行评估，将项目风险的次序重新进行排列，对风险的应对计划也相应进行更新，以有效地控制新的风险和重要风险。

5. 项目风险应急计划

工程项目风险应急计划是假定风险事件肯定发生的条件下，所确定的在工程项目风险事件发生时所实施的行动计划。该计划主要包括项目预备费计划和项目技术措施后备计划。

（1）项目预备费计划

工程项目预备费或应急费，在一般的工程概算中也称不可预见费，是指在实施前难以预料而在实施过程中又可能发生的、在规定范围内的工程和费用，以及工程建设期内发生的价差。预备费包括基本预备费和价差预备费两项。

① 基本预备费。指工程建设过程中初步设计范围以内的设计变动增加的费用、国家的政策性变动增加的费用等。

② 价差预备费。指工程建设过程中，因人工、材料、施工机械使用费和工程设备价格上涨而导致费用增加的部分。

在工程概算中，预备费一般取工程直接费和间接费之和的 5% 左右。但在工程项目风险管理中，宜根据工程项目具体风险的情况，按已识别的风险及其排列，分别考虑每一风险事件的预备费用，然后汇总。

应对风险的预备费用一般是不能分散到项目的具体费用中去的，一般也不宜随便动用的。没有一定量的预备费用，可能不足以抵抗风险；盲目地预留预备费用也是不可取的，因为这样会增加工程项目的筹资成本和分散项目建设资金。

（2）项目技术措施后备计划

工程项目技术措施后备计划是专门应对技术类风险的，是一系列事先研究好的工程技术方案，如工程质量保证措施、施工进度调整方案等。这些工程技术方案是针对具体的项目风险而制订的，不同风险有不同的技术方案。仅当项目风险事件发生，一般才能启动这些方案，常常也需要和项目预备费计划协调实施。

9.3 工程保险与担保

9.3.1 工程项目保险

1. 工程保险及其保障范围

工程保险承保的保障范围包括因保险责任范围内的自然灾害和意外事故及工人、技术人员的疏忽、过失等造成的保险工程项目物质财产损失及列明的费用，在工地施工期间内对第三者造成的财产损失或人身伤害而依法应由被保险人承担的经济赔偿责任。由于工程项目本身涉及多个利益方，凡是对工程保险标的具有可保利益者，都对工程项目承担不同程度的风险，均可以从工程保险单项下获得保险保障。本保险的保险金额可先按工程项目的合同价或概算拟定，工程竣工后再按工程决算数调整。

2. 工程保险的分类

（1）按保险标的分类

工程保险按保险标的可以分为建筑工程一切险、安装工程一切险、机器损失保险和船舶建造险。

（2）按工程建设所涉及的险种分类

① 建筑工程一切险。建筑工程一切险是以建筑工程中的各种财产和第三者的经济赔偿责任为标的的保险。承保的工程包括各种以土木建筑为主体的工业、民用和公共事业用的工程，如住宅、商业用房、学校、剧院、工业厂房、电站、公路、铁路、飞机场，桥梁、船闸、大坝、隧道、港口等。

② 安装工程一切险。安装工程一切险主要承保机器和设备在安装过程中因自然灾害和意外事故所造成的损失，包括物质损失、费用损失、第三者损害的赔偿责任。

③ 第三方责任险。该险种一般附加在建筑工程（安装工程）一切险中，承保的是施工造成的工程、永久性设备及承包商设备以外的财产和承包商雇员以外的人身损失或损害的赔偿责任。保险期为保险生效之日起到工程保修期结束。

④ 雇主责任险。该险种是承包商为其雇员办理的保险，承保承包商应承担的其雇员在工程建设期间因与工作有关的意外事件导致伤害、疾病或死亡的经济赔偿责任。

⑤ 承包商设备险。承包商在现场所拥有的（包括租赁的）设备、设施、材料、商品等，只要没有列入工程一切险标的范围的都可以作为财产保险标的，投保财产险。这是承包商财产的保障，一般应由承包商承担保费。

⑥ 意外伤害险。意外伤害险是指被保险人在保险有效期间因遭遇非本意、外来的、突然的意外事故，致使其身体蒙受伤害而残疾或死亡时，由保险人依照保险合同规定付给保险金的保险。意外伤害险可以由雇主为雇员投保，也可以由雇员自己投保。

⑦ 执业责任险。执业责任险是以设计人、咨询商（监理人）的设计、咨询错误或员工工作疏漏给业主或承包商造成的损失为保险标的险种。

（3）按主动性、被动性分类

① 强制性保险。所谓强制性保险是指根据国家法律法规和有关政策规定或投标人按招标文件要求必须投保的险种，如在工业发达国家和地区，强制性的工程保险主要有建筑工程一切险（附加第三者责任险）、安装工程一切险（附加第三者责任险）、社会保险（如

人身意外险、雇主责任险和其他国家法令规定的强制保险)、机动车辆险、9年责任险和5年责任险、专业责任险等。

② 自愿保险。自愿保险是由投保人完全自主决定投保的险种,如在国际上常被列为自愿保险的工程保险主要有国际货物运输险、境内货物运输险、财产险、责任险、政治风险保险、汇率保险等。

(4) 按单项、综合投保分类

① 单项保险。单项保险是在一个工程项目的多个可保标的中对其中一个标的进行投保以及对多个标的分别投保的方式。

② CIP保险。CIP是英文Controlled Insurance Programs的缩写,有人译为受控保险计划,也有人翻译为投保工程一切险,其实质是"一揽子保险"。CIP保险的基本运行机制是在工程承包合同中明确规定,由业主或承包商统一购买"一揽子保险",保障范围覆盖业主、承包商及所有分包商,内容包括了劳工赔偿、雇主责任险、一般责任险、建筑工程一切险、安装工程一切险。

3. 工程保险的投保

(1) 选择保险顾问或保险经纪人。

(2) 确定投保方式和投保发包方式。投保方式是指一揽子投保还是分别投保,是业主投保还是承包商投保,或者是各自投保;投保发包方式是指通过招标投保还是直接询价投保。

(3) 准备有关承保资料,提出保险要求,如果采取保险招标,则应准备招标文件。

① 承保资料。

为了对项目风险进行准确的评估,保险人通常会需要投保人提供与工程有关的文件、图纸和资料,包括工程地质水文报告、地形图、工程设计文件和工程造价文件、工程合同、工程进度表以及有关业主的情况、投资额多少、资金来源、承包方式、施工单位的资料等。

② 保险要求。

保险要求是投保人对保险安排的设想,主要解决保什么、怎么保。保险人在对工程项目评估后就可根据投保人的保险要求设计保险方案。所以,保险方案是投保人的要求和保险人的承保计划的体现,主要包括:保险责任范围;建筑工程项目,各分项保险金额及总保额;物质损失免赔额及特种危险的赔偿限额;安装项目及其名称、价值和试车期;是否投保施工、安装机具设备,其种类和重置价值;是否投保场地清理费和现有建筑物及其保额;是否加保保证期,其种类、期限;是否投保第三者责任险,赔偿限额和免赔额;其他特别附加条款。

③ 保险招标文件。

当确定采用招标选择保险人时,招标文件编写就是选择保险人最关键的工作。主要的内容有:保险标的(保险项目清单)及保险金额;保险费的计算方法;投标资格要求;投保人要求;评标标准与方法;保险合同条款。一般都采用标准的文本。

(4) 将有关资料发给国内保险公司并要求报价,如采取招标方式,发售招标文件。

(5) 谈判或经过开标、评标选定保险人。

(6) 填写投保申请表或投保单。

（7）就保单的一些细节进行最后商定。

（8）双方签署保险单。

4. 选择保险人应考虑的因素

投保人应从安全的角度出发，全盘考虑保险安排的科学性，以合理的保费支出，寻求可靠的保险保障。对保险人的选择主要应考虑以下几个方面：保险人的资信、实力；风险管理水平；同类工程项目的管理经验；保险服务；技术水平；费率水平及分保条件；保险合同的构成。

5. 保险合同的构成

（1）投保申请书或投保单

某些险种习惯于使用投保申请书，而有的险种习惯于使用投保单。投保申请书、投保单主要内容包括投保人、工程关系各方、被保险人、工程建设地点、建设工期、建设场地的地质水文资料以及建设工程的详细情况、投保保险标的（清单）以及相应的投保金额、随申请附的资料等。由投保人如实和尽可能详尽地填写并签字后作为向保险公司投保建筑、安装工程险的依据。投保申请书（投保单）为工程保单的组成部分。投保申请书（投保单）在未经保险公司同意或未签发保险单之前不发生保险效力。

（2）保险单

保险单一般由保险公司提供标准格式，每个险种都有其相应的标准格式。主要内容是确认的投保人、被保险人和保险人，工程建设地点、建设工期、建设现状，保险险种、保险标的（清单）、保险金额、保险费，特殊保险内容的约定。

保险公司根据投保人投保申请书（投保单），在投保人缴付约定的保险费后，同意按保险单条款、附加条款及批单的规定以及明细表所列项目及条件承保约定的险种。投保申请书（投保单）为保险单的组成部分。

（3）保险条款

保险条款是规定保险合同双方权利义务的法律文件，一般使用标准文本。目前使用的保险条款是中国人民保险公司编制的，常用的有建筑工程一切险保险条款和安装工程一切险保险条款。

6. 保险合同的内容

（1）投保人名称和住所。

（2）投保人、被保险人名称和住所，以及人身保险的受益人的名称和住所。

（3）保险标的。

（4）保险责任和责任免除。

（5）保险期间和保险责任开始时间。

（6）保险价值。

（7）保险金额。

（8）保险费以及支付办法。

（9）保险金赔偿或者给付办法。

（10）违约责任和争议处理。

7. 工程保险的索赔管理

（1）及时报损。一旦发生自然灾害或意外事故被保险人获悉时，在尽可能短的时间内通知保险公司。

（2）保护现场。在可能的情况下保留现场以便保险公司现场调查取证，并予以充分地协助。

（3）填报出险通知书。出险通知书一般应在保险公司的协助下填写，这是索赔的第一份正式文件。

（4）提供理算依据。按保险单的规定提供有关的凭证、账册、单据、证明等作为理算的依据。

（5）协助收集理算依据。协助保险公司或理算人、独立的第三方进行处理理赔案所必需的资料收集工作。

（6）达成受损财物处置意见。在进行受损财产修理或重建以前，被保险人和保险公司应当就由保险公司负责赔偿的受损财产的损失程度、数量、施救费用等达成统一意见，以避免争议。

（7）修理费用。如受损财产由被保险人自行修理，应提供包括修理所用物料、耗费工时等事项的修理费用清单；如为外单位修理或重建，则应提供相关发票。

（8）填制损失清单。一般应在保险公司的协助下填写。

（9）第三方追赔。如损失是由第三方的原因造成，被保险人应及时向第三方提出追偿，但不应做出任何承诺，同时应将有关事项告知保险公司。经保险公司赔偿后的相应权益应签署权益转让书转让给保险公司，并协助保险公司追偿。

（10）争取预付赔款。对属于保险责任内的大赔款，若金额一时难以确定，保险公司可在估损金额的一定比例（具体数值视当时情况而定）内单独先行预付赔款，以帮助受损公司及时恢复生产。损失金额一经最终确定，保险公司可在规定的时间内支付其余赔款。

（11）签订赔偿协议。一旦索赔单证齐全，保险双方就赔款金额达成一致，保险公司即可支付赔款。

9.3.2 工程项目担保

1. 工程担保的基本概念

担保是指承担保证义务的一方，即保证人（担保人）应债务人（被担保人）的要求对债权人（权利人）的某种义务向债权人做出的书面承诺，保证债务人按照合同规定条款履行义务和责任，或及时支付有关款项，保障债权人实现债权的信用工具。担保制度在国际上已有很长的历史，已经形成了比较完善的法规体系和成熟的运作方式。中国的担保制度建设是以 1995 年颁布的《中华人民共和国担保法》为标志的，现在已经进入到一个快速发展的阶段。

工程保证担保是合同当事人为了保证工程合同的切实履行，由保证人作为第三方对建设工程中一系列合同的履行进行监管并承担相应的责任，是一种采用市场经济手段和法律手段进行风险管理的机制。在工程建设中，权力人（债权人）为了避免因义务人（债务人）原因而造成的损失，往往要求由第三方为义务人提供保证，即通过保证人向权利人进行担保，倘若被保证人不能履行其对权利人的承诺和义务，以致权利人遭受损失，则由保证人代为履约或负责赔偿。工程保证担保制度在世界发达国家已有一百多年的发展历程，已成为一种国际惯例。《世界银行贷款项目招标文件范本》、国际咨询工程师联合会 FIDIC《土木工程施工合同条件》、英国土木工程师协会 ICE《新工程合同条件（NEC）》、美国建筑师协会 AIA《建筑工程标准合同》等对于工程担保均进行了具体的规定。

工程担保制度是以经济责任链条建立起保证人与建设市场主体之间的责任关系。工程承包人在工程建设中的任何不规范行为都可能危害担保人的利益，担保人为维护自身的经济利益，在提供工程担保时，必然对申请人的资信、实力、履约记录等进行全面的审核，根据被保证人的资信实行差别费率，并在建设过程中对被担保人的履约行为进行监督，通过这种制约机制和经济杠杆，可以迫使当事人提高素质、规范行为，保证工程质量、工期和施工安全。另外，承建商拖延工期、拖欠工人工资和供货商贷款、保修期内不尽保修义务和设计人迟延交付图纸及业主拖欠工程款等问题光靠工程保险解决不了，必须借助于工程担保。实践证明，工程保证担保制度在规范建筑市场、防范建筑风险特别是违约风险、降低建筑业的社会成本、保障工程建设的顺利进行等方面都有十分重要和不可替代的作用。

2. 担保的方式

（1）保证

保证是指保证人和债权人约定当债务人不履行债务时，保证人按照约定履行债务或者承担责任的行为。

（2）抵押

抵押是指债务人或者第三人不转移对所拥有财产的占有，将该财产作为债权的担保。债务人不履行债务时，债权人有权依法从将该财产折价或者拍卖、变卖的价款中优先受偿。

（3）质押

质押是指债务人或者第三人将其质押物移交债权人占有，把该物作为债权的担保。债务人不履行债务时，债权人有权依法从将该物折价或者拍卖、变卖的价款中优先受偿。

（4）留置

留置是指债权人按照合同约定占有债务人的动产，债务人不按照合同约定的期限履行债务的，债权人有权依法留置该财产，从将该财产折价或者拍卖、变卖的价款中优先受偿。

（5）定金

当事人可以约定一方向对方给付定金作为债权的担保。债务人履行债务后，定金应当抵作价款或者收回。给付定金的一方不履行约定的债务的，无权要求返还定金；收受定金的一方不履行约定的债务的，应当双倍返还定金。

（6）反担保

第三人为债务人向债权人提供担保时，可以要求债务人提供反担保，也就是要求被担保人向担保人提供一份担保。反担保方式既可以是债务人提供的抵押或者质押，也可以是其他人提供的保证、抵押或者质押。

3. 工程担保的内容

（1）投标担保

投标保证担保是在建设工程总包或分包的招标投标过程中，保证人为合格的投标人向招标人提供的担保，保证投标人不在投标有效期内中途撤标；中标后与招标人签订施工合同并提供招标文件要求的履约以及预付款等保证担保。如果投标人违约，招标人可以没收其投标保函，要求保证人在保函额度内予以赔偿。

（2）承包商履约担保

履约保证是指由于非业主的原因，承包商无法履行合同义务，保证机构应该接受该工程，并经业主同意由其他承包商继续完成工程建设，业主只按原合同支付工程款，保证机构须将保证金付给业主作为赔偿。履约保证充分保障了业主依照合同条件完成工程的合法权益。

（3）承包商付款担保

付款担保是指若承包商没有根据工程进度按时支付工人工资以及分包商和材料设备供应商的相关费用，经调查确认后由保证机构予以代付。付款保证使得业主避免了不必要的法律纠纷和管理负担。

（4）预付款担保

预付款担保是要求承包商提供的为保证工程预付款用于该工程项目，不准承包商挪作他用及卷款潜逃的担保。

（5）维修担保

维修担保是为保障维修期内出现质量缺陷时，承包商负责维修而提供的担保。维修担保可以单列，也可以包含在履约担保内，也有采用扣留一定比例工程款作担保的。

（6）业主付款担保

业主工程款支付保证是保证人为有支付能力的业主向承包商提供的担保，保证业主按施工合同的约定向承包商支付工程款，若业主违约，保证人在保函额内代为支付。

（7）业主责任履行担保

业主责任保证是保证人为业主履行合同约定的义务和责任而向承包商提供的担保，保证业主按合同的约定履行义务，承担责任。

（8）完工担保

完工担保是保证人为承包商按照承包合同约定的工期和质量完成工程向业主提供的担保。

4. 投标担保

投标担保是指投标人在投标报价前或者在投标报价的同时向招标人提供的担保，保证投标人一旦中标，即按招标文件的有关规定签约承包工程。

（1）担保方式

投标担保可以采用银行保函、担保公司担保书、同业担保书和投标定金担保方式，但一般都采用银行保函或定金担保的方式；具体方式由招标人在招标文件中规定。对未能按招标文件要求提交投标担保的投标，可视为不响应招标而予以拒绝。

（2）投标担保的额度

投标担保额度为投标总价的 0.5%～5%，视工程大小及工程所在地区的经济状况，并参照当地的惯例，由招标文件规定。我国房屋和基础设施工程招标的投标保证金为投标价的 2%，但最高不超过 80 万元。

（3）担保的有效期

投标担保的有效期应超出投标有效期 9～28 天，但在确定中标人后 3～9 天以内返还未中标人的保函、担保书或定金。不同的工程可以有不同的时间规定，这些都应该在招标文件中明确。

（4）投标担保的解除

① 招标文件应明确规定在确定中标人后多少天以内返还未中标人的保函、担保书或定金。

② 中标人的投标担保可以直接转为履约担保的一部分，或在其提交了履约担保并签订了承包合同之后退还。

（5）违约责任

① 采用银行保函或者担保公司保证书的，除不可抗力外，投标人在开标后和投标有效期内撤回投标文件，或者中标后在规定时间内不与招标人签订工程合同的，由提供担保的银行或者担保公司按照担保合同承担赔偿责任。

如果是收取投标定金的，除不可抗力外，投标人在开标后的有效期内撤回投标文件，或者中标后在规定时间内不与招标人签订工程合同的，招标人可以没收其投标保证金；实行合理低价中标的，还可以要求按照与第二标投标报价的差额进行赔偿。

② 除不可抗力因素外，招标人不与中标人签订工程合同的，招标人应当按照投标保证金的 2 倍退还中标人。给对方造成损失的，依法承担赔偿责任。

5. 承包商履约担保

履约担保是为保障承包商履行承包合同所做的一种承诺，这是工程担保中最重要的也是担保金额最大的一种工程担保。

（1）担保方式

承包商履约担保可以采用银行保函、担保公司担保书和履约保证书的方式，也可以采用同业担保方式，由实力强、信誉好的承包商为其提供履约担保，还应当遵守国家有关企业之间提供担保的有关规定，不允许两家企业互相担保或者多家企业交叉互保。

采用银行保函担保的，当承包商由于非业主的原因而不履行合同义务时，一般都是由担保人在担保额度内对业主损失支付赔偿。采用担保公司或同业担保书担保的，当承包商由于非业主的原因而不履行合同义务时，应由担保人向承包商提供资金、设备或者技术援助，使其能继续履行合同义务；或直接接管该项工程，代位履行合同义务；或另觅经业主同意的其他承包商，继续履行合同义务；或按照合同约定，在担保额度范围内，对业主的损失支付赔偿。

采用履约保证金的，中标人不履行合同的，履约保证金不予退还，给招标人造成的损失超过履约保证金数额的，应当对超过部分予以赔偿；履约保证金可以是现金也可以是支票、银行汇票或银行保函。

（2）担保额度

采用履约担保金方式（包括银行保函）的履约担保额度为 5％～9％；采用担保书和同业担保方式的一般为合同价的 9％～15％。

（3）履约担保的有效期

承包商履约担保的有效期应当截止到承包商根据合同完成了工程施工并经竣工验收合格之日。业主应当按承包合同约定在承包商履约担保有效期截止日后若干天之内退还承包商的履约担保。

（4）履约担保的索赔

为了防止业主恶意支取承包商的履约担保金，一般应在合同中规定的情况下，业主就承包商履约担保向保证人提出索赔之前，书面通知承包商，说明导致索赔的违约性质，并得到项目总监理工程师及其监理单位对索赔理由的书面确认。

（5）履约担保的递补

承包商在业主就其履约担保索赔了全部担保金额之后，应当向业主重新提交同等担保金额的履约担保，否则业主有权解除承包合同，由承包商承担违约责任。若剩余合同价值已不足原担保金额，则承包商重新提交的履约担保的担保金额以不低于剩余合同价值为限。

6. 业主支付担保

业主支付担保是保证业主不拖欠工程款而提供的担保，对于解决我国普遍存在的拖欠工程款现象是一项有效的措施。

（1）担保方式与额度

业主应当在签订工程承包合同时，向承包商提交支付担保，担保金额应当与承包商履约担保的金额相等，业主可以采用银行保函或者担保公司担保书的方式。小型工程项目也可以由业主依法实行抵押或者质押担保。

（2）担保有效期

业主支付担保的有效期应当截止到业主根据合同约定完成了除工程质量保修金以外的全部工程结算款项支付之日，承包商应当按合同约定在业主支付担保有效期截止日后若干天内退还业主的支付担保。

（3）担保的索赔

在任何情况下，承包商就业主支付担保向保证人提出索赔之前，应当书面通知业主，说明导致索赔的原因。

（4）业主支付担保的递补

业主在承包商就其支付担保索赔了全部担保金额之后，应当及时向承包商重新提交同等担保金额的支付担保，否则承包商有权解除承包合同，由业主承担违约责任。若剩余合同价值已不足原担保金额，则业主重新提交的支付担保的担保金额以不低于剩余合同价值为限。

复习思考题

1. 简述工程项目风险的概念及其特征。
2. 工程项目风险有哪些分类？
3. 何谓工程项目风险管理？其主要工作是什么？
4. 简述工程项目风险识别的步骤。
5. 工程项目风险分析的内容是什么？
6. 如何应对工程项目风险？
7. 何谓工程项目风险监控？其内容是什么？
8. 简述工程项目风险应急计划。
9. 什么是工程保险？什么是工程担保？

10 工程项目安全及环境管理

10.1 工程项目安全管理

10.1.1 概述

1. 安全及安全生产的概念

安全是指没有危险、不出事故的状态。安全包括人身安全、设备与财产安全、环境安全等。通俗地讲，安全就是指安稳，即人的平安无事、物的安稳可靠、环境的安定良好。

安全生产是指在劳动生产过程，通过努力改善劳动条件，克服不安全因素，防止伤亡事故发生，使劳动生产在保障劳动者安全健康和国家财产不受损失的前提下顺利进行。

2. 工程项目安全管理的含义

工程项目安全管理是指在施工过程中组织安全生产的全部管理活动。安全管理以国家法律、法规和技术标准等为依据，采取各种手段，通过对生产要素进行过程控制，使生产要素的不安全行为和不安全状态得以减少或消除，达到减少一般事故、杜绝伤亡事故的目的，从而保证安全管理目标的实现。

3. 工程项目安全管理的手段

安全法规、安全技术、经济手段、安全检查与安全评价、安全教育文化手段是安全管理的五大主要手段。

（1）安全法规，也称劳动保护法规，是保护职业安全生产的政策、规程、条例、规范和制度。其对改善劳动条件、确保职工身体健康和生命安全，维护财产安全，起着法律保护的作用。

（2）安全技术，是指在施工过程中为防止和消除伤亡事故或减轻繁重劳动所采取的措施。其基本内容包括预防伤亡事故的工程技术措施。其作用是使安全生产从技术上得到落实。

（3）经济手段，是指各类责任主体通过各类保险为自己编织一个安全网，维护自身利益；同时，运用经济杠杆使信誉好、建筑产品质量高的企业获得较高的经济效益，对违章行为进行惩罚。经济手段有工伤保险、建筑意外伤害保险、经济惩罚制度、提取安全费用制度等。

（4）安全检查，是指在施工生产过程中，为了及时发现事故隐患，排除施工中的不安全因素，纠正违章作业，监督安全技术措施的执行，堵塞漏洞，防患于未然，而对安全生产中容易发生事故的主要环节、部位、工艺完成情况，由专门的安全生产管理机构进行全过程的动态检查，以改善劳动条件，防止工伤事故、设备事故的发生。安全评价，是采用系统科学方法，辨别和分析系统存在的危险，并根据其形成事故的风险，采取相应的安全措施。安全评价的基本内容和一般过程是：辨别危险性、评价风险、采取措施、达到安全指标。安全评价的形式有定性和定量两种。

（5）安全教育文化手段，是通过行业与企业文化，以宣传教育的方式提高行业人员、企业人员对安全的认识，增强其安全意识。

10.1.2 工程项目安全管理的主要内容

1. 落实安全生产管理制度

现阶段正在执行的主要安全生产管理制度包括：安全生产责任制度；安全生产许可证制度；政府安全生产监督检查制度；安全生产教育培训制度；安全措施计划制度；特种作业人员持证上岗制度；专项施工方案专家论证制度；危及施工安全工艺、设备、材料淘汰制度；施工起重机械使用登记制度；安全检查制度；生产安全事故报告和调查处理制度；"三同时"制度；安全预评价制度；意外伤害保险制度等。

2. 贯彻安全技术管理

编制施工组织设计时，必须结合工程实际，编制切实可行的安全技术措施，要求全体人员必须认真贯彻执行。执行过程中发现问题，应及时采取妥善的安全防护措施。要不断积累安全技术措施在执行过程中的技术资料，进行研究分析，总结提高，以利于以后工程的借鉴。

3. 坚持安全教育和安全技术培训

组织全体人员认真学习国家、地方和本企业安全生产责任制度、安全技术规程、安全操作规程和劳动保护条例等。新工人进入岗位之前要进行安全纪律教育，特种专业作业人员要进行专业安全技术培训，考核合格后方能上岗。要使全体职工经常保持高度的安全生产意识，牢固树立"安全第一"的思想。

4. 组织安全检查

为了确保安全生产，必须严格进行安全检查。安全检查员要经常查看现场，及时排除施工中的不安全因素，纠正违章作业，监督安全技术措施的执行，不断改善劳动条件，防止工伤事故的发生。

5. 进行事故处理

在人身伤亡或各种安全事故发生后，应立即进行调查，了解事故产生的原因、过程和后果，提出鉴定意见。在总结经验教训的基础上，有针对性地制定防止事故再次发生的可靠措施。

10.1.3 工程项目安全管理的工作程序

1. 确定项目的安全目标

按照"目标管理"的方法在以项目经理为首的项目管理系统内进行分解，从而确定每个岗位的安全目标，实现全员安全管理。

2. 编制项目安全技术措施计划

对生产过程中的不安全因素，用技术手段加以消除和控制，并用文件化的方式表示，这是落实"预防为主"方针的具体体现，是进行工程项目安全管理的指导性文件。

3. 安全技术措施计划的落实和实施

包括建立健全安全生产责任制、设置安全生产设施、进行安全教育和培训、沟通和交流信息，通过安全管理使生产作业的安全状况处于受控状态。

4. 安全技术措施计划的验证

包括安全检查、纠正不合格情况，并做好检查记录工作。根据实际情况补充和修改安全技术措施。

5. 持续改进

持续改进，直至完成建设工程项目的所有工作。

10.1.4 工程施工项目安全管理的实施方法

1. 建立健全施工项目的安全管理网络，确保网络体系的正常运行。

施工项目安全管理的对象是参加项目的所有人、物及环境，因此安全生产必须靠全员参与来完成。为了把全员的工作做好，仅靠一个项目经理是不可能的；应建立一个健全的安全管理网络体系，该体系应该由项目经理牵头，由有关部门、各施工队、班组中具有一定安全管理知识的人员组成。具体的操作方法是：项目部成立安全领导小组，项目经理任组长，一名副经理任副组长，项目部其他领导、安全员、各施工队长为成员；同时，在基层施工队和生产班组中都要指派一名专（兼）职安全员负责此项工作。领导小组要定期召开会议，汇报总结并布置阶段性安全工作，研究解决重大安全问题。

2. 做好对施工项目的风险评估，制定风险削减计划和应急措施，实现对施工项目重要环境因素（事故危险源）的实时监控。

要想做好对施工项目的安全管理，首要的一项工作就是分析项目在施工过程中可能出现什么样的事故，对可能造成事故的隐患进行评价，然后对这些危险源有针对性地制定削减计划。削减计划可采用先进的工艺技术实现技术保证，也可以指派具有丰富经验的人员进行现场作业或负责指挥和监督，同时还可以采用屏蔽隔离法，时间、人、物、轨迹交叉回避法，能量控制法等。在制定了风险消减计划后，由于其他不定因素影响，还可能发生事故。为了把事故损失控制在最小范围，还要制定应急措施，应急措施要做到组织、人员、救护方法三落实。而且要把计划、措施告知员工，以增加全员的风险意识，提高自主管理意识。

3. 编制施工组织设计。采用先进工艺技术，科学布置，利用人、物和环境，实行文明施工，以形成良好的劳动条件。

一个施工项目从启动到竣工投产，在时间概念上，一般都要历时数天、数月，甚至数年；在工序上成千上万；在人员配置上为多工种协同作战，因此安全管理难度很大。为了合理组织安排工程项目的安全文明生产，在项目开工前就要认真编制好施工组织设计。在施工组织设计中，要绘制平面布置图，把原材料、半成品存在区、预制场、施工区、住宅区、食堂、厕所、水、电、气、路、停车场及其他占地进行划分，在施工过程中严格按施工组织设计执行，不允许随心所欲打乱仗。在执行的同时，要强化文明施工的管理，做到物以类别，标识齐全。确保电灯亮、道路通、设备完好、砖成垛、砂成方、工完料净场地清。用物的安全状态、人的安全行为为项目的安全生产提供基本保证。

4. 制定切实可行的安全目标、指标，并分解到各部门、单位、班组，做到千斤重担众人挑、人人肩上有指标。

制定安全目标、指标，是保证项目实现效益最大化，激励日常安全管理的有效办法。安全目标、指标的制定，要依照法律和行政的要求提出，所定的安全目标、指标要具有严肃性、合理性及可操作性。一旦目标、指标确定后，就要分解到各单位，并讨论制定保证措施，以文件的形式下达到各部门、单位，以便人人头上有压力、肩上有担子，从而使项目的安全管理贯穿于生产经营活动的全方位、全过程。

5. 制定项目安全生产和文明施工管理制度，并采取有效措施加以落实，用制度管人、管事。

制定项目安全生产和文明施工管理制度，应明确规定各级人员的岗位安全生产责任制。基本要求是：一个独立的职责，必须由一个人全权负责，要做到人人有责可负，同时要有奖惩办法，各种操作规程，原则要做到公平待人、对事，用制度规范人们的行为，以形成良好的安全生产秩序。

6. 做好对员工的安全知识培训和安全意识教育，努力提高全员的安全生产技能及自我保护意识，力求在施工项目上营造良好的安全生产氛围。

安全知识培训和安全意识教育是提高员工安全生产意识和技能的主要途径，由于项目部是一个临时机构，集聚的人员可能来自方方面面，他们对本项目的安全生产要求不一定尽知，因此必须对所有人员进行安全培训与教育。具体方法可采用入场人员集中授课，由安全管理人员和工程技术人员进行施工项目有关安全生产和文明施工要求及工艺技术知识的教育，并进行考试，对不合格者再培训再考试，直到合格，不合格不许上岗。在做好一般教育的基础上，还要加强对特种作业人员的专门培训，凡特殊工种都要做到持证上岗。另外，施工队每周要进行一次安全讲话教育，生产班组每天都要进行班前讲话。

7. 做好火灾、爆炸、高处坠落、坍塌、触电、机械伤害、中暑、中毒、物体打击、冻伤、车辆伤害和环境污染等事故预防工作，认真制定各种预防措施并加以落实。"安全第一，预防为主"，是安全管理工作的原则，根据施工项目的施工环境，要认真编制各种预防措施，并在施工过程中予以落实。保证做到无人员伤亡、无财产损失、无环境污染事故发生。

8. 实行生产安全"五同时"，做到管生产必须管安全。

为实施安全对策，必须首先明确由谁来实施的问题。在施工项目安全管理中，在推行全员安全管理的同时，根据"管生产必须管安全"的原则，实行安全生产责任制，形成以项目经理为第一责任人的安全生产管理网络，明确各安全责任人的职责范围及对安全工作应负的责任。这是施工项目安全管理中最基本的一项安全制度，是各安全管理规章制度的核心。就施工项目来说，项目经理是安全生产第一责任者，对本工程项目的安全生产负总责。而安全生产责任制的核心是实现安全生产的"五同时"。这就要求项目经理牢固树立"安全第一"的思想，在指挥生产的同时，必须负责安全管理工作。在计划、布置、检查、总结、评比生产的同时，做好各环节安全工作，从而使施工项目管理有针对性、科学性、原则性和实践性，确保整个项目施工期间安全生产无事故，确保职工的安全、健康。

9. 组织做好定期和不定期的安全检查工作。

安全生产检查的目的是切实落实责任，严格现场管理，促进隐患治理，层层落实各级安全生产责任。建立健全施工项目的安全管理网络体系，做到把责任落实到人头，把责任区划分到人头，促使做好定期和不定期的安全检查，是消除各类隐患、实现安全生产的有效手段。

要做好施工项目的安全检查工作，应该从以下几个方面考虑：一是提高检查的权威性。施工项目的负责人要亲自参与组织安全检查，挑选责任心强、业务素质高的同志充实检查队伍。项目部要开展月检，施工队要实行周检，班组要进行日检。二是完善安全检查档案制度，做到有记录、有整改、有反馈，使前一次检查的整改情况成为下一次检查的首选对象，确保检查工作闭合循环，提高检查的针对性。三是采取各种方式，提高检查效果。一方面是自查自改、双向检查和下发限期整改通知单、填报整改情况反馈表等，另一方面是结合重点工作，不定期开展专项检查，如对各种作业票证检查等，对查出的问题要在整改的基础上严肃处理，不讲情面。

10. 对事故实行"四不放过"原则，杜绝同类事故发生。

在施工项目安全管理中，稍有疏忽，事故隐患就会发生。因此，在做好安全检查，把隐患当事故处理的同时，一旦发生事故，应严格按"四不放过"原则执行，分析清楚原因、落实防范措施、教育职工，特别对那些既是事故受害者，又是事故责任者，要按上级有关指示精神，根据责任大小，严格落实经济责任制，并在职工中大力宣传，不能因同情受害者而免于对其处罚。

实践证明，只有依靠科学技术，规范项目管理，严格落实以上 10 个方面的管理内容，才能保证工程项目的安全施工。

10.2 工程项目安全事故及处理

10.2.1 工程项目安全事故的分类

1. 按人员伤亡或直接经济损失划分

根据中华人民共和国国务院令第 493 号《生产安全事故报告和调查处理条例》的规定，按生产安全事故造成的人员伤亡或者直接经济损失，事故一般分为以下等级：

（1）特别重大事故，是指造成 30 人以上死亡，或者 100 人以上重伤（包括急性工业中毒，下同），或者 1 亿元以上直接经济损失的事故；

（2）重大事故，是指造成 10 人以上 30 人以下死亡，或者 50 人以上 100 人以下重伤，或者 5000 万元以上 1 亿元以下直接经济损失的事故；

（3）较大事故，是指造成 3 人以上 10 人以下死亡，或者 10 人以上 50 人以下重伤，或者 1000 万元以上 5000 万元以下直接经济损失的事故；

（4）一般事故，是指造成 3 人以下死亡，或者 10 人以下重伤，或者 1000 万元以下直接经济损失的事故。

2. 按伤亡事故类别划分

根据《企业职工伤亡事故分类》GB 6441—1986 的规定，按直接导致职工受到伤害的原因，伤害方式分为 20 类，即物体打击、车辆伤害、机械伤害、起重伤害、触电、淹溺、灼烫、火灾、高处坠落、坍塌、冒顶片帮、透水、放炮、火药爆炸、瓦斯爆炸、锅炉爆炸、容器爆炸、其他爆炸、中毒和窒息、其他伤害。

3. 按事故的原因及性质分类

（1）生产事故。生产事故是指在建筑产品的生产、维修、拆除过程中，操作人员违反操作规程而直接导致的安全事故。

（2）质量事故。质量事故是由于不符合规范标准或施工达不到设计要求导致建筑实体存在瑕疵所引发的安全事故。

（3）技术事故。技术事故是指由工程技术原因所导致的安全事故。

（4）环境事故。环境事故是指建筑实体在施工过程或使用过程中，由使用环境或周围环境原因所导致的安全事故。

10.2.2　工程项目施工安全事故的原因及其分析

1. 工程项目施工安全事故的原因

工程项目施工安全事故发生的基本原因主要包括勘察设计失误、施工人员违章作业、施工单位安全管理不到位、安全物资质量不合格、安全生产投入不足等。对建筑工程项目施工安全事故发生的原因进行分析时，应判断出直接原因、间接原因、主要原因。

（1）直接原因。根据《企业职工伤亡事故分类》GB 6441—1986 的规定，直接导致伤亡事故发生的机械、物资和环境的不安全状态以及人的不安全行为，是事故的直接原因。

（2）间接原因。教育培训不够、未经培训、缺乏或不懂安全操作知识、劳动组织不合理、没有安全操作规程或安全操作规程不健全、没有事故防护措施或不认真实施事故防护措施、对事故隐患整改不力等原因，是事故的间接原因。

（3）主要原因。主要原因是指导致事故发生的主要因素。

2. 工程项目施工安全事故原因的分析

（1）整理和阅读调查资料，根据《企业职工伤亡事故分类》GB 6441—1986 附录的规定，按以下 7 项内容进行建筑工程项目施工安全事故原因的分析：受伤部位、受伤性质、起因物、致害物、伤害方法、不安全状态、不安全行为。

（2）确定事故的直接原因、间接原因、事故责任者。在分析事故原因时，应根据调查所确认的事实，从直接原因入手，逐步深入到间接原因从而掌握事故的全部原因。通过对直接原因和间接原因的分析，确定事故中的直接责任者和领导责任者，再根据其在事故发生过程中的作用，确定主要责任者。

（3）制订事故预防措施。根据对事故原因的分析，制订防止类似事故再次发生的预防措施，在防范措施中，应把改善劳动生产条件、作业环境和提高安全技术措施水平放在首位，力求从根本上消除危险因素。

3. 工程项目施工安全事故责任分析

在查清伤亡事故原因后，必须对事故进行责任分析，目的是使事故责任者、单位领导人和广大职工吸取教训、接受教育、进行安全工作。

事故责任分析可以通过事故调查所确定的事实，事故发生的直接原因和间接原因，有关人员的职责、分工及其在具体事故中所起的作用，追究其所应负的责任；按照有关组织人员及生产技术因素，追究最终造成不安全状态的人员的责任；按照有关技术规定的性质、明确程度、技术难度，追究属于明显违反技术规定的人员的责任；对属于未知领域的责任不予追究。

根据对事故应负责任的不同，事故责任者可分为直接责任者、主要责任者、重要责任者和领导责任者。对事故责任者的处理，在以教育为主的同时，还必须根据有关规定按情节轻重，分别给予经济处罚、行政处分，直至追究刑事责任。对事故责任者的处理意见形成以后，事故责任企业的有关部门必须尽快办理报批手续。

10.2.3　工程项目安全事故的处理

1. 安全事故的预防

在建筑施工中，常见的安全事故主要有高空坠落、机械伤害、突然崩塌、触电、烧伤、倾倒等。安全管理应将防止这些常见的事故作为工作的重点，采取相应的技术管理措施，防患于未然。具体内容如表 10-1 所示。

常见的安全事故种类及其预防内容　　　　　　表 10-1

安全事故种类	重点预防项目	需要落实的内容
坠落	脚手架	作业平台的结构
		跳板、安全网的使用
		吊脚手的作业平台
	孔口部分	围栏、扶手、盖板、监护人
	架设通道	扶手、隧道栈桥
	安全网及其他措施	
机械伤害	挖土机等	禁止入内的措施
		机械的通行路径
		指挥人员的配备
		机动车的信号装置、照明设备
		防滑动装置
	打桩、拔桩机	卷扬机的齿轮刹车
		车有荷载时的止车装置
		破损时的措施
		作业方法、顺序
突然崩塌	防止土石崩塌掉落	开挖地点的调查
		防塌方的支撑、防护网
		防塌方支撑杆件的安装
		挖补、横撑措施
电气事故	电气机械设备	带电部分的包扎、绝缘套
	电动机械器具	接地后使用
	移动电线	防止绝缘被损伤及老化
	带电作业	穿着绝缘保护用具和防护用具
		绝缘管、罩等装置，危险标识
倾倒	防止脚手架的倾倒	按脚手架结构规定最大荷载
		吊脚手的构造
	防止砖墙倒塌	靠近砖墙挖掘时的补强、搬迁等
	防止吊车倾倒	工作限制
		负荷限制
		倾斜角限制
	防止模板支撑倾倒	模板的构造、组装
		分段组装场合的垫板、垫脚
		混凝土浇筑时的检查
	防止栈桥倾倒	根据构造和材料规定最大负荷

2. 安全事故处理的原则（"四不放过"原则）

安全事故处理的原则为：

(1) 事故原因不清楚不放过；

(2) 事故责任者和员工没有受到教育不放过；

(3) 事故责任者没有得到严肃处理不放过；

(4) 没有制定防范措施不放过。

3. 安全事故处理程序

安全事故应该按下列程序进行处理：

(1) 报告安全事故：安全事故发生后，受伤者或最先发现事故的人员应立即用最快的传递手段，将发生事故的时间、地点、伤亡人数、事故原因等情况，上报至企业安全主管部门。企业安全主管部门视事故造成的伤亡人数或直接经济损失情况，按规定向政府主管部门报告。

(2) 事故处理：抢救伤员、排除险情、防止事故蔓延扩大，做好标识，保护好现场。

(3) 事故调查：项目经理应指定技术、安全、质量等部门的人员，会同企业工会代表组成调查组，开展调查。

(4) 调查报告：调查组应把事故发生的经过、原因、性质、损失责任、处理意见、纠正和预防措施撰写成调查报告，并经调查组全体人员签字确认后报企业安全主管部门。

10.3　工程项目环境管理

10.3.1　工程项目环境保护的相关法规

1.《建筑法》的规定

《建筑法》对项目施工中的环境保护作了明确规定："建筑施工企业应当遵守有关环境保护和安全生产的法律、法规的规定，采取控制和处理施工现场的各种粉尘、废气、废水、固体废物以及噪声、振动对环境的污染和危害的措施。"

2.《中华人民共和国环境保护法》的有关规定

(1) 积极试验和采用无污染或少污染环境的新工艺、新技术、新产品。

(2) 加强企业管理，实行文明生产，对于污染环境的废气、废水、废渣要实行综合利用，化害为利；需要排放的，必须遵守国家规定的标准；一时达不到国家标准的要限期治理；逾期达不到国家标准的，要限制企业的生产规模。

(3) 一切排烟装置、工业窑炉、机动车辆、船舶等，都要采取有效的消烟除尘措施，有害气体的排放，必须符合国家规定的标准。

(4) 加强对城市和工业噪声、振动的管理。各种噪声大、振动大的机械设备、机动车辆、航空器等，都应装置消声、防振设施。

(5) 散发有害气体、粉尘的单位，要积极采用密闭的生产设备和生产工艺，并安装通风、吸尘和净化、回收设施。劳动环境的有害气体和粉尘含量，必须符合国家工业卫生标准的规定。

3.《建设项目环境保护管理条例》的有关规定

《建设项目环境保护管理条例》规定："建设项目需要配套建设的环境保护设施，必须与主体工程同时设计、同时施工、同时投产使用。"这就是我们通常所称的建设项目"三同时"制度。其中对同时施工的基本要求是：

（1）建设单位委托建设项目施工时，必须将环境保护设施与主体工程同时委托施工。

（2）施工单位承担建设项目施工时，必须将环境保护设施与主体工程同时进行施工。

（3）在施工过程中，施工单位必须采取有效措施，防止或者减轻施工所造成的污染危害，并及时处理废弃物，修复受到破坏的环境。

10.3.2 施工单位的环境保护措施

1. 组织措施

（1）实行环保目标责任制

把环保指标以责任书的形式层层分解到有关单位和个人，列入承包合同和岗位责任制，建立一支懂行善管的环保自我监控体系。项目经理是环保工作的第一责任人，是施工现场环境保护自我监控体系的领导者和责任者。建筑企业要把环保政绩作为考核项目经理的一项重要内容。

（2）加强检查和监控工作

要加强检查，加强对施工现场粉尘、废气的监测、监控工作。要与文明施工现场管理一起检查、考核、奖罚。及时采取措施消除粉尘、废气和污水的污染。

（3）保护和改善施工场地的环境，要进行综合治理

一方面施工单位要采取有效措施控制人为噪声、粉尘的污染以及采取技术措施控制烟尘、污水、噪声污染，另一方面，建设单位应该负责协调外部关系，同当地居委会、村委会、办事处、派出所、居民、施工单位、环保部门加强联系。要做好宣传教育工作，认真对待来信来访，凡能解决的问题，立即解决，一时不能解决的扰民问题，也要说明情况，取得谅解并限期解决。

2. 技术措施

在编制施工组织设计时，必须有环境保护的技术措施。在施工现场平面布置和组织施工过程中都要执行国家、地区、行业和企业有关防治空气污染、水源污染、噪声污染等环境保护的法律、法规和规章制度。

（1）防施工噪声

主要是科学安排施工，合理选择和调整施工时间和机械配置。

在建筑施工过程中，应对施工进行科学安排，尽可能将施工作业时间安排在白天。在居民区附近路段，严禁晚上进行大规模施工活动，以减少对居民的干扰。

从施工机械方面进行合理选择，在一些环境敏感区附近施工时，要及时调整施工设备，增加轻型振动设备，减少施工设备振动和噪声对沿线居民产生的影响。

（2）防大气污染

材料堆放应采取必要的挡风措施，减少扬尘。

组织好材料和土方运输，防止扬尘和材料散落造成环境污染。

材料运输宜采用封闭性较好的自卸车运输或采取覆盖措施。

对施工场地、材料运输及进出料场的道路应经常洒水防尘。

除设有符合规定的装置外，禁止在施工现场焚烧油毡、橡胶、塑料、皮革、树叶、枯草、各种包装皮等以及其他会产生有毒、有害烟尘和恶臭气体的物质。

机动车都要安装 PVC 阀，对那些尾气排放超标的车辆要安装净化消声器，确保不冒黑烟。

工地茶炉、大灶、锅炉，尽量采用消烟除尘型和消烟节能回风灶，烟尘降至允许排放量为止。

工地搅拌站除尘是治理的重点，有条件的应采用现代化先进设备降低粉尘污染，或者使用商品混凝土。

（3）防止水源污染

禁止将有毒有害废弃物作土方回填。

施工现场搅拌站废水、现制水磨石的污水、电石（碳化钙）的污水须经沉淀池沉淀后再排入城市污水管道或河流。最好将沉淀水用于工地洒水降尘或采取措施回收利用。上述污水未经处理不得直接排入城市污水管道或河流中去。

现场存放油料必须对库房地面进行防渗处理。如采用防渗混凝土地面、铺油毡等。使用时，要采取措施，防止油料跑、冒、滴、漏，污染水体。

施工现场 100 人以上的临时食堂，污水排放时可设置简易有效的隔油池，定期掏油和杂物，防止污染。

工地临时厕所，化粪池应采取防渗漏措施。中心城市施工现场的临时厕所可采取水冲式厕所，蹲坑上加盖，并有防蝇、灭蝇措施，防止污染水体和环境。

化学药品、外加剂等要妥善保管，库内存放，防止污染环境。

（4）加强回收处置与重复利用

在杜绝污染源减少污染物的同时，对已造成的污染物及时进行回收处理，通过技术手段重复再利用也是至关重要的技术措施。

对建筑垃圾进行分类处理。砂、石类可作混凝土的骨料，碎砖头作三合土或回填料，落地灰、碎屑等经粉碎后作砂浆骨料，塑料桶、箱、盒、编织袋等可处理给废品收购站。

在混凝土搅拌机及冲刷集中的地方建贮水池、集水井及时回收废弃水，经沉淀处理后再用于工程施工或冲刷。

人员较多的大型施工场地，可在厕所附近建沼气池，作垃圾、粪便处理，用产生的沼气烧水、做饭、照明，不仅消除了生活污染、废气污染，而且还可节省施工费用。

将废机油回收用于模板工程作隔离剂或作防腐处理。

金属类、木材类、纤维类等废弃物除部分重复利用外可处理给废品收购站视作再生资源。

10.3.3 建设单位的环境保护管理措施

1. 施工招标时对施工单位的环保措施进行审查

施工招标时应将施工单位的环境保护素质作为评标定标的条件之一，要求施工单位设立专兼职环保管理人员，拟订详细而切实可行的环保方案。

2. 加强合同管理，提高环保意识

为了保证建筑施工过程中施工单位对环境保护的重视，应在施工承包合同中，增加有关环境保护方面的条款。例如，临时用地、清场、道路使用、文物保护、环境保护等，明确承包人对保护环境的责任和义务。从而促使施工单位提高环境保护意识，加强环保治理。

3. 建立环保监督机构

建设单位应主动与环保行政职能部门相配合，成立环境保护管理办公室，负责对施工单位的环境保护措施及其实施情况进行检查监督，对于不利于环保的措施和操作程序提出意见。

4. 进行施工期间的环保监测

施工期间，由环保行政职能部门对施工过程中的噪声污染、大气污染、水质污染、景观破坏等情况进行实时监测，对于出现超标或不利于环保的严重行为及时通知施工单位整改，采取补救措施，严重者应追究其法律责任。

5. 发挥监理工程师的监督作用

监理工程师在环保管理中的作用很重要，不仅要抓好合同、进度、质量和建设资金使用的管理，还要负责对施工单位的环保工作的实施情况进行监督；检查工程设计中不利于环保的各种工程隐患；检查环保工程设计是否得以实施、质量是否达到要求；检查环保工程资金的使用是否落到实处；配合环保职能部门做好施工期间的环保检测和监督工作。此外，对于施工单位存在的造成环境严重破坏和污染的施工活动，监理工程师必须依据相关环保法规、政策规定加以严格控制，并责成施工单位采取有效措施进行整改。

6. 充分利用工程支付的调节手段，将环境保护工作落到实处

在施工承包合同中应订立专门条款，加强工程支付管理，充分利用工程支付的调节作用，强化施工期间的环保工作。

7. 妥善进行环境补偿

在施工期间，建设单位要严格遵守有关法律，对各种环境问题进行补偿。例如，使用地方道路及污染的补偿，施工噪声及振动补偿，临时用地超期补偿、林地补偿等，以便能及时对损坏的道路进行修复，对损坏的建筑物进行加固，对占用的林地补偿同等数量的林地，等等，从而减少对环境的进一步影响。

10.3.4 环境管理体系简介

1. 环境管理体系的作用和意义

国际标准化组织（ISO）从 1993 年 6 月正式成立环境管理技术委员会（ISO/TC 207）开始，就遵照其宗旨："通过制定和实施一套环境管理的国际标准，规范企业和社会团体等所有组织的环境表现，使之与社会经济发展相适应，改善生态环境质量，减少人类各项活动所造成的环境污染，节约能源，促进经济的可持续发展"；经过三年的努力到 1996 年推出了 ISO 14000 系列标准；于 2004 年 11 月 15 日颁布了标准 ISO14001：2004 环境管理体系；同年，我国将其等同转换为国家标准 GB/T 24000 系列标准。

其作用和意义为：保护人类生存和发展的需要；国民经济可持续发展的需要；建立市场经济体制的需要；国内外贸易发展的需要；环境管理现代化的需要；协调各国管理性"指令"和控制文件的需要。

2. 环境管理体系的运行模式

图 10-1 给出了环境管理体系的运行模式，该模式的规定为环境管理体系提供了一套系统化的方法，指导其组织合理有效地推行其环境管理工作。该模式环境管理体系建立在一个由"策划、实施、检查、评审和改进"诸环节构成的动态循环过程的基础上。职业健康安全管理体系也按此模式运行。

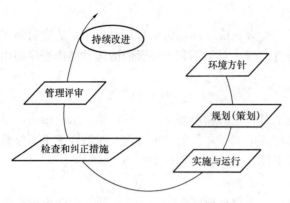

图 10-1　环境管理体系的运行模式

3. 建立环境管理与职业健康安全管理体系的步骤

这两个体系的建立步骤一致，本书合并一起介绍，后文不再赘述。

（1）领导决策

建立职业健康安全与环境管理体系需要最高管理者亲自决策，以便获得各方面的支持和保证建立体系所需资源。

（2）成立工作组

最高管理者或授权管理者代表成立工作小组负责建立职业健康安全与环境管理体系。工作小组的成员要覆盖组织的主要职能部门，组长最好由管理者代表担任，以保证小组对人力、资金、信息的获取。

（3）人员培训

人员培训的目的是使组织内的有关人员了解建立职业健康与环境体系的重要性，了解标准的主要思想和内容。根据对不同人员的培训要求，可将参加培训的人员分为四个层次，即最高管理层、中层领导及技术负责人、具体负责建立体系的主要骨干人员和普通员工。在开展工作之前，参与建立和实施管理体系的有关人员及内审员应接受职业健康安全与环境管理体系标准及相关知识的培训。

（4）初始状态评审

初始状态评审是对组织过去和现在的职业健康安全与环境的信息、状态进行收集、调查分析、识别和获取现有的适用于组织的健康安全与环境的法律法规和其他要求，进行危险源辨识和风险评价、环境因素识别和重要环境因素评价。评审的结果将作为确定职业健康安全与环境方针、制定管理方案、编制体系文件和建立职业健康安全与环境管理体系的基础。

（5）制定方针、目标、指标和管理方案

方针是组织对其健康安全与环境行为的原则和意图的声明，也是组织自觉承担其责任和义务的承诺。方针不仅为组织确定了总的指导方向和行动准则，而且是评价一切后续活动的依据，并为更加具体的目标和指标提供一个框架。目标和指标制定的依据和准则要符合方针；考虑法律、法规和其他要求；考虑自身潜在的危险和重要环境因素；考虑商业机会和竞争机遇；考虑可实施性；考虑监测考评的现实性；考虑相关方的观点。管理方案是实现目标、指标的行动方案。

（6）管理体系策划与设计

体系策划与设计是依据制定的方针、目标和指标、管理方案，确定组织机构职责和筹划各种运行程序。建立组织机构应考虑的主要因素有合理分工；加强协作；明确定位，落实岗位责任；赋予权限。

文件策划的主要工作有确定文件结构；确定文件编写格式；确定各层文件名称及编号；制定文件编写计划；安排文件的审查、审批和发布工作等。

（7）体系文件的编写

体系文件包括管理手册、程序文件和作业文件，在编写中要根据文件的特点考虑编写的原则和方法。

（8）文件的审查审批和发布

文件编写完成后应进行审查，经审查、修改和汇总后进行审批，然后发布。

10.4 职业健康安全管理

随着人类社会进步及科技经济的发展，职业健康、安全的问题越来越受关注。为了保证劳动生产者在劳动过程中的健康安全，防止和减少生产安全事故的发生，必须加强职业健康安全管理。安全生产是建筑企业的头等大事。建筑行业作为一个特殊的行业，不安全因素多，事故危险始终影响和制约着建筑企业的安全生产。为确保生产及职业安全，贯彻"安全第一，预防为主"的方针，各建筑企业要把安全管理放在一切工作的首位。

10.4.1 职业健康安全管理体系标准

1.《职业健康安全管理体系》GB/T 28000 标准体系构成

2011 年 12 月 30 日，我国颁布了新的《职业健康安全管理体系》GB/T 28000 系列国家标准体系，于 2012 年 2 月 1 日正式实施，其组成如下：

《职业健康安全管理体系要求》GB/T 28000—2011；

《职业健康安全管理体系实施指南》GB/T 28000—2011。

该系列标准的制定是为了满足职业健康安全管理体系评价和认证的需要。为满足组织整合质量、环境和职业健康安全管理体系的需要，GB/T 28000 系列标准考虑了与《质量管理体系要求》GB/T 19001—2008、《环境管理体系要求及使用指南》GB/T 24001—2004 标准的兼容性。此外，GB/T 28000 系列标准还考虑了与国际劳工组织（ILO）的《职业健康安全管理体系指南》ILO-OSH：2011 标准间的兼容性

2.《职业健康安全管理体系》GB/T 28000—2011 总体结构及内容

《职业健康安全管理体系》GB/T 28000—2011 的总体结构及内容如表 10-2 所示。

《职业健康安全管理体系》GB/T 28000—2011 的总体结构及内容　　　　表 10-2

项次	体系的总体结构	基本要求和内容
1	范围	本标准提出了对职业健康安全管理体系的要求，适用于任何有愿望建立职业健康安全管理体系的组织
2	规范性引用条件	《职业健康安全管理体系要求》GB/T 28000—2011（OHSAS18001：2007，IDT）
		《质量和（或）环境管理体系审核指南》GB/T 19011—2003（ISO19011：2002，IDT）
		《职业健康安全管理体系指南》ILO-OSH：2011
3	术语和定义	共有 23 项术语和定义
4	职业健康安全管理体系要求	
4.1	总体要求	组织应根据本标准的要求建立、实施、保持和持续改进职业健康安全管理体系

项次	体系的总体结构	基本要求和内容
4.2	职业健康安全方针	最高管理者应确定和批准本组织的职业健康安全方针,并确保职业健康安全方针在界定的职业健康安全管理体系范围内
4.3	策划	4.3.1 危险源识别、风险评价和控制措施的确定 4.3.2 法律法规和其他要求 4.3.3 目标和方案
4.4	实施和运行	4.4.1 资源、作用、职责、责任和权限 4.4.2 能力、培训和意识 4.4.3 沟通、参与和协商 4.4.4 文件 4.4.5 文件控制 4.4.6 运行控制 4.4.7 应急准备和响应
4.5	检查	4.5.1 绩效测量和监视 4.5.2 合规性评价 4.5.3 事件调查、不符合、纠正措施和预防措施 4.5.4 记录控制 4.5.5 内部审核
4.6	管理评审	最高管理者应按计划的时间间隔,对组织的职业健康安全管理体系进行评审,以确保其持续适宜性、充分性和有效性。评审应包括评价改进的可能性和对职业健康安全管理体系进行修改的需求,包括对职业健康安全方针和职业健康安全目标的修改需求

管理体系中的职业健康安全方针体现了企业实现风险控制的总体职业健康安全目标。危险源识别、风险评价和风险控制策划,是企业通过职业健康安全管理体系的运行,实行事故控制的开端。

3. 职业健康安全管理体系标准实施的特点

职业健康安全管理体系是各类组织总体管理体系的一部分。目前《职业健康安全管理体系》GB/T 28000 系列标准作为推荐性标准被各类组织普遍采用,适用于各行各业、任何类型和规模的组织,用于建立组织的职业健康安全管理体系,并作为其认证的依据。其建立和运行过程的特点体现在以下几个方面:

(1)标准的结构系统采用 PDCA 循环管理模式,即标准由"职业健康安全方针—策划—实施与运行—检查自纠正措施—管理评审"五大要素构成,采用了 PDCA 动态循环、不断上升的螺旋式运行模式,体现了持续改进的动态管理思想。

(2)标准强调了职业健康安全法规和制度的贯彻执行,要求组织必须对遵守法律、法规作出承诺,并定期进行评审以判断其遵守的实效。

(3)标准重点强调以人为本,使组织的职业健康安全管理由被动强制行为转变为主动自愿行为,从而要求组织不断提升职业健康安全的管理水平。

(4)标准的内容全面、充实、可操作性强,为组织提供了一套科学、有效的职业健康安全管理手段，不仅要求组织强化安全管理，完善组织安全生产的自我约束机制，而且要求组织提升社会责任感和对社会的关注度，形成组织良好的社会形象。

（5）实施职业健康安全管理体系标准，组织必须对全体员工进行系统的安全培训，强化组织内全体成员的安全意识，可以增强劳动者的身心健康，提高职工的劳动效率，从而为组织创造更大的经济效益。

（6）我国《职业健康安全管理体系要求》GB/T 28000—2011 等同于国际上通行的《职业健康安全管理体系要求》OHSASl8001：2007 标准，很多国家和国际组织把职业健康安全与贸易挂钩，形成贸易壁垒，贯彻执行职业健康安全管理标准将有助于消除贸易壁垒，从而可为参与国际市场竞争创造必备的条件。

10.4.2 职业健康安全管理的目的、特点和要求

1. 工程施工职业健康安全管理的目的

职业健康安全管理的目的是在生产活动中，通过职业健康安全生产的管理活动，对影响生产的具体因素的状态进行控制，减少或消除生产因素中的不安全行为和状态，避免事故的发生，以保证生产活动中人员的健康和安全。

对于建设工程项目，施工职业健康安全管理的目的是防止和减少生产安全事故，保护产品生产者的健康与安全，保障人民群众的生命和财产免受损失，控制影响工作场所内员工、临时工作人员、合同方人员、访问者和其他有关部门人员健康和安全的条件和因素，考虑和避免因管理不当对员工健康和安全造成的危害。

2. 工程施工职业健康安全管理的特点

依据建设工程产品及其生产的特殊性，建设工程职业健康安全管理具有如下特点：

（1）复杂性

工程项目的安全管理涉及大量的露天作业，受到气候条件、工程地质和水文地质、地理条件和地域资源等不可控因素的影响较大。

（2）多变性

一方面是工程项目建设现场材料、设备和工具的流动性大；另一方面由于技术进步，项目不断引入新材料、新设备和新工艺，这都加大了相应的管理难度。

（3）协调性

工程项目建设涉及的工种甚多，包括大量的高空作业、地下作业、用电作业、爆破作业、施工机械、起重作业等较危险的工程，并且各工种经常需要交叉或平行作业。

（4）持续性

工程项目建设一般具有建设周期长的特点，从设计、实施直至投产阶段，诸多工序环环相扣。前一道工序的隐患，可能在后续的工序中暴露，酿成安全事故。

（5）经济性

建筑产品的时代性、社会性与多样性决定了管理者必须对职业健康安全管理的经济性作出评估。

（6）环境性

项目的生产手工作业和湿作业多，机械化水平低，劳动条件差，工作强度大，因此，对施工现场的职业健康安全管理影响较大，环境污染因素多。

由于上述特点的影响，导致施工过程中事故的潜在不安全因素和人的不安全因素较

多，使企业经营管理，特别是施工现场的职业健康安全管理比其他工业企业的管理更为复杂。

3. 施工职业健康安全管理与环境管理的基本要求

根据《建设工程安全生产管理条例》和《职业健康安全管理体系》GB/T 28000 标准，建设工程对施工职业健康安全管理的基本要求如下：

（1）坚持安全第一、预防为主和防治结合的方针，建立职业健康安全管理体系并持续改进职业健康安全管理工作。

（2）施工企业在其经营生产的活动中必须对本企业的安全生产负全面责任。企业的法定代表人是安全生产的第一负责人，项目经理是施工项目生产的主要负责人。施工企业要建立健全职业健康安全体系以及有关的安全生产责任制和各项安全生产规章制度。项目负责人和专职安全生产管理人员应持证上岗。

（3）在工程设计阶段，设计单位应按照有关建设工程法律法规的规定和强制性标准的要求，进行安全保护设施的设计；对涉及施工安全的重点部分和环节，在设计文件中应进行注明，并对防范生产安全事故提出指导意见，防止因设计考虑不周而导致生产安全事故的发生；对于采用新结构、新材料、新工艺和特殊结构的建设工程，设计文件中应提出保障施工作业人员安全和预防生产安全事故的措施和建议。

（4）在工程施工阶段，施工企业应根据风险预防要求和项目的特点，制订职业健康安全生产技术措施计划；在进行施工平面图设计和安排施工计划时，应充分考虑安全、防火、防爆和职业健康等因素；施工企业应制订安全生产应急救援预案，建立相关组织，完善应急准备措施；发生事故时，应按国家有关规定向有关部门报告；处理事故时，应防止二次伤害。

建设工程实行总承包的，由总承包单位对施工现场的安全生产负总责并自行完成工程主体结构的施工。分包单位应当接受总承包单位的安全生产管理，分包合同中应当明确各自的安全生产方面的权利、义务。分包单位不服从管理导致生产安全事故的，由分包单位承担主要责任，总承包和分包单位对分包工程的安全生产承担连带责任。

（5）应明确和落实工程安全环保设施费用、安全施工和环境保护措施费等各项费用。

（6）施工企业必须按有关规定为从事危险作业的人员在现场工作期间办理意外伤害保险。

（7）现场应将生产区与生活区、办公区分离，配备紧急处理医疗设施，使现场的生活设施符合卫生防疫要求，并采取防暑、降温、保温、消毒、防毒等措施。

（8）工程施工职业健康安全管理应遵循下列程序：

① 识别并评价危险源及风险；

② 确定职业健康安全目标；

③ 编制并实施项目职业健康安全技术措施计划；

④ 职业健康安全技术措施计划实施结果验证；

⑤ 持续改进相关措施和绩效。

10.4.3 职业健康安全管理体系的建立

1. 建筑企业建立职业健康安全管理体系的原则

建筑企业建立职业健康安全管理体系的基本思路是以职业健康安全方针为向导，以持续改进为核心，以人为本，辅以标准化管理。其基本条件是人们必须具有自觉的职业健康安全意识和良好的技术素质。要实现这一目标，必须遵循如下原则：

（1）决策层的自愿是前提

建筑企业建立和实施职业健康安全管理体系遵循自愿原则，不能以行政命令等要求用人单位建立和实施职业健康安全管理体系。建筑企业建立体系的目的是寻找一个"规范管理，强基达标"的有效载体，提升建筑企业的安全管理水平，实现由物本管理向人本管理的转变，为职工创造一个良好的工作生活环境，确保安全生产有序可控、持续稳定的发展。

（2）全员参与是基础

建筑企业职业健康安全管理体系的建立和实施，要求全员参与，上下互动，必须使每名员工都要深刻理解体系的目的、意义和内涵，接受体系的现代理念，提高自己的职业健康安全意识与能力，自觉地用先进的理念来规范自己的行为，并向决策层和领导提出自己的意见和建议。

（3）明标细责是灵魂

职业健康安全管理体系必须覆盖所有的部门和活动，不能认为只有安全职能部门才负有这方面的责任。要明确界定每一个机构和部门的职责，充分体现"谁主管，谁负责"的原则，各负其责，狠抓落实，并按照"干什么，谁来干，怎么干，干到什么程度，干不好怎么办"的要求，明标细责，实行责任追究。

（4）危害辨识、风险评价与控制是精髓

职业健康安全管理体系的运行主线是风险控制，基础是危害辨识和风险评价，它充分体现了"预防为主"的方针。建筑企业实施有效的危害辨识，风险评价与控制，可实现对生产作业全过程的超前控制和对事故的超前防范，并对各种潜在的事故制定应急处置程序。

（5）有机结合是生命力

建立和实施建筑企业职业健康安全管理体系的过程，也是使体系与建筑企业的全面管理融为一个有机整体的过程，是对传统管理的提高、升华和扬弃，绝对不能将体系与现行行之有效的管理方式相脱离而形成"两张皮"；同时一定要结合建筑企业的具体情况建立适合建筑企业特点、切实可行的职业健康安全管理体系，切忌机械照抄其他企业的。

（6）持续改进是动力

职业健康安全管理体系的建立并不是一劳永逸的事情，要随着科技进步，职业健康安全法律与法规的完善，实际情况的变化以及人们安全健康意识的提高，按 PDCA 模式不断提升，不断进行危害辨识、风险评价和风险策划，不断对职业健康安全管理体系实施绩效监测与测量，制定新的更高的职业健康安全目标和实施方案，调整相关要素的功能，保持体系的持续改进，使原有的职业健康安全管理体系不断完善，推动体系达到一个新的运行状态。

（7）长期稳定是目的

建筑企业建立和实施职业健康安全管理体系的根本目的是创造"大安全"的环境氛围，形成具有建筑企业特色的安全文化。通过落实体系要素的具体要求，最终实现建筑企业安全效益的最大化，把企业的安全风险降到最低水平，实现安全生产的长期稳定。

2. 建筑企业建立职业健康安全管理体系的注意事项

（1）把握职业健康安全管理体系的一条主线

职业健康安全管理体系是一个系统化、程序化和文件化的管理体系。它强调预防为主，主动辨识和评价组织活动中的危险，并积极控制；强调遵守国家职业安全卫生法律、法规及其他要求，以指导完善其活动；强调全过程控制，有针对性地改善组织的职业健康安全行为，以期达到对职业健康安全绩效的持续改善。职业健康安全管理体系为建筑企业提供了一种科学、有效的职业健康安全管理模式，可促进建筑企业的安全管理由被动管理向主动管理转化。

（2）建筑企业职业健康安全管理体系是原有管理基础的升华

职业健康安全管理体系应结合建筑企业现有的管理基础。建筑企业现有的安全管理体系都符合职业健康安全管理体系的基本原则，并在管理内容上相似。但整体上说，建筑企业的安全生产管理尚未达到职业健康安全管理体系所要求的全面性和系统性。职业健康安全管理体系不能完全脱离建筑企业的原有管理基础，而是在标准的框架内，充分结合建筑企业的原有管理基础，进而形成一个结构化、文件化的管理体系。职业健康安全管理体系是整个建筑企业管理体系的一个组成部分，不能将职业健康安全管理体系与其他管理工作割裂开来，应与建筑企业的质量和环境、财务管理体系等相协调。

（3）建筑企业职业健康安全管理体系不是一纸空文

建立建筑企业职业健康安全管理体系的目的并不是为了制定一套体系文件，其根本目的是通过制定的职业健康安全方针、目标和管理方案，在落实职责分工和资源配置的条件下，对建筑企业的职业健康安全活动进行程序及文件化的控制，实现持续改进，不断改善建筑企业的职业健康安全绩效。因此，建筑企业的职业健康安全管理体系建立成功与否，关键要看实施的程度和效果。

复 习 思 考 题

1. 何谓工程项目安全管理？它的主要手段是什么？
2. 简述工程项目安全管理的主要内容。
3. 简述工程项目安全事故的分类。
4. 简述安全事故处理的原则和程序。
5. 施工单位与建设单位需要进行的环境保护措施有什么区别？
6. 简述建立环境管理与职业健康安全管理体系的步骤。
7. 施工职业健康安全管理与环境管理的基本要求有哪些？
8. 简述建筑企业建立职业健康安全管理体系的原则。

11 工程项目资源管理

项目资源是工程建设必要的前提条件，资源配置组合不当往往会给项目造成很大的损失。工程项目资源管理是指对项目各生产要素进行管理。项目生产要素通常是指投入施工项目的人力资源、材料、机械设备、技术、资金以及信息等要素，不仅是完成施工任务的重要手段，也是工程项目目标得以实现的重要保证。

11.1 工程项目人力资源管理

11.1.1 人力资源的基本概念

自从1979年诺贝尔经济学奖获得者西奥多·舒尔茨在20世纪60年代初提出人力资本理论之后，越来越多的经济学家都认识到人力资源已成为第一资源，成为企业、国家和社会财富的根本源泉。

1. 人力资源的含义

资源是"资财的来源"（《辞海》）。在经济学上，资源是为了创造财富而投入到生产活动中的一切要素。当代经济学家把资源分为四类：自然资源，指用于生产活动中的一切未经加工的自然物；资本资源，指一般用于生产活动的一切经人工加工的自然物，如资金、机器、厂房、设备等；信息资源，指对生产活动及与其有关的一切活动的事、物描述的符号集合；人力资源，是生产活动中最活跃的因素，被经济学家称为第一资源。

人力资源在宏观意义上的概念是以国家和地区为单位进行划分和计量的；在微观意义上的概念则是以部门和企、事业单位进行划分和计量的。

2. 人力资源的构成

人力资源由数量和质量两个方面构成。

（1）人力资源的数量

人力资源的数量又分为绝对量和相对量两种。人力资源绝对量，指的是一个国家或地区拥有的具有劳动能力的人口资源，亦即劳动力人口的数量。劳动力人口数量的统计与不同国家对"劳动适龄人口"或"劳动年龄人口"的界定有关。值得注意的是，在劳动适龄人口内部，存在着一些丧失劳动能力的病残人口；在劳动年龄人口之外，也存在着一批具有劳动能力，正在从事社会劳动的人口。因此，在计量人力资源数量时，应当对上述情况加以考虑，对劳动适龄人口和劳动年龄人口的数量加以修正。

人力资源相对量即人力资源效率，它是指人力资源的绝对量占总人口的比例，是反映经济实力的重要的指标。一个国家或地区的人力资源效率越高，表明该国家或地区的经济越具有某种优势。因为在劳动生产率和就业状况既定的条件下，人力资源效率越高，表明可投入到生产过程中的劳动人口数量越多，从而创造的国民收入就越多。

（2）人力资源的质量

人力资源的质量指人力资源所具有的体质、智力、知识和技能水平以及劳动者的劳动态度，一般体现在劳动者的体质、文化、专业技术水平及劳动积极性上。在统计和使用中，可以用平均寿命、婴儿死亡率、每万人口拥有的医务人员数量、人均日摄入热量等指标来衡量健康卫生状况；可以用劳动者的人均受教育年限、每万人中大学生拥有量、大中小学入学比例等指标来衡量教育发展程度；可以用劳动者技术职称等级的现实比例、每万人中高级职称人员所占的比例等指标来衡量劳动者的技术状况；可以用对工作的满意程度、工作的努力程度、工作负责程度、与他人的合作性等指标来衡量劳动态度。

与人力资源数量相比，人力资源质量更为重要。因为人力资源的质量对数量具有较强的替代作用，而人力资源数量对质量的替代作用较差。社会的发展、科学的进步对人力资源的质量提出越来越高的要求。人力资源开发的目的在于提高人力资源的质量，提高企业工作效率，为社会经济的发展做出更大的贡献。

企业的人力资源也是由数量和质量两个方面构成。与宏观意义上的人力资源不同的是，企业中的人力资源绝对数量是由企业聘用的员工和潜在员工（企业能在劳动力市场招聘的员工）两部分组成，其相对量就是企业人力资源率。企业人力资源率是企业人力资源总量与企业总员工数的比率，它反映了企业的竞争力。这个比率越高，企业人力资源可利用率就越高，企业的竞争力就越强；反之，这个比率越低，企业人力资源可利用率就越低，企业的竞争力就越弱。目前，我国许多企业特别是国有企业普遍存在着人力资源率过低的问题。

3. 人力资源的特点

人力资源是指在一定的限定条件下，劳动力数量和质量的总和。其具有如下特点：

（1）生物性。人力资源存在于人体之中，是有生命的"活"的资源，与人的自然生理特征相联系，具有生物性。

（2）能动性。人不同于自然界其他生物的根本标志之一是人具有主观能动性。人具有思想、感情，有主观能动性，能够有目的、有意识地认识和改造客观世界。在改造世界的过程中，人能通过意识对所采取的行为、手段及结果进行分析、判断以及预测。由于人的社会意识和在社会生产过程中的主体地位，使得人力资源具有了能动作用，如自我强化、选择职业及积极劳动等。因此，人力资源管理要充分重视人的主观能动性，激发人的工作积极性。

（3）两重性。人力资源既是投资的结果，又能创造财富，两者不可分离。人力资源的投资来源于个人与社会两个方面，包括教育培训、卫生健康、迁移等方面。人力资本投资的程度高低决定了人力资源质量的高低。人力资本的投资实质上是一种必不可少的消费行为，而这种消费行为先于人力资本的收益。研究证明，对人力资源的投资具有高增值性，无论从社会还是从个人角度来看，都远远大于对其他资源投资所产生的收益。

（4）智力性。人类在劳动过程中创造了机器和工具，从而使得自身的能力无限扩大，获得丰富的生活资料。人类的智力具有继承性，人力资源所具有的智力能够随着时间的推移得以积累、延续和增强。

（5）实效性。人力资源的形成、开发和利用都受到时间方面的限制。从个体角度看，作为生物有机体的人，有其生命的周期，如幼年期、青壮年期、老年期，其各阶段的劳动能力各不相同；从社会角度看，人才的培养和使用也有培训期、成长期、成熟期和老化期。

（6）再生性。人力资源是一种可再生性资源。它基于人口的再生产和劳动力的再生产，通过人口总体内个体的不断更替和"劳动力耗费——劳动力生产劳动力——再次耗费劳动力——再次生产"的过程得以实现。当然，人力资源的再生产不同于一般生物资源的再生产，除了遵守一般生物学规律之外，它还受人类意识的支配和人类活动的影响。

（7）社会性。人生活在社会和团体之中，每一个团体或民族都有自身的文化特征与价值取向，这又通过团体中的个人表现出来。个人价值观的不同，会影响到其在生产经营以及社会活动中的行为。这些行为反过来可能与团体文化所倡导的行为准则发生冲突，或与团体中其他人的行为发生冲突。这又给人力资源管理提出了新要求，既要求注重人与人、人与团体、人与社会的关系的协调，又要注重组织中团队建设的重要性。

11.1.2 人力资源管理的职能及内容

人力资源管理是指为实现既定目标，采用组织、计划、控制、考核和激励等有效措施和手段，充分开发和利用项目中人力资源所进行的一系列活动的总称。

1. 人力资源管理的职能

（1）获取。人力资源管理工作的第一步是获取人力资源。它主要包括人力资源战略规划、招聘与录用。首先，人力资源管理部门必须根据企业发展战略，审视组织内外部环境，制定人力资源战略，进行工作分析，并制定与组织目标相适应的人力资源需求和供给计划，然后开展一系列的招聘、选拔、录用与配置等工作。

（2）保持。主要指建立并维持有效的工作关系。包括：协调员工之间、个人与组织之间的关系；建立共同愿景；改善劳资关系，使员工得到公平对待；确保组织信息沟通顺畅；改善工作的硬件环境，保障员工的安全与健康。

（3）开发。这是人力资源开发与管理的重要职能。人力资源开发是指对组织内员工的素质与技能的培养和提高，以此增强员工的工作能力，使他们的潜能得以充分发挥，最大限度地实现其个人价值并提高组织绩效。它主要包括组织与个人开发计划的制定、组织与个人对培训和继续教育的投入、培训与继续教育的实施、员工职业生涯开发及员工的有效使用。

（4）奖酬。它是指为员工对组织所做出的贡献而给予奖励的过程，是人力资源管理的激励与凝聚职能，也是人力资源管理的核心。其主要内容为：根据对员工绩效进行考评的结果，公平地向员工提供合理的与他们各自的贡献相称的工资、奖励和福利。

（5）调控。这是对员工实施合理、公平的动态管理的过程，是人力资源管理的控制与调整职能。它主要包括：科学合理地对员工进行绩效考核与素质评估；以评估结果为依据，对员工实行动态管理，如晋升、调动、奖惩、离退休、解雇等。

2. 人力资源管理的活动内容

（1）人力资源规划。人力资源规划是根据企业总体战略目标，科学地分析、预测企业在变化的环境中人力资源供给和需求的情况，从而制定必要的政策和措施，以确保企业在需要的时间和需要的岗位上获得需要的人力，为实现企业战略提供服务。其内容主要包括：企业人力资源现状分析、未来人员的供需预测以及制定相应的人力资源政策等。人力资源规划可以增强企业对环境变化的适应能力，优化人力资源结构，充分调动员工的工作积极性。

（2）工作分析。工作分析是人力资源管理的基础性工作。工作分析通过对组织中各个职位的分析，获取有关工作的详细信息，如工作内容、工作职责、工作权限、工作环境以及对任职者素质、知识技能的要求等。工作分析是企业人力资源规划、人员招聘、甄选、培训、绩效评估和薪酬管理等工作有效开展的基础。

（3）招聘与录用。根据人力资源的规划或供需计划而开展的招聘和选拔、录用与配置等工作是人力资源管理的重要活动之一。要完成组织的目标，企业用招聘来定位和吸引申请具体职位的人，可能从内部（即晋升或变换工作）或从外部招聘候选人。招聘的目标在于迅速地、合法地和有效地找到企业需要的合适求职者。在这个过程中，企业需要采用科学的方法和手段对所需要的人员进行测评和选拔。

（4）培训和开发。培训是为了实现企业目标，提高员工绩效，企业有计划地给员工传授知识、技能和态度的过程。培训重在目前的工作技能，而开发则是对员工未来的工作技能以及员工职业的开发。培训与开发是人力资源管理最基本的职能，随着环境变化的日益加剧，培训和开发职能的重要性也不断增强。有效的培训与开发能够帮助企业适应环境变化，满足企业参与市场竞争与员工自身发展的需要，也是提高企业效益的重要途径。

（5）绩效管理。绩效管理是提高企业生产率和竞争力的重要手段，是管理者为确保员工工作行为及成果与组织战略相一致的过程。绩效评估信息可以帮助员工提高工作绩效，进行自我开发，同时它也是组织人事决策（如晋升、任免、调任、加薪、培训等）的重要参考指标。

（6）薪酬管理。薪酬管理是通过建立一套完整系统的薪酬体系，实现激励员工的目的的管理活动。它是人力资源管理活动中最敏感、最被人关注、技术性最强的部分。薪酬管理是组织吸引和留住人才、激励员工努力工作、发挥人力资源效能最有力的杠杆之一。

（7）职业管理。职业管理是企业根据员工的性格、气质、能力、兴趣、价值观等特点，结合组织的需要，为员工制定职业发展计划。职业管理把员工个人职业发展目标与企业发展目标统一起来，使员工不断获得成长，产生强烈的归属感、忠诚感和责任心，从而最大限度地发挥工作积极性。

（8）劳动关系。为使员工努力工作，组织应创造一种积极的工作环境，即良好的员工关系。公司必须保证员工健康和安全的法律性、社会性等。通过建立有效的预防方案以保证员工身体健康和心理健康，在公司中建立员工与组织有效沟通的渠道。

人力资源管理的内容如图 11-1 所示。

图 11-1　人力资源管理的内容

11.1.3　工程项目的人力资源管理

美国的李·亚科卡以自己在美国福特和克莱斯勒公司管理的切身体会指出：企业成功

的关键在于人，在于那些富有激情和敬业精神的管理人才。同样的道理，富有创新性的工程项目的成功也在很大程度上取决于人，决定于人的主观创造能力、敬业精神和整个项目团队的凝聚力。因此，人力资源（Human Resource）管理是工程项目管理中一种重要的、不可忽视的管理职能。

1. 工程项目人力资源管理及其特点

工程项目人力资源管理（Project Human Resource Management）就是对工程项目开发建设过程中所需的人力资源进行策划、选聘和合理配置，并定期对他们的工作业绩进行评价和激励，以提高他们对工程项目开发建设的敬业精神、积极性和创造性，最终保证工程项目目标的实现。

工程项目人力资源管理的对象包括项目团队的所有成员和项目团队本身，由于工程项目的一次性或临时性及系统性特征，工程项目人力资源管理在遵循企业组织人力资源管理原理的同时，还有以下特点：

（1）工程项目人力资源管理强调高效快捷

高效快捷主要体现在项目团队成员的选拔和培训上，项目团队成员的选拔和培训通常是针对完成项目任务所需的知识和技能进行的，也就是说，选拔项目团队成员尤其是骨干成员时主要是看其是否已具有相关知识和技能，以及是否有一定的实践经验，而且项目团队成员也要具有挑战精神，敢于承担责任，对于项目团队成员的激励也要强调高效性和及时性，因此，工程项目人力资源管理中所使用的激励手段一般是以短期激励效果为主，如物质激励等。

（2）工程项目人力资源管理强调团队建设

工程项目目标的实现需要一个跨职能团队的共同努力才能完成，因此项目团队的建设意义尤为重大。它是工程项目人力资源管理的中心任务。这不但要求工程项目人力资源管理中的项目团队成员尤其是项目经理的挑选和确定要考虑项目团队建设的需要，即项目团队成员要具有合作精神，项目经理要具有较强的个人影响力和组织管理能力，而且要求在工作业绩的评价、员工激励和项目问题或冲突解决方法等方面也要考虑项目团队建设的需要。

2. 工程项目人力资源管理的主要内容

（1）工程项目组织的工作分析

工程项目组织的工作分析就是对达到工程项目目标所需进行的各项任务和活动进行分析研究，以确定工程项目管理与实施需要安排哪些具体的职务和岗位，以及这些岗位和职务的任职条件和知识、技能与专业要求。显然，工作分析的成果主要是工作说明书（Statement of Work）和工作规范（Specification of Work）。工作说明书详细描述了某职务或岗位的工作内容、环境及工作条件，而工作规范则详细说明了从事该项工作的人员所需具备的最低资格。

（2）工程项目人员的获得和配备

工作项目组织根据前述工作分析结果，采用招聘等方式从一定的渠道获得合适的人员，并根据工程项目工作的特点和人员的知识、技能进行安排和配备。

项目人员的获得是指项目人员的招聘工作，这是项目人力资源管理工作中非常重要的一项工作。项目人员获得工作的主要目标是确保项目组织能够获得所需的人力资源。

工程项目人员的获得主要有两种方式：外部招聘和内部选拔。这里所谓的内外部是针对工程项目所依存的企业组织而言的。内部选拔的方式一般有查阅档案法、主管推荐法和布告法三种，外部招聘的渠道一般有广告招聘、就业中介和信息网络招聘三种。

（3）工程项目人员的培训

工程项目人员的培训是为了使员工获得或改善与工作有关的知识、技能和动机、态度，以利于提高员工的绩效和对工程项目目标的贡献。

（4）绩效评估和激励

绩效评估是通过对项目团队成员工作绩效的评价，反映员工的实际工作能力和对某种工作职位的适应程度。激励则是通过满足员工的某种需要，以激发员工充分发挥其潜能，为实现工程项目目标服务。

3. 项目的核心人管理

项目中的核心人主要是指项目经理（有的地方把公司总经理、项目职能经理和大项目经理都看作是项目中的核心人物）。项目经理的产生有三条途径：一是从职能经理来，但在实际工作中，要防止职能经理兼任项目经理，而把项目看成是自己职能工作的一部分；二是从项目办公室来，项目办公室的人员经过一定的时间培养，由通才变帅才；三是从项目实践中来，在一个具体的项目中负一定技术责任的高级工程技术人员，经过项目活动和各级参与，由专才变通才。

不论从什么途径成长起来的项目经理，都要具备一定的素质和能力。从素质上看，总体上有五点：身体素质、心理素质、知识技能、实践经验和道德素质。从能力上看，总体有四点：领导能力、沟通能力、人力开发能力和决策能力。随着项目管理的发展和成熟，项目经理的职能也不断从技术经理向业务经理转变，而且这一趋势在 21 世纪的表现更加明显。对于一个 21 世纪优秀的项目经理来说，他必须掌握以下基本技能：业务知识、风险管理、综合技能、协调能力。其中，最关键的是风险管理能力。

4. 施工项目人力资源的管理

（1）应在劳动力需要量计划的基础上再具体化，防止漏配，必要时根据实际情况对劳动力计划进行调整。

（2）如果现有的劳动力能满足要求，配置时应贯彻节约的原则。如果现有的劳动力不能满足要求，项目经理部应向企业申请加配，或在企业经理授权范围内进行招聘，也可以把任务转包出去；如果现有的专业技术人员或新招收人员不能满足要求，应提前进行培训，培训合格后再上岗作业。培训任务主要由企业培训部门承担，项目经理部只能进行辅助培训，即临时性的操作训练或试验性操作练兵，进行规章制度、工艺流程及安全作业教育等。

（3）配置劳动力时应积极可靠，让工人有超额完成的可能，以获得奖励，进而激发出工人的劳动热情。

（4）尽量使作业层正在使用的劳动力和劳动组织保持稳定，防止频繁调动。当目前使用的劳动组织不适用任务要求时，应进行劳动组织调整，并应敢于打乱原机制进行优化。

（5）为保证作业需要，工种的组合、技术工人与壮工的比例必须配套。

（6）尽量使劳动力均衡配置，以便于管理，使劳动力资源强度适当，达到节约的目的。

11.2 施工项目物资资源管理

11.2.1 概述

(1) 施工项目物资资源是指施工项目中使用的材料、机械设备、技术和资金等生产要素，物资资源管理是指对上述资源进行的计划、供应、使用、控制、检查、分析和改进等管理过程。

(2) 物资资源管理的目的是满足需要、降低消耗、减少支出，节约物化劳动和活劳动。

(3) 生产要素的供应权应主要集中在企业管理层，有利于利用企业管理层的服务作用、法人地位、企业信誉、供应体制。企业管理层应建立生产要素专业管理部门，健全生产要素配置机制。

(4) 生产要素的使用权掌握在项目管理层手中，有利于满足使用需要，进行动态管理，搞好使用中的核算、节约，降低项目成本。

(5) 项目管理层应及时编制资源需用量计划，报企业管理层批准并优化配置。

(6) 项目管理层和企业不应建立合同关系和承包关系，而应充分发挥企业行政体制、运转机制和责任制度体系的作用。

(7) 生产要素管理要防范风险，原因是在市场环境下，各种生产要素供应存在很大风险。防范风险首先要进行风险预测和分析；其次要有风险应对方案；第三要充分利用法律、合同、担保、保险、索赔等手段进行防范。

11.2.2 施工项目物资资源管理的重要性和复杂性

1. 重要性

施工项目物资资源管理是指按照项目一次性的特点和自身规律，对物资资源的配置与组合进行有效的计划、组织、协调和控制的系统管理方法。施工项目物资资源优化配置所要解决的关键问题是实现企业有限资源的动态优化配置，取得最佳优化组合效应，进而实现企业最佳经济效益。因此，物资资源优化配置的最终目的是最大限度地提高工程项目的综合经济效益，使之按时、优质、高效地完成任务。

物资资源的投入作为项目实施必不可少的前提条件，其合理使用与节约是降低和控制项目成本的主要途径。如果物资资源投入不能保证，考虑再详细的其他项目计划（如工期计划）与安排也不能实施。例如由于材料供应不及时就会造成施工活动不能正常进行，整个工程停工或不能及时开工，损失时间，出现窝工费用；又如，由于不能经济地使用或获取各项资源而造成成本增加；由于未能采购符合规定的材料，使材料或工程报废，或采购超量、采购过早，而造成浪费，造成仓储费用增加等。所以，加强物资资源管理在施工项目管理中是非常重要而有意义的。

2. 复杂性

施工项目物资资源管理是极其复杂的，主要原因如下：

(1) 物资资源的种类多，供需量大。

(2) 由于项目施工过程的不均衡性，使得物资资源的需求和供应不均衡，品种和使用量在施工过程中会发生变化。

（3）物资资源投入过程的复杂性。例如要保证材料的使用，必须安排好材料的采购、运输、储存等。在相应的每个环节上都不能出问题，这样才能保证施工活动的顺利实施。

（4）项目实施方案的设计和规划与项目物资资源投入和使用上的交互作用。在进行实施方案设计和规划时必须考虑物资资源的投入能力及水平，否则会不切实际，出现不必要的变更。

（5）要求在物资资源的投入和使用中加强成本控制，进行合理优化。

（6）物资资源的投入受外界影响大，作为外界对项目的制约条件，常常不是由项目本身所能解决的。例如，市场价格、供应条件的变化，由于政治、社会、自然的原因造成供应拖延等。

（7）对于一个建筑施工企业来讲，物资资源管理不仅是对一个项目的问题，而必须是在多个项目中协调平衡。

（8）物资资源对项目的制约，不仅存在上限定义，而且可能存在下限定义，或要求充分利用现有定量的物资资源。

11.2.3　工程项目物资资源管理的内容

1. 施工项目材料管理

由于材料费用占项目成本的比例最大，故加强材料管理对降低项目成本最有效。首先应加强对 A 类材料的管理，因为它的品种少、价值大，既可以抓住重点，又很有效益。在材料管理的诸多环节中，采购环节最有潜力。因此，企业管理层应承担节约材料费用的主要责任，优质、经济地供应 A 类材料；项目经理部负责零星材料和特殊材料（B 类材料和 C 类材料）的供应。项目经理部应编制采购计划，报企业物资部门批准，按计划采购。

采购管理是项目管理中的一个管理过程，采购管理过程的质量直接影响项目成本、工期、质量目标的实现。采购包括实物和服务，以实物为例，项目采购的基本原则是：保证采购的经济性和效率性；保证质量符合设计文件和计划要求，及时到位；保证采购过程的公平竞争性；保证采购程序的透明性和规范化。

项目采购管理的程序包括：做好准备；制定项目采购计划；制定项目采购工作计划；选择项目采购方式；询价；选择产品供应商；签订合同并管理；采购收尾工作。

项目经理部主要应加强材料使用中的管理：建立材料使用台账、限额领料制度和使用监督制度；编制材料需用量计划；按要求进行仓库选址；做好进场材料的数量验收、质量认证、记录和标识；确保计量设备可靠和使用准确；确保进场的材料质量合格后再投入使用；按规定要求搞好储存管理；监督作业人员节约材料；加强材料使用中的核算；重视周转材料的使用和管理；做好剩余材料和包装材料的回收等。

2. 施工项目机械设备管理

机械设备技术含量高、工作效率高，可完成人力不能胜任的任务，因此是项目管理中应高度重视并大力采用的生产要素，必须加强管理。由于项目经理部没有自有机械设备，使用的机械设备是企业内部调配、租赁或企业专门为该项目购买的，故项目经理部应编制机械设备使用计划并报企业管理层审批。对进入现场的机械设备进行安装验收，在使用中加强管理并维护好机械设备，保养和使用相结合，提高机械设备的利用率和完好率。操作人员持证上岗，实行岗位责任制，按操作规程作业，做好班组核算、单机核算和机组核算，对操作人员进行考核和激励，从而提高工作效率，降低机械使用成本。

3. 施工项目技术管理

技术是第一生产力，它除了融会在其他生产要素中并产生基础作用以外，还在现场施工和管理中单独发挥重大作用，保证施工和管理正常进行、加快速度、提高质量、降低成本，因此技术管理也是项目管理的灵魂，应特别加以重视。

技术管理的内容包括：技术管理基础性工作，施工过程的技术管理工作，技术开发管理工作，技术经济分析与评价。

项目经理部的技术管理工作是在企业管理层的领导下进行的，其技术管理体系是企业技术管理体系的组成部分。项目经理部的技术管理工作要求是：根据项目规模设技术负责人，建立内部技术管理体系融入企业的技术管理体系；执行技术政策，接受企业的技术领导，接受各种技术服务，建立并执行技术管理制度；建立技术管理责任制，明确技术负责人的责任、技术人员的责任和各岗位专业人员的技术责任；审查图纸并参加设计会审，向设计人提出工程变更书面洽商资料；编制技术方案和技术措施计划；进行书面技术交底；进行工程预验、隐验、分项工程验收；实施技术措施计划；收集整理和管好技术资料，将分包人的技术管理工作纳入技术管理体系，并对分包人的工作进行系统的管理和过程控制。

4. 施工项目资金管理

资金是生产要素的货币表现，是项目的经济支持。资金管理的目的是保证收入，节约支出，防范风险，提高经济效益。现代施工项目及其管理必须有强大的资金支持，必须非常重视施工项目的资金管理。

施工项目资金管理的主要责任在企业管理层，其财务部门设立项目专用账号；进行收支预测；统一对外收、支与结算；及时进行资金计收；对项目经理部的资金使用进行管理、服务和激励。

项目经理部的资金管理责任主要是资金使用管理。首先，要编制年、季、月资金收支计划，上报企业财务部门审批后实施；其次，要配合企业财务部门按要求及时进行资金中间结算和计收；第三，按企业下达的用款计划控制资金使用，并设立台账，记录资金支出情况；第四，加强会计核算，及时盘点盈亏，进行资金运行和盈亏分析，改进资金管理；第五，配合企业管理层的资金管理工作，并进行竣工结算。

实际中特别要防范资金风险，因为资金风险发生频率高，风险量太大，对项目的影响非常严重。压价承包、带资承包、拖欠工程款、索要回扣、限制索赔、通货膨胀或紧缩等，都是资金风险，项目管理者必须正视这些风险，加强资金供应预测，强化合同管理，做好风险管理规划，按风险管理的规律和方法对风险加以防范。

11.2.4 物资资源的优化配置

1. 意义和作用

所谓物资资源优化配置，就是按照优化的原则安排物资资源在时间和空间上的位置，使其适应生产经营活动的需要，在数量、比例上合理，从而在一定约束条件下实现最佳的经济效益。物资资源优化配置的最终目的在于最大限度地提高工程项目的综合经济效益，使之按时、优质、高效地完成项目施工任务。

实施项目物资资源的优化配置是一个系统工程。它必然要求企业转换经营机制，在管理思想、方法、手段等方面发生深刻变化，改革人事用工制度和行政管理体制，保持企业的稳定发展。项目物资资源优化配置的核心是建立项目动态管理和内部准市场化运行机制。这种机制的建立，为施工企业建立现代企业制度，全面引入市场竞争机制，与国际惯例接轨创造条件，有利于企业增强市场扩张能力，有利于加快向集约化经营转变。

2. 材料的管理

（1）材料的分类

建筑材料按在生产中的作用可分为主要材料、辅助材料和其他材料。其中主要材料指在施工中被直接加工、构成工程实体的各种材料，如钢材、水泥、木材、砂子、石等；辅助材料指在施工过程中有助于产品的形成，但不构成实体的材料，如促凝剂、脱模剂、润滑物等；其他材料是指不构成工程实体但又是施工中必需的材料，如燃料、油料、砂纸、棉纱等；另外，周转材料（如脚手架、模板等）、工具、预制构配件、机械零配件等，都因在施工中有独特作用而自成一类。

建筑材料还可以按其自然属性分类，包括：金属材料、硅酸盐材料、电器材料、化工材料等，它们的保管、运输各有不同要求，需分别对待。

（2）材料管理的重点工作

施工项目材料管理工作的重点在于施工现场管理、在使用过程中的节约以及材料成本核算；就材料使用过程中的节约来讲，其潜力是最大的。

有效地进行工程项目的材料管理工作，至少应从以下几个方面强化管理工作：

① 强化材料计划的管理工作

根据工程项目的需要，编制科学合理的材料采购计划和领用计划，合理降低库存，减少资金占用，降低资金使用成本。

② 采取有效的节约材料措施，减少材料的浪费

可以制定并实施相应的材料节约奖励办法，提高材料的综合利用率，提高边角料的有效使用等等。

③ 强化材料成本核算，落实材料成本责任制

使材料管理的责任层层落实到具体的管理者和操作人员，根据材料成本核算，建立明确的奖惩机制，将材料成本支出控制在合理的最低限度内。

3. 机械设备的管理

施工项目的机械设备主要是指作为大型工具使用的大、中、小型机械，它既是固定资产，又是劳动手段。

施工项目机械设备管理的环节有选择、使用、保养、维修、改造、更新，其关键在于使用环节。使用的关键是提高机械效率，提高机械效率必须提高设备的利用率和完好率。通过机械设备的管理，寻找提高利用率和完好率的措施。利用率的提高依靠人对设备的合理调配；完好率的提高在于设备的保养与维修，这一切又都是施工项目机械设备管理深层次的问题。在建设项目施工中，根据施工工期的交叉，进行优化组合，集中优势力量，确保网络计划和控制节点的按期实现。要注重机械设备的合理使用，实行使用保养责任制，建立健全操作保养制度，科学组织机械设备施工。只有合理使用机械设备，才能使其发挥正常的生产力，降低使用费用，达到优化组合效应。

4. 施工中的技术管理

技术的含义很广，指操作技能、劳动手段、劳动者素质、生产工艺、试验检验、管理程序和方法等。任何物质生产活动都是建立在一定的技术基础上的，也是在一定技术要求和技术标准的控制下进行的。随着生产的发展，技术水平也在不断提高，技术在生产中的地位和作用也就越来越重要。对施工项目来说，其单件性、露天性、复杂性等特点使技术显得更为重要。

施工项目技术管理是对各项技术工作要素和技术活动过程的管理。技术工作要素包括技术人才、技术装备、技术规程、技术资料等；技术活动过程指技术计划、技术运用、技术评价等。技术作用的发挥，除决定于技术本身的水平外，在很大程度上还依赖于技术管理的水平。没有完善的技术管理，再先进的技术也难以发挥作用。

施工项目技术管理的任务有四项：一是正确贯彻国家和行政主管部门的技术政策，贯彻上级对技术工作的指示与决定；二是研究、认识和利用规律，科学地组织各项技术工作，充分发挥技术的作用；三是确定正常的生产技术秩序，进行文明施工，以技术保证工程质量；四是努力提高技术工作的经济效果，使技术与经济有机地结合起来。

5. 施工中的资金管理

施工中资金的管理主要是按照最优原则合理地筹措项目所需资金，按照计划科学地预测资金的使用支出情况，从而合理地安排资金在施工生产的不同阶段应投入的数量与方向，最大限度地发挥资金的配置功能，使得资金的使用效益为最优。施工企业资金的来源以及运作管理有其特殊性，它的优化主要是通过组织资金回笼，加强资金运作管理，提高运营效率，以达到降低成本、提高效益的目的。优化项目资金主要包括资金收支运作和成本控制两方面。

（1）资金收支运作优化

资金收支运作优化必须坚持两个原则：一是集中统一原则。施工企业对各项目资金必须统一调拨，集中使用。各项目部的资金必须按规定的比例和时间及时上缴企业，不能将资金沉淀在项目上，杜绝资金体外循环，以保证企业从总体上对资金进行优化配置。二是有偿占用原则。通过资金有偿占用制，增强各级的资金意识，促进资金的合理流动和优化使用。资金运作优化的具体操作，可通过设立企业内部银行或资金调度中心来完成。

（2）成本控制优化

成本控制优化的重点是项目管理层和作业层。项目经理部负责对项目资金和专项费用进行控制，做好劳动力、机具、设备等生产要素在项目上的动态组合，整体优化，主要抓好项目总成本的预测预控。施工作业层进行以项目为单元的投入产出型核算，努力降低项目成本。企业在成本的控制优化中进行计划指导、过程控制、监督制约、考核激励，努力促使人、财、物诸要素在项目上达到整体优化。

11.3 工程项目信息资源管理

11.3.1 概述

1. 建设工程信息及其作用

工程项目信息属于管理信息的一种，是指在工程项目建设过程中，反映和控制建设项目管理活动的信息。如项目决策阶段形成的可行性研究报告、投标书、承包合同、施工变更或签证、竣工验收报告等都属于项目信息。

（1）工程项目信息

工程项目信息包括在工程项目前期决策阶段、设计阶段、招标投标阶段、施工阶段、收尾阶段以及运营阶段产生的信息，以及其他与项目建设有关的信息。具体包括如下信息：

① 组织类信息：如业主与政府的组织信息、相关方面专家的信息等。

② 管理类信息：如质量控制、进度控制、投资控制等方面的信息。

③ 经济类信息：如建设物资的市场信息、项目融资信息等。

④ 技术类信息：如设计、施工、设备方面的技术信息等。

⑤ 法规类信息。

当一个新的项目开始启动时，应重视开发和充分利用国内外同类或相似工程项目的相关信息。

（2）工程项目信息的作用

工程建设活动的内外环境产生大量的信息，而工程项目信息对工程建设的顺利进行具有重大的影响，具体的作用如下：

① 信息是项目管理人员实施最优控制的基础

控制是工程项目管理的主要手段。控制的主要任务是将计划的执行情况与计划目标进行对比分析，找出差异及其产生的原因，然后采取有效措施排除和预防产生差异的原因，保证项目总体目标得以实现。为了有效地控制工程项目投资目标、质量目标及进度目标，首先，项目管理人员应掌握有关项目三大目标的计划值，它们是控制的依据；其次，项目管理人员还应掌握有关项目三大目标的实际执行情况。必须充分掌握、分析处理这两方面的信息，项目管理人员才能实施最优控制。

② 信息是工程项目管理不可缺少的资源

在工程项目的建设过程中，人、财、物、技术、设备等资源在投入过程中会不断地产生大量的信息。这些信息按一定的规律产生、转换、变化和被使用，并被传送到相关部门（单位），形成项目实施过程中的信息流。而要高效、优质、低耗地完成工程项目建设任务，必须通过信息的收集、加工和应用，实现对投入资源的规划和控制。项目管理的主要功能就是通过信息流的作用来规划、调节物流的数量、方向、速度和目标，使其按照一定的规划运行。

③ 信息是项目管理人员协调项目建设各有关单位之间关系的纽带

工程项目的建设过程涉及众多的单位，如与项目审批有关的政府部门、监理单位、设计单位、承包商、材料设备供应单位、资金供应单位、运输单位、保险单位、税收单位等，这些单位都会给项目目标的顺利实现带来一定的影响。要想让它们协调一致的工作，实现项目的建设目标，就必须用信息将它们组织起来，处理好它们之间的活动。

④ 信息是进行合理决策的依据

项目管理决策正确与否，将直接影响工程项目建设总目标的实现及项目管理人员的信誉。而影响项目管理决策正确与否的主要因素之一就是信息。在工程项目招标、施工等各个阶段，都必须搜集可靠、充分的信息作为依据，只有这样，才能做出正确、合理的决策。

（3）建设工程信息化管理的提出与发展

工程项目信息化指的是工程管理信息资源的开发与利用，以及信息技术在工程项目管理中的开发与应用，包括在项目决策阶段的开发与管理、实施阶段的项目管理和试用阶段的设施管理中的开发与应用信息技术。

自 20 世纪 70 年代以来，信息技术经历了一个迅速发展的过程，工程项目信息化管理经历如下四个阶段（图 11-2）：20 世纪 70 年代，以单项程序的应用为主，如工程网络计划的时间参数的计算程序、施工图预算程序等；20 世纪 80 年代，程序系统的应用得到了普及，如项目管理信息系统（Project Management Information System，PMIS）、设施管理信息系统（Facility Management Information System，FMIS）；到了 20 世纪 90 年代，随着工程项目管理的集成，程序系统也不断地朝着集成的方向发展，并通过网络平台进行管理，如项目信息门户（Project Information Portal）；进入 21 世纪以后，得益于计算机软硬件水平的迅速发展，虚拟建设（Virtual Construction）的研究和应用取得了突破性进展，三维数字技术使设计、建造、管理从二维平面扩展到三维空间甚至四维时间中来，如建筑信息模型（Building Information Model，BIM）。

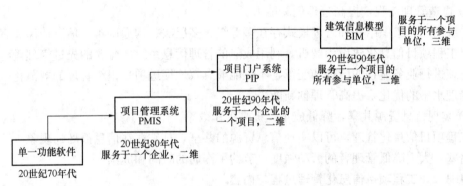

图 11-2　建设工程信息化管理发展历程

2. 建设工程信息管理

（1）概念及特点

建设工程信息管理是指在工程项目全寿命周期内，对建设工程项目信息的收集、加工整理、传递、储存、输出和反馈等一系列工作的总称。它是工程项目管理的重要组成部分，这是由工程建设的复杂性和特殊性决定的。其目的是通过对信息资源和信息技术的合理、有效地开发和利用，为工程项目建设预测未来和正确决策提供科学依据，提高项目管理的效率，使项目收益最大化。

建设工程信息管理的特点主要体现在以下几个方面：

① 信息量大。这主要是由于工程项目管理涉及多部门、多环节、多专业、多用途、多渠道和多形式等。

② 信息系统性强。由于建设工程项目的单件性及一次性，项目信息的收集、加工整理、传递、储存、输出和反馈等工作都将集中于项目管理，并贯穿于整个项目全寿命周期，故体现信息管理的系统性。

③ 信息传递中障碍多。在工程项目信息管理过程中，由于主观因素（如对信息的理

解、能力、经验、见识）的局限等和客观因素（地域限制、专业局限、信息缺失、信息传递手段落后等）造成信息传递障碍。

④ 信息滞后性。建设工程管理中信息的收集、传递、整理和反馈就是一个时间过程，如对信息反馈不及时，容易影响信息作用的发挥而造成失误。

（2）建设工程信息管理的作用

建设工程信息管理的作用主要体现在以下几个方面：

① 辅助决策，使上层决策者能及时准确地获得决策所需的信息。

准确、全面的信息是正确决策的前提，工程项目信息化管理使得管理者方便、快捷地获得所需要的信息，减少了决策信息的不确定性和主观性。借助全面、准确的信息，决策支持系统的专家知识和模型库能够辅助管理者提高决策的质量。

② 提高项目管理水平，更有效地控制和指挥项目的实施。

借助信息化工具实现对建设工程项目的信息流、物流、资金流、工作流的结合，保障了管理工作顺利、高效的开展。信息化的手段使得项目管理者能够对复杂的项目、远程项目和多项目进行管理，大大突破了传统的项目管理范围和难度。

③ 再造管理流程，提高管理创新能力。

传统的项目组织结构和管理模式存在多等级、多层次、沟通困难、信息传递失真等弊端。以工程项目信息化建设为契机，利用成熟的管理信息系统所蕴含的先进管理理念，对项目管理进行业务流程的梳理和变革，不仅能够有效地促进项目组织管理的规范化，还能实现管理水平的优化，提高管理创新能力。

④ 实现信息资源共享，降低成本，提高工作效率。

工程项目信息化管理，可以实现信息资源的共享，打破存在信息孤岛的现象，防止信息的堵塞，大大降低管理者的劳动强度，节约了沟通的时间和成本。

11.3.2　工程项目信息化管理过程与内容

工程项目信息化管理贯穿建设工程的全生命周期，衔接建设工程各阶段、各参与方的各个方面。伴随着物质生产过程，信息也在不断地产生、处理、传递，而工程项目建设的过程又依赖于信息。因此，工程项目信息化管理工作的好坏将直接影响到工程项目建设的成败。工程项目信息化管理的基本环节有：信息的收集、加工整理、储存、检索、输出和反馈。工程项目信息的加工、整理和存储是数据收集后的必要过程。收集的数据经过加工整理后产生信息，信息是指导施工和工程项目管理的基础，是工程项目由定性分析转到定量管理上不可或缺的要素。

1. 工程项目信息的收集

信息收集是指通过各种方式获取所需要的信息，它是信息化管理的主要依据，反映信息源的原始性和分散性。信息收集是信息得以利用的第一步，也是关键的一步。信息收集工作的好坏，直接关系到整个信息化管理工作的质量。信息可分为原始信息和加工信息两大类。原始信息是指在经济活动中直接产生或获取的数据、概念、知识、经验及总结，是未经过加工的信息。加工信息则是对原始信息经过加工、分析、改变和重组而形成的具有新形势、新内容的信息。这两类信息对工程项目信息化管理都发挥着重要的作用。

建设工程信息管理贯穿建设工程全过程，在项目进展的每个阶段，由于工作重点不同，搜集的信息也各不相同。

（1）项目决策阶段的信息

项目决策阶段的信息主要包括项目相关市场方面的信息（如产品进入市场的预计占有率、社会需求、产品价格变化趋势、产品生命周期等），资源方面的信息（如资金筹措渠道与方式，劳动力、水、电、气等供应），自然环境相关方面的信息（如城市交通、气象、地质、水文、地形地貌等），新技术、新设备、新工艺、新材料以及配套能力方面的信息，政治环境、社会治安状况、当地法律法规、教育信息等。

（2）设计阶段收集的信息

设计阶段收集的信息主要包括可行性研究报告，同类工程相关信息，拟建工程所在地相关信息，勘察、测量、设计单位相关信息，工程所在地政府相关信息等。

（3）施工招投标阶段的信息

施工招投标阶段的信息主要包括工程地质、水文地质勘察报告，特别是该建设项目有别于其他同类工程项目的技术要求、材料、设备、工艺、质量等有关信息，施工图设计及施工图预算、设计概算，建设项目前期的文件审批，工程造价的市场变化规律及项目所在地的材料、构件、设备、劳动力的差异，施工单位管理水平、质量保证体系及施工机械、设备的能力，本工程适用的规范、规程、标准等（特别是强制性规范）项目所在地的有关招标投标的法规，以及招标投标管理机构及程序。

（4）施工阶段的信息收集

施工阶段的信息收集可以分为施工准备阶段、施工阶段和竣工保修阶段。

施工准备阶段的信息收集包括施工合同、监理大纲、施工图设计及施工图预算，施工场地的环境信息，施工场地的准备情况、施工单位质量保证体系及施工单位的施工组织设计等。

施工阶段的信息来源比较稳定，主要是项目施工过程中随时产生的数据。信息收集包括施工期内建筑原材料、半成品等工程物资的进场、加工、保管、使用信息，质量检验数据，施工安全信息，以及施工中发生的工程数据（如地基验槽及处理记录、工序间交接记录、隐蔽工程检查记录等）。

竣工保修阶段主要收集的信息主要有工程准备阶段文件、监理文件、施工资料、竣工图、竣工验收资料等。

2. 工程项目信息的加工及整理

工程项目信息的加工及整理主要是对建设各方得到的数据和信息进行鉴别、选择、核对、合并、排序、更新、计算、汇总、转储，生成不同形式的数据和信息，提供给不同需求的各类管理人员使用。其中，在工程项目施工过程中，信息加工及整理的主要内容包括以下几点：

（1）工程施工进展情况

工程项目每月、每季度都要对工程进度进行分析并作出综合评价，包括当月（季）整个工程各方面实际完成量，实际完成量与合同规定的计划量之间的比较。如果某些工作的进度拖后，应及时分析原因，找出存在的主要问题和困难，并提出解决问题的建议。

（2）工程质量情况与问题

工程项目应系统地将当月（季）施工过程中的各种质量情况在月报（季报）中进行归纳和评价，包括现场检查中发现的各种问题，施工中出现的重大事故，对各种情况、问题、事故的处理意见。

(3) 工程结算情况

工程价款结算一般按月进行。工程项目应对投资情况进行统计分析，在统计分析的基础上做一些短期预测，为业主在资金方面的决策提供可靠依据。

(4) 施工索赔情况

在工程项目施工过程中，由于业主的原因或外界客观条件的影响使承包人遭受损失，承包人提出索赔；由于承包人违约使工程蒙受损失，业主应提出相应索赔。

3. 工程项目信息的检索、存储与反馈

(1) 工程项目信息的检索

信息检索是指将信息按一定的方式组织起来，并根据信息用户的需要找出有关信息的过程和技术。它反映了信息化管理的方便、快捷等特点。在对收集的数据进行分类、加工、处理产生信息后，要及时提供给需要的部门及管理人员。信息和数据的检索要建立必要的分级管理制度，确定信息使用权限，保障信息使用安全。在进行信息检索设计时一般应考虑以下内容：允许检索的范围、检索的等级划分以及密码的管理；检索的信息和数据能否及时、快速地提供，采用什么手段实现；提供检索需要的数据和信息输出形式，能否根据关键字实现智能检索。

工程项目管理中一般存储大量的信息，为了查找方便，需要建立一套科学、迅速的检索方法，以便能够全面、及时、准确地获得所需要的信息。对单个信息的各种内外特征进行描述并确定其标志后，必须按一定规则和方法将所有信息记录组织排列成一个有序的整体，才能为人们获取所需信息提供方便。

(2) 工程项目信息的存储

信息的存储是将信息保存起来以备将来使用，它是信息化管理的保证措施，为信息的检索、传递等提供有力保障。对有价值的原始资料、数据以及经过加工整理的信息，需要长期积累以备查阅。信息的存储一般需要建立统一的数据库，各类数据以文件的形式组织在一起，组织的方式要考虑规范化。根据建设工程项目实际情况，可以按照下列方式组织信息：按照工程进行组织，同一工程按照投资、进度、质量、合同的角度组织，各类信息进一步按照具体情况细化；文件名规范化，以定长的字符串作为文件名；建设各方协调统一存储方式，在国家技术标准有统一的代码时尽量采用统一代码；有条件时可以通过网络数据库形式存储数据，达到建设各方数据共享，减少数据冗余，保证数据的唯一性。

为保证以最优的方式组织数据，提高完整性、一致性和可修改性，形成合理的数据流程，工程项目信息系统数据库中一般应包括备选方案数据库、建筑类型数据库、开发费用数据库、建设成本数据库、收入或支出数据库、可行方案数据库（财务指标数据库）、敏感分析数据库、盈亏平衡分析数据库、最优化方案数据库（决策分析数据库）、市场信息数据库。

(3) 工程项目信息的反馈

信息的反馈在科学决策过程中起着十分重要的作用。信息反馈就是将输出信息的作用结果再返送回来的过程，也就是施控系统将信息输出，输出的信息对受控系统作用的结果又返回施控系统，并对施控系统的信息再输出发生影响的一种过程。

信息反馈始终贯穿于信息的收集、加工、存储、检索、传递等众多环节中，但它主要还是表现在这些环节之后的信息的"再传递"和"再返送"上，因此，滞后性是信息反馈的最基本的特征；同时，信息反馈具有很强大的针对性，不同于一般的反映情况，它是针对特定决策所采取的主动采集和反应；此外，信息反馈对于决策的实施情况进行连续、及时、有层次地反馈，连续性和及时性也是它的主要特点之一。要做到充分掌握和利用信息的反馈，就要充分了解信息反馈的这些特点。

工程项目信息的反馈即指项目管理人员使用信息后提出的意见、建议等。它有助于检查信息管理计划的落实情况、实施效果以及信息的有效性、信息成本等，以便及时采取处理措施，并不断提高信息化管理水平。

4. 工程项目资料文件档案管理

（1）工程项目资料文档管理的内涵及基本要求

在工程项目上，许多信息是以资料文档为载体进行收集、加工整理、存储、检索、传递、输出和反馈的，因此资料文档管理是工程项目信息化管理的重要组成部分。工程资料文档一般包括工程项目在立项、设计、施工、监理、竣工收尾等活动中形成的具有归档保存价值的合同文本及附件、会议纪要、各种原始工程文件（工程日记、备忘录等）、记工单、用料单、各种工程报表、索赔文件、监理文件和竣工图等。工程资料文档管理是对这些工程资料文档进行有序地收集、加工、分解、编目、存档，并为项目各参与方提供专用和常用的信息的过程。

资料文档管理的基本要求主要包括以下几个方面：

① 系统性，即事先将与项目有关的各种资料进行系统化归类。

② 资料文档要有单一标识，能够通过编码加以区分。

③ 资料文档管理需要有专门的人员或部门负责落实。

④ 资料文档管理要保证资料文档内容的正确、实用，确保管理过程不失真。

（2）建立工程项目资料文档管理的步骤

建立工程项目资料文档管理系统分为如下两个步骤：

①信息编码

有效的资料文档管理是以较强表达能力的编码（资料文档特征）为前提的。工程项目实施前，应进行专门研究，建立符合项目特征的信息编码系统。一般工程项目的信息编码系统的基本要求包括统一的、对所有资料适用的信息编码系统，能区分资料文档的种类和特征，扩展性强、便于不同信息之间的组合，对人工处理和计算机处理有同样效果。编码一般由一系列符号和数字组成。工程项目管理中的信息编码通常由以下几个部分组成：

a. 有效范围。说明资料文档的有效范围或使用范围，如属于某子项目、功能或要素。

b. 资料种类。外部形态不同的资料，如图纸、书信、备忘录等；特点不同的资料，如技术的、商务的、行政的等。

c. 内容和对象。资料文档的内容和对象是信息编码的重点。对于一个项目，可用项目分解结构作为资料文档的内容和对象。但有时它并不适用，因为项目分解结构是按功能、要素和活动进行的，与资料文档说明的对象往往不一致，这时就需要专门设计资料文档结构。

d. 工期或序号。相同有效范围、相同资料种类、相同对象的资料可通过日期或序号来区分表达。

② 索引系统

为了资料文档使用的方便，必须建立资料文档的索引系统。它类似于图书馆的书刊索引。工程项目资料文档的索引一般采用表格的形式。表中的栏目应能反映资料文档的各种特征信息。不同类别的资料可以采用不同的索引系统，如果需要查询或调用某种资料，即可通过索引查找。

11.3.3　工程项目信息化系统及软件简介

1. 工程项目管理信息系统

项目管理信息系统（Project Management Information System，PMIS）是随着项目管理理论实践和信息技术的发展而产生的。在互联网技术产生前已得以应用，它为项目某一方（业主、设计单位、承包人等）的项目管理工作提供相应的信息处理结果和依据。

（1）项目管理信息系统

项目管理信息系统也称为项目规划和控制信息系统，是一个针对工程项目的计算机应用软件系统。通过及时提供工程项目的有关信息，支持项目管理人员确定项目规划，以便在项目实施过程中达到控制项目目标的目的。

项目管理信息系统是以计算机、网络通信、数据库作为技术支撑，对项目整个生命周期中所产生的各种数据，及时、正确、高效地进行管理，为项目所涉及的各类人员提供必要的高质量的信息服务，使管理部门能够评价项目如何逼近目标，从而可有效地利用宝贵资源及时做出决策。

项目管理信息系统的实现方式主要有两种：购买商品化的软件和重新开发。重新开发大多介于完全自主开发和完全委托开发之间。项目管理信息系统经历了从无到有的发展，但总的来说还不成熟，在我国还只能说是项目管理软件，这和管理的标准化等有关系。

（2）工程项目管理信息系统的功能模块

工程项目管理信息系统中采用的方法即工程项目管理的方法，主要是运用动态控制原理，对项目管理的投资、进度和质量方面的实际值与计划值相比较，找出偏差，分析原因，采取措施，从而达到控制的效果。工程项目管理信息系统可以在局域网或基于互联网的信息平台上运行。

因此，PMIS 主要包括项目投资控制、进度控制、质量控制、合同管理和文档管理等功能模块，如图 11-3 所示。

① 投资控制子系统

投资控制子系统的主要目标是实现对工程投资进行优化的功能，使有限的资源更加有效地发挥其力量。

在这个系统中，通过运用运筹学及专家分析，提出投资分析方案，编制项目概预算，实现项目投资数据查询并提供多种项目投资报表，实现项目投资变化趋势预测，实现项目概算与预算、合同价与投资分配，实现实际投资与预算以及合同价、项目结算与预算以及合同价进行对比分析等工作。

② 进度控制子系统

项目进度控制的主要任务是根据项目的进度目标（进度总目标及进度分目标）编制各种进度计划（横道图、网络图及时标网络图等）并用于指导实施。进度计划的优化包括工期优化、费用优化和资源优化。

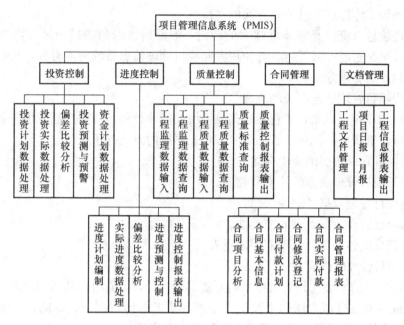

图 11-3　工程项目管理信息系统 PMIS 功能模块结构图

在实施过程中还需要利用现场收集的数据定期地、经常地进行网络分析，以便了解进度实施的动态，并将实际的进展状况及时告知有关部门，在进行全面分析的基础上还需要提出进度调整方案。

③ 质量控制子系统

工程质量控制是项目管理中的重要环节，它贯穿于施工的全过程，具有信息量大、综合性强、技术难度高的特点。

工程质量控制子系统在功能上应能够简洁方便地做出质量计划，实现项目质量相关信息、工程设计、施工规范及质量通病的查询；能够提供一个比较完整的质量检验、测试数据库，对工程原始质量信息进行统计和分析；实现对常见质量事故的预测，并提供事故处理方案；建立切实可行的工程质量评定模块，实现工程质量的评定。

④ 合同管理子系统

合同管理贯穿于工程项目的始终，是建设项目相关企业在经济活动中保证企业利益的重要环节。

合同管理子系统应至少包含以下三个功能模块：第一是合同台账功能，即系统地实现由详细资料信息支持的合同编辑和历史工程合同档案管理；第二是变更索赔管理功能，系统根据录入的合同变更或违约索赔信息，全程跟踪变更或索赔过程，以便用户今后查询和分析变更或索赔的原因和处理方法；第三是支付管理功能，系统通过制订计划与跟踪实际付款情况来监控项目的支付管理信息。

⑤ 文档管理子系统

文档管理子系统应包括几个基本功能：按照统一的文档模式保存文档，以便项目管理人员进行相关文档的创建、修改；便于编排和打印有关文档文件；便于文档的查询，为以后的相关项目文档提供借鉴；便于工程变更的分析；为进行进度控制、费用控制、质量控制、合同管理等工作提供文件资料方面的支持。

项目管理信息系统虽具有非常强大的功能，但原始数据的选择和录入仍需要人工进行，所以该系统是否能有效运行，与使用者和项目管理信息系统密不可分，只有二者协调一致才能达到好的管理效果。

（3）工程项目管理信息系统的意义

自 20 世纪 80 年代以来，工程项目信息系统的商业软件已开始广泛应用于业主方和施工方的工程项目管理中。运用工程项目管理信息系统的意义如下：

① 实现项目管理数据的集中存储。

② 有利于项目管理数据的检索和查询。

③ 提高项目管理数据处理的效率。

④ 确保项目管理数据处理的准确性。

⑤ 可方便形成各种项目管理需要的报表。

2. 工程项目管理软件简介

项目管理技术的发展与计算机技术的发展密不可分，随着科学技术的进步，计算机及其软件早已成为项目管理方法和手段的一个极其重要的组成部分。目前，市场上大约有 100 多种项目管理软件工具，这些软件各具特色，各有所长。

（1）国内项目管理软件

我国于 20 世纪 80 年代开始使用项目管理软件，当时大多使用国外项目管理软件，但在软件使用的过程中很被动，因为对国外项目管理模式缺乏了解，使得国内使用人员对国外软件的理解不深。到 20 世纪 90 年代，国内项目管理人员才逐渐理解了国外项目管理的思路，并在引进国外软件的基础上积累了经验和数据，成功开发出适应国内情况的项目管理软件。

① 梦龙智能项目管理软件

梦龙 Link Project 是以"理论—方法—工具—评价"为主线搭建的工程项目管理平台，即以"项目管理标准知识体系"和"项目管理制度与方法标准体系"为理论和方法基础，以"项目管理平台"为软件工具，融合了先进的项目管理技术（网络计划技术、WBS、赢得值等），并以"组织项目管理成熟度模型"来评价企业的项目管理应用成熟度，找出问题的原因，然后再修订项目管理制度，以达到应用项目管理软件提高项目管理水平的目的。

梦龙 Link Project 产品功能主要包括协同门户、项目管理、合同管理、成本管理、物资管理、设备管理、分包管理、费用管理、资金管理、风险管理、知识文档等模块，由于梦龙 Link Project 可以结合工程建筑企业实际管理通过数据建模、流程建模、界面建模、统计图表实现个性化管理的需求，既减少了工程建筑企业信息化建设的风险，又降低了信息化建设的成本。

② 清华斯维尔智能项目管理软件

清华斯维尔智能项目管理软件将网络计划技术、网络优化技术应用于工程项目的进度管理中，以国内普遍采用的双代号时标网络图作为项目进度管理及控制的主要工具。在此基础上，通过挂接各行业各地区的不同种类定额，实现对资源与成本的精确计算、分析与控制，使用户不仅能从宏观上控制工期与成本，而且还能从微观上协调人力、设备与材料的具体使用，并以此作为调整与优化进度计划、实现利润最大化的依据。

软件从项目管理知识体系（PMBOK）的角度出发，功能涵盖项目的范围管理、时间管理、人力资源管理、成本管理等四个方面的内容。项目管理工作者利用该软件能够对其最为关心的项目进度、资源、成本三个方面的内容进行全面的管理与控制，同时利用实际进度前锋线等技术对项目进度进行追踪管理，从而实现项目的动态控制。另外，软件精心设计了内容丰富实用、功能强大的报表系统，从而使项目管理工作者可以多视角、全方位地了解项目信息。为方便进行项目管理工作，软件提供了丰富实用的报表功能，从不同的角度反映了工程项目的各类信息。

（2）国外项目管理软件

国外流行的项目管理软件根据项目管理软件的功能和价格水平，大致可分为两种：一种是供专业项目管理人员使用的企业级项目管理软件，这类软件功能强大、价格较高，如ABT 公司的 WorkBench，Primavera 公司的 P3，Gores 技术公司的 Artemis，Welcom 公司的 OpenPlan 等；另一种是 PC 级的项目管理软件，应用于一些中小型项目管理，这类软件虽然功能不很齐全，但价格便宜，如 Microsoft 公司的 Project、Symatec 公司的Time Line，Scitor 公司的 Project Scheduler，Primavera 公司的 Sure Trak 等。

① Primavera Project Planner

Primavera Project Planner（简称 P3）工程项目管理软件是由美国 Primavera 公司开发的、国际上流行的项目管理软件，已成为项目管理的行业标准。P3 软件适用于任何工程项目，可用于项目进度计划、动态控制、资源管理和费用控制的综合进度计划管理，能有效地控制大型复杂项目，并可以同时管理多个工程，拥有完善的编码体系，包括 WBS编码、作业代码编码、作业分类码编码、资源编码和费用科目编码等。P3 软件提供各种资源平衡技术，可模拟实际资源消耗曲线及工期延期情况；支持工程各个部门之间通过局域网或 Internet 进行信息交换，使项目管理者可以随时掌握工程进度；P3 还支持 ODBC。可以与 Windows 程序交换数据，通过与其他系列产品的结合支持数据采集、数据存储和风险分析。

② Microsoft Project

Microsoft Project 是由美国微软公司开发的目前应用最为广泛的、以进度计划为核心的项目管理软件，它的功能很强大，操作也简单方便，更重要的是它能够提供进度控制所需的信息。Microsoft Project 针对不同的用户需求设计了几个不同版本的产品，包括 Project Standard，Project Professional，Project Server 和 Project Server CAL。

Microsoft Project 的主要功能是建立进度工作计划。在编制进度计划时，工作人员只需要输入所要做的工作，也就是工作名称、工作持续时间和工作之间的关系即可。在输入这三项内容后，系统就会自动地计算各类进度时间参数，从而形成横道图进度计划，项目管理人员可以利用软件很方便地对计划进行分析、评价和调整，直到满足进度的目标。同时，利用 Microsoft Project 可以给每项工作分配所需要的资源，可以有效地提供项目的状态以及相关信息，并通过屏幕图形的变化浓缩相关信息，可以提供多种工具有效地管理项目的变化，可以提供多种项目报告，如进度计划横道图、单代号搭接网络图、资源报告和成本费用报告等，可以直接与其他的应用软件接口，如与 Excel 进行数据交换等。

3. 工程项目建筑信息建模

（1）建筑信息模型

建筑信息模型（Building Information Modeling，BIM）是以建筑工程项目的各项相关信息数据作为模型的基础，进行建筑模型的建立，通过数字信息仿真模拟建筑物所具有的真实信息。

麦格劳-希尔将 BIM 定义为"创建并利用数字模型对项目进行设计、建造及运营管理的过程"。BIM 基于最先进的三维数字设计解决方案所构建的"可视化"的数字建筑模型，为设计师、建筑师、水电暖工程师、开发商乃至最终用户等各环节人员提供"模拟和分析"的科学协作平台，帮助他们利用三维数字模型对项目进行设计、建造及运营管理。

BIM 具有可视化、协调性、模拟性、优化性和可出图性等五大特点。

从 BIM 设计过程的资源、行为、交付三个基本维度，给出设计企业的实施标准的具体方法和实践内容。BIM（建筑信息模型）不是简单地将数字信息进行集成，而是一种数字信息的应用，并可以用于设计、建造、管理的数字化方法。这种方法支持建筑工程的集成管理环境，可以使建筑工程在其整个进程中显著提高效率，大量减少风险。

BIM 建筑信息模型的建立，是建筑领域的一次革命，将成为项目管理强有力的工具。BIM 建筑信息模型适用于项目建设的各个阶段。它应用于项目全寿命周期的不同领域。掌握 BIM 技术，才能在建筑行业更好地发展。

（2）BIM 在复杂型建筑中的应用

南京青奥会议中心占地 4 万 m^2，总建筑面积达 49.4 万 m^2，地上 16 层，地下 2 层，主要包括一个 2181 座的大会议厅以及一个 505 座的多功能音乐厅，可作为会议、论坛、大型活动及戏剧、音乐演出等活动的举办场所。项目设计者为著名设计师扎哈·哈迪德。

一般来说，建筑在施工时按照平面图纸搭建即可。但青奥中心由于会议中心造型复杂、没有标准化单元，因此施工难度较大。项目的异形建筑如何施工，以及复杂型建筑内部大空间的合理运用是青奥会议中心项目的两大难题。因此，项目在施工前借助 BIM 的三维模型，根据模型能看出放大后的每个细节，包括构件样子、螺栓的位置、角度、构件尺寸等。

通过 3D 建筑模型，协调了各个专业，并利用大数据整合将多专业不同格式的模型整合在同一个平台，解决了青奥会议中心的复杂造型；利用 BIM 手段解决传统的二维设计手段较难解决的复杂区域管线综合问题。打造的可视化平台中解决了多专业协调问题，如复杂外立面、钢结构、内装空间等，并对其进行了合理的分配。如此一来，青奥会议中心项目的两大难题迎刃而解。

复 习 思 考 题

1. 简述人力资源的含义及其构成。
2. 何谓人力资源管理？其主要内容是什么？
3. 简述工程项目人力资源管理及其特点。
4. 工程项目人力资源管理的主要内容是什么？
5. 简述工程项目物资资源管理的内容。

6. 何谓物资资源优化配置?

7. 什么是工程项目信息? 其有哪些作用?

8. 何谓建设工程信息管理? 简述其特点及作用。

9. 简述工程项目信息化管理的基本环节。

10. 建立工程项目资料文档管理的基本要求和步骤是什么?

11. 什么是项目管理信息系统? 其功能模块有哪些?

12. 如何认识建筑信息模型（BIM）?

复利因子附表

8%复利因子

	一次支付		等额多次支付				
n	F/P	P/F	F/A	P/A	A/F	A/P	n
1	1.0800	0.9259	1.0000	0.9259	1.0000	1.0800	1
2	1.1664	0.8573	2.0800	1.7833	0.4808	0.5608	2
3	1.2597	0.7938	3.2464	2.5771	0.3080	0.3880	3
4	1.3605	0.7350	4.5061	3.3121	0.2219	0.3019	4
5	1.4693	0.6806	5.8666	3.9927	0.1705	0.2505	5
6	1.5869	0.6302	7.3359	4.6229	0.1363	0.2163	6
7	1.7138	0.5835	8.9228	5.2064	0.1121	0.1921	7
8	1.8509	0.5403	10.6366	5.7466	0.0940	0.1740	8
9	1.9990	0.5002	12.4876	6.2469	0.0801	0.1601	9
10	2.1589	0.4632	14.4866	6.7101	0.0690	0.1490	10
11	2.3316	0.4289	16.6455	7.1390	0.0601	0.1401	11
12	2.5182	0.3971	18.9771	7.5361	0.0527	0.1377	12
13	2.7196	0.3677	21.4953	7.9038	0.0465	0.1265	13
14	2.9372	0.3405	24.2149	8.2442	0.0413	0.1213	14
15	3.1722	0.3152	27.1521	8.5595	0.0368	0.1168	15
16	3.4269	0.2919	30.3243	8.8514	0.0330	0.1130	16
17	3.7000	0.2703	33.7502	9.1216	0.0296	0.1096	17
18	3.9960	0.2502	37.4502	9.3719	0.0267	0.1067	18
19	4.3157	0.2117	41.4463	9.6036	0.0241	0.1041	19
20	4.6610	0.2145	45.7620	9.8181	0.0219	0.1019	20
21	5.0338	0.1987	50.4229	10.0168	0.0198	0.0998	21
22	5.4365	0.1839	55.4567	10.2007	0.0180	0.0980	22
23	5.8715	0.1703	60.8933	10.3711	0.0164	0.0964	23
24	6.3412	0.1577	66.7647	10.5288	0.0150	0.0950	24
25	6.8485	0.1460	73.1059	10.6748	0.0137	0.0937	25
26	7.3964	0.1352	79.9544	10.8100	0.0125	0.0925	26
27	7.9881	0.1252	87.3507	10.9352	0.0114	0.0914	27
28	8.6271	0.1159	95.3388	11.0511	0.0105	0.0905	28
29	9.3173	0.1073	103.966	11.1584	0.0096	0.0896	29
30	10.0627	0.0944	113.283	11.2578	0.0088	0.0888	30
35	14.7853	0.0676	172.317	11.6546	0.0058	0.0858	35
40	21.7245	0.0460	259.056	11.9246	0.0039	0.0839	40
45	31.9204	0.0313	386.506	12.1084	0.0026	0.0826	45
50	46.9016	0.0213	573.770	12.2335	0.0017	0.0817	50
55	68.9138	0.0145	848.923	12.3186	0.0012	0.0812	55
60	101.257	0.0099	1253.21	12.3766	0.0008	0.0808	60
65	148.780	0.0067	1847.25	12.4160	0.0005	0.0805	65
70	218.606	0.0046	2720.08	12.4428	0.0004	0.0804	70
75	321.204	0.0031	4002.55	12.4611	0.0002	0.0802	75
80	471.955	0.0021	5886.93	12.4735	0.0002	0.0802	80
85	693.456	0.0014	8655.71	12.4820	0.0001	0.0801	85
90	1018.92	0.0010	12723.9	12.4877	α	0.0801	90
95	1497.12	0.0007	18071.5	12.4917	α	0.0801	95
100	2199.76	0.0005	27484.5	12.4943	α	0.0800	100
∞				12.5000		0.0800	∞

	一次支付		等额多次支付				
n	F/P	P/F	F/A	P/A	A/F	A/P	n
1	1.1000	0.9091	1.0000	0.9091	1.0000	1.1000	1
2	1.2100	0.8264	2.1000	1.7355	0.4762	0.5762	2
3	1.3310	0.7513	3.3100	2.4869	0.3021	0.4021	3
4	1.4641	0.6830	4.6410	3.1699	0.2155	0.3155	4
5	1.6105	0.6209	6.1051	3.7908	0.1638	0.2638	5
6	1.7716	0.5645	7.7156	4.3553	0.1296	0.2296	6
7	1.9487	0.5132	9.4872	4.8684	0.1054	0.2054	7
8	2.1436	0.4665	11.4359	5.3349	0.0874	0.1874	8
9	2.3579	0.4241	13.5795	5.7590	0.0736	0.1736	9
10	2.5937	0.3855	15.9374	6.1446	0.0627	0.1627	10
11	2.8531	0.3505	18.5312	6.4951	0.0540	0.1540	11
12	3.1384	0.3186	21.3843	6.8137	0.0468	0.1468	12
13	3.4523	0.2897	24.5227	7.1034	0.0408	0.1408	13
14	3.7975	0.2633	27.9750	7.3667	0.0357	0.1357	14
15	4.1772	0.2394	31.7725	7.6061	0.0315	0.1315	15
16	4.5950	0.2176	35.9497	7.8237	0.0278	0.1278	16
17	5.0545	0.1978	40.5447	8.0216	0.0247	0.1247	17
18	5.5599	0.1799	45.5992	8.2014	0.0219	0.1219	18
19	6.1159	0.1635	51.1591	8.3649	0.0195	0.1195	19
20	6.7275	0.1486	57.2750	8.5136	0.0175	0.1175	20
21	7.4002	0.1351	64.0025	8.6487	0.0156	0.1156	21
22	8.1403	0.1228	71.4027	8.7715	0.0140	0.1140	22
23	8.9543	0.1117	79.5430	8.8832	0.0126	0.1126	23
24	9.8494	0.1015	88.4973	8.9847	0.0113	0.1113	24
25	10.8347	0.0923	98.3470	9.0770	0.0102	0.1102	25
26	11.9182	0.0839	109.182	9.1609	0.0092	0.1092	26
27	13.1100	0.0763	121.100	9.2372	0.0083	0.1083	27
28	14.4210	0.0693	134.210	9.3066	0.0075	0.1075	28
29	15.8631	0.0630	148.631	9.3696	0.0067	0.1067	29
30	17.4494	0.0573	164.494	9.4269	0.0061	0.1061	30
35	28.1024	0.0356	271.024	9.6442	0.0037	0.1037	35
40	45.2592	0.0221	442.592	9.7791	0.0023	0.1033	40
45	72.8904	0.0137	718.905	9.8628	0.0014	0.1024	45
50	117.391	0.0085	1163.91	9.9148	0.0009	0.1019	50
55	189.059	0.0053	1880.59	9.9471	0.0005	0.1005	55
60	304.481	0.0033	3034.81	9.9672	0.0003	0.1003	60
65	490.370	0.0020	4893.71	9.9796	0.0002	0.1002	65
70	789.746	0.0013	7887.47	9.9873	0.0001	0.1001	70
75	1271.89	0.0008	12708.9	9.9921	α	0.1001	75
80	2048.40	0.0005	20474.0	9.9951	α	0.0000	80
85	3298.97	0.0003	32979.7	9.9970	α	0.1000	85
90	5313.02	0.0002	53120.2	9.9981	α	0.1000	90
95	8556.67	0.0001	85556.7	9.9988	α	0.1000	95
100	13780.6	α	137796	9.9993	α	0.1000	100
∞				10.0000		0.1000	∞

	一次支付		等额多次支付				
n	F/P	P/F	F/A	P/A	A/F	A/P	n
1	1.1200	0.8929	1.0000	0.8929	1.0000	1.1200	1
2	1.2544	0.7972	2.1200	1.6901	0.4717	0.5917	2
3	1.4049	0.7118	3.3744	2.4018	0.2963	0.4163	3
4	1.5735	0.6355	4.7793	3.0373	0.2092	0.3292	4
5	1.7623	0.5674	6.3528	3.6048	0.1574	0.2774	5
6	1.9738	0.5066	8.1152	4.1114	0.1232	0.2432	6
7	2.2107	0.4523	10.0890	4.5638	0.0991	0.2191	7
8	2.4760	0.4039	12.2997	4.9676	0.0813	0.2013	8
9	2.7731	0.3606	14.7757	5.3282	0.0677	0.1877	9
10	3.1058	0.3220	17.5487	5.6502	0.0570	0.1770	10
11	3.4785	0.2875	20.6546	5.9377	0.0484	0.1684	11
12	3.8960	0.2567	24.1331	6.1944	0.0414	0.1614	12
13	4.3635	0.2292	28.0291	6.4235	0.0357	0.1557	13
14	4.8871	0.2046	32.3926	6.6282	0.0309	0.1509	14
15	5.4736	0.1827	37.2797	6.8109	0.0268	0.1468	15
16	6.1304	0.1631	42.7533	6.9740	0.0234	0.1434	16
17	6.8660	0.1456	48.8837	7.1196	0.0205	0.1405	17
18	7.6900	0.1300	55.7497	7.2497	0.0179	0.1379	18
19	8.6128	0.1161	63.4397	7.3658	0.0158	0.1358	19
20	9.6463	0.1037	72.0524	7.4694	0.0139	0.1339	20
21	10.8038	0.0926	81.6987	7.5620	0.0122	0.1322	21
22	12.1003	0.0826	92.5026	7.6446	0.0108	0.1308	22
23	13.5523	0.0738	104.603	7.7184	0.0093	0.1296	23
24	15.1786	0.0659	118.155	7.7843	0.0085	0.1285	24
25	17.0001	0.0588	133.334	7.8431	0.0075	0.1275	25
26	19.0401	0.0525	150.334	7.8957	0.0067	0.1267	26
27	21.3249	0.0469	169.374	7.9426	0.0059	0.1259	27
28	23.8839	0.0419	190.699	7.9844	0.0052	0.1252	28
29	26.7499	0.0374	214.583	8.0218	0.0047	0.1247	29
30	29.9599	0.0334	241.333	8.0552	0.0041	0.1241	30
35	52.7996	0.0189	431.663	8.1755	0.0023	0.1223	35
40	93.0509	0.0107	767.091	8.2438	0.0013	0.1213	40
45	163.988	0.0061	1358.23	8.2825	0.0007	0.1207	45
50	289.002	0.0035	2400.02	8.3045	0.0004	0.1204	50
55	509.320	0.0020	4236.00	8.3170	0.0002	0.1202	55
60	897.596	0.0011	7471.63	8.3240	0.0001	0.1201	60
65	1581.87	0.0006	13173.9	8.3281	α	0.1201	65
70	2787.80	0.0004	23223.3	8.3303	α	0.1200	70
75	4913.05	0.0002	40933.8	8.3316	α	0.1200	75
80	8658.47	0.0001	72145.6	8.3324	α	0.1200	80
∞				8.333		0.1200	∞

	一次支付		等额多次支付				
n	F/P	P/F	F/A	P/A	A/F	A/P	n
1	1.1500	0.8696	1.0000	0.8696	1.0000	1.1500	1
2	1.3225	0.7561	2.1500	1.6257	0.4651	0.6151	2
3	1.5209	0.6575	3.4725	2.2832	0.2880	0.4380	3
4	1.7490	0.5718	4.9934	2.8550	0.2003	0.3503	4
5	2.0114	0.4972	6.7424	3.3522	0.1483	0.2983	5
6	2.3131	0.4323	8.7537	3.7845	0.1142	0.2642	6
7	2.6600	0.3759	11.0668	4.1604	0.0904	0.2404	7
8	3.0579	0.3269	13.7268	4.4873	0.0729	0.2229	8
9	3.5179	0.2843	16.7858	4.7716	0.0596	0.2096	9
10	4.0456	0.2472	20.3037	5.0188	0.0493	0.1993	10
11	4.6524	0.2149	24.3493	5.2337	0.0411	0.1911	11
12	5.3502	0.1869	29.0017	5.4206	0.0345	0.1845	12
13	6.1528	0.1625	34.3519	5.5831	0.0291	0.1791	13
14	7.0757	0.1413	40.5047	5.7245	0.0247	0.1747	14
15	8.1371	0.1229	47.5804	5.8474	0.0210	0.1710	15
16	9.3576	0.1069	55.7175	5.9542	0.0179	0.1679	16
17	10.7613	0.0929	65.0751	6.0072	0.0154	0.1654	17
18	12.3755	0.0808	75.8363	6.1280	0.0132	0.1632	18
19	14.2318	0.0703	88.2118	6.1982	0.0113	0.1613	19
20	16.3665	0.0611	102.444	6.2593	0.0098	0.1598	20
21	18.8215	0.0531	118.810	6.3125	0.0084	0.1584	21
22	21.6447	0.0462	137.632	6.3587	0.0073	0.1573	22
23	24.8915	0.0402	159.276	6.3988	0.0063	0.1563	23
24	28.6252	0.0349	184.168	6.4338	0.0054	0.1554	24
25	32.9189	0.0304	212.793	6.4641	0.0047	0.1547	25
26	37.8568	0.0264	245.712	6.4906	0.0041	0.1541	26
27	43.5353	0.0230	283.569	6.5135	0.0035	0.1535	27
28	50.0656	0.0200	327.104	6.5335	0.0031	0.1531	28
29	57.5754	0.0174	377.170	6.5509	0.0027	0.1527	29
30	66.2118	0.0151	434.745	6.5660	0.0023	0.1523	30
35	133.176	0.0075	881.170	6.6166	0.0011	0.1511	35
40	267.863	0.0037	1779.09	6.6418	0.0006	0.1506	40
45	538.769	0.0019	3585.13	6.6543	0.0003	0.1503	45
50	1083.66	0.0009	7217.71	6.6605	0.0001	0.1501	50
55	2179.62	0.0005	14524.1	6.6636	α	0.1501	55
60	4384.00	0.0002	29220.0	6.6651	α	0.1500	60
65	8817.78	0.0001	58778.5	6.6659	α	0.1500	65
70	17735.7	α	118231	6.6663	α	0.1500	70
75	35672.8	α	237812	6.6665	α	0.1500	75
80	71750.8	α	478332	6.6666	α	0.1500	80
∞				6.667		0.1500	∞

n	7%	8%	9%	10%	15%	20%	n
2	0.873	0.857	0.841	0.826	0.756	0.694	2
3	2.506	2.445	2.386	2.329	2.071	1.852	3
4	4.794	4.650	4.511	4.378	3.786	3.299	4
5	7.646	7.372	7.111	6.862	5.775	4.906	5
6	10.978	10.523	10.092	9.684	7.937	6.581	6
7	14.714	14.024	13.374	12.763	10.192	8.255	7
8	18.788	17.806	16.887	16.028	12.481	9.883	8
9	23.140	21.808	20.570	19.421	14.755	11.434	9
10	27.715	25.977	24.372	22.891	16.979	12.887	10
11	32.466	30.266	28.247	26.396	19.129	14.233	11
12	37.350	24.634	32.158	29.901	21.185	15.467	12
13	42.330	39.046	36.072	33.377	23.135	16.588	13
14	47.371	43.472	39.962	36.800	24.972	17.601	14
15	52.445	47.886	43.806	40.153	26.693	18.509	15
16	57.526	52.264	47.584	43.416	28.286	19.321	16
17	62.592	56.588	51.281	46.581	29.783	20.042	17
18	67.621	60.842	54.885	49.639	31.156	20.680	18
19	72.598	65.013	58.386	52.582	32.421	21.244	19
20	77.508	69.090	61.776	55.406	33.582	21.739	20
21	82.339	73.063	65.056	58.109	34.645	22.174	21
22	87.079	76.926	68.204	60.689	35.615	22.555	22
23	91.719	80.672	71.235	63.146	36.499	22.887	23
24	96.254	84.300	74.142	65.481	37.302	23.176	24
25	100.676	87.804	76.926	67.696	38.031	23.428	25
26	104.981	91.184	79.586	69.794	38.692	23.646	26
27	109.165	94.439	82.123	71.777	39.289	23.835	27
28	113.226	97.569	84.541	73.649	39.828	23.999	28
29	117.161	100.574	86.842	75.414	40.315	24.141	29
30	120.971	103.456	89.027	77.076	40.753	24.263	30
31	124.654	106.216	91.102	78.639	41.147	24.368	31
32	128.211	108.857	93.068	80.108	41.501	24.459	32
33	131.643	111.382	94.931	81.485	41.818	24.537	33
34	134.950	113.792	96.693	82.777	42.103	24.604	34
35	138.135	116.092	98.358	83.987	42.359	24.661	35
36	141.198	118.284	99.931	85.119	42.587	24.771	36
37	144.144	120.371	101.416	86.178	42.792	24.753	37
38	146.972	122.358	102.815	87.167	42.974	24.789	38
39	149.688	124.247	104.134	88.091	43.137	24.820	39
40	152.292	126.042	105.376	88.952	43.282	24.847	40
42	157.180	129.365	107.643	90.505	43.529	24.889	42
44	161.660	132.355	109.645	91.851	43.723	24.920	44
46	165.758	135.038	111.410	93.016	43.878	24.942	46
48	169.498	137.443	112.962	94.022	44.000	24.958	48
50	172.905	139.593	114.325	94.889	44.096	24.970	50

n	7%	8%	9%	10%	12%	15%		n
2	0.483	0.481	0.478	0.476	0.472	0.465	0.460	2
3	0.955	0.949	0.943	0.936	0.925	0.907	0.890	3
4	1.415	1.404	1.392	1.381	1.359	1.326	1.295	4
5	1.865	1.846	1.828	1.810	1.775	1.723	1.673	5
6	2.303	2.276	2.250	2.224	2.172	2.079	2.025	6
7	2.730	2.694	2.657	2.022	2.551	2.450	2.353	7
8	3.146	3.099	3.051	3.004	2.913	2.781	2.656	8
9	3.552	3.491	3.431	3.372	3.257	3.092	2.936	9
10	3.946	3.870	3.798	3.725	3.585	3.383	3.194	10
11	4.330	4.239	4.151	4.064	3.895	3.655	3.430	11
12	4.702	4.596	4.491	4.388	4.190	3.908	3.647	12
13	5.065	4.940	4.818	4.699	4.468	4.144	3.845	13
14	5.417	5.273	5.133	5.995	4.732	4.362	4.025	14
15	5.758	5.594	5.435	5.279	4.980	4.565	4.189	15
16	6.090	5.905	5.724	5.549	5.215	4.752	4.337	16
17	6.411	6.204	6.002	5.807	5.435	4.925	4.471	17
18	6.722	6.492	6.269	6.053	5.643	5.084	4.592	18
19	7.024	6.770	6.524	6.286	5.838	5.231	4.700	19
20	7.316	7.037	6.767	6.508	6.020	5.365	4.798	20
22	7.872	7.541	7.223	6.919	6.351	5.601	4.963	22
23	8.392	8.007	7.638	7.288	6.641	5.798	5.095	24
25	8.639	8.225	7.832	7.458	6.771	5.833	5.150	25
26	8.877	8.435	8.016	7.619	6.892	5.961	5.199	26
28	9.329	8.829	8.357	7.914	7.110	6.096	5.281	28
30	9.749	9.190	8.666	8.176	7.297	6.207	5.345	30
32	10.138	9.520	8.944	8.409	7.459	6.297	5.394	32
34	10.499	9.821	9.193	8.615	7.596	6.371	5.433	34
35	10.669	9.961	9.308	8.709	7.658	6.402	5.449	35
36	10.832	10.095	9.417	8.799	7.714	6.430	5.462	36
38	11.140	10.344	9.617	8.956	7.814	6.478	5.485	38
40	11.423	10.570	9.796	9.096	7.899	6.517	5.502	40
45	12.036	11.045	10.160	9.374	8.057	6.583	5.529	45
50	12.529	11.411	10.429	9.570	8.160	6.620	5.543	50
55	12.921	11.690	10.626	9.708	8.225	6.641	5.549	55
60	13.232	11.902	10.768	9.802	8.266	6.653	5.553	60
65	13.476	12.060	10.870	9.867	8.292	6.659	5.554	65
70	13.666	12.178	10.943	9.911	8.308	6.663	5.555	70
75	13.814	12.266	10.994	9.941	8.318	6.665	5.555	75
80	13.927	12.330	11.030	9.961	8.324	6.666	5.555	80
85	14.015	12.377	11.055	9.974	8.328	6.666	5.555	85
90	14.081	12.412	11.073	9.983	8.330	6.666	5.556	90
95	14.132	12.437	11.085	9.989	8.331	6.667	5.556	95
100	14.170	12.455	11.093	9.993	8.332	6.667	5.556	100

参 考 文 献

[1] 国家统计局，中国标准化研究院. 国民经济行业分类 GB/T 4754—2017. 北京：中国质检出版社，2017.

[2] 住房城乡建设部计划财务与外事司，中国建筑业协会. 2016 年建筑业发展统计分析. http://www.mohurd.gov.cn/xytj/tjzljsxytjgb/xjxxqt/w02017052321346623070743428.pdf，2017.

[3] 李慧民. 工程经济与项目管理. 北京：中国建筑工业出版社，2009.

[4] 国家发展改革委员会，建设部. 建设项目评价方法与参数. 北京：中国计划出版社，2006.

[5] 林琳，蔡伟新. 工程财务分析和评价. 武汉：武汉理工大学出版社，2009.

[6] 巫英士，郑杰珂. 工程经济学. 北京：北京理工大学出版社，2015.

[7] 曾淑君，高洁. 工程经济学. 南京：东南大学出版社，2015.

[8] 邓铁军. 工程项目经济与管理. 长沙：湖南大学出版社，2015.

[9] 全国二级建造师执业资格考试用书编写委员会. 建设工程施工管理. 北京：中国建筑工业出版社，2018.

[10] 何元斌，韩利红. 工程项目管理. 成都：西南交通大学出版社，2016.

[11] 冯宁. 工程项目管理. 郑州：郑州大学出版社，2010.

[12] 邓铁军，杨亚频. 工程项目管理. 北京：北京大学出版社，2012.

[13] 全国造价工程师执业资格考试培训教材编审组. 建设工程造价管理. 北京：中国计划出版社，2013.

[14] 中国建设监理协会. 建设工程投资控制. 北京：中国建筑工业出版社，2014.

[15] 中国建设监理协会. 建设工程合同管理. 北京：中国建筑工业出版社，2014.

[16] 中国建设监理协会. 建设工程质量控制. 北京：中国建筑工业出版社，2014.

[17] 全国咨询工程师（投资）职业资格考试参考教材编写委员会. 现代咨询方法与实务. 北京：中国计划出版社，2016.